版权声明

"十四五"职业教育国家规划教材

第3版

城市轨道交通客运组织

刘莉娜 主 编
张景霞 马 娜 张新媛 副主编
郑树森 主 审

人民交通出版社股份有限公司
北 京

内 容 提 要

本书为“十四五”职业教育国家规划教材，从企业岗位需求和教学实践出发，将城市轨道交通客运组织典型工作任务转化为教学项目，从工作任务角度设计综合实践、实训项目，强调学生自主学习、教师引导，实现“教、学、做”一体化教学。本书共分为6个项目，分别是：城市轨道交通车站调研、城市轨道交通车站运作、城市轨道交通客流分析与计算、城市轨道交通车站客流组织、城市轨道交通车站突发事件客流组织、城市轨道交通车站客运组织方案编制。

本书为城市轨道交通运营管理专业核心课程教材，既可供职业院校教学使用，也可作为城市轨道交通行业岗位培训用书，同时可供城市轨道交通行业从业人员学习参考。

* **本书配套丰富教学资源，任课教师可通过加入“职教轨道教学研讨群”获取**（教师专用QQ群：129327355）。

图书在版编目(CIP)数据

城市轨道交通客运组织/刘莉娜主编. —3版. —北京：人民交通出版社股份有限公司，2021.11

ISBN 978-7-114-17678-4

Ⅰ.①城… Ⅱ.①刘… Ⅲ.①城市铁路—轨道交通—客运组织—高等职业教育—教材 Ⅳ.①U239.5

中国版本图书馆CIP数据核字(2021)第224954号

“十四五”职业教育国家规划教材
Chengshi Guidao Jiaotong Keyun Zuzhi

书　　名：**城市轨道交通客运组织**（第3版）
著 作 者：刘莉娜
责任编辑：司昌静
责任校对：赵媛媛
责任印制：刘高彤
出版发行：人民交通出版社股份有限公司
地　　址：(100011)北京市朝阳区安定门外外馆斜街3号
网　　址：http://www.ccpcl.com.cn
销售电话：(010)59757973
总 经 销：人民交通出版社股份有限公司发行部
经　　销：各地新华书店
印　　刷：北京市密东印刷有限公司
开　　本：787×1092　1/16
印　　张：21.25
字　　数：507千
版　　次：2010年6月　第1版
2012年8月　第2版
2021年11月　第3版
印　　次：2024年6月　第7次印刷　总第37次印刷
书　　号：ISBN 978-7-114-17678-4
定　　价：56.00元

第3版前言

编写背景

为适应城市轨道交通行业的快速发展，贯彻落实《国家职业教育改革实施方案》（国发〔2019〕4号）等文件精神，推进现代学徒制、"岗课赛证"综合育人等人才培养模式改革，编者与北京地铁、京港地铁、上海地铁、广州地铁、杭港地铁及成都地铁等多家地铁运营企业深入合作，总结十余年职业教育教学改革和企业培训教材开发经验，在前两版教材的基础上，重构城市轨道交通客运组织相关教学资源，编写了"理实结合＋岗位训练"的活页式教材。教材以学生为中心，设计企业综合实践项目和实训任务，切实提高学生核心职业能力——客运组织能力。

编写特点

1. 校企融合，融入龙头企业岗位标准

在本教材编写过程中，作者团队调研了北京、上海、广州、杭州、成都等多地城市轨道交通运营企业，融入行业龙头企业最新的岗位标准及运营规范，课程内容与职业标准对接，大大增强了专业教材的实用性。行业企业专家全程参与教材大纲制订、教学内容审定等工作。

2. 践行职业教育教学改革理念，创新"活页式"教材编写模式

为适应职业教育现代学徒制、"岗课赛证"综合育人等人才培养模式改革，本书对城市轨道交通运营企业站务岗位典型工作任务——客运组织进行了项目化改造，实施"教、学、做"一体化的项目式教学。

"以学生为中心"进行教学设计与实施，设置"理论知识准备＋技能工作页"两大教学模块。技能工作页包含任务书、任务分组、任务准备、获取信息、任务实施、评价反馈6个部分。其中"获取信息"部分设计了大量引导问题，引导学生自主学习，提升其阅读理解、分析计算、团队合作等非专业能力，为后续"任务实施"奠定理论知识基础；而"任务书""任务分组""任务实施"和"评价反馈"部分则针对企业岗位技能要求，重点开发企业综合实践或实训演练任务，实施校企双元、工学交替教学模式，提升学生客运组织核心专业能力。

3. 对标专业教学标准及相关“1 + X”技能等级标准

编者结合参与国家专业教学标准、实训教学条件建设标准制订及相关“1 + X”职业技能等级标准修订的工作经验，对标国家专业教学标准体系，融入最新“1 + X”职业技能标准要求(见目录标注)，确定“城市轨道交通客运组织”课程与其他核心课程的合理边界，围绕站务岗位客运组织核心职业能力设计教学项目，有效避免了教材间教学内容的重复交叉。

4. 教学设计、教材内容力求教师“方便教”、学生“方便学”

编者结合十余年的课程教学和改革实践，将客运组织典型工作任务转化为由易到难、由单一到综合的6个教学项目；针对教学难点——客运组织实施，引导学生“学中做、做中学”，设计阶梯式教学环节：绘制车站平面布局图、标注值岗位置、提炼岗位关键行动、补充完善沟通对话，完成整体实训演练报告，有效降低教师教学和学生学习难度；根据学习目标，设计每个项目的综合评价反馈表，辅助教师教学评价。

活页式装订，方便学生到企业实地调研、实训室模拟演练灵活使用；配备大量图片、动画等课程资源，介绍行业企业新技术、新工艺及新规范，方便学生拓展学习；开发设计不同梯度的引导问题，全方位巩固学生课后专业知识的学习；明确任务书考核评价指标，引导学生主动学习、自我完善，全面提升个人及团队综合素质。

▶ 修订要点

(1)采用项目化教学设计，重构教学内容，运用“活页式”教材编写理念，不仅体现在形式“活”，更体现在教学内容“活”，任课教师可在教学设计的基础上融入当地企业实际，增减相关的内容。

(2)增加、更新相关教学内容。项目1增加城轨智慧车站、无障碍设备设施、车站导向标志、位置系统；项目3增加客流指标分析与计算；项目4增加共同管理换乘车站、“疏、控、限、封”分级客流组织措施；项目5更新区间疏散、清客作业程序。删减第2版中与其他课程重复的部分章节，增加了项目6城市轨道交通车站客运组织方案编制。

(3)每个教学项目均增加“技能工作页”模块。

(4)教材内容融入《城市轨道交通客运服务标志》(GB/T 18574—2008)、《城市轨道交通运营指标体系》(GB/T 38374—2019)等城市轨道交通行业国家标准和相关“1+X”职业技能等级证书标准。

▶ 配套资源

本教材配套动画、视频、课件、课程标准、习题库、案例库等形式丰富的助学助教资源,编者还在智慧职教 MOOC 学院开设了慕课,便于开展线上线下混合式教学。

▶ 编写分工

本教材由北京交通运输职业学院刘莉娜担任主编,张景霞、马娜、张新媛担任副主编。具体编写分工如下:刘莉娜编写项目1、4、5;张景霞编写项目2;张新媛编写项目3;马娜编写项目6。参与编写的还有北京交通运输职业学院高嘉蕾(项目3)、王珂(项目4)、高蓉(项目5)、朱晓晨(项目5)、张潮杰(项目6),河北艺术职业学院刘丽媛参与项目1的编写。刘莉娜负责教材提纲的编制和全书统稿工作。全书由杭州杭港地铁有限公司郑树森先生审定。

▶ 致谢

本书的编写引用了大量国内外作者发表的有关城市轨道交通的文献,以及北京、上海、广州等城市轨道交通企业的运营资料和相关文献。在此谨向有关专家及单位表达衷心感谢!感谢人民交通出版股份有限公司编辑的大力支持和鼓励!

由于编者水平有限,书中不足之处敬请读者批评指正。

作　者
2021年9月

活页使用说明

本教材按照新时代的教改理念,借鉴优秀教材成果,结合本专业教学特点和实际需要进行成果转化,尝试采用“活页式”教材编写形式。教师根据各自的教学需要灵活安排教学顺序,便于增减教学内容,方便教辅资料的补充、考核资料的收集等;方便读者根据各自的使用需求,进行内容的补充、笔记的补充、学习辅助资料补充和整理。学习者可方便地进行教材内容的解答、记录等。通过上述过程,使教材做到紧跟技术发展趋势、动态更新内容,满足活教、活学、活改的使用需求。

本“活页式”教材使用建议如下。

一、活“教”

- 任课教师可根据授课需要,更新教学内容,添加适应性教辅资料。
- 任课教师可根据专业教学需要,调整项目任务实施顺序。
- 方便教师收集整理课后反思、考评记录的教学资料。
- 教材内容可替换、可添加、可删减。
- 所有“技能工作页”可取下单独装订成册,作为岗位实训指导手册,便于携带。

二、活“学”

- 学生可自我添加学习辅助资料,如相关论文、技术资料、工作页续页等。
- 做好的笔记可随时添加到教材对应位置,方便复习。
- 可根据自我学习进度调整教材的顺序。
- 上课不用带整本书,只带当节课需要的内容即可,方便携带。
- 可取下当天实训所需的“技能工作页”,作为实训指导资料。

三、活“改”

- 编者可根据技术发展,随时补充新技术、新工艺、新规范,紧跟技术的发展。
- 编者可根据上课反馈随时修改相应部分,落实教材更新机制。
- 编者可根据课后反思,及时调整教材顺序、编写方式,便于及时优化教材。

目　　录

数字资源索引

序号	资源名称	页码	二维码	序号	资源名称	页码	二维码
19	站台清客作业	262		22	乘客紧急报警器被触发应急处理（列车停靠在站台）	270	
20	非紧急情况下清客——列车故障区间清客	263		23	乘客物品坠落轨道（影响行车）处理办法	275	
21	站台紧急停车按钮被触发应急处理	269		24	车站照明全部熄灭应急处理办法	276	

项目1

城市轨道交通车站建筑和客运设备设施调研

项目说明

城市轨道交通（简称城轨）车站是线网运营的节点，是为乘客提供乘车服务的载体，是体现城市轨道交通运营企业运输服务水平的直接窗口，也是车站工作人员工作的重要场所。不同类型、不同结构的车站以及车站客运设备设施和导向标志系统对车站运营管理、车站客运组织、车站突发事件应急处理有着重要的影响。

本项目要求同学调研未来工作的场所——城市轨道交通车站，分析车站结构、车站客运设备设施对客运组织工作的影响。

项目目标

◎ 知识目标

1. 熟悉车站出入口、通道、楼梯、站台等设施的技术参数。
2. 说明车站出入口、通道、站厅层、站台层的设计及平面布局要求。
3. 说明站厅布置形式的种类及各自的优缺点。
4. 说明车站客运设备设施的种类、位置、作用及设计规范。
5. 说明车站无障碍设备设施的种类、位置及作用。
6. 复述车站导向标志、位置标志系统的维护要点。
7. 描述智慧车站的内涵、现状及发展趋势。

◎ 能力目标

1. 能够比较不同类型车站、不同站厅形式在客流组织方面的优势和劣势。
2. 能够利用 Visio 等计算机软件绘制城市轨道交通车站站厅、站台平面布局图。
3. 能够在车站站厅、站台平面布局图上标注重要客运设备设施,并绘制乘客进站、出站线路图。
4. 能够绘制无障碍进出站流程图,说明无障碍设施使用注意事项。
5. 能够分析、调整自动售检票系统(AFC)设备终端布局,优化车站客流组织。
6. 掌握基础数据的收集与分析方法。
7. 通过网络查询,了解智慧车站建设的现状及未来发展趋势。

◎ 素质目标

1. 调研了解我国城市轨道交通行业的飞速发展历程,增强民族自豪感。
2. 提升团队合作能力。
3. 通过实地调研能够发现车站导向标志、位置标志、无障碍服务等方面存在的问题,具备一定的发现问题、分析问题和解决问题能力。

◎ 建议学时

10 学时

任务1 绘制城市轨道交通车站平面布局图

一 城市轨道交通车站建筑构成

(一)城市轨道交通车站分类

1. 按空间位置不同分类

按照空间位置不同,车站可分为地下车站、地面车站和高架车站,如图1-1所示。

a)地下车站

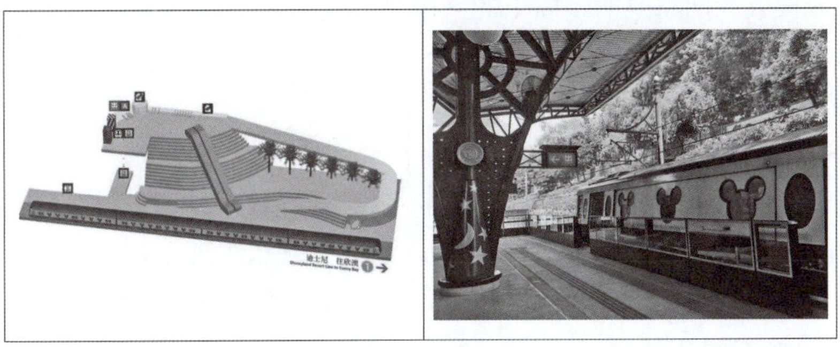

b)地面车站

c)高架车站

图1-1 车站空间位置分类示意图

地下车站是指车站主体建筑和设备设施均设置在地下的车站，根据地下车站结构顶板位于地面以下的深度又可分为浅埋车站和深埋车站。朝鲜平壤市的地铁，平均埋深较深。我国的天津地铁，最浅处埋深仅 2 ~ 3m。大部分地铁车站为地下车站。

地面车站是指车站主体建筑和设备设施均设置在地面的车站，如香港地铁迪士尼站为方便乘客进出公园设计为地面车站。

高架车站是指车站主体建筑和设备设施设置在立体高架建筑上的车站。大部分城市轻轨车站为高架车站。

学习与思考

请统计你所在城市轨道交通线路中，哪些是地下车站、地面车站和高架车站？这些车站分别位于城市的什么区域，有何不同？

2. 按运营功能不同分类

按运营功能不同，车站可以分为端点站、中间站、换乘站和区域站（折返站）等。

(1) 端点站（始发站和终点站）

端点站一般设置在线路两端，除具有供乘客乘降的基本功能之外，还设有可供列车折返的折返线和设备，供列车折返、停留和临时检修用。

(2) 中间站

中间站仅供乘客上下车使用，功能单一，是城市轨道交通线网中最多的基本站型。

(3) 换乘站

换乘站一般设置在两条及两条以上的城市轨道线路交叉点。换乘站除具有供乘客乘降的基本功能之外，其最大的特点是乘客可从一条线路换乘到另一条线路，在最大程度上节省了乘客出站、进站及排队购票的时间，为乘客换乘提供方便。

(4) 区域站（折返站）

区域站是设在两种不同行车密度交界处的车站。站内设有折返线、渡线、存车线和折返设备，可供列车折返和运行调整，可根据客流量大小，合理组织列车运行，在两个区域站之间的区域段上增加或减小行车密度。区域站兼有中间站的功能。

3. 按站台形式不同分类

按站台形式不同，车站可分为岛式车站、侧式车站和岛侧混合式车站。其对应的站台形式如图 1-2 所示。

(1) 岛式车站

站台位于上下行行车线路之间，这种站台布置形式称为岛式站台，具有岛式站台的车站称为岛式车站。岛式车站是常用的一种车站形式，具有站台面积利用率高、能调剂客流、乘客中途改变乘车方向方便、车站管理集中、站台空间宽阔等优点。因此，岛式站台常用于客流量较大的车站，如图 1-3 所示。

a)岛式站台　　b)侧式站台　　c)岛侧混合式站台

图 1-2　不同类型车站站台结构图

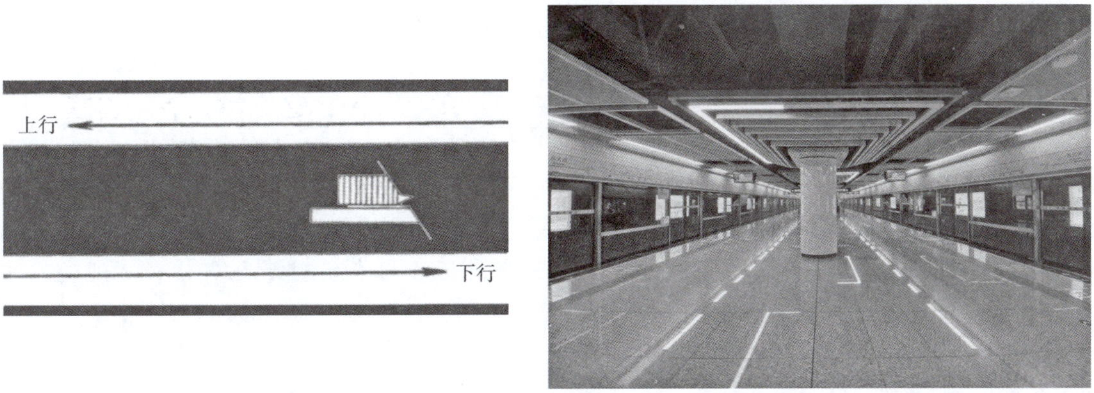

图 1-3　岛式站台车站

(2)侧式车站

站台位于上下行行车线路的两侧,这种站台布置形式称为侧式站台,具有侧式站台的车站称为侧式车站,如图 1-4 所示。侧式车站站台上下行乘客可避免相互干扰,正线和站线间不设喇叭口,造价低,改建容易,但是站台面积利用率低,调剂客流受到限制,中途改变方向须经过地道或天桥,车站管理分散,站台空间不及岛式宽阔。因此,侧式站台多用于两个方向客流量较均衡(或流量不大)的车站及高架车站。

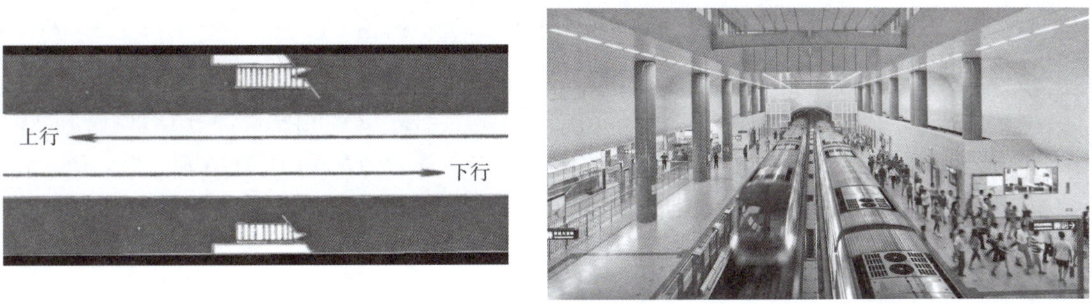

图 1-4　侧式站台车站

(3)岛侧混合式车站

岛侧混合式车站是指在一个车站兼有岛式站台和侧式站台两种形式,主要用于两侧站台换乘或列车折返。有一岛一侧式车站,也有一岛两侧式车站。图 1-5 为一岛两侧式站台车站。

图 1-5　岛侧混合式站台车站

知识链接1-1

分离岛式车站

分离岛式车站是一种构造特殊的车站，在多数情况下是因为要避开原有地面高架桥桥桩而采用的一种车站结构。与岛式站台类似，分离岛式站台的轨道位于站台两侧，但分离岛式站台的上下行站台分开，站台间通过数条通道或站厅连接来实现两分离站台之间的客流连接和换乘。这样能使桥桩位于两部分车站结构的中间，因此，能够有效地避开桥桩的影响，如图 1-6 所示的分离岛式站台车站。

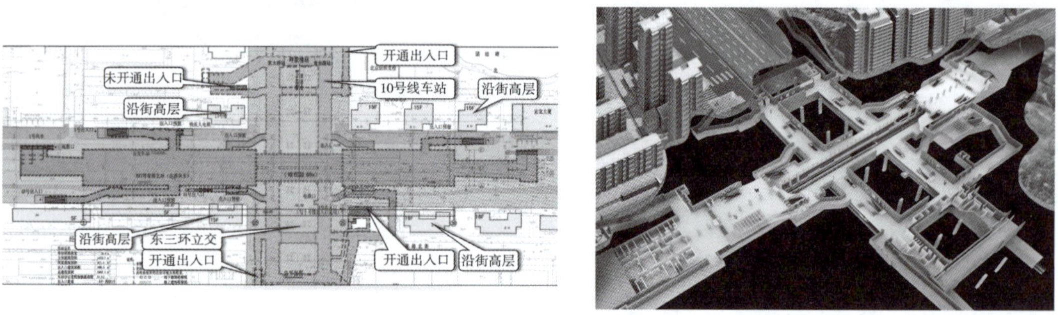

图 1-6　分离岛式站台车站

4. 按车站规模大小分类

车站规模主要根据本站远期预测高峰小时客流量、所处位置的重要性、站内设备和管理用房面积、列车编组长度及该地区远期发展规划等因素综合考虑确定，在大城市中一般可划分为大、中、小三个等级。

（1）大型车站（甲级站）

大型车站（甲级站）高峰每小时客流量达 3 万人次以上。车站客流量大，位于市中心区的大型商贸中心、大型交通枢纽中心、大型集会广场、大型工业区及位置重要的政治中心地区。

客流量特别大、有特殊要求的车站，其规模等级可列为特级站。

（2）中型车站（乙级站）

中型车站（乙级站）高峰每小时客流量在 2 万 ~3 万人次。车站客流量较大，位于较繁华的商业区、中型交通枢纽、大中型文体中心、大型公园及游乐场、较大的居住区及工业区。

(3)小型车站(丙级站)

小型车站(丙级站)高峰每小时客流量在2万人次以下。车站客流量较小,位于城市边缘、郊区。

车站规模的大小,将直接影响工程造价的高低。规模过大,投资太高;规模不足,满足运营的需要期限短,影响运营功能且日后改建困难。因此,在确定车站规模时,应谨慎进行技术经济比较。

5. 按是否具有站控功能分类

按是否具有站控功能,车站可分为设备集中站和非集中站。设备集中站通常为有道岔的车站,具有站控功能。集中站车站值班员根据调度命令,可监控集中站管辖线路上的列车运行,执行扣车与催发车等列车运行调整措施。非集中站通常为无道岔车站。

学习与思考

请依据某地铁线路示意图(节选),如图1-7所示,分析这些车站属于哪种类型?

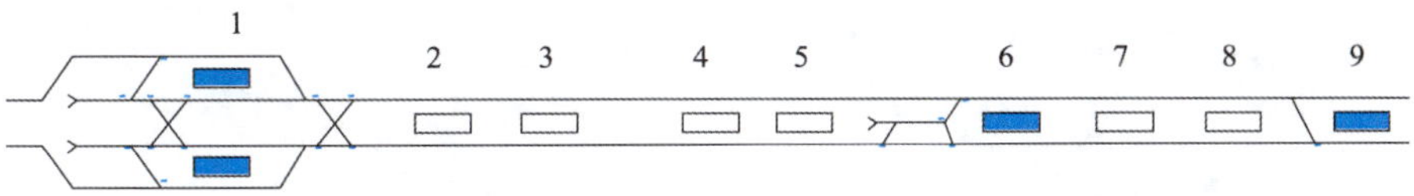

图1-7 某地铁线路示意图(节选)

(二)城市轨道交通车站建筑

对城市轨道交通系统来说,车站建筑一般由车站主体(站台、站厅、设备用房、管理用房等)、出入口及通道、通风道及风亭(仅地下车站),以及其他附属设施等组成,如图1-8所示。

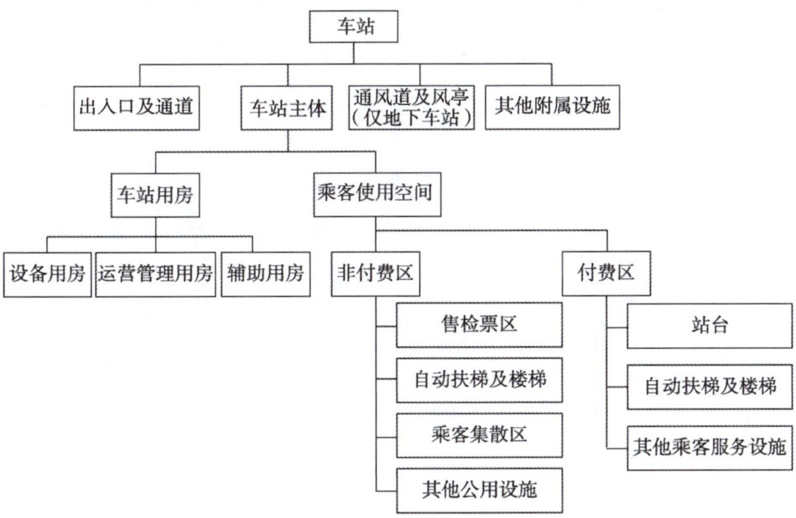

图1-8 地铁车站建筑构成

1. 车站主体

车站主体作为列车的停车点,它不仅供乘客上下车、集散、候车使用,一般也是办理运营业务和设置运营设备的地方。车站主体根据功能可分为乘客使用空间和车站用房。

(1)乘客使用空间

乘客使用空间是直接为乘客服务的场所,是车站的主体部分,可分为非付费区和付费区。

非付费区是乘客购票并正式进入车站前的活动区域,一般应有较宽敞的空间。非付费区设置售票、咨询、商业、服务等设施,可为乘客提供售票、咨询、商业等服务。付费区包括站厅、站台、楼梯和自动扶梯、导向标志、银行自动取款机等其他乘客服务设施。对于一般的城市轨道交通车站来说,通常非付费区的面积应略大于付费区,非付费区的最小面积一般可以参照能容纳高峰小时5分钟内聚集的客流量来推算。

学习与思考

请分析图1-9所示两个车站结构示意图中A区、B区,哪个区域是付费区?哪个区域是非付费区?并比较两个车站的区别。

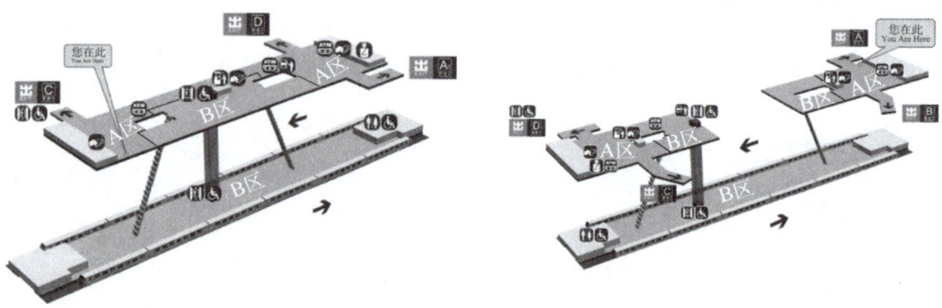

图1-9 车站付费区与非付费区

(2)车站用房

车站用房包括运营管理用房、设备用房和辅助用房,图1-10为某地铁车站站厅层车站用房布局图(节选)。

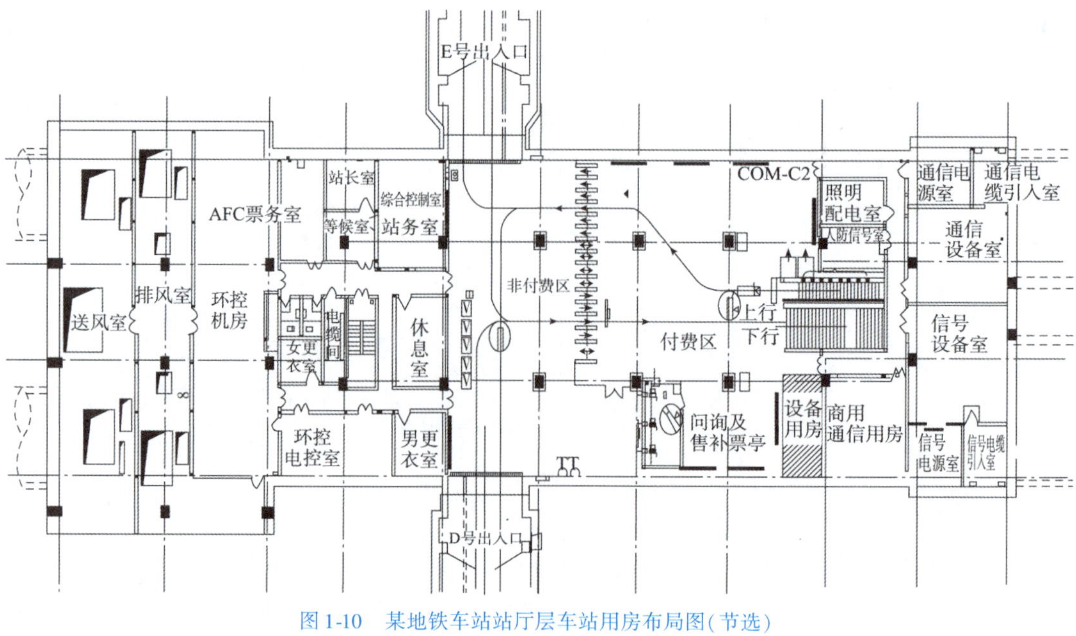

图1-10 某地铁车站站厅层车站用房布局图(节选)

①运营管理用房。运营管理用房是车站运营管理人员使用的办公用房，直接或间接为列车运行和乘客服务，主要包括车站控制室、车站票务室、站长室、会议室和公安保卫室等。

a. 车站控制室。车站控制室是车站运营与管理的中心（图 1-11），通常设在站厅层，地坪较高，便于对站厅层售票、检票、楼梯和自动扶梯口等客流较多的部位进行监视。车站控制室内主要设备有：IBP 盘（Integrated Back-up，综合后备盘）、综合控制台（车站监控计算机）、防灾报警设备、各种通信联络电话、车站广播设备、事件报表打印机等。综合控制台可监控操作列车自动监控（Automatic Train Supervision，ATS）系统、自动售检票系统（Automatic Fare Collection System，AFC）、环境与设备监控系统（Building Automation System，BAS）、火灾自动报警系统（Fire Alarm System，FAS）、乘客信息系统（Passenger Information System，PIS）、闭路电视监控系统（Closed Circuit Television，CCTV）、广播系统（Public Announcement System，PA）、通信告警系统、办公系统（Office Automation，OA）等多个子系统，如图 1-12 所示。

二维码

车站控制室

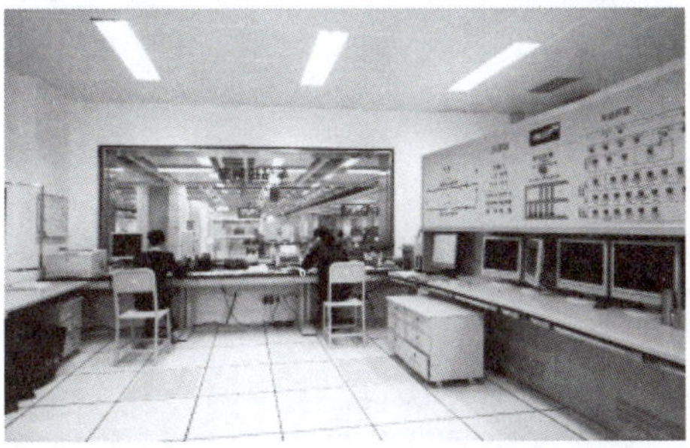

图 1-11　某地铁车站车站控制室

图 1-12　某地铁车站综合控制台设备布局

车站 IBP 盘（综合后备盘），如图 1-13 所示。IBP 盘的主要功能是实现车站控制室各系统的紧急后备操作。IBP 盘上设置紧急控制按钮、状态指示灯等，对重要设备进行应急监控，其控制级别高于各系统操作站。IBP 盘可为以下控制功能提供后备控制操作，它们包括但不限于：信号系统（Sigal，SIG）的紧急停车、扣车和放行；牵引供电系统紧急停电；环控通风排烟系统和消防联动控制以及阻塞模式下的控制；站台门系统（Platform Screen Doors，PSD）紧急开门控制；AFC 系统闸机释放控制；门禁系统（Access Control System，ACS）的释放；防淹门（Flood Gate，FG）的控制；消防水泵的停止控制等。

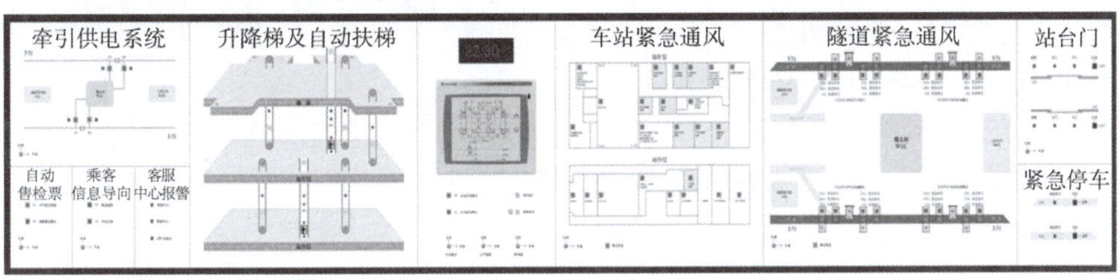

图 1-13　某地铁车站 IBP 盘示意图

车站控制室内还设有消防联动控制主机、各类打印机、行车备品柜及文件柜等设备设施。车站控制室是车站级的控制指挥中心，是车站站务人员工作的主要场所，由值班站长负责，24 小时有人值班，一旦发生事故必须立即向控制中心汇报。

b. 车站票务室。车站票务室是车站票务工作的心脏，是现金、车票、票务物资的集散地（图1-14）。票务室内有存放现金、有值车票的保险柜、票箱、票款箱、票务钥匙及点钞机、验钞机、点币机、便携式查询机、票务台账等票务工器具。该房间也可作为车站人员进行票务结账、清点钱箱、结算报表等票务工作的场所。为保证车票和票款的安全，票务室一般要安装防盗门和门禁系统，同时要安装具备录像功能的闭路电视监控器。票务室实行严格的准入制度，严格限制进入该房间人员的范围和进入的时间，房门须时刻保持锁闭状态。

图1-14　香港地铁某车站票务室

c. 站长室。站长室是车站站长在车站办公的场所，在房间设置上与车站控制室相邻。

d. 公安保卫室。公安保卫室（警务室）是车站警务人员办公的场所，一般设在站厅层乘客较多一端，邻近车站控制室。

②设备用房。设备用房是为保证列车正常运行、保证车站内良好环境条件和在事故灾害情况下保障乘客安全所需的用房（图1-15、图1-16），直接或间接为列车运行和乘客服务，可分为弱电设备房和强电设备房。

图1-15　某地铁车站环控设备用房

图1-16　某地铁车站设备用房一角

车站里的弱电系统通常指综合监控系统、通信系统、信号系统和AFC系统。弱电设备房主要包括综合监控设备室、通信设备室、通信电源设备室、信号设备室、信号电源室、商业移动通信机房、站台门设备控制室等。

车站里强电系统主要是指高压牵引供电系统，其设在车站的设备用房主要有牵引降压混合变电所、降压变电所、33kV高压开关柜室等。这些设备用房须根据需要安装空调系统和气体灭火系统。

设备用房是整个车站运营的重要区域。由于这些用房与乘客没有直接关系，一般可以布设在离乘客较远的地方。此类房间多用于安置系统设备，工作人员并不长时间停留。

小贴士

进入车站设备用房

公司员工或承包商进入设备用房，必须获得相关设备维护人员和车站维护人员的许可，并经值班站长确认进入设备用房的凭证。其他人员如果没有设备管理人员和车站维护人员的提前通知或书面同意，不得进入设备用房。车站须将人员进站、进入设备房等情况在车站日志中登记。车站用房所有面向公共区域的门必须锁闭，防止未授权人员进入。

③辅助用房。辅助用房是为保证车站内部工作人员正常生活所设置的用房，直接供站内工作人员使用，主要包括卫生间、茶水间、更衣室、休息室等。这些用房均设在站内工作人员使用的区域内。图1-17为香港地铁某车站员工休息室，图1-18为香港地铁某车站车站控制室休息区域和与之相连的工作区域。

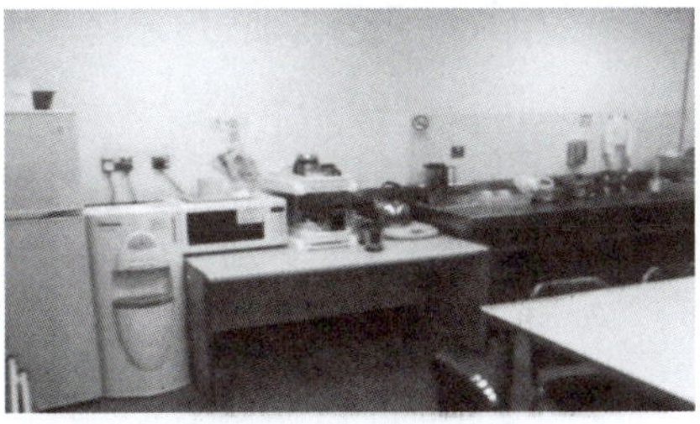

图1-17 香港地铁某车站员工休息室

车站用房应根据运营管理需要设置，在不同车站配置必要房间，尽可能减少用房面积，以降低车站投资。

a)车站控制室工作区域

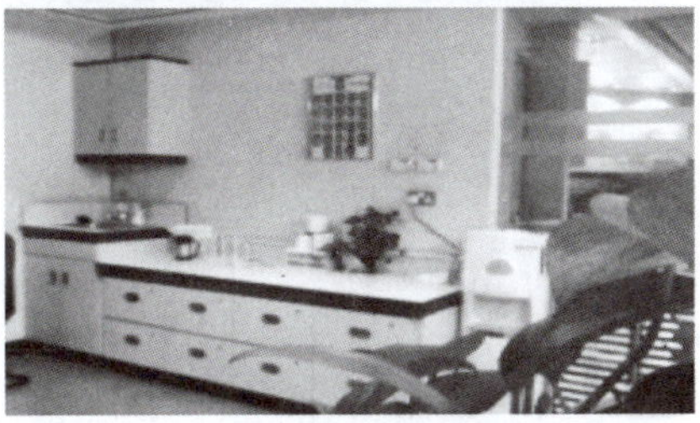

b)车站控制室休息区域

图1-18 香港地铁某车站车站控制室休息区域和与之相连的工作区域

2. 出入口及通道

车站出入口的主要作用在于吸引和疏散客流。车站出入口一般设在城市轨道交通沿线主要街道的交叉路口或广场附近，尽量扩大服务半径，方便乘客。车站出入口布置应与主客流的方向一致，宜与过街天桥、过街地道、地下街、邻近公共建筑物相结合或连通，统一规划、同步或分期实施。

3. 通风道及风亭(仅地下车站)

通风道及风亭是为了满足地下车站通风要求而设置的。由于地下车站四周封闭、空气不流通、客流量大、机电设备多、站内湿度较大、空气较为污浊，为了及时排除车站内的污浊空气，给乘客创造舒适的乘车环境，需要在城市轨道交通车站内设置通风与空调系统。

风亭(图1-19)具有将地面的新鲜空气送入地铁内的作用。

图1-19 北京地铁北大东门站风亭

二 城市轨道交通车站设计与平面布局

城市轨道交通运营的社会效益、经济效益，在很大程度上取决于车站位置的选择、设计合理与否及设备的配置。城市轨道交通车站设计时，首先是确定车站在现有城市轨道交通路网中的确切位置，这涉及城市规划和线路总体方案设计；车站位置确定后，根据客流量及其站位特点确定车站规模、平面布置、合理的站内客流流线、地面客流吸引、交通方式间的换乘便捷等因素进行综合考虑。

1. 城市轨道交通车站的总体设计原则

①最大限度地吸引客流。要求车站设置位置合适，设备完善，服务水平高，车站布设方便乘客使用，车站位置能为乘客提供最大可能的方便，使多数乘客步行的距离最短。

②车站设计规划应根据远期高峰小时预测客流集散量和车站行车管理、设备用房的需要来确定，要与站厅、站台、出入口通道、楼梯、电梯以及售检票等部位的通过能力相匹配，同时应满足事故发生时乘客紧急疏散的需要，超高峰系数应根据车站规模及周边用地情况所决定的客流性质不同分别选取。

③个别车站（如体育场馆、火车站、广场等可能产生阵发性密集到发客流的车站，交通集散点附近的车站）可按极限运量需求来设计，尽量通过短的出入口通道将上述地点与车站相通，为乘客提供无太阳晒、无雨淋的乘车条件。

④预留适当的能力余地，以满足高峰时段密集到达（出发）的需要，即超高峰时段的需要，并能应付远期运量波动的需要。

⑤车站布设应与旧城改造和新区土地的开发相结合，车站分布应方便施工、减少拆迁、降低造价，并注重城市轨道交通建设与周边经济发展的互动效应，为可持续发展创造条件；还应降低占地面积，尽可能降低投资费用，满足施工条件的限制（例如能设在地面，则不设在地下；车站设计以实用高效为主、装饰功能为辅等）。

⑥车站布设应与城市道路网及公共交通网络密切结合，应符合城市轨道交通网络规划和城市总体规划的要求，应与城市总体规划和车站所在地区的城市规划相协调，车站分布应兼顾各个车站间距离的均匀性。乘客到大型商业区购物，一般不考虑步行距离，地铁车站布设在距离商业中心500m左右较为适宜。

⑦车站设计需采用多方案比选，确定较优方案。车站一般宜设在直线段上。

2. 车站出入口的设计

车站出入口数量可根据进出站客流的数量以及方向确定。首先，要满足进出站客流的通过能力；其次，应尽可能照顾各个方向的客流，以方便乘客进出站。《地铁设计规范》（GB 50157—2013）规定：“车站出入口的数量，应根据吸引与疏散客流的要求设置；每个公共区域直通地面的出入口数量不得少于两个，每个出入口宽度应按远期或客流控制期分向设计客流量乘以1.1～1.25不均匀系数计算确定。”

出入口的车站设备主要有楼梯、自动扶梯、引导标志、集水井等，如图1-20所示。

车站出入口是车站的门户，除了功能设计需要科学先进外，还需要具备美观大方等艺术特点。车站地面出入口的建筑形式，应根据车站所处的位置和周围建筑规划要求确定。地面出入口可做成合建式(图 1-21)或独立式(图 1-22)，但应优先采用与地面建筑或风亭合建式。

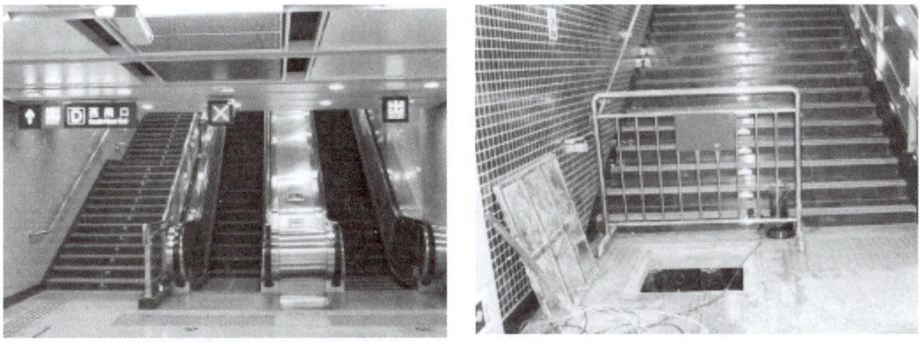

a)楼梯、自动扶梯、引导标志　　b)集水井

图 1-20　车站出入口的设备设施

图1-21　我国香港特别行政区地铁九龙塘站出口

图 1-22　法国巴黎地铁某站出口

车站位置确定以后，车站出入口及通道的设计很重要。一般情况下，如果车站设在地面交通道路的干道大型交叉口，应按照地面道路的数量来设置出入口数量。如果地铁车站设在地面街道十字路口下方，地铁出入口应分别设在十字路口的四个角。如果是两条以上道路交叉口下方，为了避免乘客和行人横穿马路，一般应在各个角都设置出入口。如果车站位置在社区附近，则出入口位置尽量设在靠近社区出入口，最大程度方便居民乘车。如果车站设在大型购物休闲地带，则车站出入口应设在离购物休闲出入口最近的地点，或者有些出入口可直接设在购物中心的一层或地下一层，这样可极大地方便乘客，减少地面露天走行距离。

我国香港特别行政区对地铁出入口的规划和建设十分重视，往往一个站有多个出入口，设置在商场、写字楼、大学附近或内部。如旺角站，四周的出入口多达十余个(图 1-23)，这样客流易于分散，乘客进出地铁也很方便。

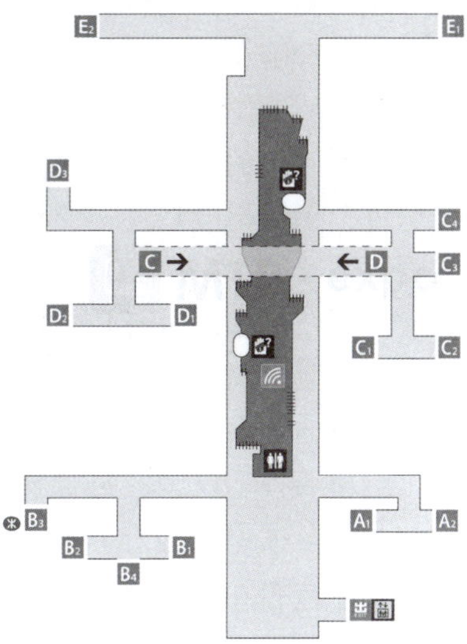

图 1-23　我国香港特别行政区地铁旺角站出入口布置图

车站出入口的位置一方面要考虑地下通道的顺畅，同时又不宜过长；另一方面也要考虑能均匀地、尽量多地吸纳地面客流。此外，还应考虑防灾设计要求，出入口被称为生命线。车站出入口的数量不得少于2个，且必须位于车站的两端，每个出入口宽度和该方向远期客流量有关。

知识链接1-2

车站出入口字母编号规则（以北京地铁为例）

以车站建筑几何中心为中心，根据各出口在地面的相对地理位置，正西及西北方向为A，按顺时针方向旋转，正北及东北方向为B，正东及东南方向为C，正南及西南方向为D。

如果同一字母在大方向上存在两个或两个以上出口时，首先按字母编号原则确定出口的字母，再按照该出口距离车站建筑几何中心（或多建筑几何中心的重心）的位置，由近及远地进行数字编号，其编号规则：最近的编为1号，次近的编为2号。当多个出口与各出口几何中心的距离相等时，则按顺时针方向编号。北京地铁车站出入口字母编号规则如图1-24所示。

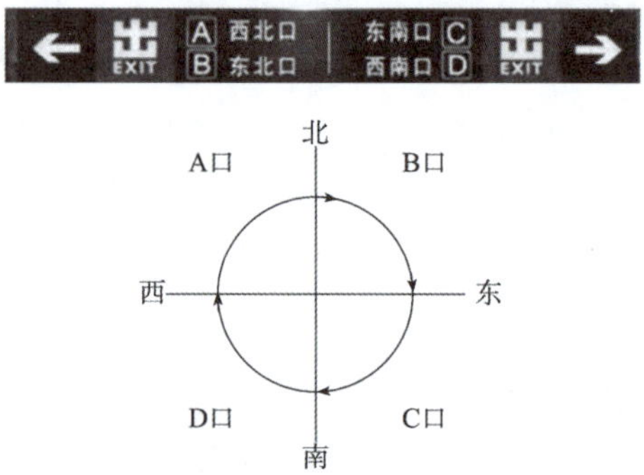

图1-24　北京地铁车站出入口字母编号规则

3. 通道的设计

乘客从车站出入口到站厅层或从站厅层到站台层需要通过一定的通道，通道是联系城市轨道交通车站出入口和站厅层的纽带。通道的设计应以乘客流动的路线为主要考虑依据，从安全性和人性化的角度应遵循两个原则，即减少进出站乘客流线的交叉和最大限度缩短乘客从出入口到站台的行走距离。通道内主要布设楼梯、自动扶梯、自动人行道、电梯等客运设备设施。地下出入口通道应力求短、直，通道的弯折不宜超过三处，弯折角度不宜小于90°。地下出入口通道长度不宜超过100m，当超过时应采取能满足消防疏散要求的措施。

乘客使用的楼梯一般采取26°~34°倾角，当楼梯宽度大于3.6m时，应设置中间扶手。楼梯每个梯段不应超过18级，且不应少于3级。休息平台长度宜为1.2~1.8m。在车站发生紧急情况时，楼梯主要用于车站向外疏散乘客，所以车站楼梯平时应保持畅通，任何物品不得堆放在楼梯处，任何人员不得滞留在楼梯处。

地铁应采用公共交通型自动扶梯和自动人行道。自动扶梯的倾斜角度不应大于30°；自动人行道的倾斜角度不应大于12°，自动人行道的梯级净宽不宜小于1m。

电梯的各项设施应符合现行国家标准《无障碍设计规范》（GB 50763）的有关规定。电梯的开门宽度不宜小于1m，并宜选用双扇中分门。

4. 站厅层的设计与平面布局

站厅的作用是将从车站出入口进入的乘客迅速、安全、方便地引导到站台乘车，或将下车的乘客同样引导至车站出入口，离开车站。对乘客来说，站厅是上下车的过渡空间。乘客一般要在站厅内办理购票、检票手续。因此，站厅内需要设置售票、检票、问询等为乘客服务的设施。同时站厅层内设有地铁运营设备、管理用房和升降设备，起到组织和分配客流的作用。

(1)站厅的分类

站厅的布置与车站类型、站台形式及布置关系密切，主要有端头式、贯通式、集中式站厅三类。

地下车站多为两层建筑，即地下一层为站厅层，地下二层为站台层。其中站台必然是贯通的，而上层站厅则可分为端头式站厅和贯通式站厅两种形式。高架车站一般采用集中式站厅。

①端头式站厅。端头式站厅设于车站两端。由于地下车站施工时，为躲避城市道路下方大量市政管线，车站把上层站厅的中部断开，留出凹槽空间以躲避市政管线，站厅成为互不连通的两个端厅，端厅内都设有车站出入口及通道供乘客出入，如图1-25所示。

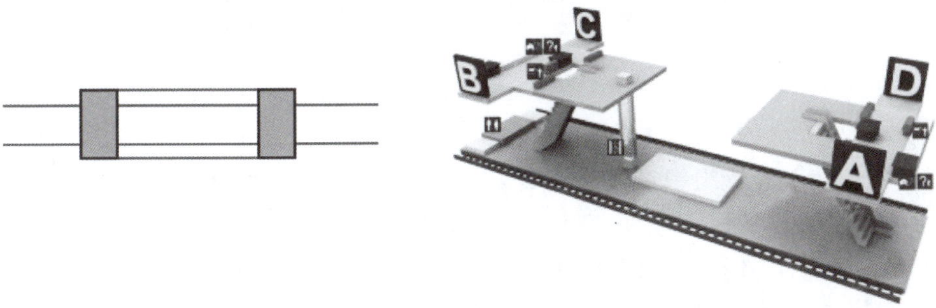

图1-25 两端分布式站厅

还有一种端头式站厅仅位于车站的一端。这种布置方式常用于终点站，且车站一端靠近城市主要道路的地面车站。图1-26为北京地铁张郭庄站站厅示意图。

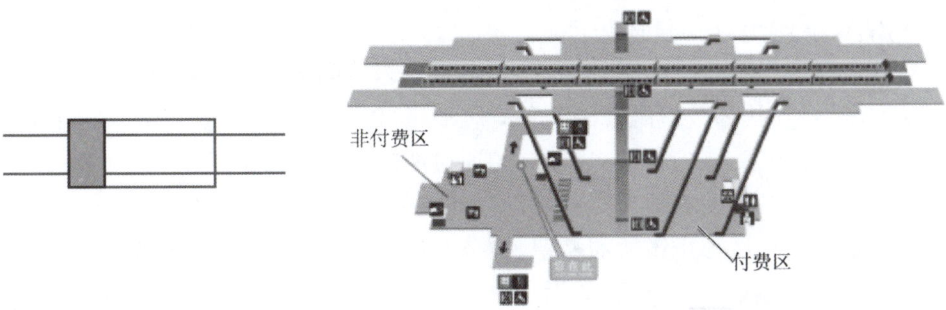

图1-26 一端分布式站厅

②贯通式站厅。贯通式站厅常用于地下岛式车站及侧式车站，闸机将原有站厅分为非付费区、付费区、非付费区三部分，一般情况下两个非付费区之间互相不能连通，如图1-27所示。

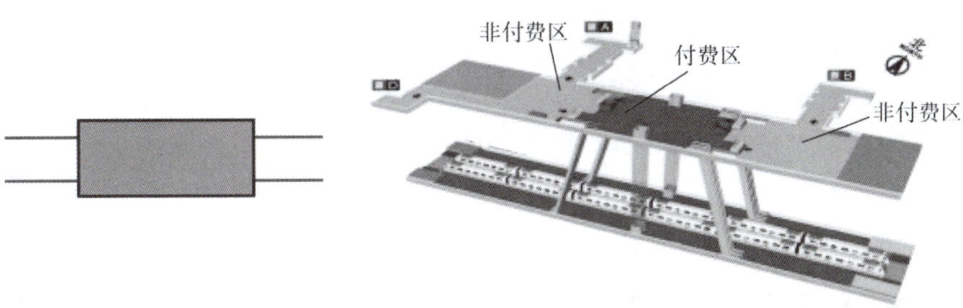

图1-27 贯通式站厅

③集中式站厅。集中式站厅一般用于高架车站，站厅设置于站台中部下方，乘客可由站厅选择不同方向的楼梯、自动扶梯到达上行或下行站台，如图1-28所示。

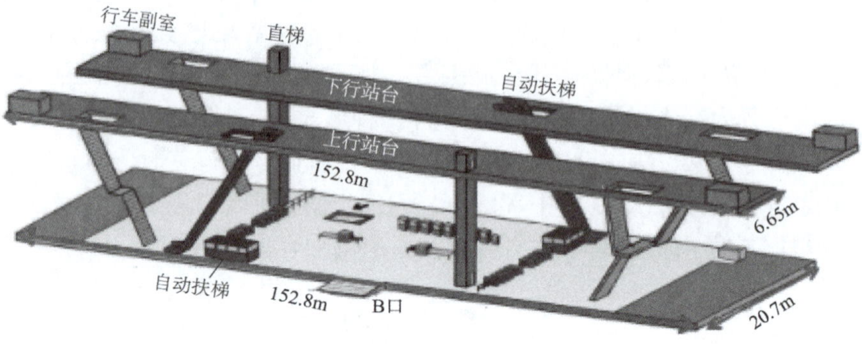

图1-28　集中式站厅

（2）站厅层平面布局原则

①根据车站运营及合理组织客流线路需要，将站厅划分成付费区和非付费区。乘客经购票、检票后方可进入付费区，由此可进入站台。非付费区乘客可以在本区域内自由通行。

②设计上一般采用不锈钢管材和钢化玻璃分隔带将付费区与非付费区分开。在两区分界线的交叉点上设置进出站检票机。付费区内设有通往站台层的扶梯、无障碍电梯等，非付费区内设有售票、问询，个别车站设有小商铺，其设置位置应不妨碍乘客行进畅通。与乘车活动直接关联的设施和用房（如售票、问询）应设在客流线路附近。而与乘车活动无直接关联的设施和用房（如自助取款机、自动售卖机）应充分利用站厅非付费区角落设置，满足相对安静的环境需求，并避免对通道形成干扰。

③售检票口及栅栏的位置应合理设置，将进出站客流的相互干扰减小到最低程度。

④楼梯宽度、自动扶梯数量既要满足平时客流集散需要，又要满足事故情况下紧急疏散的需要。出入口通道、售票口、检票口、楼梯的通过能力应相互协调匹配。

⑤车站在满足集散的前提下要尽量控制公共区的规模，以降低造价。

⑥站厅面积一般除考虑正常所需购票、检票及通行面积外，还需考虑乘客做短暂停留及特殊情况下紧急疏散等情况，并留有适当余地。

⑦地下车站站厅公共区应结合车站埋深、结构形式及建筑布置等因素进行空间设计。在满足乘客集散的前提下，尽量丰富地下车站的空间形式，减少地下建筑沉闷和压抑的感觉。

5. 站台层的设计与平面布局

站台是供乘客上下车及候车的场所，站台层一般布设楼梯、自动扶梯及设备和管理用房等设备设施。目前国内外地铁车站所采用的站台形式绝大多数为岛式站台与侧式站台。站台长度、站台宽度及站台高度是站台设计中要确定的要素。

（1）站台长度

根据《地铁设计规范》（GB 50157—2013）规定，站台计算长度应采用列车最大编组数的有效长度与停车误差之和，如图1-29所示。

站台有效长度，在无站台门的站台应为列车首末两节车辆驾驶室门外侧之间的长度；在有站台门的站台应为列车首末两节车辆尽端客室门外侧之间的长度。

停车误差，当无站台门时应取1~2m；有站台门时应取0.3m之内。

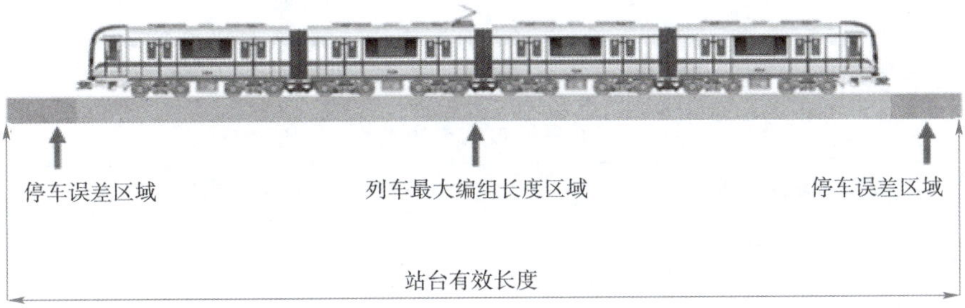

图1-29 地铁车站站台有效长度示意图

站台长度为站台计算长度和计算长度以外附加站台长度之和，即站台有效长度、停车误差和附加站台长度之和，是根据车站有效站台长度和站台层设备管理用房布置需要而确定的。对于远期列车编组在6~8辆的轨道交通系统，站台长度一般在130~180m。

知识链接1-3

各种城市轨道交通车辆编组适应客流量与站台长度

各种城市轨道交通车辆编组适应客流量与站台长度估算表，见表1-1。

各种城市轨道交通车辆编组适应客流量和站台长度估算表 表1-1

车型	编组	列车载客量(人)	断面客流量(万人次/h)	站台长度(m)	适应范围(万人次/h)
A型车	4辆	1240	3.72	93	3.7~7.4
	6辆	1860	5.58	140	
	8辆	2480	7.44	186	
B型车	4辆	950	2.85	78	2.8~4.3
	5辆	1195	3.59	98	
	6辆	1440	4.32	120	
C型车	3辆	610	1.83	57	1.9~3.0
	4辆	820	2.46	76	
	6辆	1030	3.09	95	

(2)站台宽度

站台宽度主要根据车站远期预测高峰小时客流量大小、列车对数、结构横断面形式、站台形式、站房布置、楼梯及自动扶梯位置等因素综合考虑确定。

站台宽度应满足高峰时段客流候车、集散的需要。站台宽度由站台乘降区计算宽度、柱宽、楼梯宽度及自动扶梯宽度组成。

站台宽度各不相同，为设计、建设及运行方便，一般确定为若干个等级宽度标准，如大型车站统一用14m、中型车站用10m、小型车站用8m等。

知识链接1-4

地铁车站站台及其他部位的最小宽度尺寸

为了保证地铁车站安全运营和安全疏散的基本需要,我国《地铁设计规范》(GB 50157—2013)中规定了地铁车站各部位的最小宽度,见表1-2。

车站各部位的最小宽度　　表1-2

车站站台形式		站台最小宽度(m)
岛式站台		8.0
岛式站台的侧站台		2.5
侧式站台(长向范围内设梯)的侧站台		2.5
侧式站台(垂直于侧站台开通道口设梯)的侧站台		3.5
站台计算长度不超过100m且楼梯、扶梯不伸入站台计算长度	岛式站台	2.0
	侧式站台	4.0
通道或天桥		2.4
单向楼梯		1.8
双向楼梯		2.4
与上下均设自动扶梯并列布置的楼梯(困难情况下)		1.2
消防专用楼梯		1.2
站台至轨道区的工作梯(兼疏散梯)		1.1

(3)站台高度

站台高度是指线路走行轨顶面至站台地面的高度。站台高度主要根据车厢地板面距轨顶面的高度而定。

站台按高度可分为低站台和高站台,其选择需要与车型匹配。站台与车厢地板高度相同称为高站台,一般适用于流量较大、车站停车时间较短的车站。采用高站台时,考虑到由于车辆弹簧的挠度作用,在最大乘车效率时,车厢地板下沉的范围在100mm以内,故高站台高度宜低于车厢地板面50～100mm。

站台比车厢地板低时称为低站台,适宜于客流量不大的车站。

(4)站台层平面布局

站台层的各种建筑尺寸必须符合行车限界要求,要协调站厅层与站厅层楼梯、自动扶梯布置,使站台层楼梯、自动扶梯口吸引客流分布均匀,并确保站台上任意点至楼梯、自动扶梯的距离不大于50m。要充分考虑车站两端通风用房的设计,以使车站上下排风道通畅及区间火灾事故的排烟功能充分发挥。

任务2　绘制城市轨道交通车站客运设备设施布局图 1+X

一　电梯系统

城市轨道交通电梯系统由垂直电梯、自动扶梯、自动人行道组成，是车站重要的客运组织设备设施。

（一）垂直电梯

垂直电梯（图1-30）是一种垂直运送人或物的起重机械。在城市轨道交通车站，垂直电梯也称为“无障碍电梯”，主要为携带大、重行李的乘客和残障人士提供服务。

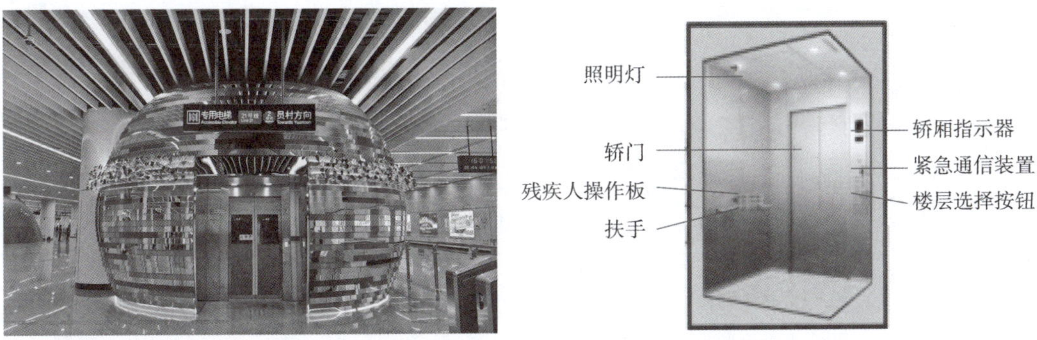

图1-30　垂直电梯

车站工作人员在垂直电梯开梯前要检查轿厢内照明、应急对讲电话、闭路电视监控等各项服务设施是否完好，查看各类乘梯安全标识是否齐全、完整。工作人员开梯时要注意严禁钥匙留在钥匙开关内，开梯后，上下试运转两周，观察设备运转整体情况。当出现设备运行有异常声音、不能正常开关门、不能正常平层和危及人员安全的其他情况等状况时，必须紧急停梯，并通知维修人员进行专业检查。

当垂直电梯遇到系统错误或者断电时，如有乘客被困在电梯轿厢内，就需要进行紧急营救。紧急营救必须由受过电梯紧急营救培训的人员进行。作为车站工作人员，主要任务是安抚乘客和配合救援。具体做法如下：

①接到求救信息后要与乘客沟通，确认电梯内人员数量和人员情况，上报故障报警中心，并提醒乘客在接到指示之前不得进行任何操作（如扒开梯门等）。

②通过电梯内的通信装置先稳住乘客情绪，注意与乘客沟通，安慰乘客，让乘客保持镇静，并告知乘客维修人员将马上进行维修。

③故障电梯应立即停用，放置暂停服务牌。

④等待专业救援人员进行维修和救援。

小贴士

在车站控制室内的IBP盘上的电梯系统盘面，只能监控垂直电梯的运行情况而不能控制其运行，如图1-31所示。

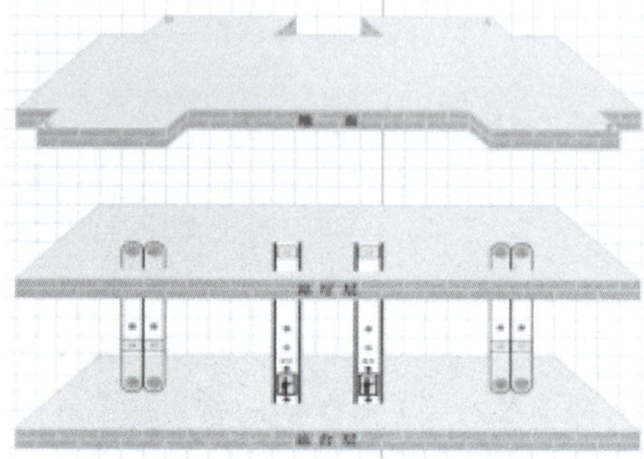

图1-31　某地铁车站IBP盘上电梯系统盘面

(二)自动扶梯

自动扶梯是带有循环运动梯路向上或向下倾斜输送乘客的固定电力驱动设备。城市轨道交通车站多设在地下及高架，基本上每座车站至少有一个出入通道设置自动扶梯。自动扶梯的用途主要是解决乘客的快速疏散问题，使乘客在站台层与站厅层及车站外进行疏解。

根据《地铁设计规范》(GB 50157—2013)规定，车站出入口、站台至站厅应设上、下行自动扶梯，在设置双向自动扶梯困难且提升高度不大于10m时，可仅设上行自动扶梯。每座车站应至少有一个出入口设上、下行自动扶梯；站台至站厅应至少设一处上、下行自动扶梯。当站台至站厅及站厅至地面上、下行均采用自动扶梯时，应加设人行楼梯或备用自动扶梯。

与垂直电梯不同的是，自动扶梯具有连续输送功能，能够在短时间内输送大量乘客，其主要特点有：输送能力大，生产效率高；可设置上下行，满足不同需要；在断电和电源故障时，可作普通楼梯使用。

小贴士

如果自动扶梯发生了机械故障，则不能作为普通楼梯使用。

1. 自动扶梯的结构

自动扶梯的外部结构主要包括扶手带、旁板、围裙板（也叫保护裙板）、梯级、梳齿板和踏板；内部结构主要包括桁架、驱动链、梯级链、减速机、电动机、主驱动轴、梯级链张紧装置、导轨、扶手带驱动装置、控制系统、安全装置等。自动扶梯如图1-32所示。

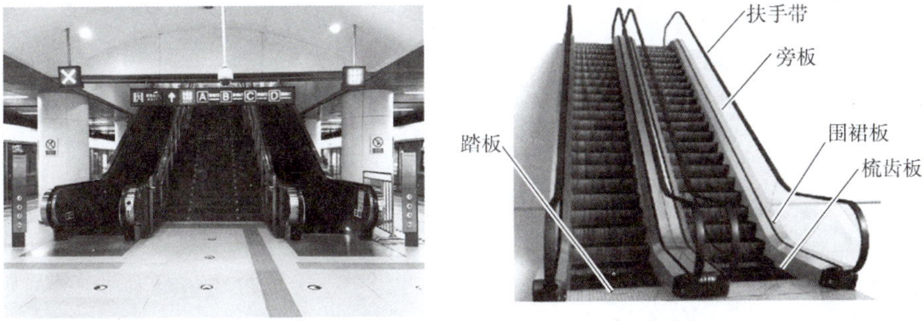

图 1-32 自动扶梯

2.自动扶梯的日常监管

(1)自动扶梯的日常启动和日常停止

①启动前的检查。检查扶梯踏板、扶手、梳齿(图 1-33)或保护裙板部分,除去夹在里面的碎纸、小石子、口香糖等。检查自动扶梯周围的安全设施(三角区护板、施工用围挡、防止进入的围栏、安全提示标志等,如图 1-34 所示)有无破损等异状。

图 1-33 自动扶梯的梳齿

②启动时的要点。车站工作人员需要确认自动扶梯梯级或踏板上没有乘客;在扶梯上方或下方用围栏或伸缩带隔离自动扶梯入口,提醒周围人自动扶梯即将运转不要靠近;用钥匙启动扶梯运行;观察扶梯有无异常声响和振动,确认正常后,乘坐一次。

③自动扶梯的日常停止。每天运营结束后都需要停止自动扶梯的运行。具体要点如下:在停止自动扶梯之前,需确认有无发生异常声响或振动;用自动扶梯停止的警报开关(Alarm)鸣响警笛,不要使人进入自动扶梯的乘梯口;在确认自动扶梯附近或扶梯踏板上无人后再用钥匙停止电梯;一天的运行结束后,要认真检查扶梯踏板、扶手、梳齿或保护裙板并清扫。为防止将停止中的自动扶梯当楼梯用,应采取措施,用围栏等挡住以防乘客进入。

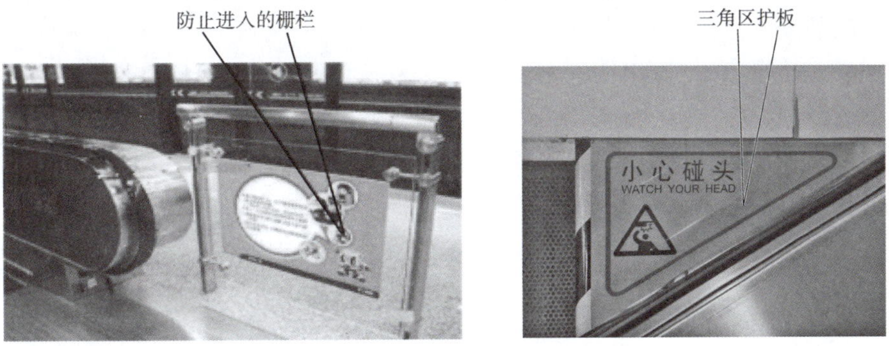

图 1-34 自动扶梯周围的安全设施

(2)自动扶梯的日常检查

根据地铁运营企业的相关规定,车站工作人员需要对自动扶梯进行定期检查和日常巡查,检查项目主要包括以下几类。

①急停按钮(定期测试):按下按钮,扶梯停止。

②梯级(日常巡查):检查是否有异物,螺栓是否松动,梳齿及梯级面板是否有断裂或者损伤。

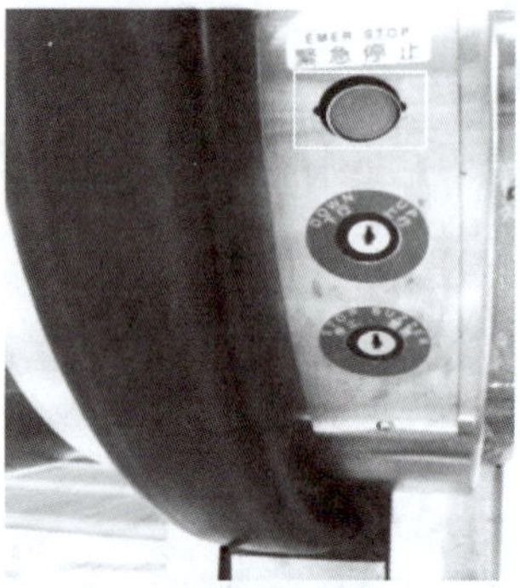

图 1-35 紧急停梯按钮

③乘客舒适感(日常巡查):搭乘时,感觉扶梯是否顺畅平稳及宁静,扶手带和梯级是否同步。

④扶手带(日常巡查):检查是否有异常膨胀或者老化,是否附有口香糖等异物,有无污垢,如有则擦去。

(3)紧急停梯操作

在出现异常状况时,可以按下紧急停梯按钮让自动扶梯停止运行。在按下按钮之前,应大声通知乘客"紧急停止,请抓住扶手"。为防止乘客的误操作,紧急停梯按钮大都设置在自动扶梯的下方,如图 1-35 所示。如果自动扶梯较长,有时会在其中间设置一个紧急停梯按钮。

(4)自动扶梯常见问题处理及客运组织要点

自动扶梯常见的故障有卡异物、异常停梯、反转、异响、漏油等。无论发生何种故障都需要专业维护人员到现场进行维护和处理,作为车站的站务人员只需要进行必要的配合即可。自动扶梯常见问题处理及客运组织要点主要有:

①在自动扶梯入梯处进行客运组织时,应向乘客宣传"不要拥挤""顺序乘梯""扶稳站好"等内容,保证乘梯的安全性。

②当乘客较多时,应在进入扶梯前组织乘客排队入梯,降低乘客行进速度,避免因拥挤引起乘客摔伤、站立不稳、站立在两梯阶之间等情况的发生。

③在扶梯运行过程中,要时刻关注扶梯的运转情况,一旦发生异响、异状,要先稳定乘客情绪,阻止乘客入梯,并将扶梯上的乘客快速清出,再关闭扶梯,报相关部门。

④若出现扶梯急停,要立即到现场查看是否有乘客受伤,是否有异物。确认符合开放条件后方可重新启动。

⑤若扶梯无法启动时,可用钥匙多试几次,若仍无法启动,需报机电人员维修,报告故障扶梯编号和故障现象。

⑥当扶梯停止使用后,要在扶梯出入位置设置相应的提示牌和安全围栏(上、下方都需要设置),并向乘客做好宣传解释工作。

⑦扶梯不能使用,将会导致步梯或通道的压力增加,在重点时段,要在通道、站厅等位置提前对客流进行控制。

⑧当客流压力很大时,可将扶梯临时作为步梯使用,但由于扶梯梯级较高,需提示乘客注意。客流压力减缓后,重新开放扶梯。

⑨遇到乘客乘梯聊天、阅读书报、使用手机时,在将要出梯位置及时提示,使乘客集中精力,保证顺利出梯。

⑩乘梯人数较多,或出梯位置前方道路不畅时,要疏导乘客快速离开出梯位置,为陆续到达的乘客提供足够的出梯空间,保证乘客安全。

案例分析1-1

地铁自动扶梯事故案例

某日上午,北京地铁4号线动物园站A口扶梯发生扶梯反转现象,上行扶梯突然失控变为下行,导致扶梯上的数十名乘客从高处摔下。事故造成一名13岁男童死亡,3人重伤,另有27人轻伤。经查明,事故扶梯在设计、制造上均存在缺陷,且维保不符合要求,最终导致事故发生。

某日,广州地铁2号线广州火车站站换乘5号线的扶梯突然停运,当时扶梯上站满乘客,所幸未造成人员伤亡。事发后,地铁站工作人员赶到现场,因不知何原因,不敢贸然再次开启电梯,而请来专业公司检查。经查明,电梯自身无故障。最后经录像回放查明,扶梯骤停系一名7岁左右男孩突然按住扶梯中间位置的"紧急停梯"按钮所致。

某日,深圳地铁3号线通新岭站一扶梯上两名乘客摔倒受伤。经了解,两名伤者为婆孙关系,老人约60岁,小女孩才五六岁。当日,婆孙俩出地铁站准备回家,但在扶梯上孙女开始耍脾气,并用力扯奶奶,之后两人一同摔倒。

某日晚6时30分左右,广州地铁2号线广州火车站站的一趟下行扶梯突然发生断裂。所幸断裂部位位于扶梯终点处,无人员伤亡。事故发生后,维护人员对扶梯进行紧急抢修。经初步排查判断,由于过往乘客携带过大过重的行李乘坐扶梯,严重超过扶梯梳齿板的承受能力,导致梳齿板压断变形。梳齿板损坏后,触发了内部停机的保护装置,导致自动停梯,此过程中无任何人员伤害。

讨论:

1. 上述案例中地铁自动扶梯发生事故的原因有哪些?
2. 针对事故发生的原因,作为车站工作人员可以采取哪些措施来减少事故的发生?

学习与思考

请结合以下某地铁运营企业《乘客乘梯安全规定》(节选)和图1-36,试分析自动扶梯处客流组织设备设施的作用及要点。

图 1-36

图 1-36　自动扶梯处客运组织设备设施

某地铁运营企业《乘客乘梯安全规定》（节选）

（1）乘梯时请您面向扶梯运行方向顺序站立，并扶好扶手带。

（2）儿童乘梯须有成年人带领。

（3）老弱病残及行动不便者乘梯须有人陪同。

（4）乘梯时禁止拥挤打闹。

（5）禁止使用折叠车等工具拖拉物品乘梯。

（6）禁止站立在扶梯边缘处；禁止触摸扶梯间隙处。

（7）请您注意乘梯安全，自觉遵守乘梯安全规定。

（三）自动人行道

自动人行道是一种带有循环运行的（板式或胶带式）走道，用于水平（或倾斜角不大于12°）输送乘客的固定电力驱动设备（图 1-37），具有连续工作、运输量大、水平运输距离长的特点，在城市轨道交通车站中常有采用。比如客流量比较大的换乘站的换乘通道中，往往会安装自动人行道来迅速疏散乘客。自动人行道没有像自动扶梯那样阶梯式梯级的构造，结构上相当于将梯级拉成水平（或倾斜角不大于 12°）的自动扶梯，且较自动扶梯简单。

图 1-37　自动人行道

自动人行道日常监管及客运组织要点参照自动扶梯。

二　车站导流设备设施

（一）导流设施的种类

导流设施一般可以分为两类：一是导流围栏，二是导流宣传设施。

①导流围栏的作用是通过加长乘客进站走行距离或控制单位时间进站人数，限制乘客按顺序排队进站，减缓乘客进站速度，维护进站秩序，减缓客流冲击，从而达到限流的目的。

导流围栏按设置形式可分为固定围栏（图 1-38）和活动围栏（图 1-39），按材质可分为硬质和软质。

②导流宣传设施包括车站广播、便携式扬声器、标志标识、手台、公告板、限流提示公告等。

图 1-38　固定围栏

图 1-39　活动围栏

(二)导流设施的运用

1. 导流围栏的运用

①在日常导流围栏组织时,根据客流走向、拥挤程度、现场环境等情况,分别设置活动围栏、固定围栏。根据限流力度、限流方式的需要,打开或关闭部分围栏,以调整乘客行走路线和距离。导流围栏的设置既要考虑高峰时段限流时的使用,也需要考虑低峰时段乘客进出站的方便和快捷,需预留相应的通道,可调节的导流围栏如图 1-40 所示。

图 1-40　可调节的导流围栏

②在日常导流围栏组织时,应着重关注围栏末端。通常围栏末端拥挤状况较为严重,对围栏的冲击较大,也易造成乘客伤害等问题。因此要组织乘客有序排队,当乘客较多时,应

使用导流带或警戒带等设施延长导流围栏，使乘客能够在围栏中排队等候。此外在围栏拐角、变窄等位置，同样需要注意，避免拥挤造成不良后果。

③导流围栏通常较长，疏散门至关重要。当围栏内出现各种特殊状况时，应先稳定乘客的情绪，使其保持冷静，并在第一时间打开疏散门，引导乘客有序疏散。

图1-41为北京地铁上地站站外导流围栏。该站早晚客流量较大，车站通过导流围栏，减慢客流高峰期乘客进入车站的速度。同时，这些围栏都设有活动门，限流时段过后，活动门将打开，乘客不用再绕围栏进入车站。

2. 导流宣传设施的运用

(1)车站广播宣传

车站进行日常高峰客运组织时，可利用广播系统进行客流疏导，组织乘客分散、均衡、排队进站或候车，从而达到引导乘客、提示乘客的目的。还可通过车站广播的方式及时发布相关运营信息。当车站发生突发事件时，可利用广播系统稳定乘客情绪、进行客流疏导，组织乘客平稳、有序地疏散。对于常态限流客运组织，可按照规范广播词提前进行录制，循环播放；对于临时限流客运组织，可根据限流情况，由车站值班员按照人工广播规范用语进行广播宣传，根据车站现场情况及时调整广播内容及频次。车站广播终端设备如图1-42所示。

图1-41　北京地铁上地站站外导流围栏

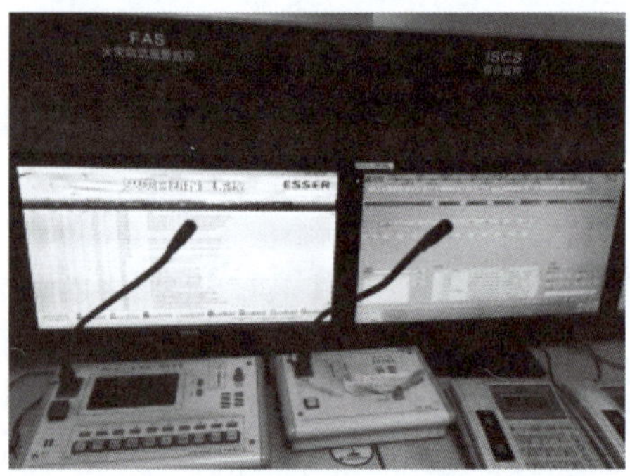

图1-42　车站广播终端设备

(2)便携式扬声器宣传

在车站进行限流组织时，可在楼梯口、通道口、站前广场、出入口、站台等处，人工使用便携式扬声器进行宣传。常态限流车站，可提前录制好广播词，当限流开始时循环播放录音。临时限流车站，可使用便携式扬声器进行人工宣传疏导，发现不安全事宜或不安全行为及时制止，组织乘客有序进站乘降。使用前确保便携式扬声器电量充足，音量适中。

(3)标志标识宣传

车站标志标识包括限流通告、临时导向等，如图1-43所示。如北京地铁车站统一印制了“通告”，向乘客公布限流时间及客流高峰时刻，张贴于车站出入口、站厅站台等位置。

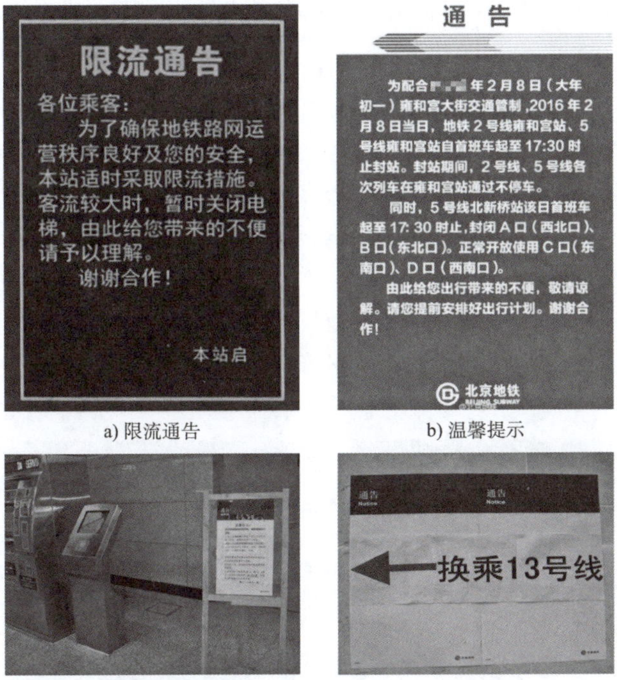

a) 限流通告　　b) 温馨提示

c) 临时公告　　d) 临时导向

图 1-43　车站标志标识宣传

小贴士

车站客运设施巡查及运用要点

站务人员对客运设施、用品应每日进行检查，查看其性能是否完好。

客运设施使用应因地制宜，以客运组织需求为根本出发点，灵活运用。

使用导流设施时，应保障乘客能够在特殊状况下顺利疏散，要避免导流设施成为乘客疏散时的障碍。疏散门应能够在任何时候快速打开。对于上锁的疏散门，其钥匙应由现场负责客流组织的人员随身携带。

运用车站广播设备进行宣传时，要注意使用规范的文明用语，要根据车站的客流情况和特殊情况进行有针对性的宣传。如客流高峰时段、客流激增、遇突发情况时要根据现场情况，积极组织，有重点地进行宣传疏导。

三 自动售检票系统设备设施

车站通过自动售检票系统（AFC 系统）终端设备——自动售票机（Ticket Vending Machine，TVM）、自动检票机（闸机/Automatic Gate，AG）的布局与调整，来改变乘客进站、出站路线，从而减缓或加快乘客进站、出站的行进速度，是一种有效的客流组织手段。

1. 调整闸机通行方向

客流高峰期时可灵活调整闸机的通行方向，适应主通行方向客流的需求。如调整更多闸机为出站方向，适应出站大客流；调整更多闸机为进站方向，适应进站大客流。如

图1-44 所示,香港地铁 AFC 系统工作站闸机监控界面,E 代表进站方向闸机、X 代表出站方向闸机、I 代表事故模式。车站可根据客流通行的需要,通过 AFC 监控系统灵活调整闸机通行方向。

2. 调整自动售票机、闸机布局

通过调整车站自动售票机、闸机布局,一方面可以均衡 AFC 设备的使用率;另一方面还可以优化乘客使用空间的分割,进而优化乘客进出站路线,减少客流对冲点,从而有效提高客运组织效率。

如图1-45 所示,该车站设置了前后错落布置的闸机。这样的闸机布局形式可分散出站人员在"一"字形闸机出口前集中拥堵的情况,部分乘客可选择行进到前方闸机快速出站。

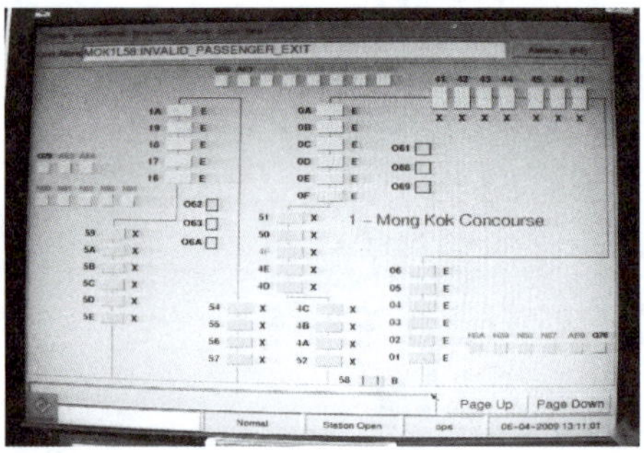

图1-44　香港地铁某车站 AFC 系统监控界面

图1-45　前后错落布置的闸机

案例分析1-2

调整 AFC 系统布局解决某地铁车站购票客流与进站客流交叉问题

某车站站厅西端购票客流与进站客流交叉,且两端进站客流分布不均,客运组织引导困难。为避免购票客流和进站客流交叉,均衡站厅两端进站客流,将站台西端4台 TVM 移动至车站控制室前方,同时将东、西端进站闸机的方向及位置调整为并排布置,如图1-46、图1-47所示。图1-46 中虚框阴影部分为改造区域。

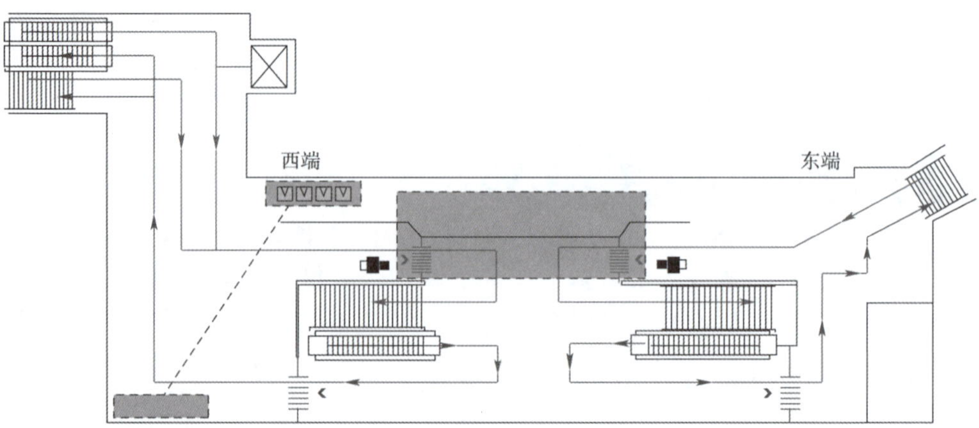

图1-46　某车站 AFC 设备改造前站厅布局

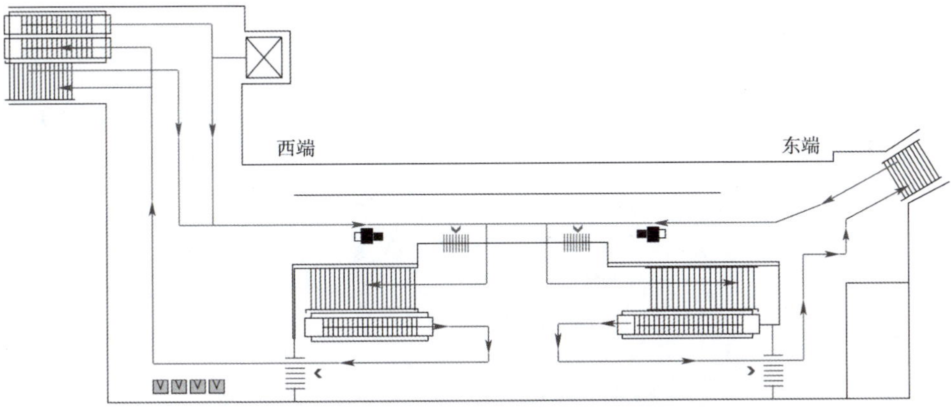

图 1-47　某车站 AFC 设备改造后站厅布局

案例分析1-3

拆除土建墙体，调整 AFC 系统布局，提高车站空间利用率

某车站站厅墙体将站厅与换乘通道部分区域分割，导致该区域使用率过低，如图 1-48 所示。将墙体拆除后连通换乘厅公共空间，可提高空间利用率，如图 1-49 所示。同时，车站改造前进出站闸机布局不合理，非付费区过大，利用率较低。改造后，调整出站闸机位置，由垂直于自动扶梯布置调整为平行于自动扶梯布置，扩大换乘节点处付费区面积，为换乘客流预留充足的缓冲空间，如图 1-49 所示。

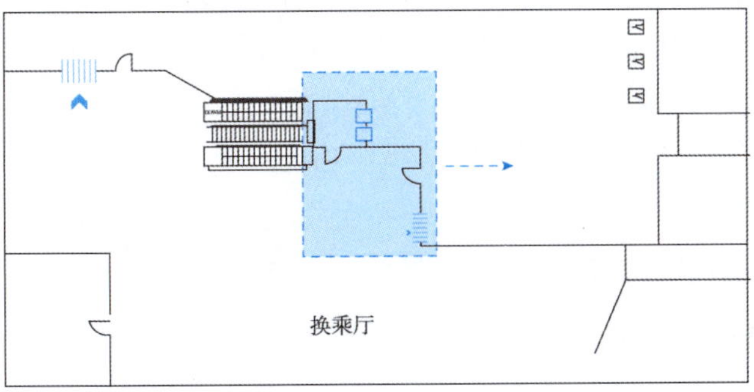

图 1-48　某车站出站闸机调整前站厅平面布局图

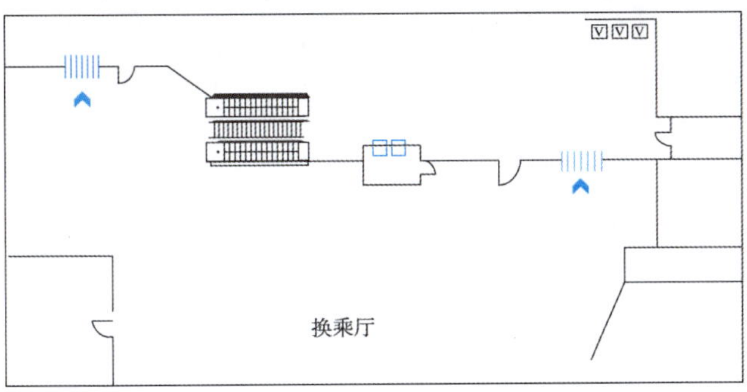

图 1-49　某车站出站闸机调整后站厅平面布局图

3. AFC 紧急放行模式

当遇到车辆故障、车站火灾、爆炸恐吓等突发事件需要紧急疏散乘客时，车站工作人员应启动 IBP 盘上 AFC 区域闸机紧急释放按钮，如图 1-50 所示，一键释放所有闸机扇门，确保乘客快速出站。

图 1-50　某车站 IBP 盘 AFC 区域闸机紧急释放按钮

四　无障碍设备设施

根据国家相关规定，所有城市轨道交通车站都要同步建设无障碍设施。车站内无障碍设备设施主要有盲道、触觉指示地图、无障碍卫生间、低位服务设施、无障碍电梯、轮椅升降机及渡板等。

地铁无障碍设施的使用群体不仅包括残障人士（例如肢体或视力障碍的乘客），还包括有特殊需求的群体（例如年老体弱者、患有疾病的乘客、儿童或身高矮小的乘客、孕妇、推婴儿车的乘客、携带大件行李的乘客等）。为了确保有需求的乘客都能安全、方便地乘坐地铁出行，车站工作人员有必要充分了解不同使用群体的实际需求，将“人性化服务”做到实处，营造出真正意义上的无障碍环境。

1. 服务肢体残障乘客设施

（1）地面无障碍电梯及坡道

地面无障碍电梯是该类群体乘客最理想的垂直通行设施。通常情况下，每个车站只有一个出入口设置无障碍电梯，该电梯需满足现行《地铁设计规范》（GB 50157—2013）相关要求，如轿厢内必须安装扶手、镜子（在轿厢正面扶手上方设置，方便乘轮椅者从镜子中看到电梯运行情况，为退出轿厢做好准备）、低位选层按钮、报层音响等。车站内要设置显著的国际无障碍通用标志。

当地面无障碍电梯设在某出入口时，出入口通道内如果存在高差，应考虑设置轮椅坡道。地面无障碍电梯及坡道如图 1-51 所示。

（2）轮椅升降平台/爬楼车

老线路车站一般会配备轮椅升降平台或爬楼车辅助坐轮椅的乘客出行。轮椅升降平台/爬楼车如图 1-52 所示。

a)地面无障碍电梯　　b)地面无障碍坡道

图 1-51　地面无障碍电梯及坡道

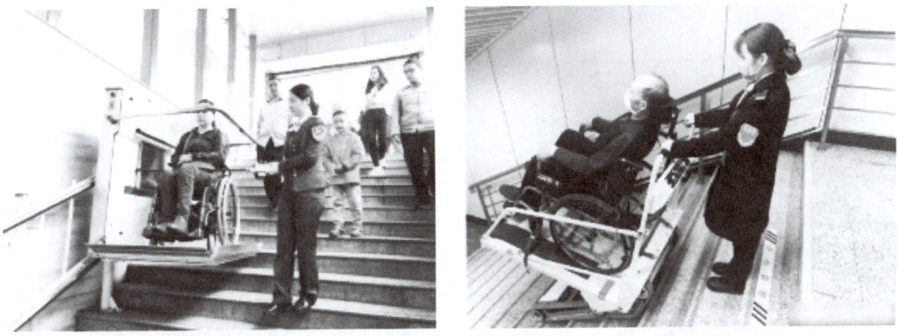

a)轮椅升降平台　　b)爬楼车

图 1-52　轮椅升降平台/爬楼车

(3)站厅低位售票区及服务设施

低位服务设施不仅能服务坐轮椅的乘客，还能为儿童或身材矮小的乘客提供帮助，是地铁车站不可缺少的无障碍设施。站厅低位售票区及服务设施如图 1-53 所示。

图 1-53　站厅低位售票区及服务设施

(4)站厅宽通道闸机

宽通道闸机应靠近站厅无障碍电梯出入口处，方便坐轮椅的乘客进出站。宽通道闸机具有足够的宽度，携带婴儿推车或大件行李的乘客均可使用该闸机，而无须车站工作人员协助，提高了通行效率。

图 1-54　方便肢体残障人士的无障碍电梯布置

(5)站厅至站台无障碍电梯

随着近几年对地铁无障碍通行的关注，站内的垂直电梯基本以设在站厅中部付费区为主，同时靠近客服中心和宽通道闸机，如图 1-54 所示。

(6)站台无障碍候车区

在站台候车区配置活动的坡道板——渡板(图 1-55)，是乘坐轮椅的乘客十分迫切的需求。目前越来越多的地铁公司推出了“轮椅接续服务”，乘客可通过电话、App 预约该项服务，由出发站站务人员全程接入车站、辅助上车，车站工作人员与换乘站、目的地车站联系，提供站台等候、换乘、辅助下车及出站服务。

图 1-55　轮椅渡板

(7)无障碍车厢(图 1-56)

地铁列车一般至少会设置两处轮椅席位，同时还配备了安全带及操作说明，与该席位对应的站台门也张贴了残障服务标志，为该群体乘客提供了明确的候车指引。

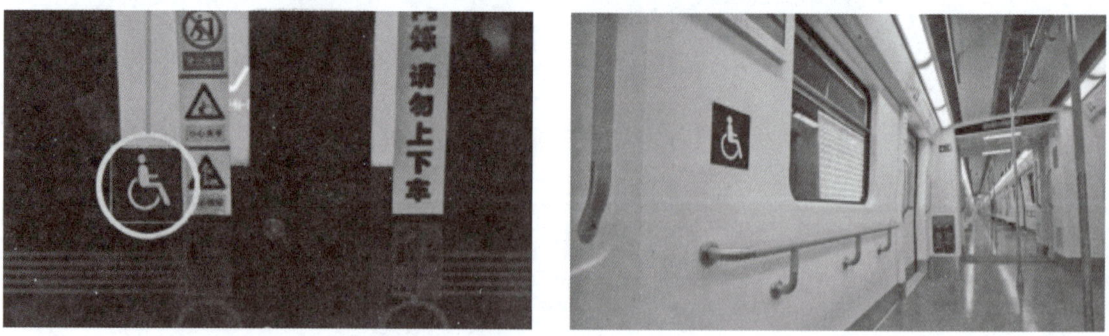

图 1-56　无障碍车厢

2. 服务视力残障乘客设施

视力残障乘客的共同特点是需要借助盲道来辅助行走，对于盲人，找到盲道就找到了方向。因此，盲道布置的合理性对他们尤为重要。

知识链接1-5

盲道的设计

盲道是在人行道或其他场所铺设的一种固定形态的地面砖，使视觉障碍者产生盲杖触觉及脚感，引导视觉障碍者向前行走和辨别方向以到达目的地的通道。盲道分为行进盲道和提示盲道两种，如图1-57所示。行进盲道是表面呈条形状，使视觉障碍者通过盲杖的触觉和脚感，指引视觉障碍者可直接向正前方继续行走的盲道；提示盲道是表面呈圆点形，用在盲道的起点处、拐弯处、终点处和表示服务设施的位置以及提示视觉障碍者前方有不安全感或危险状态等，用于提醒注意。

图1-57　行进盲道与提示盲道

(1)无障碍出入口(或地面无障碍电梯)

车站出入口处应设有触觉车站布置图，此装置具有语音及盲文提示，以便有视力障碍的乘客了解车站设施及无障碍的列车服务，如图1-58所示。

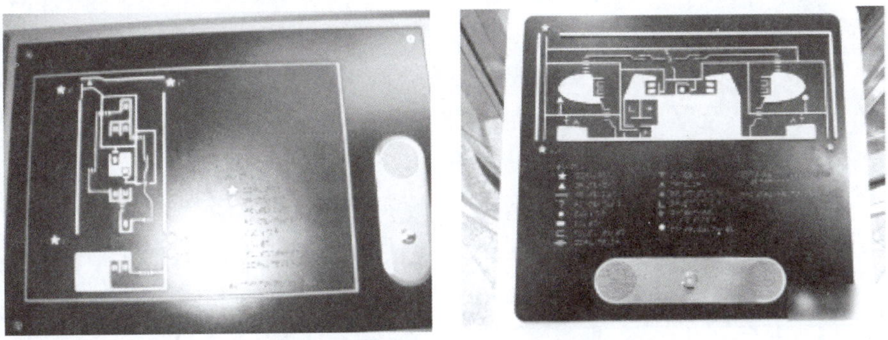

图1-58　车站出入口盲文及语音提示装置

为适应残障人士及儿童的需要，地铁出入口楼梯处需设计上、下两层扶手，下层扶手高度约为650mm，上层扶手高度约为900mm。

车站出入口、站厅、站台、楼梯扶手的起点和终点，列车内车门等处应设置盲文触摸信息牌，可设置声音提示等信息装置，如图1-59所示。

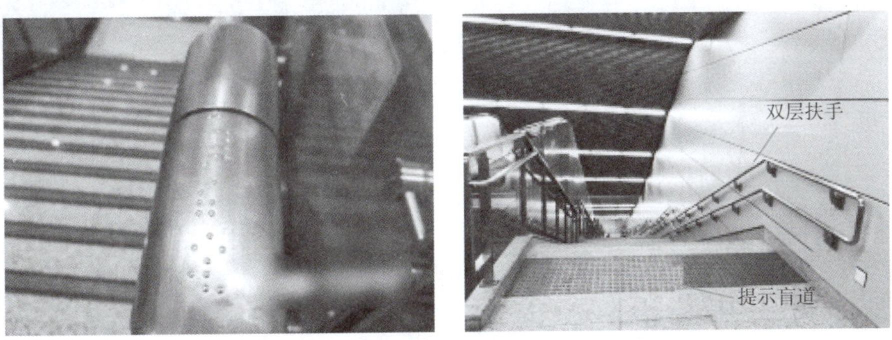

图1-59　车站扶手盲文提示及双层扶手

(2)无障碍出入口通道

在通道内,盲道宜靠边铺设,以减少与正常乘客间的相互影响。车站出入口盲道的铺设如图1-60所示。

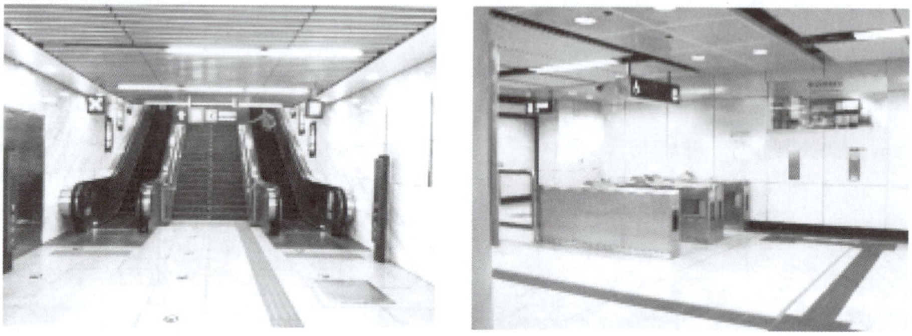

图1-60　车站出入口盲道的铺设

图1-61　客服中心盲道的铺设

(3)站厅客服中心(或宽通道闸机)

盲道需同时引导至客服中心和宽通道闸机(图1-61),为视力残障乘客提供票务和通行服务。我国香港地铁及日本东京地铁车站部分自动售票机、增值机还设有盲文提示(图1-62)。香港地铁车站为方便视觉障碍的乘客,盲道直接通往设有发声器的出站闸机,出站闸机会读报票卡扣除的车费及余额。

(4)站厅至站台无障碍电梯(或楼梯、扶梯)

对于无障碍电梯设在付费区中心的车站,盲人乘客从宽通道闸机进站后最近的路通常是通往无障碍电梯,所以盲道会直接引导至无障碍电梯,如图1-63所示。无障碍电梯的候梯厅应设电梯运行显示装置和抵达音响,其中电梯运行显示装置是为低视力乘客服务的,以方便他们了解电梯运行情况;抵达音响是为了方便盲人乘客感知电梯到达的情况。

图1-62　自动售票机、增值机盲文设计

图 1-63 盲道直通无障碍电梯

(5)站台无障碍候车点

一般情况下大多车站采用站台候车区通长全部铺设盲道的方式,对盲人形成导向性,盲人"视"其为安全线,到达这里便知道是候车区。

小贴士

无障碍服务的要点

车站工作人员在日常巡视检查过程中,首先,要确认无障碍设施功能正常良好,盲道无异物阻挡,确保无障碍设备、设施的连续性;其次,检查、确认无障碍设施导向标志齐全、位置明显、无损坏。无障碍设施导向标志应设置在通往无障碍设施(无障碍通道、闸机轮椅通道、无障碍电梯、无障碍卫生间、列车轮椅席等)的通行区域的相应位置。

此外,城市轨道交通车站还配备招援按钮、无障碍卫生间等无障碍设施,如图 1-64 所示。

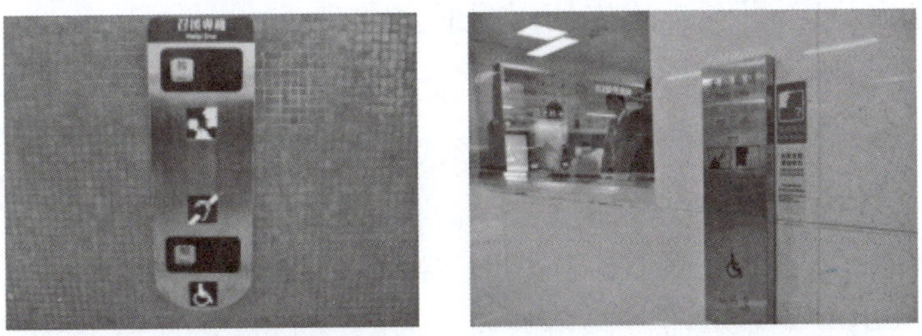

a)车站招援按钮

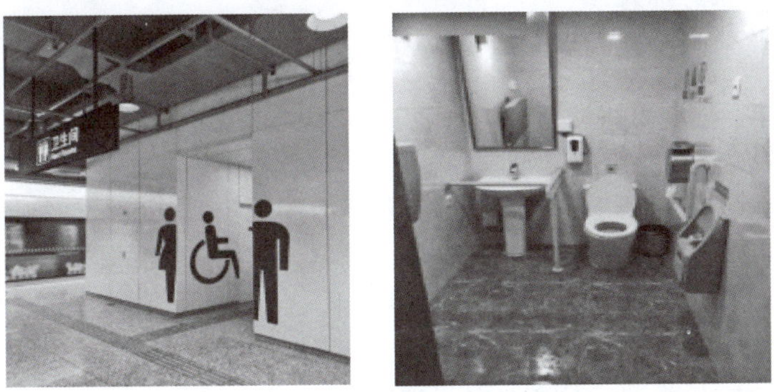

b)车站无障碍卫生间

图 1-64 车站其他无障碍设施

五 车站导向标志、位置标志系统

城市轨道交通客运服务标志为乘客提供必要的导向、提示和警示服务,以方便乘客安全、快速、便捷地乘车。安全标志、导向标志、位置标志、综合信息标志、无障碍标志形成完整的客运服务标志系统,其中导向标志和位置标志形成“导向－位置”系统,以下重点讲述与客运组织密切相关的“导向－位置”系统。

1.标志设置的基本原则和总体要求

(1)设置原则

①客运服务标志应能给乘客必要的导向、提示和警示,以方便乘客确保安全,利于客运组织。

②客运服务标志应规范、协调、清晰、明确、易懂、易辨、易记、设置适当。应根据需要进行及时调整,以利于持续改进和提高服务水平。

(2)标志的信息内容

①标志提供的信息内容应根据乘客的行为模式、路线、区域和乘客需求分级给出,防止信息不足或过量。

②各导向标志之间的信息内容应具有连续性。

③站外导向标志和站口位置标志中表示城市轨道交通的图形应一致。

④应根据需要将不同标志进行组合。标志组合时,应根据信息要素的排序或不同尺寸区分信息内容的主次。

⑤重要位置的安全标志、导向标志、位置标志宜独立设置。

⑥标志的信息内容应简明,应优先使用图形符号。

(3)标志的载体

标志的载体可根据标志的种类选用以下形式:

①灯箱:宜用于疏散标志、重要的导向标志和位置标志。

②牌、板:将信息呈现在牌、板上,宜用于综合信息标志、安全标志和辅助导向标志等。

③电子设备:利用电子显示器(屏)等设备,显示实时信息,宜用于综合信息标志和自动检票等设备的出、入状态标志。

④物体表面:将信息呈现在地面或其他表面,宜用于站台安全线、车门位置标志等。

(4)标志的设置与安装

标志可采用以下方式设置:

①悬挂(吸顶):通过拉杆、吊杠等将标志上端与建筑物或其他结构物连接的设置方式。

②落地:通过某种固定方法使标志矗立在地面或建筑物顶面的设置方式。

③附着:采用钉挂、镶嵌、粘贴、喷涂等方法直接将标志的一面或几面贴附在侧墙、物体、地面的设置方式。

④摆放:将标志直接放置在使用处的设置方式。

⑤标志的设置不得侵入相关限界,不得影响乘客正常通行和紧急疏散。

⑥标志应设置在醒目、不被其他物体遮挡的位置。

⑦标志不应与广告等其他图形、文字混设。

⑧重要的导向标志应设置在乘客通行区域各个空间转换点的中线位置,并与乘客流向垂直。

⑨除盲人标志外,标志的设置高度应由成人的平均视高,乘坐轮椅行动不便者的平均视高、观察角、观察距离、建筑结构、列车窗高度等因素决定。

2. 车站导向标志、位置标志系统

(1)站外导向标志(图1-65)

站外导向标志在城市轨道交通车站周边500m左右范围内的公交车站、商业设施、交叉路口等人流密集的地点连续设置,信息内容应包括箭头和城市轨道交通位置标志,可包括距车站的距离等信息。

图1-65　站外导向标志

(2)车站位置标志(图1-66)

车站位置标志应设置在车站出入口的醒目位置,信息内容应包括车站名称、线路名称及线路标志色、出入口编号、文字注释等。

图1-66　车站位置标志

(3)乘车、换乘导向标志(图1-67)

乘车导向标志应设置在车站出入口、通道、站厅等通往站台通行区域的相应位置。换乘导向标志应设置在换乘站台通往目的站台通行区域的相应位置。当通行区域行程大于30m时,宜重复设置。

(4)客运服务设施导向标志(图1-68)

客运服务设施主要包括自动售票机、自动查询机、自动充值机、乘客服务中心、自动扶梯、自动人行道、楼梯、无障碍电梯等设备设施,其导向标志应设置在乘客通往该设施的通行

区域的相应位置。自动扶梯、自动人行道、楼梯、升降梯导向标志可与乘车、换乘、出站导向标志组合。

图 1-67　乘车、换乘导向标志

图 1-68　客运服务设施导向标志

（5）客运服务设施位置标志（图 1-69）

客运服务设施位置标志应设置在相应设施的上方或附近位置。

图 1-69　客运服务设施位置标志

（6）站台导向标志（图 1-70）

站台导向标志应设置在乘客通往站台的通行区域的相应位置，信息内容应包括箭头、列车行进方向的文字注释、线路名称及线路标志色。

（7）站台站名位置标志（图 1-71）

站台站名位置标志应根据站台形式和结构设置在站台的上方、侧墙、站柱等位置，应能够使乘客透过车窗视读。站台站名标志信息应包括本站站名、线路标志色等内容。

（8）列车运行方向导向标志（图 1-72）

列车运行方向导向标志应根据站台形式和结构设置在站台的侧墙、立柱、站台门或站台边缘上方等位置，应使乘客能够透过车窗视读。

图1-70 站台导向标志

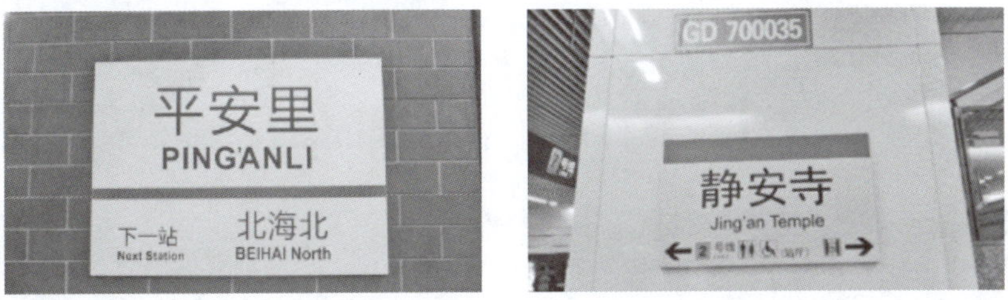

图1-71 站台站名位置标志

图1-72 列车运行方向导向标志

(9)车门位置标志(图1-73)

车门位置标志应设置在站台的列车停车后,车门所在位置的地面或站台门上。

图1-73　车门位置标志

(10)出站导向标志(图1-74)

出站导向标志应设置在站台通往出入口的通行区域的相应位置。当通行区域行程大于30m时,可重复设置。出站导向标志应包括箭头、出入口编号、车站周边信息等。

(11)公共服务设施导向标志(图1-75)

卫生间、信息查询机、警务室等导向标志应设置在乘客通往该设施的通行区域的相应位置。

图1-74　出站导向标志

图1-75　公共服务设施导向标志

(12)出口位置标志(图1-76)

出口位置标志应设置在出入口内的相应位置。出口位置标志应包括出入口编号、周边地理信息、方位等信息内容。

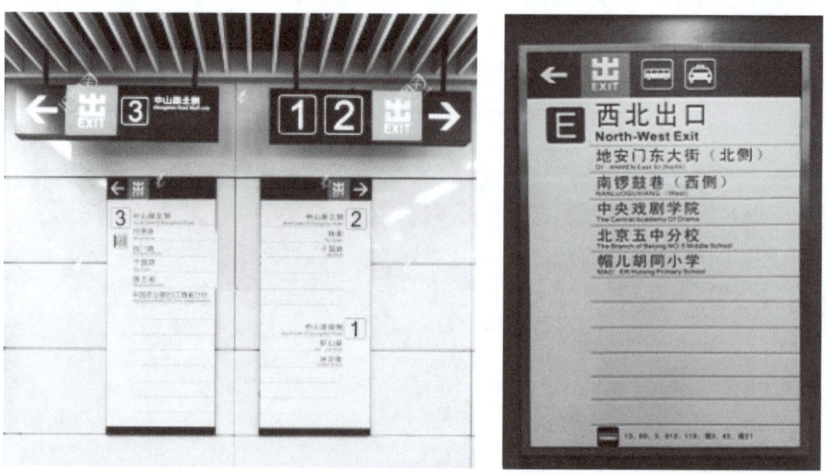

图1-76　出口位置标志

知识链接1-6

综合信息标志系统

1. 运营时间

运营时间应包括本站首末车时间、车站开/关门时间。在城市轨道交通形成网络运输后，城市轨道交通运营时间表上还应包括城市轨道交通线路运营时间(图1-77)。

图1-77　地铁运营时间标志

2. 城市轨道交通线路网络图

城市轨道交通线路网络图(图1-78)宜设置在车站的出入口内、通道、售票机(处)、站台、车厢等适当位置，网络图中的各条线路应使用标志色。城市轨道交通线路网络图中可突出标注本站，图中的换乘车站应区别于非换乘车站。

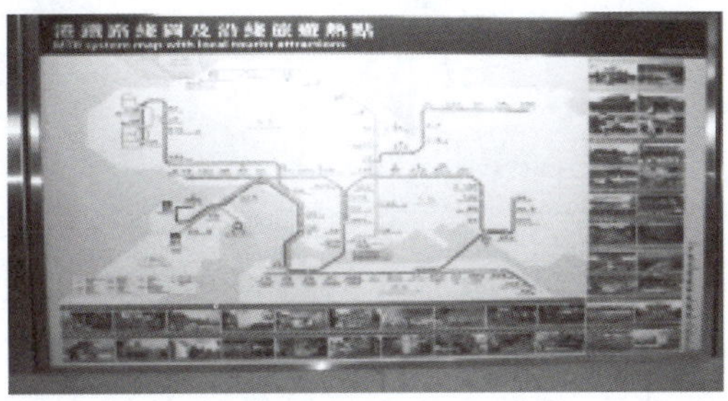

图1-78　城市轨道交通线路网络图

3. 票价表(图)

票价表(图)应设置在售票机(处)附近。实行计程票价制时，票价表(图)应突出标注出本站，并标注从本站到达各站的票价，如图1-79所示。

二维码

车站客运服务标识系统

4. 站内示意图

站内示意图应设置在车站的站厅、站台等适当位置；站内示意图应提供车站功能区域分布、服务设施分布等信息；站内示意图应标注乘客的当前位置；站内示意图中信息的方位应与乘客所在位置的实际场景一致，如图 1-80 所示。

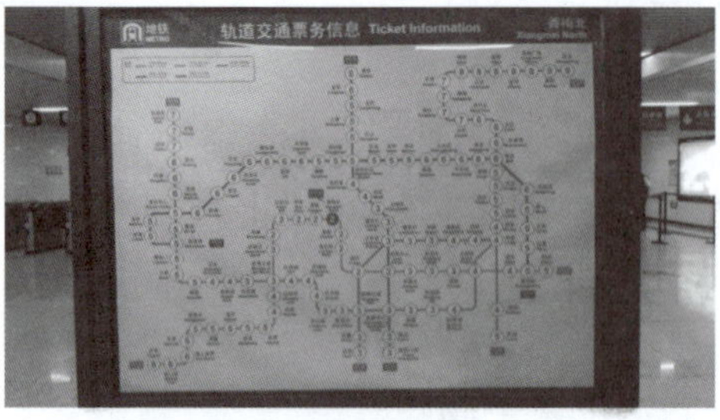

图 1-79　城市轨道交通票价表(图)

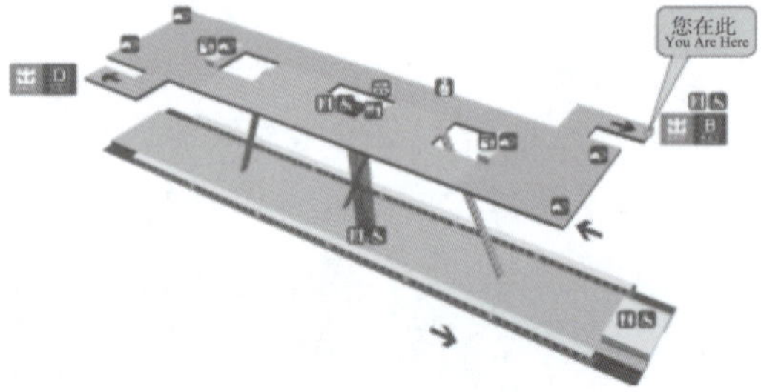

图 1-80　站内示意图

5. 车站所在街区导向图

车站所在街区导向图宜设置在站台和站台通往出入口的通行区域的适当位置。车站所在街区导向图应包括车站周边道路、主要公共服务机构、著名景区、城市轨道交通与其他交通工具换乘等重要信息。

现在越来越多的车站把运营线路示意图、街区导向示意图、车站位置结构图综合到一起集中展示，为乘客提供综合服务信息，如图 1-81 所示。

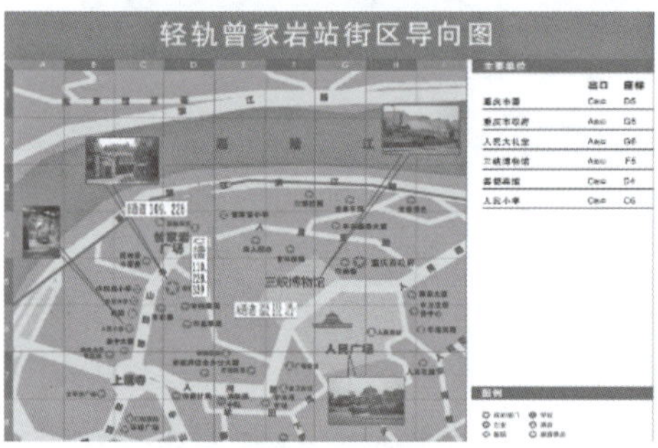

a)轻轨曾家岩站街区导向图

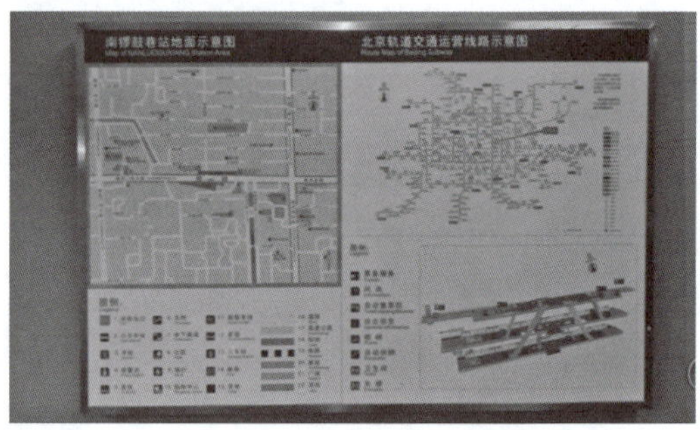

b)北京轨道交通运营线路示意图

图 1-81　车站所在街区导向图

3. 导向标志系统运用与维护

车站工作人员应利用站内导向标志系统，正确引导乘客使用车站内各种服务设施、发挥车站设施功能、保障车站客运组织秩序。车站客运服务标志、导向标志应简洁、连续、完整、标准、美观。车站应每日对车站全部客运标志状态进行巡视检查，巡视内容包括车站客运标志外观、状态等。发现标志系统故障损坏应立即进行报修，如有必要，立即设置临时标志。

任务3 认知城轨智慧车站

一 智慧车站的建设背景

随着云计算、大数据、物联网、人工智能、第五代移动通信技术(5G)、卫星通信、区块链等新兴信息技术的飞速发展,京沪穗等城市的智慧车站建设已经起步。与此同时,2020 年 3 月中国城市轨道交通协会颁布了《中国城市轨道交通智慧城轨发展纲要》(简称《纲要》)。《纲要》中指出,智慧城轨是指:应用云计算、大数据、物联网、人工智能、5G、卫星通信、区块链等新兴信息技术,全面感知、深度互联和智能融合乘客、设施、设备、环境等实体信息,经自主进化,创新服务、运营、建设管理模式,构建安全、便捷、高效、绿色、经济的新一代中国式智慧型城市轨道交通。

车站是城市轨道交通运营企业服务市民出行的直接窗口,是城市轨道交通运营管理的基本单元,运营企业管理水平的高低直接体现在车站基础设施建设和服务水平上。车站作为城市轨道交通标准化建设的基础,智慧车站建设是智慧城轨的重要组成部分。

1. 客运业务压力不断增大

巨量的客流给车站客运业务带来巨大的压力,当前车站乘客事务处理、运营信息服务及车站客运组织等都以人工处理为主,缺乏智能化技术手段,面对客流量不断攀升的现状,车站工作人员工作强度和压力大,暴露出车站服务精细化水平低、乘客投诉多等诸多问题。

2. 运营管理效率有待提升

以地铁为例,随着我国地铁建设的快速推进和网络化运营程度的不断深入,地铁网络结构的复杂程度越来越高,大型换乘站越来越多,客流增长速度快且时空特征复杂多变,加上日常运营过程中经常面临复杂的运营环境(如大客流、突发事件、恶劣天气、设备故障等),导致车站管理的难度越来越大。

此外,当前车站控制室中各机电设备管理系统相对独立,系统集成度不高。车站值班员执行业务时需要操作和监视多个终端设备;在一个班次中,需要高频次在多个区域进行人工巡视和检查;还需填写大量的纸质台账及表单;应急情况主要依靠人工联动,响应速度慢。总体来说,车站自动化设备的智能化程度不高,车站运营效率有待提升。车站控制室设备监控、台账填写如图 1-82 所示。

3. 乘客需求不断提升和拓展

随着信息化、5G 通信、移动支付等技术的发展,乘客对信息获取的便利性、多样性,乘客导向的及时性、准确性,乘坐体验的丰富性、多元性,支付的便捷性、安全性,地铁网络联通的畅达性等都提出了越来越高的要求,而目前的车站服务还不能满足乘客日益拓展的客运服务需求。

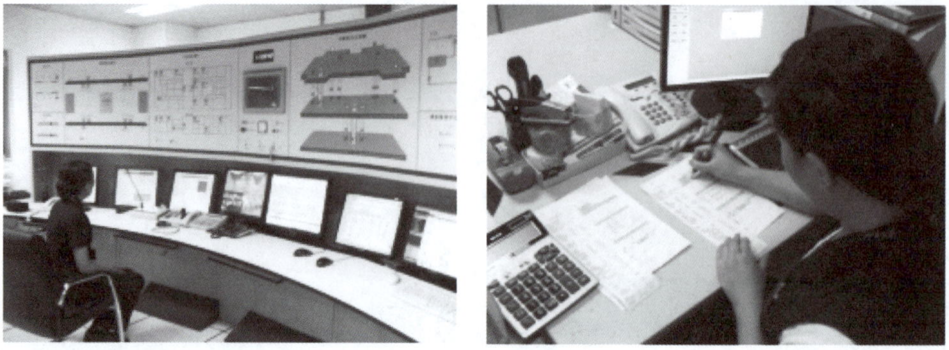

图 1-82　车站控制室设备监控、台账填写

二　智慧车站建设的内涵

《纲要》中指出：智慧车站示范工程是构建基于设备全息感知、系统集成联控、终端移动操控、高度自运转的全时全景智慧车站管理系统，实时提供车站全场景动态信息服务、自主服务及其与周边商业、公共服务设施的一体化信息共享及联动，实现车站设备、人员和乘客的智能化管理，创建区域站点集中值守和远郊车站无人值守的管理模式。

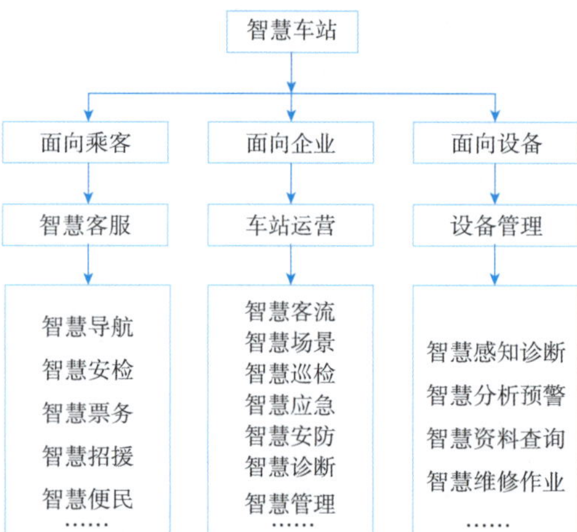

图 1-83　智慧车站智能应用系统架构

轨道交通智慧车站是一个新兴的概念，没有严格定义。结合北京、上海、广州等城市在智慧车站建设方面的实践，本书认为：智慧车站的内涵是以信息化技术为核心，全息感知车站客流、车站设备、车站运行等全过程数据，利用云计算、大数据、物联网、人工智能等技术，面向乘客、地铁运营企业和设备三个界面，构建智慧客服、车站运营、设备管理三大智慧应用模块，应用智慧乘客服务、智慧运输组织、智能技术装备、智能基础设施等智能系统，实现城市轨道交通车站高度集成化、无人化、智能化运行。智慧车站智能应用系统架构如图 1-83 所示。

三　智慧车站建设的特征

上海地铁在智慧地铁建设的实践中，总结提炼出状态感知、数据管控、自动诊断、业务闭环、持续进化五个智慧车站的基本特征。

1. 状态感知

通过应用智能传感、视频分析等智能感知技术，实现对车站全生命周期内的各类设施设备、环境、客流、人员等对象或群体的智能感知与发现。

2. 数据管控

汇聚城市轨道交通运营企业运营维护、企业管理、公共服务、系统安全等各类实时数据、静态数据、业务执行数据等，对数据进行抽取、清洗、加载等处理，实现多源异构数据融合，达到业务数据“存得进、取得出、可检索、能挖掘”的目的，实现智慧车站的业务全数字化。

3. 自动诊断

应用大数据智能分析与决策技术，实现对车站系统状态、客流趋势、安全风险、管理绩效等的分析、评估、判断和预测。

4. 业务闭环

利用大数据智能分析诊断的结果，实现车站事务性作业，例如行车组织、客运服务、设备管理、人员管控等业务与管理的协同，业务作业全流程自动化、可视化、规范化。

5. 持续进化

随着数据、案例的积累，通过人工智能技术开展自主学习、自动进化，持续提高智慧化水平。

四 智慧车站建设的目标

1. 更优质的服务

智慧车站以乘客出行需求为核心，依托智慧导航、票务、线上客服等各类智能终端，创造更舒适的车站环境（温度、湿度、灯光、卫生等），打造以人为本、创新灵活的服务体系，为乘客提供精准化、智能化、个性化、全过程的出行服务，实现“轨道上的都市生活”，满足乘客新时代美好出行的愿景。

2. 更安全的运营

应用大数据智能分析和决策、视频监控等技术，多源数据融合重构，能够对犯罪、恐怖等治安事件，设备故障、大客流等突发事件做出快速感知，实现多场景的自动控制和应急预案联动，极大提升车站应急处置效率，确保乘客乘车安全。

3. 更高效的运作管理

面向轨道交通车站管理业务需求，构建以可视化为核心的车站全自动智能运行系统，构建车站业务场景（运营准备、运营开始、高峰监护、低峰监护、运营关站、夜间清场巡查、施工监护等），实现车站运作状态可视化、设备运行自动化，车站业务作业过程标准化、步骤化，现场管理网格化，人员技能复合化，打造高效、协同的车站运作系统。

4. 更卓越的绩效

智慧车站自助化服务减少了一线客服人员；车站智能巡检、一键开关站等设备自动化运行，精简了车站工作人员大量作业任务和时间，有效实现企业“提质、降本、节能、增效”的目标。

五 智慧车站建设案例

1. 北京地铁智慧车站建设

北京地铁以5号线东单站为试点打造“智慧车站”，为市民公共出行带来新体验，如图1-84所示的双目闸机。

图 1-84　北京地铁 5 号线东单站双目闸机

(1)双目闸机“独具慧眼”

新一代智能产品“双目”闸机机身更小、更薄。这种闸机通过高度集成化,机具长、宽比传统设备分别缩小 30% 和 10% ,可大大增加站厅的有效利用面积,节省站内空间。

闸机上方的一双“眼睛”,简称“双目”。每台闸机顶部设有一组双目摄像头,利用双目视觉技术,可精准识别与保护人和物的安全。通过双目立体视觉传感器与视觉通行逻辑控制器成像分析,对随行物品、儿童、孕妇进行精准识别与保护,保障通行者安全过闸,实现有效防夹。

双目闸机的“智慧”不仅仅在于看和分析,还在于其具有学习功能。通过双目深度视觉追踪识别技术和立体空间的检测技术能够精确识别、学习目标的运动习惯,对刷卡乘客进行监控和提醒,杜绝插队、闯闸等现象。高精度反向闯入、尾随、并行等欺诈检测和实时影像记录取证,可规范不文明乘车行为。

图 1-85　北京地铁 5 号线东单站双目边门

(2)双目边门“善解人意”

与双目闸机配套的双目边门(图 1-85),相较以往完全依靠人工管理和操作的边门更智能化,有效避免个别乘客趁机从此进、出站。双目边门在高峰期时可兼备普通闸机使用,有效疏导高峰客流,还可为福利票等特殊人群通行提供便利。同时可以利用人脸识别技术,辨识车站工作人员、施工人员等通行人员类型,提升站内管理效率。

(3)站台门投影系统直观显示

候车之余,乘客可通过站台门投影的“大屏幕”(图 1-86)观看相关运营信息。每个投影设备均为独立的终端,将图像直接投射在站台门的玻璃门上。玻璃门可以预贴投影膜,在保证窗口通透性的前提下保证投影效果。智慧地铁设计了丰富的媒体信息系统,让乘客有身临其境的观看体验。播控系统可实现与信号系统的连接,乘客浏览列车到站信息更为直观。

图 1-86　站台门投影系统

(4)智能折叠门藏有“大智慧”

智能折叠门(图 1-87)具有智能监控、安全可靠、节能增效、可定制化外观等优点,可有效避免以往栅栏铁门沉、人工加锁关门时间长等问题。智能折叠门采用高度集成的智能控制系统,可实现远程自动开关门、门端和车站控制室视频语音对讲、门区空间视频监控等一系列功能。智能折叠门可以保证车站空间相对封闭,保证站内空间温度适宜,从而减少能源损耗。智能折叠门可根据客运组织需求定时进行统一开关门,有效提高工作效率。

图 1-87　智能折叠门

2. 上海地铁智慧车站建设

上海地铁不断增长的路网规模对其运营管理提出了新挑战,传统的人工管理逐渐难以适应日趋复杂的运营工作。截至 2020 年 6 月,上海地铁已建成汉中路、惠南、顾村公园、新江湾城和诸光路五座各有特色的智慧车站。

(1)智能开关站系统

上海地铁惠南站测试运行了智慧开关站系统,早晨车站值班员用鼠标启动智能开关站系统,车站内照明、通信、电梯、卷帘门等系统便开始自动检查。车站卷帘门会在设定的时间自动开启,站内的照明系统也同步启动,整个过程不超过 5 分钟。而在过去,车站值班员要从凌晨 4 点就开始检查通信设备、照明功能以及各个出入口是否有异常情况,手动开启各个设备的开关,整个过程耗时一个多小时。从一个多小时的人工检查,到仅仅 5 分钟的系统自检,智慧开关站系统极大提高了车站的工作效率。

(2)精确的客流预测系统

惠南站有着明显的潮汐式客流特征。早高峰期间,在开往龙阳路方向的列车上,乘客几乎只上不下。为了让限流更为精准,在惠南站的智慧客流引导界面上,显示着惠南站出入口客流、即将到站的车辆信息以及往龙阳路站方向其他几个限流车站的实时客流情况。系统以这些数据为基础,基于内部算法,计算出建议乘客放行数量,并动态更新,如前一列车可放行 150 名乘客，后一列车则可放行 130 名乘客。

2020 年，上海地铁又试点推出客流状态等信息实时查询服务。该服务集成大数据、云服务等多项智能科技手段，实现实时采集车厢客流状态、列车行进位置、车厢温度等信息，列车运行数据上传云平台自动计算并实现无线传输，动态反馈和分享列车载客运营情况。乘客可通过 Metro 大都会 App 软件，实时查看各条线路的平均满载率、列车车厢拥挤度等信息。上海地铁智能开关站、客流预测系统如图 1-88 所示。

图 1-88　上海地铁智能开关站、客流预测系统

3. 广州地铁智慧车站建设

广州地铁智慧车站在 3 号线、APM 线广州塔站和 21 号线天河智慧城站正式上线，能够实现人脸识别进站及支付、安检和检票一体化、智能客服、智能照明等功能，如图 1-89 所示。

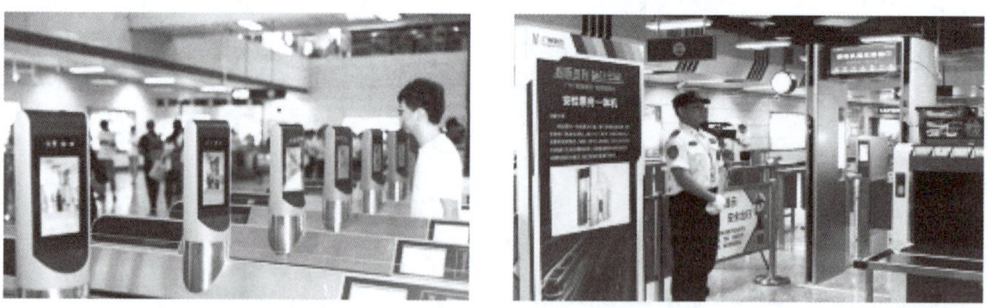

图 1-89　广州地铁人脸识别闸机、安检票务一体机

地铁站内，配备了智能化客服系统，乘客可以向客服机器人了解广州地铁各方面的运营资讯，同时客服系统还支持站外导航，为乘客提供各类综合交通出行建议。

这两个车站还实现了安检和检票的一体化，乘客在通过安检门后即可人脸识别过闸机，实现了安检和检票同步进行。

站内照明可根据不同时间、空间，调整车站照明场景，在出入口、站厅走廊、站台座椅、自助服务区按使用功能自动调节灯光，实现智能照明。

在站台门异物检测方面，车站采用顶置式、收发一体式的激光雷达传感器，对列车门与站台门之间的缝隙进行检测，降低夹人夹物事件的概率与风险。

技能工作页 编制车站建筑和客运设备设施调研报告

任务书

请同学选取所在城市轨道交通车站进行实地调研，测量并记录车站出入口、通道、楼梯、站厅、站台等设施物理尺寸，绘制车站平面布局图；记录车站电梯系统、自动售检票系统终端设备、安检设备设施、无障碍设施等客运设备设施的位置及数量，在车站平面布局图上进行标注，完成车站客运设备设施平面布局图；调研车站概况、车站类型、乘客进站/出站路线等信息，对车站导流设施、导向－位置标志系统、无障碍设施等系统进行总结分析，完成《××车站调研报告》。具体要求如下：

(1)真实、精确记录出入口、通道、楼梯、自动扶梯、站厅、站台等设备设施的物理尺寸；

(2)建议使用 Visio 等计算机软件，设计各种设施、设备图例，参考图 1-46、图 1-47 按比例绘制车站平面布局图；

(3)请在车站平面布局图上标注车站自动售检票系统终端设备位置及数量；

(4)请在车站平面布局图上标注无障碍设施、标志的位置；

(5)请在车站平面布局图上标注站台门的位置、编号；

(6)请在车站平面布局图上标注火灾自动报警系统终端设备位置；

(7)请在车站平面布局图上标注紧急停车按钮的位置；

(8)请在车站平面布局图上标注车站其他客运设备设施[站内招援按钮/电话、自动售卖机、自动取款机(ATM)、座椅、铁马、应急救援专用通道门等]的位置，完成车站客运设备设施平面布局图；

(9)请在车站客运设备设施平面布局图上标明乘客进站、出站客流流线；

(10)撰写车站概况(车站地理位置、车站周边环境及公交线路、车站类型)；

(11)总结车站导流设备设施概况；

(12)总结车站导向标志、位置标志系统概况；

(13)总结车站无障碍设施系统概况；

(14)总结本城市、国内外智慧车站建设案例；

(15)报告要求数据真实可靠、排版清晰美观、图文并茂。

任务分组

建议成立 3～5 人的学习小组，明确任务分工(附表 1-1)，共同完成车站调研报告的撰写。

学生任务分配表 附表 1-1

<table>
<tr><td>班级</td><td colspan="2"></td><td>组号</td><td></td></tr>
<tr><td>组长</td><td colspan="2"></td><td>学号</td><td></td></tr>
<tr><td rowspan="4">组员</td><td>姓名</td><td>学号</td><td>姓名</td><td>学号</td></tr>
<tr><td></td><td></td><td></td><td></td></tr>
<tr><td></td><td></td><td></td><td></td></tr>
<tr><td></td><td></td><td></td><td></td></tr>
<tr><td rowspan="8">任务分工</td><td>岗位</td><td>姓名</td><td colspan="2">职责</td></tr>
<tr><td></td><td></td><td colspan="2"></td></tr>
<tr><td></td><td></td><td colspan="2"></td></tr>
<tr><td></td><td></td><td colspan="2"></td></tr>
<tr><td></td><td></td><td colspan="2"></td></tr>
<tr><td></td><td></td><td colspan="2"></td></tr>
<tr><td></td><td></td><td colspan="2"></td></tr>
<tr><td></td><td></td><td colspan="2"></td></tr>
</table>

任务准备

（1）选取所在城市一典型车站作为调研对象；

（2）收集整理《地铁设计规范》（GB 50157—2013）中第 9 部分车站建筑等相关地铁建设、设计规范标准资料；

（3）学习 Visio 等计算机绘图软件的使用方法。

获取信息

引导问题 1 调研车站名称________________，其按空间位置分属于________________车站，按站台形式分属于________________车站，按运营功能分属于________________车站，按车站规模分属于________________车站，按是否具有站控功能分属于________________车站。

引导问题 2 大型车站（甲级站）高峰每小时客流量达________________。

引导问题 3 城市轨道交通车站一般由________________、________________和________________三大部分组成。

引导问题 4 乘客使用空间是直接为乘客服务的场所，可以分为________________和________________。

引导问题 5 车站控制室在________________，控制室内主要设备有________________、________________、________________和________________等。

引导问题6 车站综合后备盘(IBP盘)有哪些控制区域?

引导问题7 车站有哪些设备用房?

引导问题8 《地铁设计规范》规定:"车站出入口的数量,应根据吸引与疏散客流的要求设置;每个公共区直通地面的出入口数量不得少于________个,每个出入口宽度应按远期或客流控制期分向设计流量乘以________不均匀系数计算确定。"

引导问题9 调研车站的A口为________方向,B口为________方向,C口为________方向,D口为________方向,有何规律?________

引导问题10 城市轨道交通车站楼梯宽度大于________m时,应设置中间扶手,且每个梯段不宜超过18级。调研车站楼梯是否符合该标准?________

引导问题11 车站电梯系统由________、________和________组成,是车站重要的客运组织设备设施。

引导问题12 车站出入口、站台至站厅应设上、下行自动扶梯,自动扶梯一般采取________左右倾角,在设置双向自动扶梯困难且提升高度不大于________m时,可仅设上行自动扶梯。调研车站两台相对布置的自动扶梯工作点间距________m,是否符合《地铁设计规范》要求?________

引导问题13 自动扶梯启动前要检查________、________和________部分,除去夹在里面的碎纸、小石子等杂物。确认自动扶梯周围的安全设施(________、________、________、安全提示标志等)有无破损等异状。

引导问题14 自动扶梯紧急停梯按钮一般设置在________和________位置。

引导问题15 当客流压力很大时,可将自动扶梯临时作为________,但由于扶梯梯阶较高,需提示乘客注意。客流压力减缓后,重新开放使用。

引导问题16 车站导流设施一般可以分为________和________两类。

引导问题 17　简要说明运用导流围栏的注意事项。

引导问题 18　简要说明用车站广播、便携式扬声器进行宣传时的注意事项。

引导问题 19　简要说明利用自动售检票系统终端设备调整、优化客流组织的方法。

引导问题 20　某车站站厅晚高峰期间，上行站厅进站闸机对应位置正好是非付费区过街通道出口，安检需要斜向排队，不能有效利用 C 通道进行安检排队，导致安检前拥堵严重，请对比附图 1-1 某站厅 AFC 设备改造前、附图 1-2 某站厅 AFC 设备改造后，说明 AFC 设备、安检设备、导流围栏是如何调整的，并在设备改造后的图上标明从 C 通道进站客流和过街通道出口进站客流流线。

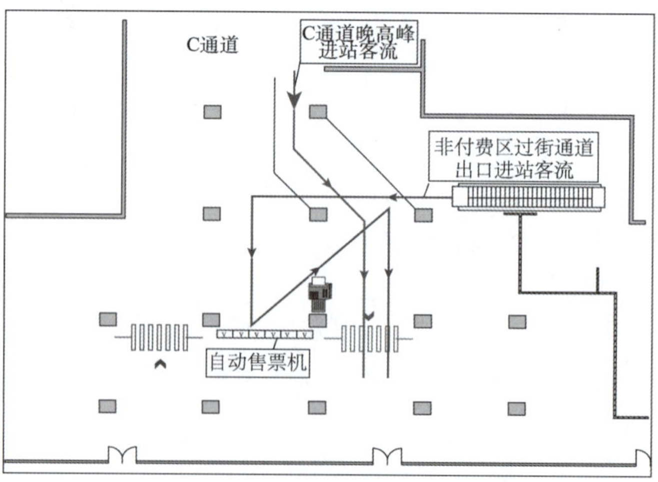

附图 1-1　某站厅 AFC 设备设施改造前

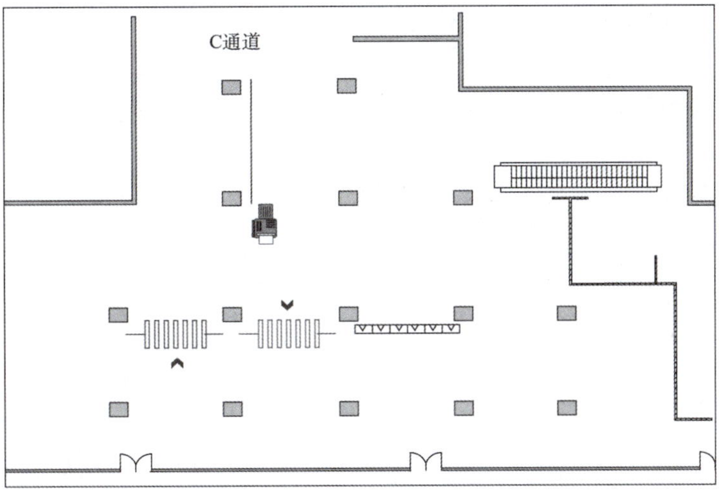

附图 1-2 某站厅 AFC 设备设施改造后

引导问题 21 请列举车站内无障碍设施的种类，并说明其位置。

引导问题 22 请说明无障碍设备设施使用时的注意事项。

引导问题 23 城市轨道交通客运服务标志系统包括________、________、________、________和无障碍标志五大类。

引导问题 24 判断下列说法是否正确：

(1)各导向标志之间的信息内容应具有连续性。 ( )

(2)标志应设置在醒目、不被其他物体遮挡的位置。 ( )

(3)标志可与广告等其他图形、文字混设。 ( )

(4)当通行区域行程大于 30m 时，乘车导向标志宜重复设置。 ( )

(5)车站客运服务标志、导向标志应简洁、连续、完整、标准、美观。 ( )

引导问题 25 智慧车站的内涵是以________，全息感知车站客流、车站设备、车站运行等全过程数据，利用云计算、大数据、物联网、人工智能等技术，面向________、________和________三个界面，构建________、________、________三大智慧应用模块，应用智慧乘客服务、智慧运输组织、智能技术装备、智能基础设施等智能系统，实现轨道交通车站________、________、________。

引导问题 26 上海地铁在智慧地铁建设的实践中，总结提炼出________、________、自动诊断、业务闭环、________五个智慧车站的基本特征。

引导问题 27 请简要说明智慧车站建设的目标。

任务实施

引导问题 28 实地调研，测量并记录车站站厅、站台平面布局，楼梯、通道、自动扶梯等设备设施物理尺寸各项数据。

(1) 车站出入口数量及方位。

A 口：________ ________

B 口：________ ________

C 口：________ ________

D 口：________ ________

(2) 车站出入口外主要地标性建筑及公共交通情况。

A 口：________ ________

B 口：________ ________

C 口：________ ________

D 口：________ ________

(3) 出入口、通道及换乘通道宽度。

A 口：________ ________

B 口：________ ________

C 口：________ ________

D 口：________ ________

换乘通道：________ ________

(4)楼梯、自动扶梯数量、宽度、高度(出入口、站厅、站台、换乘通道等)。

(5)站厅长度、宽度。

(6)售票厅、客服中心位置及面积。

(7)付费区与非付费区如何分割,如闸机布置的位置、隔离栏杆布置位置(画图表示)。

(8)站台长度、宽度。

(9)站台安全线宽度。

(10)站厅、站台立柱所占面积。

(11)站台禁止长时间停留区域(黄色格栅区域,行人快速通行区域)位置及面积。

(12)用 Visio 等计算机软件绘制车站站厅、站台平面布局图,可附页(参考图 1-46)。

引导问题29 进行车站实地调研，记录车站重要客运设备设施的位置、数量并拍摄照片。

(1)自动售检票系统各终端设备的位置和数量(请填写附表1-2)。

车站自动售检票系统终端配置表 附表1-2

<table>
<tr><th rowspan="2">出入口</th><th colspan="2">售票口数量</th><th colspan="3">自动检票机类型</th><th colspan="2">自动检票机数量</th><th colspan="2">自动检票口数量</th><th rowspan="2">闸机距出口距离(m)</th></tr>
<tr><th>人工</th><th>TVM</th><th>单向</th><th>双向</th><th>总数</th><th>出站</th><th>进站</th><th>出站</th><th>进站</th></tr>
<tr><td>A口</td><td></td><td></td><td></td><td></td><td></td><td></td><td></td><td></td><td></td><td></td></tr>
<tr><td>B口</td><td></td><td></td><td></td><td></td><td></td><td></td><td></td><td></td><td></td><td></td></tr>
<tr><td>C口</td><td></td><td></td><td></td><td></td><td></td><td></td><td></td><td></td><td></td><td></td></tr>
<tr><td>D口</td><td></td><td></td><td></td><td></td><td></td><td></td><td></td><td></td><td></td><td></td></tr>
<tr><td></td><td></td><td></td><td></td><td></td><td></td><td></td><td></td><td></td><td></td><td></td></tr>
<tr><td></td><td></td><td></td><td></td><td></td><td></td><td></td><td></td><td></td><td></td><td></td></tr>
<tr><td></td><td></td><td></td><td></td><td></td><td></td><td></td><td></td><td></td><td></td><td></td></tr>
</table>

(2)无障碍设备设施、终端设备设施(无障碍电梯、轮椅升降平台、盲道、盲文、宽闸机等)、无障碍标志的位置和数量。

(3)站台门系统(滑动门、固定门、端门)的位置和编号。

(4)火灾自动报警系统各终端设备(消火栓、灭火器、防火卷帘等设备)的位置和数量。

(5)站台紧急停车按钮的位置和数量。

(6)车站其他客运设备设施(站内招援按钮/电话、自动售卖机、自动取款机、座椅、铁马、应急救援专用通道门等)的位置及数量。

引导问题 30 数据整理与分析,查询地铁运营企业官方网站,参考、核实车站相关设备设施的位置及数量,绘制车站客运设备设施平面布局图。

引导问题 31 设计相关设备设施的图例，在车站站厅、站台平面布局图上标注以上设备设施的准确位置，绘制车站客运设备设施平面布局图。

提示：某地铁企业车站设备设施图例设计如下。

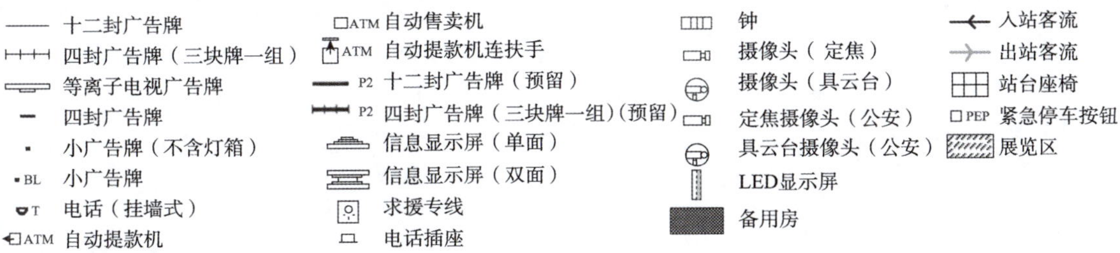

引导问题 32 请在车站站厅、站台平面布局图上标明乘客进站、出站客流路线。

引导问题 33 请说明乘坐轮椅的乘客进出该站的路线。

引导问题 34 车站位置描述(样例：阜成门地铁车站位于阜成门内外大街以及阜成门南北大街交叉点处。车站周边有居民区、华联商厦、小商品批发市场以及华远大厦、海通大厦、金都假日酒店等商业单位，其中南侧有万通小商品批发市场和华远大厦，北侧有华联商厦、阜外医院和四川大厦等)。

引导问题 35　车站出入口布局[样例：F出入口，西北口，分为F1口、F2口；G出入口，东北口（暂未开通）；K出入口，东北口（北换乘通道内连接商场，暂时关闭）；H出入口，东南口]。

引导问题 36　车站形式描述（样例：车站主体为地下二层结构，站厅层位于地下一层，分为南北两部分，中间不连通；站台层位于地下二层，为局部分离岛式站台），可附站厅、站台结构图展示。

引导问题 37　车站客运服务设施概况描述，可设计表格列出，见附表1-3，可附页。

某地铁车站客运服务设施统计表　　附表1-3

设　施	出入口					站厅			站台	换乘通道	备注
	A	B	C	D	E	南	北	南厅换乘			
步行楼梯（部）	1	1	1	1	—	1	1	1	—	2	
自动扶梯（部）	1	—	—	1	—	2	2	1	—	2	
垂直电梯（部）	—	—	—	1	—	1	—	—	—	—	
乘客服务中心（CUC）（座）	—	—	—	—	1	1	1	—	—	—	
自动售票机（TVM）（台）	—	—	—	—	3	5	5	—	—	—	
半自动售票机（BOM）（台）	—	—	—	—	2	3	3	—	—	—	

续上表

设施	出入口					站厅			站台	换乘通道	备注
	A	B	C	D	E	南	北	南厅换乘			
自动验票机（TCM）（台）	—	—	—	—	1	1	1	—	—	—	
进站闸机（部）	—	—	—	—	—	7	3	—	—	—	
出站闸机（部）	—	—	—	—	—	3	7	—	—	—	
双向闸机（部）	—	—	—	—	6	2	2	—	—	—	
宽通道闸机（AG）（部）	—	—	—	—	1	1	1	—	—	—	
公用电话（部）	—	—	—	—	—	1	1	—	—	—	
自动取款机（ATM）（台）	—	—	—	—	—	3	4	—	—	—	
站台监察厅（PSB）	—	—	—	—	—	—	—	—	1	—	
卫生间（个）	—	—	—	—	—	—	—	—	1	—	

引导问题 38 车站周边环境，可设计表格列出，见附表 1-4，可附页。

某车站周边环境

附表 1-4

出入口	公交站点	周边物业	商业设施
A 口	22 路、690 路、626 路、826 路	中国银行大厦、××商业联合会	汉光百货、华威大厦、大悦城、君太百货
B 口	47 路、83 路、102 路、105 路、109 路、603 路、604 路、626 路、690 路、808 路、826 路	中国光大银行大厦、中国民生银行大厦	
C 口	1 路、1 区间、10 路、22 路、37 路、52 路、728 路、802 路	国家电网电力交易中心	美爵酒店、华威大厦、民航大厦、文化广场
D 口	……	……	……

引导问题 39　本站导流设备设施调研总结。

引导问题 40　本站导向标志、位置标志系统调研总结(进站导向系统、出站导向系统,存在问题及优化建议等)。

引导问题 41　本站无障碍设施系统调研总结(存在问题及优化建议等)。

引导问题 42　本城市智慧车站建设案例。

引导问题 43　本车站调研感想、体会及结论。

引导问题 44 请根据以上引导问题,整理完成 Word 版《××车站调研报告》,配以附图 1 车站站厅、站台平面布局图,附图 2 车站客运设备设施平面布局图。

评价反馈

班级：　　　　姓名：　　　　学号：　　　　指导教师：

考核项目1	编制××车站调研报告			
序号	评价标准	分值	自评得分（40%）	教师评分（60%）
1	引导问题填写字迹美观清晰，题目填写齐全	10		
2	引导问题答案正确率90%以上	10		
3	用Visio等计算机软件绘图，绘图清晰美观、比例适当、标注图例	10		
4	调研数据真实可靠，图中出入口、通道、楼梯、站厅、站台布局绘制正确，标注重要设施尺寸，完成车站平面布局图	10		
5	图中电梯、自动扶梯、自动售票机、闸机、无障碍设施、火灾自动报警系统终端设备、站台紧急停车按钮及其他客运设备设施种类齐全，位置布置适当，标注重要设备设施的尺寸和数量，完成车站客运设备设施平面布局图	10		
6	能在车站平面布局图上绘制乘客进站、出站路线；无障碍进站、出站路线	5		
7	能够通过网络查询或实地调研，结合车站结构示意图，说明本站的类型，并能结合相关资料分析本站站台、站厅结构的优缺点	10		
8	能够用表格统计并清晰呈现车站客运设备设施的数量及位置情况	5		
9	能够从类型、功能、案例等方面对本站导流设备设施做梳理总结，并配有实地调研图片	10		
10	能够按照进站导向、出站导向，站厅站台安装位置等逻辑总结、梳理本站导向标志、位置标志系统，并配有实地调研图片	5		
11	能够设计表格系统总结并梳理本站无障碍设备设施系统，并配有实地调研图片	5		
12	能够通过网络或实地调研，收集、整理多个本地、其他城市智慧车站建设案例	5		
13	调研报告结构、内容（封面、作者信息、目录、正文、结论、参考文献、附图等）完整，调研报告排版清晰美观；表格、图片形式丰富，图文并茂	5		
合计		100		

项目2

城市轨道交通车站运作

项目说明

城市轨道交通车站以安全、高效地输运乘客为宗旨，车站应根据行车计划、施工计划以及客运组织计划等生产任务的要求建章立制，合理设置岗位及组织排班，并有序安排各岗位员工履行职责、协调运作。了解车站运作管理和岗位作业流程是安全有序组织运送乘客工作的前提。

本项目主要引导学生掌握城市轨道交通车站岗位划分与职责分工，了解主要岗位一般作业程序，熟悉车站开启、关闭及巡查等日常运作流程。

项目目标

◎ 知识目标

1. 说明城市轨道交通车站组织架构。
2. 复述值班站长、车站值班员和站务员岗位职责。
3. 说明值班站长、车站值班员和站务员一日当班工作流程。
4. 列举车站管理的基本制度并说明其要求。
5. 说明城市轨道交通车站开启、巡查、关闭的工作要点。

◎ 能力目标

1. 能够利用实训室设备,团队配合模拟演练车站开启程序。
2. 能够利用实训室设备,团队配合模拟演练车站关闭程序。
3. 能够利用实训室设备,团队配合模拟演练车站巡查程序。

◎ 素质目标

1. 培养爱岗敬业、遵章守纪的责任意识。
2. 培养团队合作能力。

◎ 建议学时

8 学时

任务1　认知车站行政管理

一　车站管理模式及组织架构

车站是城市轨道交通系统的重要组成部分，是运营企业与服务对象的主要联系环节。车站管理的核心任务是安全、迅速、方便地组织客流集散，并做好行车组织工作。随着城市轨道交通车站设备设施的不断发展变化，我国各城市轨道交通车站的设备设施及岗位设置也不尽相同，各岗位的工作职责及作业程序也存在很大差异。一般来说，车站常驻人员有站务运营人员、安保人员、保洁人员、设备维修人员、地铁公安人员等。

城市轨道交通车站通常设置站区长（中心站站长）、值班站长、车站值班员（行车值班员、客运值班员）和站务员等岗位。车站管理模式采用值班站长负责制，负责当班期间车站的行车安全、客运服务、票务、环境清洁、事件处理、人员管理等工作。在值班站长的指挥下，各岗位工作人员按照岗位职责和工作流程开展工作。

除车站的站务工作人员外，城市轨道交通车站通常还有维修、商铺、公安等外单位（部门）驻站人员。车站日常运作以车站运输组织为核心，维修人员、商铺人员、公安人员等应以服务于车站运输组织为前提开展工作。车站一般成立站内综合治理小组，各个驻站单位（或与车站运作相关单位）参加，综合治理小组的组织由站长（值班站长）担任。综合治理小组的主要任务是协调、解决车站的综合治理工作。综合治理小组成员相互通报相关信息，尤其在重大节假日或大型活动前，车站应将有关运营服务信息及站内客运应急方案通报各单位。发生特殊情况时，由值班站长负责指挥处理，可以调动站内的维修人员、商铺人员、公安人员协助处理。

1. 车站管理模式

（1）上海地铁1号线车站管理模式

上海地铁1号线车站采取中心站长、值班站长二级负责制，如图2-1所示。除了由中心站长对所属车站（一般负责2～3个车站）各项工作全面负责外，每站还设3名值班站长跟班管理，负责当班期间车站的行车、票务、保安、卫生等所有车站工作。

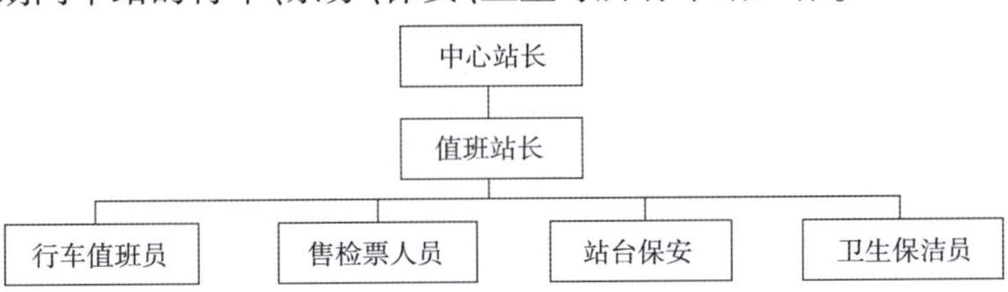

图2-1　上海地铁1号线车站管理模式

(2)柏林地铁车站管理模式

柏林地铁因较早使用了先进的自动化设备,车站只设有站台层,不设付费区与非付费区,客流量也较小,车站工作人员每班只安排1~2人,担负列车运行监护、站内设施设备运行监护、服务咨询、卫生清扫等工作。每5~6个车站设置一名运营监理,负责管内各站设备运行和检查、督促各站工作人员的工作状况。柏林地铁车站管理模式如图2-2所示。

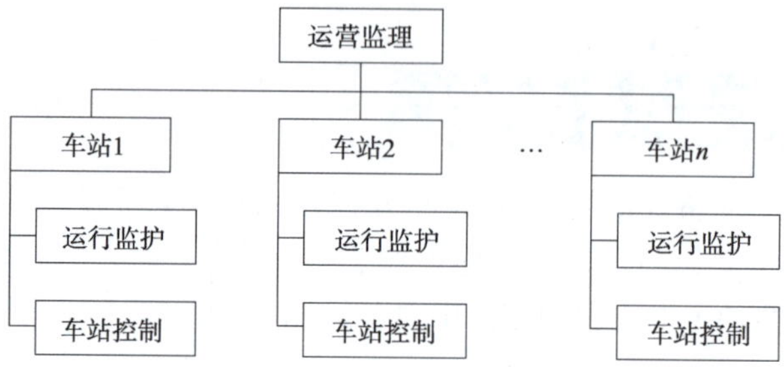

图2-2 柏林地铁车站管理模式

(3)我国香港特别行政区地铁车站管理模式

我国香港特别行政区地铁车站设置站厅、站台两层,采用先进的自动售检票系统及各种人性化服务设施,每日承担公共交通40%以上的客流,周末平均客流量达430万人次。车站除设置行车控制、运行监护人员外,还在站厅层设置客务中心,向乘客提供服务咨询。我国香港特别行政区地铁车站管理模式如图2-3所示。

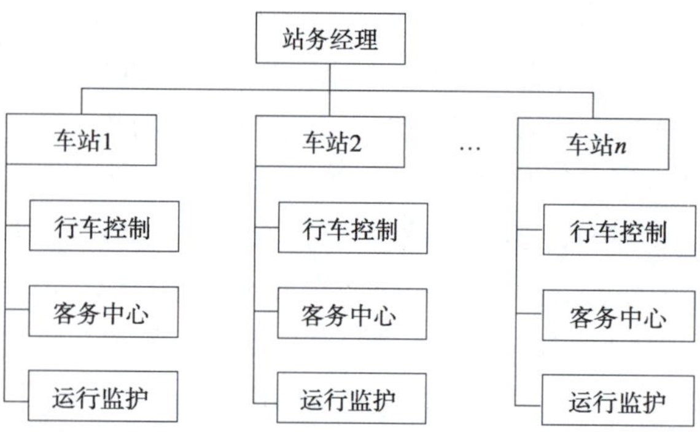

图2-3 我国香港特别行政区地铁车站管理模式

2. 车站组织架构

某城市轨道交通车站站务室组织架构如图2-4所示。

①我国大多数城市轨道交通车站是由值班站长负责车站内日常事务管理,其上级是站区长(根据站区大小不同,一般管辖5~8个车站),目前也有部分城市设置站长职级(一般管辖1~2个车站)。一般情况下,车站实行层级负责制,由上至下的顺序依次为站务经理、站区长、站长、值班站长、车站值班员、站务员。

②车站常驻人员包括值班站长、车站值班员、站务员、保洁员、自动售检票(AFC)设备维修人员、地铁公安等。

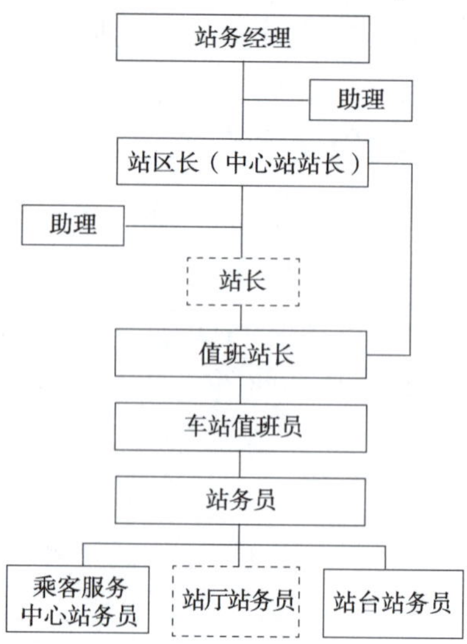

图2-4 某城市轨道交通车站站务室组织架构

知识链接2-1

某地铁运营企业站务中心管理架构(2021 年)

随着新技术在地铁中的应用,越来越多的地铁运营企业对企业组织架构进行改革,以适应企业发展和市民对运营服务的需要。某地铁运营企业改革原有的站区管理体制为站务中心管理架构,以管辖9 个车站的站务中心为例,该站务中心设站务中心主任1 名、书记1 名;中心副主任4 名,分别管辖生产和安全、客服和票务、治安和保卫、工会及志愿服务等方面;设车站主管6 名,每人分管1 ~2 个车站;标准车站设4 名值班站长,2 名车站值班员,3 名站务员,如图2-5 所示。

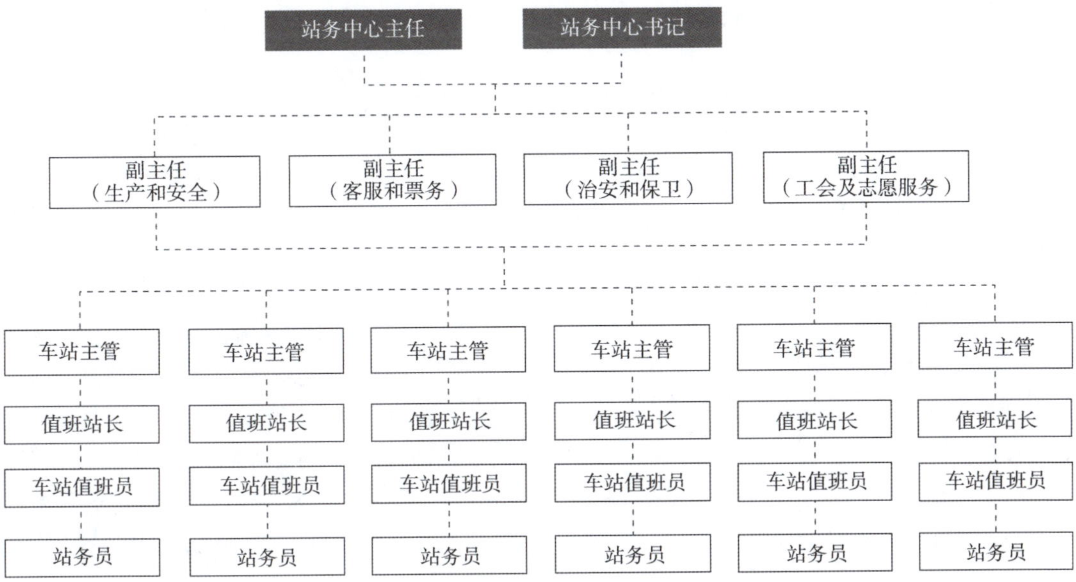

图2-5 某地铁运营公司站务中心管理架构

知识链接2-2

某地铁运营公司车站人力配置标准

地铁运营公司一般从车站规模、地理位置、客流量、人员配置和行政管理等角度对车站进行分级管理。如某地铁运营公司某条线路,普通车站人力配置标准为:值班站长5 人,督导员5 人,站务员12 ~13 人;设备集中站或换乘站人力配置标准为:值班站长6 人,督导员10 人,站务员12 ~13 人。

二 车站各岗位职责及作业流程

1. 站区长岗位职责

站区长受命于站务经理,在其领导下管理分组内的车站、管理分组车站站长(值班站长),并向车站站长传达领导的指示及听取他们的建议。下面我们首先以一个具体的地铁运营企业站区长内外部工作联系为切入,边读边思考总结站区长岗位职责。

知识链接2-3

某地铁运营企业站区长内外部工作联系

某地铁运营企业站区长内外部工作联系见表2-1。

站区长内外部工作联系　　表2-1

对内联系单位(人员)	对内联系业务	对外联系单位	对外联系业务
站务经理	向站务经理汇报各车站的作业情况,并接受其专业指导,管理分组车站;当发生重大故障或事故时,应立即向站务经理汇报,并随时报告事件发展的最新情况	运营控制中心(OCC)及轨道交通管理指挥中心(TCC)	透过OCC及TCC,了解公司在站务上的任何特别安排,调度车站人员尽量配合他们的安排,以降低对市民的影响
站长(值班站长)	与分组车站站长保持紧密合作,以便提供及维持高质量的运营服务	政府应急单位	定期与公安、消防及救援等单位沟通,以了解这些应急单位在紧急情况时的需要及安排,从而在站务方面定下一些紧急应变措施,如事故的演练,以便协助紧急救援工作
车站维护高级工程师	与车站维护高级工程师紧密合作,确保车站内设备的故障按严重程度,获得适时的维护	委外商	与委外商定期举行会议,以检视他们在委外工作方面的表现;确保各车站站长,能妥善地管理委外商在车站内的作业
运营控制中心(OCC)	与运营控制中心紧密合作,确保分组车站站长按运营控制中心的要求,执行他们在载客列车或站务方面的特别安排,以维持安全及高效能的服务;若其分管的分组车站发生重大故障或事故,需立即通知运营控制中心,以便作出适当安排,将对乘客的影响降至最小	社区单位	与所属地区的社区单位保持沟通,以掌握他们对车站服务的意见,按情况作适当的安排,以便提高服务水平

续上表

对内联系单位(人员)	对内联系业务	对外联系单位	对外联系业务
故障报警中心	与故障报警中心紧密合作,分组车站内的基建设备若有任何问题,应立即向故障报警中心报告,以便他们按故障严重程度,安排维护工作		
运营部其他单位	与乘务室、运营保障室及其他分组车站经理等保持沟通合作,以达到载客列车及站务的服务指标		
财务部、计算机部、采购仓务部	与这些部门制定物料采购及维护合约的计划书,以便维持高品质的车站服务及降低运营成本		
公关部	与公关部保持沟通合作,协助解答与车站运营有关的问题		
人力资源部	与人力资源部共同探讨分组车站的人事问题,并制定相应的措施		

站区长岗位职责总结如下:一是认真贯彻执行站务室的发展计划与任务,制定分组车站的执行方案,建立分组车站高效的客运服务流程,制定有效的突发事件处置预案,保证及时、安全、高效地处理突发事件;二是协助站务经理,负责车站委外项目的管理和监督,合理、有效地控制财务支出;三是与公安、交通等政府部门以及运营部各室保持良好的沟通与协作,与所辖车站员工保持良好的工作关系,激励员工爱岗敬业、调动员工的工作热情与积极性;四是对分组车站的站务服务负有领导责任,需不断改进、完善分组车站的乘客服务工作。具体表现在以下几个方面。

(1)计划工作

推动执行站务室工作要求,制订站区工作计划、任务及服务方针,确保各车站人员按这些要求,努力不懈地提供安全及高效的车站服务,以体现运营企业的承诺及服务指标,维护企业的整体形象。

(2)管理工作

指导管理所辖范围的工作,确保各车站人员提供高品质的乘客服务,并保证及时、安全、高效地处理突发事件,以便尽快恢复客运服务。负责指导并加强车站系统的安全作业、服务质量以及有关的车站委外项目管理和监督。在员工管理方面,制定车站人员值班表,确保车站工作的安排、指导、检查、监督、评价和考核工作能适当及公平公正地执行，减少内部冲突，保持车站的团队合作精神，营造积极向上的工作气氛。

(3)推动力及监察

需适当地监察值班站长及站务员的表现，评估他们的服务水平是否达到既定标准，确保提供安全及可靠的站务服务。

(4)重大故障或事故的处理与跟进

在处理重大故障或事故时，需确保与运营控制中心保持紧密的沟通合作，安排紧急抢修队伍和物料及时到达故障或事故地点，以最短时间恢复运营。在重大故障或事故的调查方面，需积极参与，找出导致故障或事故的原因，并跟进落实调查报告的建议。

除以上岗位职责内容外，站区长还需要进行员工培训及考核、财务控制和资产管理、行政工作、委外管理、服务保障、协作等工作。

2. 值班站长岗位职责及作业流程

(1)值班站长岗位职责

值班站长协助站区长、站长完成车站管理相关工作；值班时间内负责管理、监督、安排及记录车站所有有关客运服务工作及协调维修事项的安排；按照既定培训及演练计划，负责员工的各项培训及演练工作，提高员工专业技能；充分利用车站的资源确保车站的突发事件、事故得到妥善处理，向乘客提供优质、安全的客运服务，并调动班组员工的工作热情，确保工作任务圆满完成。

值班站长工作职责主要体现在站务管理、安全管理、重大故障或事故的处理及跟进、服务保障、员工培训及考核、资产管理、设施监控等几大方面。特别说明的是，某些运营企业车站设施监控职责由值班站长担任，而另有一些企业该职责由车站值班员负责。具体职责见表2-2。

值班站长工作职责 表2-2

职责分类	工作职责
站务管理	(1)协助站区长、站长管理并监督车站内的所有活动。 (2)监督、指导车站票务工作，确保票务工作安全有序。 (3)负责管理本车站的列车运行及客运服务工作，确保站务人员能按要求提供安全、可靠及高效率的车站服务，以实现企业所制定的运营服务目标，维护企业的整体形象。 (4)如车站发生突发事件或事故，要及时处理以减小对乘客的影响。 (5)在员工管理方面，要协助制定站务人员的排班表，确保站务工作的安排、指导、检查、监督、评价和考核工作能公平、公正地执行，减少内部冲突，以营造及维持站务室内的团队合作精神
安全管理	(1)确保行车、车站员工及乘客的安全；确保安全部门认定的安全隐患已被记录，并妥善管理及监察；确保站务人员依据安全程序执行日常工作，包括正常、降级和紧急的情况。 (2)确保提供一个安全的工作环境，供车站工作人员及委外商安全地进行工作。 (3)确保车站工作人员已获分配及使用个人的安全保护装备；定期组织对车站安全防护装备进行检查，确保安全防护装备数量齐全，性能良好。 (4)按各类检查、巡查规定，完成安全检查、巡查，记录及跟进需要改善的地方

续上表

职责分类	工作职责
重大故障或事故的处理及跟进	在处理重大故障或事故时，需确保与运营控制中心、各维修专业保持紧密的沟通合作，在最短时间内恢复运营
服务保障	确保车站人员提供安全而高效的乘客服务；需向所有车站值班员、站务员、承包商传达站务服务的标准及重要性，并适当地运用站务室各种资源，让站务人员执行站务工作以配合正常、降级和紧急的情况
员工培训及考核	(1)定期安排本站站务人员重温培训及资格的考核，以期获得从事本岗位的资格。 (2)定期组织车站员工开展在岗培训及各项演练，以期提高站务人员的服务水平及应急处理能力，使车站员工时刻保持较高的服务水平和能力
资产管理	(1)做好当班期间车站物资管理，按照计划完成物资的接收、配发及保管工作。 (2)按照盘点计划，完成车站各类运营资产的盘点
设施监控(适用于部分企业)	(1)随时保持与控制中心行车调度员、系统调度员和车站站务人员的联络畅通，掌握有关行车、相关设备及车站运作的情况。 (2)当信号系统控制权从控制中心下放至车站时，负责操作本地 ATS。 (3)当车站的设施、设备发生故障或出现突发情况时，应采取有效措施尽量减轻对车站运营服务的影响，并将故障情况通知有关单位。 (4)根据控制中心的安排、行车通告、专业维修计划，监督设备、设施的检修、维修工作。 (5)监控火灾自动报警系统状态

知识链接2-4

某地铁运营企业车站值班站长岗位职责划分

1. 车站管理(60%)

①管理一切有关车站运作工作，包括设备维护、运营收益、客户服务及员工表现、防疫及安保等方面；

②为乘客提供安全、可靠及高质量的服务。

2. 事故处理(15%)

①监控客流，确保列车顺畅运行；

②处理所有日常发生在车站或列车上的事故；

③当发生事故时，采取合适行动并调动站内的人力和物力资源给予支持；

④发生重大事故时，暂时充当事故处理主任，直至当值事务经理到场接替。

3. 纪律(10%)

①协助站长维持良好的员工纪律；

②通过指导、沟通及管理，确保公司的指示、指引和作业程序得以顺利地执行。

4. 员工培训及考核(10%)

为新旧员工提供定期内部培训、演练及考核，确保员工专业水平能够达标。

5. 其他(5%)

按站务室需要，参与各项联络会议，并完成各项不同或特别指派的任务。

(2)值班站长一日当班作业流程

某地铁运营企业值班站长一日当班作业流程见表2-3。

值班站长一日当班作业流程　　表2-3

时　间	值班站长一日当班作业内容
班前	(1)与前一班值班站长进行交接，熟知上一班的运营情况。 (2)检查、清点钥匙、行车备品、对讲设备以及执法证、文书、票据等备品。 (3)认真检查当班情况登记本，具体内容大致见表2-4。 (4)检查各种台账记录并做好交接，如钥匙管理登记本、施工登记本、每日运营重要信息、调度命令本、行车日志、设施故障登记表、乘客遗失物品登记本等。 (5)检查上级文件及通知，并了解各项规章制度及落实情况(知晓率)。 (6)核实夜班完成或未完成的工作，在接班中模糊、有疑点的问题要问清楚。 (7)完成交接后早班要在当班情况登记本上签名，签名后如出现因交接不清的问题时，由接班值班站长负责。 (8)检查人员到岗情况，安排好各岗位的工作，遇突发事件，应及时了解详细情况，到现场担任事故处理组长，并及时向有关生产安全组及相关领导报告事故处理情况
班中	(1)按消防安全要求对车站全部设备进行一次检查，包括站厅、通道、站台以及设备用房。 (2)安排所有TVM纸币钱箱的更换与清点工作；跟客运值班员结账，到AFC票务室进行封包，统计早班票款营收情况。 (3)定时(运营时间内)全面巡视车站，重点的巡视内容为：消防设备设施的状态；站台门的状态；扶梯运行状态；站台、站厅、通道设备设施的状态等。 (4)督导各岗位员工按章作业，发现违章情况及时作出处理。 (5)运营开始或结束时，负责车站的清客、开关站。开站时确认出入口、扶梯、照明、AFC设备状态良好，应在首班载客列车到站前××分钟巡视全站，首班载客列车到站前××分钟完成开启出入口大门、扶梯工作，并巡视全站。关站时清站，确认出入口、扶梯、照明、AFC设备全部关闭。 (6)监控车站当天的施工情况，负责设置特殊指示灯、带施工人员到端墙。 (7)及时处理、跟踪当班发生的乘客特殊事务及服务投诉事件。 (8)安排、顶替有关岗位职工用餐。 (9)组织所有接班员工、班中可参加的其他员工(如学员、顶岗班人员等)召开接班会，具体内容见表2-5
班后	(1)与下一班值班站长做好交接工作，移交上级文件，说明当班发生事项等。 (2)检查本班所填写的台账，如钥匙管理登记本、施工登记本、车站巡视检查本、每日防火巡查本、行车日志、故障设备设施跟踪处理表等。 (3)在当班情况登记本上签名

当班情况登记本内容　　表2-4

序号	项目	内　容	序号	项目	内　容
1	行车事项	列车运行情况；相关新通知；施工情况	4	其他事项	上级临时安排或车站发生的事项
2	乘客服务	乘客事务	5	重点事项栏	一些重点工作的完成时间和负责人
3	票务	票务新通知；客运值班员工作情况			

接班会议内容 表2-5

序号	内容	序号	内容
1	参加接班会的员工立岗，值班站长检查员工的仪容仪表	3	运营信息的传达
2	重要文件、通知的传达		

3. 车站值班员岗位职责及作业流程

车站值班员，一般可分为行车值班员和客运值班员两个岗位。在实际工作中，某些地铁运营企业只设行车值班员一个岗位，客运值班员的工作由值班站长兼任管理。也有些小型车站，当班期间只有一个行车值班员，由行车值班员兼顾客运值班员的工作。

(1)行车值班员

行车值班员主要负责执行调度命令，统一指挥车站行车各项工作；监控车站控制室所辖设备；负责车站施工组织管理等工作。

城市轨道交通车站的行车值班员根据行车工作组织的需要通常设置运营时间(早班)的行车值班员和非运营时间(晚班)的行车值班员。运营时间的行车值班员一般负责监控列车运行；负责运营时间内各类施工的办理；接听各类电话，传达各类信息；处理运营时间发生的各种应急情况等。非运营时间的行车值班员一般主要负责夜间的施工安排，监控夜间设备的运行情况，负责出入口的管理等工作。

行车值班员的岗位职责如下。

①认真执行上级及站区的指示精神、工作要求。

②严格执行各项规章制度和作业标准。

③在行车调度员统一指挥下，负责车站行车工作。

④负责与调度员联系，接受并严格执行调度命令。

⑤负责车站控制室所辖设备的使用、监控及设备报警时的现场确认、前期处置及相关工作。

⑥负责送电前的巡视及汇报工作。

⑦负责车站施工组织管理工作，负责道岔清扫工作。

⑧负责协助司机处理车辆车门相关故障，实行单司机制的线路负责组织车门故障的应急处置。

⑨发现危及行车或人身安全的紧急情况及时制止，按有关规定采取有效措施，并及时妥善处理。

⑩服从值班站长现场管理。

⑪履行车站突发事件的处置职责。

⑫负责向站区、公司及上级等有关部门及时反馈相关工作信息。

⑬根据运营生产需要，配合完成车站相关岗位作业内容。

⑭负责职责范围内监管设备故障的登记、报修工作。

⑮负责职责范围内相关记录的填报、确认工作。

⑯完成领导交办的其他工作。

某地铁运营企业行车值班员作业流程见表2-6。

行车值班员作业流程　　表2-6

时　间	作业内容
早班	(1)签到,检查所有钥匙及行车备品柜内物品、车站控制室内设备是否良好,填写相关交接台账,详细阅读上一班工作情况、相关重要文件、通知以及本班须完成的工作项目。 (2)监控各岗位工作情况,监控信号设备运营情况。 (3)负责接听电话,播放相应广播。 (4)协助值班站长处理简易基础工作并填写相关台账。 (5)密切留意车站设备状态,发现故障及时报修并做好相关记录。 (6)按要求安排人员收发文件,并传达重要文件信息内容。 (7)掌握车站各岗位人员动态及客流情况,做到合理调配,填写当班相关台账。 (8)与夜班当班员进行交接,交代夜班重点施工项目及注意事项等,签退
晚班	(1)签到,检查所有钥匙及行车备品柜内物品、车站控制室内设备是否良好,填写相关交接台账,详细阅读当班情况登记本(包括上一班工作情况、相关重要文件、通知以及本班须完成的工作项目)。 (2)办理施工作业。 (3)监督车站关站情况。 (4)监控夜间各种设备的运行情况。 (5)与早班当班员进行交接。检查所有钥匙及行车备品柜内物品、车站控制室内设备是否良好,填写相关交接台账,详细阅读上一班工作情况、相关重要文件、通知以及本班须完成的工作项目,签退

(2)客运值班员

客运值班员在某些运营企业又称为督导员,主要岗位职责是在值班站长的领导下,主管车站客运、票务管理,组织客运服务工作。

客运值班员通常根据运行时间的需要也设置为早班客运值班员和晚班客运值班员。早班客运值班员通常负责运营时间内各种票务、客运问题的处理;负责为运营时间各班售票员配备车票、备用金等;负责运营时间内票务、现金的安全管理以及本班票务、现金的计算工作和相关台账的填写;早班客运值班员还负责当班期间各种乘客事务的处理以及对当班售票员的工作进行检查等。晚班客运值班员主要负责运营时间内票款、现金的收集和统计工作,填写各类统计报表和相关台账;负责运营前自动售票设备的补票、补币工作。

客运值班员的主要岗位职责如下。

①负责车站控制室内自动售检票系统(AFC)、闭路电视监控系统(CCTV)、站台门系统(PSD)设备的监视工作。

②负责火灾自动报警系统(FAS)、环控系统(BAS)设备报警时的现场确认工作。

③负责站台门系统站台级操作及手动操作。

④负责残障人士呼叫设备及垂直电梯(必要时)的使用。

⑤负责AFC检票机票箱的更换和自动售票机车票、票款的补充及收缴等工作;负责AFC作业室的台账填记;全面履行AFC综合作业的工作内容。

⑥辅助行车值班员,负责现场行车工作,发现问题立即报告行车岗,按照行车调度员命令,负责交递行车凭证,进行现场行车作业。

⑦辅助行车值班员核对施工计划、命令，监护有关行车作业办理。

⑧发现危及行车或人身安全的紧急情况时及时制止，按规定处理。

⑨及时向站区、企业有关部门反馈相关工作信息。

某地铁运营企业客运值班员作业流程见表2-7。

客运值班员作业流程 表2-7

时　间	作业内容
早班	(1)早班签到。 (2)与晚班值班员进行当面交接，检查票务备品及票务钥匙情况；检查夜班台账填写情况；检查票款、备用金及库存车票情况；翻阅新票务通知及掌握本班工作重点；检查卫生情况。 (3)审核票务报表。 (4)按规定上交报表，检查乘客服务中心工作情况，处理站厅事务，进行票务业务知识抽问。 (5)给顶岗员工配票，巡视各出入口及站厅情况，检查早班乘客服务中心(票亭)交接情况。 (6)与早班售票员结账，填写相关台账。 (7)需要将票款送往银行时，整理票款，填写送款单准备解行。 (8)安排站务员更换票箱。 (9)处理乘客事务，检查乘客服务中心(票亭)。 (10)整理票务室内务。 (11)自动售票设备的钱箱将满时，负责更换钱箱。 (12)整理所有钱款、车票、备品，准备交接。 (13)与晚班值班员做好交接工作，签退下班
晚班	(1)晚班签到，与前一班早班值班员进行当面交接，检查票务室票务备品及票务钥匙情况；检查早班台账填写情况；检查票款、备用金及库存车票情况；翻阅新票务通知及掌握本班工作重点。 (2)巡站，处理乘客事务。 (3)与售票员结账，更换钱箱，清点钱箱。 (4)完成当日报表及账册，清点补币备用金。 (5)给所有TVM补币、补票，给早班配票。 (6)与早班值班员做好交接工作，与后一班早班值班员进行当面交接，检查票务室票务备品及票务钥匙情况；检查夜班台账填写情况；检查票款、备用金及库存车票情况；翻阅新票务通知及掌握本班工作重点；检查卫生情况。 (7)签退下班

4.站务员岗位职责及作业流程

(1)站务员岗位职责

站务员在值班站长的领导下，负责车票的发售及管理，相关设施设备监督管理，提供客户服务工作，引导乘客进出站，维护站台(或换乘通道)秩序，监控列车、站台门等设备运行状况，执行列车回库清人、车门故障应急处置等工作。

由于站务员工作场所主要是在乘客服务中心、站厅和站台，所以站务员也可以分为乘客服务中心(CUC)站务员、站厅站务员和站台站务员。近年来，由于无人售票车站的普及，各场所站务工作有所融合。以下重点介绍乘客服务中心站务员和站台站务员的工作职责。

乘客服务中心站务员（CUC）工作职责如下：

①执行公司的各项规章制度、工作安排以及领导的指示精神。

②负责车票的发售与补票工作，准确及时上报各类票务信息，认真填写票务台账。

③负责 IC 卡车票的销售、充值和退卡。

④负责乘客微信、支付宝、银联闪付等各种 App 软件电子支付的处理。

⑤监督乘客刷卡，维护进出站秩序。

⑥指导乘客合理使用设备，解答乘客问询，处理有关服务事宜。

⑦遇特殊情况及时向值班站长汇报，依据值班站长指令执行预案。

⑧参与车站突发事件的处置。

⑨特殊情况下配合完成有岗位工作内容。

⑩完成上级交办的其他工作。

乘客服务中心站务员一般在乘客服务中心、自助售票区域、闸机处进行票务及回答乘客问询相关服务，如图 2-6 所示。

图 2-6　地铁客服中心

站台站务员工作职责如下：

①执行公司的各项规章制度、工作安排以及领导的指示精神。

②认真做好站台值守工作。

③负责在站台值岗，维护秩序，主要工作如下：

a. 维护站台秩序，组织乘客安全乘降；

b. 及时发现并根据有关规定快速处理站台门和列车门故障，如图 2-7 所示；

图 2-7　站台门故障处理

c. 认真做好乘客乘车安全宣传工作；

d. 及时发现并根据规定妥善处置可疑物品、可疑人员及犯罪行为。

④负责运营前站门开启、送电准备工作。

⑤负责列车清客作业。

⑥遇特殊情况及时向值班站长汇报，依据值班站长指令执行预案，做好应急处置各项工作。

⑦参与车站突发事件的处置。

⑧完成上级交办的其他工作。

(2)站务员作业流程

某地铁运营企业站务员作业流程见表2-8。

站务员作业流程 表2-8

时 间	作 业 内 容
班前	**乘客服务中心站务员** (1)首班载客列车到站前××分钟按规定着装,到车站控制室签到,参加点名交接班,学习重要文件及上级指示精神,了解注意事项,听从当班值班站长的岗位安排。 (2)到AFC票务室领取车票、票务备品(票箱、硬币托盘、验钞机、售票员结算单、乘客事务单、发票)及备用金,领取对讲设备以及票务钥匙,首班车开行前××分钟到岗,做好开窗准备。 (3)首班载客列车到站前××分钟到岗,检查对讲设备能否正常使用,检查票务设备、备品(验钞机、分钞盒、发票等)的状态、数量
	站台站务员 (1)签到,阅读文件,接受上级交代工作及了解注意事项。 (2)领取相关的对讲机设备和钥匙。 (3)巡视车站及设备。 (4)配合值班站长做好车站开启工作
班中	**乘客服务中心站务员** 有人工售票车站: (1)保持乘客服务中心的整洁,票证、报表、钱袋摆放整齐。 (2)班中如需要替换岗位时须退出半自动售票机(BOM),做好票务钥匙、票务设备、对讲设备的交接工作。 (3)严格按售票作业程序工作,特别在进行一卡通发卡、充值服务时要让乘客确认。 (4)发现站厅异常情况(如乘客纠纷,老、病、伤、残等特殊乘客进闸等),及时通报相关岗位或车站控制室。 (5)早班交班时,退出BOM与中班售票员按交接班制度规定进行交接,交接完毕后,与中班售票员共同在车站售票问询处交接班本上签认,收回工号牌。 无人售票车站: (1)引导乘客使用自助售检票设备。 (2)运营时间内巡查车站设备,并做好相关记录。 (3)回收闸机的票卡,补充TVM的票卡及找零钱箱。 (4)在上下行末班车到站前××分钟,在TVM上、每组闸机前应摆放告示牌停止售票
	站台站务员 (1)列车进站时,站务员需站在紧急停车按钮旁边,以便发生事故时及时按下,保证乘客安全。 (2)维持站台顺序,组织乘客有序乘降,提醒乘客不要拥挤,不要手扶车门。 (3)发现乘客有违规行为,应及时制止,并做好解释工作。 (4)负责站台、自动扶梯的客流组织(客流高峰时限流)工作,必要时采取一定措施。 (5)解答乘客问询,关注行动不便乘客,必要时扶其上下车。 (6)巡视,对任何非正常的情况保持警觉,如突发事件,站台门故障等。 (7)清客完毕,需要向司机显示“一切妥当”的信号。 (8)简单处理车门、站台门故障,协助值班站长进行事故处理

续上表

时间	作业内容
班后	**乘客服务中心站务员** (1)整理钱、票,到票务室结账。 (2)结账完毕,到值班站长处报到,在当班情况登记本上签名
	站台站务员 (1)末班车开出后,清理站台,确认车站没有滞留乘客,无异常情况后汇报。 (2)协助关闭车站的相关设备。 (3)配合值班站长做好车站关闭工作,将相关钥匙和对讲设备交还给车站控制室

三 车站管理基本制度

城市轨道交通车站作为直接向乘客提供运输服务的生产单元,需要严密、规范的管理。车站通常有一套完整的排班制度、信息汇报制度、会议制度、巡视制度、文件管理制度、钥匙管理制度、车站控制室管理制度、考评管理制度等相关规定。这保障了城市轨道交通车站日常的生产秩序。

1. 排班制度

城市轨道交通一旦投入运营,车站基本上是24h作业的,运营时间接待乘客,非运营时间进行设备保养、维修。因此,必须按照工作的需要,对车站各岗位实行定岗定员,一般采用轮班制,如大三班、大四班,车站员工根据排班表的安排上岗。排班时要注意执行《中华人民共和国劳动法》的规定,每月要确保员工休息时间符合国家规定,同一员工相邻两个班次的间隔时间至少大于12h。

知识链接2-5

某地铁运营企业车站排班制度

1. 值班站长、值班员岗位

值班站长、值班员岗位采用“四班两运转”的班制轮换排班,见表2-9。其中车站值班员岗位若无特殊情况,要求行车值班员与客运值班员每两个班次实现一次岗位轮换,达到均衡工作量,培养员工全面发展的目的。

“四班两运转”班制　表2-9

班别	1	2	3	4
甲	白班	夜班	—	休息
乙	夜班	—	休息	白班
丙	休息	白班	夜班	—
丁	休息	—	白班	夜班

四班：甲、乙、丙、丁四个班

两运转：白班和夜班运转

白班：8:30—17:30

夜班：17:30—8:30

2. 站务员岗位

站务员岗位一般采用"四天上班两天休息"的班制，按照长、短班搭配的方法进行轮换排班。

某地铁运营企业车站站务员岗位排班时间规定见表2-10。

某地铁运营企业车站站务员岗位排班时间规定 表2-10

早班	8:20—15:20	合计7h，含午饭1h，实际工时6h	夜班	20:40—8:40	合计12h，含早饭1h，实际工时11h
中班	14:00—21:00	合计7h，含午饭1h，实际工时6h	备班	8:20—16:20	合计8h，含午饭1h，实际工时7h

2. 信息汇报与接收制度

(1)信息汇报

车站每天有大量信息需要向外反馈，必须有清晰的汇报流程，以确保信息的反馈能及时有效并得到合理的处理。通常汇报信息包括一般信息和紧急信息。一般信息可以每天汇总，按照规定逐级反映到相关部门处理；紧急信息由当班的值班站长根据事件情况，按照规定向相关负责人进行汇报，并做记录。

(2)一般性通告

值班站长在接收后，必须尽快在公告板展示，如属企业特别指引或工作指引，应向各员工传阅，并向有关员工解释，确保有关员工明了文件内容。有关员工需在文件阅读记录本上签名认同。

(3)电子文件的接收

值班站长应及时查阅车站邮箱，将重要邮件分类保存在相关文件中；根据邮件涉及内容，转发给相关员工；需要时打印纸质文件。

3. 会议制度

(1)会议基本要求

各类会议需按照会议类别分别由部门或主管指派的符合相关资质的人员参与，并委派一名记录员或会议秘书做记录。在会议完成后整理会议纪要并妥善存档。

(2)会议安排

各地铁运营企业例会制度要求不同，按会议级别和会议对象可分为站务室级会议、站区级会议、车站班组级会议、联防联控级会议等，见表2-11。

某地铁运营企业会议安排情况一览表

表 2-11

级 别	参与人员	内 容	周 期
车站班组级会议	当班值班站长、车站值班员、站务员	传达近期工作重点，总结班组运营情况，培训相关知识，车站一般在班组交接之前开车站交班会议，保证生产信息的有效传达	每班班前或班后
站务室级会议	站务经理或授权主管、站区长、站长、票务收益经理、运营保障经理	安全、客运、票务、服务、突发事件处理及其他事项等	每月至少一次
站区级会议	站区长、站长、各下属车站值班站长	安全、客运、票务、服务、突发事件处理及其他事项等	每2月至少一次
车站级会议	站长/站区长、各下属车站值班站长、车站督导员及站务员代表	安全、客运、票务、服务、突发事件处理及其他事项等	每3月至少一次
联防联控级会议	站区长、公交总队、公安派出所	通报上月辖区治安警情、运营情况，协商确定本月安全工作重点及具体安排	每月第一个工作日

小贴士

某地铁运营企业车站班组会议的内容

(1)公司文本、制度的重温及考核。

(2)典型事故案例的讨论及培训。

(3)基础理论的培训及考核。

(4)实际操作的培训及考核。

(5)应急演练培训与考核。

4. 巡视制度

城市轨道交通车站作为一个开放型的公共场所，服务对象的群体具有流动性、临时性、复杂性、不确定性等特点。为保障运营时间各种设施设备正常运行，车站工作人员需要在日常工作中进行巡视，以保证场所、设施和设备、人身及财产的安全。城市轨道交通车站通常对车站巡视工作制定制度，明确各岗位巡视的范围和巡视的要求，实行巡点签到、登记记录等制度，确保不漏巡、不跳巡。

5. 文件管理制度

文件是车站日常管理中涉及内容最多的一项，也是生产信息传递的重要形式。文件、规章是车站日常运作的指挥棒。为规范车站文件的分类、归档、更新以及保管和使用等，车站一般制定管理制度，由专人负责进行分类、归档管理等工作。图2-8是香港地铁某车站各种归类整理的文件，包括车站规章手册、保安保洁资料、失物招领资料以及近期站内的各种安排及通知。

图2-8 香港地铁某车站归类整理的文件

公司文件执行保密制度。车站应按规定对文件进行保存，到保存期的文件无须保留时经站长、站区长同意后，必须用碎纸机销毁。电子存档的文件到期后进行删除。一切运营信息以公司统一发布的内容为准，不得私自向媒体及其他单位、个人提供公司运营信息。不得在网络及个人虚拟空间上撰写、传播公司运营相关信息。某地铁运营企业车站机密文件见表2-12。

车站机密文件 表2-12

序号	车站机密文件	序号	车站机密文件
1	车站设备布置图	6	CCTV 监控记录
2	车站客流统计报表	7	设备操作指南
3	设备设施报警记录	8	事件调查报告
4	公司规章文本	9	会议纪要
5	票务报表及车站管理台账	10	其他涉及商业秘密的文件

6. 钥匙管理制度

城市轨道交通车站的结构布局通常比较复杂，设有多个设备房间来满足正常运营的需要。为保障设备的正常运作，防止闲杂人员进入，通常都有严格的专人负责、专人锁门的管理要求。日常工作中设备的维修人员以及设备使用人员经常需要进出设备房间，因此要保证车站设备房间的钥匙状态正常、良好。车站任何房间的开启必须得到车站的同意，由使用人员向车站借用钥匙，用完及时归还，并记录。图2-9为某地铁车站的钥匙专用柜。

图2-9 某地铁车站钥匙专用柜

(1)车站钥匙分类

车站钥匙分为两类：运营企业钥匙、设备单位钥匙。

运营企业钥匙如下。

①房间钥匙：运营企业车站房间钥匙。

②设备操作类钥匙：AFC 设备操作钥匙，爬楼车、升降平台钥匙，电梯(垂直电梯、扶梯)钥匙，FAS 设备操作钥匙，站台门钥匙，电缆门钥匙，IBP 盘操作钥匙。

③应急抢险类钥匙：防汛柜钥匙、防爆球钥匙。

④出入口、通道类钥匙：车站所辖出入口、疏散通道、限流栅栏、站台端头栅栏门钥匙。

⑤客运设施类钥匙：公告栏、乘客意见箱钥匙。

设备单位钥匙如下：

各设备单位，如机电分公司、供电分公司等相关设备维护单位房间钥匙。

(2)车站钥匙的存放

①车站控制室钥匙箱：存放车站所有钥匙各一把（不含 AFC 设备操作钥匙），IBP 盘操作钥匙和 FAS 主机钥匙按设备要求放置。

②AFC 票务室钥匙箱：存放一套 AFC 设备操作钥匙。

③值班站长室钥匙箱：存放车站所有钥匙的备用钥匙各一把（不含 AFC 设备操作钥匙）。

④其余备用钥匙由站区统一存放，注明钥匙信息，按车站对钥匙进行封装，并指派专人保管。

(3)车站钥匙管理职责及划分

管理职责包括钥匙的摆放、保管、使用、借出及归还。

管理职责划分如下：

①车站值班室钥匙箱内钥匙由当班车站值班员负责管理；

②AFC 票务室钥匙箱内钥匙由当班客运值班员负责管理；

③值班站长室钥匙箱内钥匙由当班值班站长负责管理。

7. 车站控制室管理制度

车站控制室是监督、指挥车站运作的核心场所，车站控制室内集中了车站设备控制系统和行车指挥系统等重要设备，必须严格管理。启用的车站控制室是 24h 有工作人员的重要场所。因工作原因进入车站控制室必须佩戴有效证件并说明原因，车站控制室的值班人员作为车站控制室的负责人，负责车站控制室的安全。

8. 考评管理制度

在车站日常管理过程中，为增加员工的安全生产意识，鼓励员工参与安全生产的积极性和创造性，维护正常的生产秩序，需要建立员工绩效评价体系，对员工的工作量、完成工作的质量、工作态度、岗位技能、安全与纪律等几个方面进行评价。

任务 2 车站日常运作工作 1+X

车站日常运作主要工作内容包括车站开启（包括开站准备和运营开站）、车站关闭、车站巡查等。

一 车站开启

1. 开站准备

在车站开启前，值班站长必须确保：

①所有站台端门、站台门已完全关闭和妥善锁定，并经手控开关（端门后方）试验。

②所有消防设备的性能良好并妥善固定。

③送电前接触轨下及附近没有杂物，接地装置已放回原位。

④车站公共区不存在安全隐患。

⑤各项设备功能正常。

二维码

车站开启

2. 运营开站程序

（1）车站开启主要流程

值班站长在开站前安排人员完成以下工作：

①首班车到站前××分钟：

a. 按规定试验道岔，夜间开启车站前巡视；

b. 试开关站台门；

c. 检查站台和线路出清情况，确保所有工程领域或影响车站运营的工作都已撤销，所有物品及人员都已撤离轨道，并汇报行车调度员。

②首班载客列车到站前××分钟：

a. 开启车站环控（BAS）系统，并检查其运行情况；

b. 确认已完成对 TVM 的补币、补票；

c. 领取票卡和备用金；

d. 确认各岗位人员到岗。

③首班载客列车到站前××分钟：

a. 开启照明设备；

b. 开启 AFC 设备；

c. 全站巡视完毕；

d. 出入口大门、扶梯开启；

e. 向乘客广播候车注意事项。

值班站长在开站前安排人员完成工作见表2-13。

值班站长在开站前安排人员完成工作　　表2-13

首班车到站前30min确保:
(1)试开关站台门; (2)检查站台和线路出清情况,并汇报行车调度员; (3)检查环控系统(BAS)运行情况; (4)确认已完成对TVM的补币、补票; (5)确认各岗位人员到岗
首班载客列车到站前10min确保:
(1)开启照明设备; (2)AFC设备开启; (3)PA、PIS开启; (4)全站巡视完毕; (5)出入口大门、扶梯开启

某城市轨道交通运营企业车站开站程序见表2-14。

××车站开站程序　　表2-14

序号	负　责　人	工作内容
1	行车值班员	通勤车到站前30min,按行车调度员命令试验道岔;检查站台和线路出清情况,并报控制中心;通勤车到站前10min安排人员到站台接车
2	行车值班员	首班载客列车到站前30min,通过控制系统开启通风空调并检查运行状况
3	站台值班员	首班载客列车到站前20min到站,首班载客列车到站前10min领齐备品到岗
4	行车值班员	首班载客列车到站前15min打开照明开关,并开启售检票设备(除闸机外)
5	行车值班员	首班载客列车到站前10min开启闸机
6	乘客服务中心站务员	首班载客列车到站前30min到站领票,首班载客列车到站前15min到岗
7	值班站长	首班载客列车到站前20min到站并巡视出入口,首班载客列车到站前10min完成开启出入口大门和设备校对的工作,车站开始对外服务
8	行车值班员	向乘客广播候车注意事项

(2)车站开启注意事项

①在首班车到达10min前,开放所有出入口。

②在首班车到达10min前,开启AFC系统,将所有进站闸机由“暂停模式”设置为“正常模式”。

③特殊情况下,最晚在首班车5min前,将所有进站闸机由“暂停模式”设置为“正常模式”。

④车站值班员在车站出入口开放后立即进行广播,提示乘客耐心等待。

小贴士

一般情况下，车站出入口必须在首班载客列车到达车站前10min开放。需要时，可提前开启车站出入口，方便乘客购票，开门前要做好一切运营准备。车站根据规定提前10min开站，考虑到开站口的先后次序的问题，站务人员保证最晚的一个站口是不晚于首班车到达前10min开放。

车站和车站出入口必须在整段运营时间内开放，除非以下几种情况发生：

①实施车站管制，值班站长认为有必要暂时关闭车站和车站出入口；

②发生紧急情况；

③在获得运营经理或其代表授权的情况下（必须通知行车调度员）。

学习与思考

早晨开站时有些出入口会较早开放，乘客可以进入车站站厅，此时乘客是否能刷卡进入站台呢？

二 车站关闭

1. 关站准备

二维码

车站关闭

末班车开车前，值班站长必须确保：

①换乘站的列车接驳按编定的安排进行，获行车调度员特别指示的情况除外。

②车站内搭乘有关行车线列车的乘客已登上该末班车。

③列车司机收到一切妥当的手信号。

④所有人员必须离开车站范围，获授权留下的人员则不在此限。

⑤要确定个别人员是否获授权于非行车时间内留在车站，必须向行车调度员查询。

⑥锁上所有出入口前，值班站长必须确保最后一名乘客已离开车站。

⑦末班车离站后，必须关闭和锁上所有车站的出入口，防止闲杂人进入。

⑧所有出入口必须在整段非行车时间内关闭。

⑨有关员工或获授权的工作队必须从指定的出入口进入车站。

⑩开启该出入口需使用其个人获发的钥匙或通行卡，或向获授权的人员借用钥匙或通行卡。

⑪不允许非所属站区非当班员工在车站留宿。

2. 车站关闭程序

①末班车到达前××分钟，值班站长应播放末班车广播，检查站厅、站台等岗位情况。站务员应在进站闸机前摆放停止服务告示牌。

②末班车到达前××分钟，值班员应播放停止售票广播，关闭自动售票机（TVM），并通知停止售票和进站检票工作。值班站长应确认所有自动售票机（TVM）、入站闸机已关闭，停

止售票广播。

③末班车开出前,值班站长和站务人员应进行检查,确认站台乘客均已上车,向司机展示"末班车手信号"。

④末班车开出后,乘客服务中心站务员应收拾票、钱,整理客服中心备品,注销半自动售票机(BOM),回票务室结账。

⑤车站值班员应与客服中心站务员结账。

⑥运营结束后,值班站长应清站,确认出入口关闭,扶梯、照明、AFC 设备全部关闭。

某地铁运营企业关站程序见表 2-15。

某地铁运营企业关站程序(一) 表 2-15

序号	负 责 人	内 容
1	行车值班员	上、下行末班车开出前 10min 开始广播
2	客运值班员	上、下行末班车开出前 5min 关闭 TVM,通知停止售票和进站检票工作,并广播
3	乘客服务中心站务员	最后一趟载客列车到达前 5min 挂停止服务告示单
4	站台岗	最后一趟载客列车开出前进行检查,确认站台乘客均已上车,无异常情况
5	乘客服务中心站务员	最后一趟载客列车开出后清站,并关闭车站扶梯和出入口
6	乘客服务中心站务员	收拾票、钱,整理票务备品,注销 BOM,回点钞室结账
7	客运值班员	与乘客服务中心站务员结账
8	行车值班员	运营结束后,执行车站节电照明模式
9	值班站长	末班车到达前 15min 到站厅安排挂上各种服务告示牌
10	值班站长	最后一趟载客列车到达前 5min 确认所有 TVM、入闸机已关闭,停止售票广播
11	值班站长	清站,确认出入口关闭,扶梯、照明、售检票设备已全部关闭

学习与思考

表 2-16 显示的是不同地铁运营企业车站关闭程序。请对比表 2-15 和表 2-16,找出其中的差别。

某地铁运营企业车站关闭程序(二) 表 2-16

负 责 人	工 作 内 容
末班车到达前 30min	
值班站长	播放末班车广播,摆放末班车服务告示牌
末班车到达前 5min	
车站督导员	关闭 TVM,播放停止售票广播,并通知停止售票和进站检票工作
值班站长	确认所有 TVM、入闸机已关闭,播放停止售票广播
末班车开出前	
值班站长	进行检查,确认站台乘客均已上车,向司机展示"末班车手信号"
末班车开出后	
乘客服务中心站务员	收拾票、钱,整理客服中心备品,注销 BOM,回票务室结账
车站督导员	与 CUC 站务员结账
运营结束后	
值班站长	清站,确认出入口关闭,扶梯、照明、AFC 设备全部关闭

知识链接2-6

车站节电操作指引

(1)当班期间减少一切非运营类用电支出,如员工卫生间、间休室、更衣室、休息室在无人时应保持正常照明的关闭。

(2)在车站 BAS 上设定车站公共区工作照明、广告系统照明的开关时间。

(3)在车站 BAS 上设定地灯和出入口工作照明开关时间。

(4)加强对设备房间的巡查,无人值守时须关闭除应急照明灯外的其他灯光。

(5)安装有独立空调的车站办公房间,应将空调设定在合适的温度范围内。

(6)不得使用车站电源对个人物品进行充电,车站设备充完电后应及时收起。

小贴士

如遇到恶劣天气、突发大客流等事件,在运营时间内需关闭车站出入口时,值班站长必须确保哪些问题?

(1)通知行车调度员;

(2)通知车站员工以便将消息告知乘客;

(3)确保在各出入口张贴有关告示,展示有关的乘客资讯;

(4)确保乘客安全,尽快疏散乘客至安全区域。

非运营时间内进入车站,应遵循如下规定:

(1)获发紧急入口钥匙的员工,通过指定的入口直接进入车站,无须得到值班站长的预先批准,进入车站后立即向值班站长报告;

(2)有钥匙的员工,应首先联系值班站长(需要授权才能进入);

(3)对于在车站有专门作业,已经获授权的承包人,值班站长应根据其提供的相关信息(工作部门、进站目的等)判断是否准许其进入。

3. 车站关闭注意事项

(1)单侧末班车开出后,车站值班员应通过广播等进行开出信息提示。

(2)单侧末班车开出后,值班站长安排人员在进站闸机处摆放提示信息,防止乘客误入。

(3)单侧末班车开出后,乘客服务中心人员锁好保险柜,到进站闸机处提示乘客,防止乘客误入。

(4)最后一班末班车开出前 5min,关闭所有 AFC 系统,并张贴告示,提示乘客。

(5)若乘客误入,可为其办理 0 元出站票。

小贴士

值班站长或其代表须向以下哪些列车展示“末班车”手信号?

(1)所有车站:驶离站台的最后一班载客列车。

(2)换乘站:展示“末班车”手信号前,值班站长或其代表必须确保列车接驳按编定的安排进行，接获行车调度员的特别指示除外；从另一条线路换乘的所有乘客已登上最后一班列车。

三 车站巡查

车站巡查作为车站例行工作的重要内容之一，它的主要目的就是为乘客及工作人员提供清洁安全的环境，及时发现不足并立即纠正，采取行动消除隐患，避免事故的发生。

1. 车站巡查重点

车站巡查内容主要包括环境检查、安全（消防）检查、综合管理检查等。

车站巡查时，需要定期巡查车站所有公共区，主要包括：站台（地面、相关设备、乘客是否在安全线以内候车等）；通道（地面、相关设备、有无乘客在通道内滞留等）；自动扶梯（携带大件行李的乘客、行动不便的老年人等）；自动人行道。车站员工必须定期巡查站内所有公众地方，确保任何拥挤的情况能尽早发现，在构成危险前做好预防措施。

车站巡查区域及巡查重点见表2-17。

车站巡查重点　　表2-17

区　域	车站巡查重点
公众地方	车站员工必须定期巡查站内所有公众地方，确保任何拥挤的情况能被尽早发现，在构成危险前做好预防措施
站台及车站设备	**车站员工必须：** （1）加倍留意站台、通道、自动扶梯、自动人行道及乘客升降机的等候范围，因这些范围一旦出现拥挤情况可导致严重后果； （2）迅速移去任何阻塞客流的障碍
站台端门、滑动门	**车站员工必须在运营时间开始前，确保以下内容：** （1）所有站台端门/滑动门已完全关上； （2）所有站台端门已上锁； （3）所有接地棒均放置在指定位置。 **车站员工在运营期间特别注意：** （1）站台边缘或列车附近是否存在任何隐患，例如乘客扒站台门、站在站台边缘或倚靠在站台门上，或在附近摆放物品； （2）留意车门、站台门的关闭情况，特别注意是否有乘客可能被门夹住； （3）一旦出现异常情况，及时按动紧急停车按钮
车站房间	**车站员工必须：** （1）经常巡查车站内在其权限内可进入的房间； （2）确保已关掉所有不需用的照明
承包商的工地	车站员工必须巡查承包商的工地，确保承包商遵守双方协定的安全措施

学习与思考

下雨时，如有大量乘客在出入口处避雨，车站工作人员应该怎么办？

要点提示：

天气预报有雨，应提前检查排水通道、抽水泵。

提醒乘客：各位乘客请注意！请不要堵塞出入口，谢谢合作！

在一些地方放置警告牌：雨天湿滑，小心滑倒！

视情况可关闭上行自动扶梯。

小贴士

在车站日常运作过程中，凡是在车站或相关附属建筑物内工作的员工均须依从当值车站的值班站长在职权内发出的指示。

2. 车站各区域的检查要求

车站巡视的范围包括：设备设施、消防设施、自动扶梯、垂直电梯、人员服务、AFC 设备、站台监察亭、站台门、端门小站台、设备用房、管理用房等。车站各区域的检查要求见表 2-18。

车站各区域的检查要求 表 2-18

序号	巡视区域	检查要求
1	出入口、通道	(1)出入口外墙无小广告，无违章张贴物品。 (2)出入口外灯箱完整无破损，灯箱指示灯显示正常。 (3)出入口龟壳玻璃无龟裂、破损。 (4)出入口内侧电箱完好，门锁闭，开关使用正常。 (5)出入口内照明完好。 (6)出入口外风亭无破损，大门锁闭。 (7)出入口卷帘门及防火门正常，位置正确且下方无障碍。 (8)出入口 PA、PIS 系统正常运转。 (9)出入口排水沟盖位置正确并且无破损。 (10)检查出入口外首末班车通告牌、出入口标号牌以及车站直升电梯位置通告无破损、污渍和违法张贴物。
2	站厅、站台	(1)站厅内应急照明、工作照明正常。 (2)地砖、盲道无破损。 (3)疏散指示标识显示正常且无破损。 (4)广告灯箱照明正常且无破损。 (5)标志标识无破损，表面清洁。 (6)PA、PIS 系统正常运转。 (7)隔离围栏不松动，栏杆扶手无浮土。 (8)导向标识显示正常，表面清洁无破损。 (9)求助电话、插卡电话使用正常，且表面洁净。 (10)ATM、自助售卖机使用正常且表面清洁。 (11)时钟显示正确且完好无损坏。 (12)设备用房、管理用房面向站厅、站台的门保持关闭状态且门禁锁闭。

二维码

站台岗巡视作业

续上表

序号	巡视区域	检查要求
3	站厅 AFC 设备	(1)AFC 设备使用完好,且表面干净整洁。 (2)显示装置完好且显示正常,关注票卡钱币使用情况,确保设备正常运转。 (3)确保乘客服务中心(票亭)干净整洁,钱币抽屉处于关闭状态,门保持锁闭状态。 (4)各种报表填写正确且工整。
4	站台监察亭	(1)确保地面、台面、设备表面清洁干净。 (2)紧急停车按钮、PA 系统完好无损坏。 (3)各种设备物资摆放整齐且无损坏。
5	站台门	(1)站台门玻璃干净整洁无手印。 (2)站台门滑道清洁无异物。 (3)站台门相关标志标识无破损,保证表面清洁。
6	端门小站台	(1)保持地面清洁,地砖、墙面无破损。 (2)疏散指示标识显示正常且无破损。 (3)应急照明、工作照明是否正常。 (4)PSL 设备,按钮、指示灯使用正常,表面清洁无损坏。 (5)司机乘降门开关正常无损坏。
7	办公区设备用房	(1)确保房间大门处于锁闭状态。 (2)房间内干净整洁无垃圾。 (3)防洪板、防鼠板已安装且位置正确。 (4)应急照明、工作照明正常。 (5)电话可正常使用。 (6)通风、空调工作正常,设定在规定的温湿度。 (7)房间内灭火器在合格期内,压力显示正常,铅封无破封。 (8)气瓶间里气瓶压力正常,气瓶外观无破损。
8	办公区管理用房	(1)车站控制室房间大门处于锁闭状态。 (2)房间内干净整洁无垃圾。 (3)应急照明、工作照明正常。 (4)电话可正常使用。 (5)通风、空调工作正常,设定在规定的温湿度。 (6)房间内灭火器在合格期内,压力显示正常。

车站巡查可以消除车站安全隐患,因此,在车站的日常运作中,车站巡查占有极其重要的位置。车站巡查可以分为站厅日常检查,站台日常检查,车站每周检查,车站每月检查,车站定期、每季度、每半年、每年的检查等,分别使用相应的车站巡查作业表。车站当班的工作人员需要认真填写巡查表,记录巡查的大致情况。车站检查类型及负责人用表情况见表 2-19,车站站厅每日检查表见表 2-20。

车站检查类型及负责人用表 表 2-19

检查类型	负责人	用表	检查频率
车站 SC(计算机系统)日常检查	值班站长	《每日检查表》	每天

续上表

检查类型	负责人	用表	检查频率
站厅日常检查	值班站长、车站值班员或其代表	《站厅每日检查表》	每天
站台日常检查		《站台每日检查表》	每天
车站每周检查	值班站长、车站值班员	《车站每周检查表》	每周
车站每月检查		《车站每月检查表》	每月
车站定期、每季度、每半年、每年检查		《车站周期/季度/半年/年度检查清单》	周期性的

站厅每日检查表

表2-20

车站： 日期：

检查项目	甲班	乙班	丙班	备注(行动)
1. AFC设备				
2. 广告板				
3. 排水管盖				
4. 出入口、行人天桥和通道				
5. 扶手电梯及电梯旁广告板				
6. 天花板				
7. 消防栓和火灾报警器				
8. 地面				
9. 玻璃围栏和手控闸				
10. 小贩和乞丐				
11. 乘客信息显示系统				
12. 客用电梯				
13. 照明				
14. 垃圾箱				
15. 公用电话				
16. 电源插座和电视架				
17. 墙壁和墙柱				
18. 标识牌				
19. 时钟、闭路电视摄像头、直拨电话				
20. 楼梯(特别注意出入口楼梯和台阶边缘是否磨损)				
21. 无线对讲机功能检测				

站厅当值站务员签字： 当值值班站长签认：

注：检查时，必须关注卫生保洁、环境和照明的情况。如有任何异常情况，必须立即向值班站长报告，并说明设备的正确位置和设备的损毁情况。

知识链接2-7

某地铁运营企业值班站长车站巡视要求

值班站长须确保每日三次对本车站的巡查，并将结果填写在每日巡查记录表中。每日三次巡查的时段为：早班接班结束，早高峰过后；晚高峰之前；晚高峰后，末班车到达前。在进行巡查时，需携带手台、巡查记录表等必备工具，同时需注意以下问题：

①发现设备设施损坏的情况，应及时联系相关部门进行维修工作，车站应在故障维修人员到来之前采取临时措施，避免引起乘客投诉以及影响乘客安全；

②发现设备故障并影响行车安全的，应在通知故障维修部门的同时告知行调，并安排专人在旁看守；

③对站务员和保洁员进行随岗问答，以加强员工专业知识及业务能力，同时查看员工仪容仪表是否符合标准；

④检查站台监察亭、乘客服务中心(票亭)备品、物料、工具是否齐全，各种表单填写是否正确。

知识链接2-8

车站运作的发展趋势——智慧车站自动化运行场景

智慧车站以实现车站自动运行为目标，采用智能化、信息化等手段实现车站与各系统及设备之间的联动，打造全新的车站自动运行场景，实现基于业务场景的自动控制和预案联动。智慧车站运营管理场景的业务内容可划分为运营前、运营中和运营后三个阶段，对应运营前的开站准备和运营开站、运营中的高峰管理和平峰管理、运营后的关站和施工监护等场景，如图 2-10 所示。当满足场景触发条件时，智慧车站会自动启用相关的运营场景，实现车站各类设备的自动化控制，并为站务人员提供相关的处置意见和建议，提高车站运营的自动化、智能化程度。

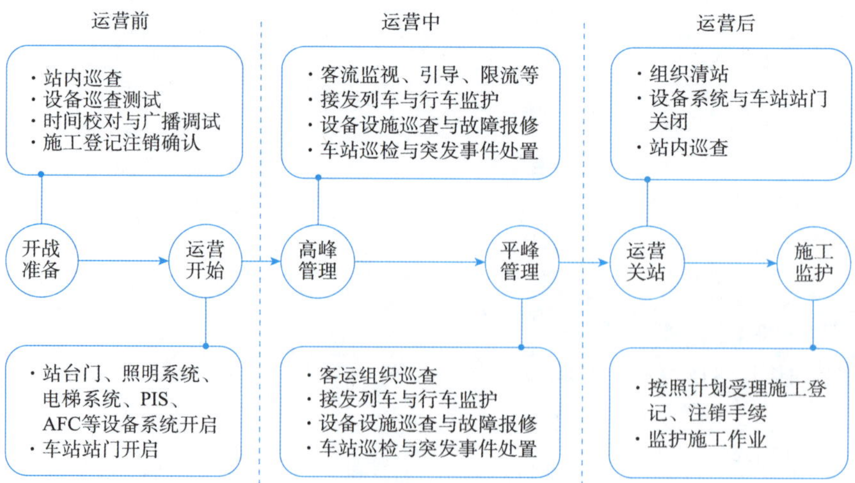

图 2-10　智慧车站自动化运行场景

技能工作页 城市轨道交通车站运作演练

任务书

请小组合作、查阅资料，补充完成《地铁车站的24小时——值班站长、车站值班员和站务员一日当班工作流程表》，完成城市轨道交通车站日常开启、巡查、关站作业程序相关表格，利用实训室设备，分角色模拟演练车站运作程序。具体任务如下：

(1)请补充、完善《地铁车站的24小时——值班站长、车站值班员和站务员一日当班工作流程表》；

(2)请填写城市轨道交通车站开启前准备工作及开启程序表格；

(3)请填写城市轨道交通车站关闭程序表格；

(4)请填写城市轨道交通车站巡查内容及注意事项；

(5)请利用实训室相关设备设施，分角色演练城市轨道交通车站日常开启、巡查、关站作业程序。

任务分组

建议成立5~6人的学习小组，明确任务分工(附表2-1)，分角色模拟演练车站日常运作程序。

学生任务分配表 附表2-1

<table>
<tr><td>班级</td><td colspan="2"></td><td>组号</td><td></td></tr>
<tr><td>组长</td><td colspan="2"></td><td>学号</td><td></td></tr>
<tr><td rowspan="4">组员</td><td>姓名</td><td>学号</td><td>姓名</td><td>学号</td></tr>
<tr><td></td><td></td><td></td><td></td></tr>
<tr><td></td><td></td><td></td><td></td></tr>
<tr><td></td><td></td><td></td><td></td></tr>
<tr><td rowspan="7">任务分工</td><td>岗位</td><td>姓名</td><td colspan="2">职责</td></tr>
<tr><td></td><td></td><td colspan="2"></td></tr>
<tr><td></td><td></td><td colspan="2"></td></tr>
<tr><td></td><td></td><td colspan="2"></td></tr>
<tr><td></td><td></td><td colspan="2"></td></tr>
<tr><td></td><td></td><td colspan="2"></td></tr>
<tr><td></td><td></td><td colspan="2"></td></tr>
</table>

获取信息

引导问题1 请列举城市轨道交通车站的常驻人员。

引导问题2 你所在城市的城市轨道交通车站有哪些单位或岗位工作是外委的？请列举。

引导问题3 车站管理模式一般采用________负责制，负责当班期间车站的行车安全、客运服务、票务、环境清洁、事件处理、人员管理等工作。

引导问题4 请查阅资料，结合招聘网站信息，简要描述所在城市的城市轨道交通车站值班站长的岗位职责。

引导问题5 请查阅资料，结合招聘网站信息，简要描述所在城市的城市轨道交通车站值班员的岗位职责。

引导问题6 填附表2-2对比所在城市的城市轨道交通车站行车值班员早班和晚班的工作职责。

行车值班员早班和晚班的工作职责对比 附表2-2

相同点	不同点	
	早班	晚班

引导问题7 请查阅资料,结合招聘网站信息,简要描述所在城市的城市轨道交通车站站务员的岗位职责。

引导问题8 城市轨道交通车站采取24小时工作制。你知道车站工作人员是怎样排班的吗?

(1)“四班二运转”班制运转形式下,一个车站至少需要几名值班站长?(　　)名

(2)请说明所在城市的城市轨道交通车站排班相关规定。

引导问题9 城市轨道交通车站日常运作主要包括哪些方面的内容?

引导问题10 在车站开启前,值班站长必须确保哪些工作已经完成?

引导问题 11 简要说明车站开启过程中的注意事项。

引导问题 12 车站运营期间各岗位各司其职，为什么还需要进行车站巡查？车站巡查的意义有哪些？

引导问题 13 车站关闭程序主要的参考时间点是（　　）。

A. 运营公司规定的本车站运营结束时间　　B. 本车站末班车到达时间

引导问题 14 在运营时间内须关闭车站出入口时，值班站长必须确保哪些问题（　　）。

A. 在出入口张贴有关告示　　B. 通知员工以便将消息告知乘客

C. 通知行车调度员　　D. 通知司机

引导问题 15 值班站长或其代表须向以下哪些列车展示“末班车”手信号？

（1）所有车站：驶离站台的________列车。

（2）换乘站：展示“末班车”手信号前，值班站长或其代表必须确保：

①列车接驳按________进行，接获________的特别指示除外；

②从另一条线路换乘的所有乘客已________。

引导问题 16 简要说明车站关闭过程中的注意事项。

任务实施

引导问题 17 请小组合作绘制所在城市的城市轨道交通车站主要岗位（值班站长、行车值班员、客运值班员、站务员）岗位职责思维导图，可附页。

引导问题 18 请小组合作完成资料查阅，共同研讨，选择适当的选项，补充完成《地铁车站的 24 小时——值班站长、车站值班员和站务员一日当班工作流程》（附表 2-3）。

说明：时间点主要指班前、班中、交班、接班、班后、客流高峰、平峰、运营开始、运营结束、末班车到达前 × × 分钟、首班载客列车到达前 × × 分钟等。

要求：每个时间段选取一个工作任务即可，但各时间段所选工作内容不要重复。

地铁车站的 24 小时——车站主要岗位工作流程 附表 2-3

时间段	时间点	值班站长	行车值班员	客运值班员	乘客服务中心站务员（安全员）	站台站务员
00:00—01:00	00:40 运营结束	与站务员一起接发末班车；组织关闭车站			与客运值班员结账	
01:00—02:00	01:00	组织培训或演练		需要将票款送往银行时，整理票款，填写送款单准备解行	监控设备	接受培训或演练 休息

续上表

时间段	时间点	值班站长	行车值班员	客运值班员	乘客服务中心站务员(安全员)	站台站务员
02:00—03:00	02:00	盘点纸币和备用金	监控设备运行	审核票务报表	监控设备	接受培训或演练休息
03:00—04:00	03:30	填写各种台账		监控设备运行	监控设备	接受培训或演练
04:00—05:00	04:00	巡查车站、组织班前会		给所有TVM补币、补票，给早班配票	到AFC票务室领取车票、票务备品及备用金	
05:00—06:00	05:10	与站台站务员一起接发首班车	播放运营广播	监控设备运行		领取钥匙、手台，站台值守
06:00—07:00	06:30	巡查车站	开广告	监控客流	售票作业与回答问询	站台、自动扶梯的客流组织(客流高峰时限流)工作
07:00—08:00	08:20	进行高峰期客流组织	监控设备运行		售票作业与回答问询	维持站台顺序，组织乘客有序乘降，提醒乘客不要拥挤，不要手扶车门
08:00—09:00	08:20	填写各种台账			售票作业与回答问询	签到，接受上级交代工作。领取相关的对讲机设备和钥匙
09:00—10:00	09:00	提交工作文件给相关部门	监控设备运行	检查早班乘客服务中心(票亭)交接情况	售票作业与回答问询	
10:00—11:00	10:00	车站巡视	监控设备运行	与售票员结账，更换钱箱，清点钱箱	售票作业与回答问询	
11:00—12:00	11:00	填写各种台账	监控设备运行	巡站，处理乘客事务	找人替班，午饭	解答乘客问询，关注行动不便乘客
12:00—13:00	12:00	顶班	监控设备运行	给顶岗员工配票	售票作业与回答问询	
13:00—14:00	13:00	车站巡视	监控设备运行	安排站务员更换票箱	售票作业与回答问询	

续上表

时间段	时间点	值班站长	行车值班员	客运值班员	乘客服务中心站务员(安全员)	站台站务员
14:00—15:00	15:00	车站巡视	监控设备运行	监控设备运行	售票作业与回答问询	巡视车站及设备
15:00—16:00	15:30	班组事务处理	监控设备运行	巡站,处理乘客事务	售票作业与回答问询	站台执岗,维护秩序
16:00—17:00	16:00	填写各种台账	监控设备运行		售票作业与回答问询	发现乘客有违规行为,应及时制止,并做好解释工作
17:00—18:00	17:20	交接班	交接班	接班:检查票务室票务备品及票务钥匙情况;检查早班台账填写情况;检查票款、备用金及库存车票情况	售票作业与回答问询	站台执岗,维护秩序
18:00—19:00	18:00	车站巡视	监控设备运行	监控客流 安排站务员更换票箱	售票作业与回答问询	站台、自动扶梯的客流组织(客流高峰时限流)工作
19:00—20:00	20:00	处理各种工作邮件	监控设备运行	巡站,处理乘客事务	售票作业与回答问询	站台执岗,维护秩序
20:00—21:00	21:00	车站巡视	监控设备运行	与售票员结账,更换钱箱,清点钱箱	售票作业与回答问询	站台执岗,维护秩序
21:00—22:00	21:30	班组事务处理	关广告灯箱	处理站厅事务	售票作业与回答问询	站台执岗,维护秩序
22:00—23:00	22:50	填写各种台账	填写FAS记录本	整理票务室内务	售票作业与回答问询	巡视车站及设备
23:00—24:00	23:30	填写各种文件报表		按规定上交报表,检查票亭工作情况,进行票务业务知识抽问		

①播放运营结束广播。

②受理施工登记开启区间照明。

③与乘客服务中心售票员结账,更换钱箱,清点票款。

④关站前巡查，清理站台，确认车站没有滞留乘客。

⑤配合值班站长做好车站开启工作。

⑥检查施工是否全部注销；巡道；道岔清扫（携带钥匙、灯、记录仪）。

⑦做好开窗准备；检查对讲设备、票务设备、备品。

⑧关闭区间照明；报送电广播。

⑨巡视车站及设备。

⑩简单处理车门、站台门故障。

⑪巡视，对非正常的情况保持警觉，如：突发事件、站台门故障等。

⑫早班交班时，退出 BOM 与中班售票员按交接班制度规定进行交接。

⑬交接班：整理所有钱款、票、备品。

⑭交接班：清点手台、钥匙、充电器、记录仪。

⑮协助值班站长进行事故处理。

⑯完成当日报表及账册，清点补币备用金。

⑰列车清人作业。

⑱关闭售票窗口。

⑲与行调联系，核对施工，抄写调令。

引导问题 19 请小组研讨，填选完成车站开站程序表（附表 2-4）。

车站开站程序表 附表 2-4

时 间 点	责 任 人	工 作 事 项
通勤车到站前 30min	行车值班员	按规定试验道岔夜间开启车站前巡视
	行车值班员	
	行车值班员	
首班载客列车到站前 30min	行车值班员	开启车站环控(BAS)系统，并检查其运行情况
	客运值班员	
	乘客服务中心站务员	
首班载客列车到站前 20min	行车值班员	开启照明
	客运值班员	
	值班站长	
首班载客列车到站前 10min	值班站长	确认出入口大门、扶梯开启
	客运值班员	
	行车值班员	

①检查站台和线路出清情况，确保所有工程领域或影响车站运营的工作都已撤销，所有物品及人员都已撤离轨道，并汇报行车调度员。

②领取票卡和备用金。

③试验开关站台门。
④确认已完成对 TVM 的补币、补票。
⑤PA、PIS 开启,向乘客广播候车的注意事项。
⑥AFC 设备开启(除闸机外)。
⑦开启闸机。
⑧巡视出入口。

引导问题 20 请小组研讨,填选完成车站关站程序表(附表 2-5)。

车站关站程序表 附表 2-5

时间点	责任人	工作事项
末班车车到达前 10min	行车值班员	
末班车到达前 5min	行车值班员	关闭 TVM,通知停止售票和进站检票工作,并广播
	站厅站务员	
	值班站长	
末班车开出前	站台站务员(或值班站长)	
末班车开出后	乘客服务中心站务员	
	客运值班员	
	行车(或客运)值班员	运营结束后,执行车站节电照明模式
运营结束后	值班站长	

①挂停止服务告示单。
②确认站台乘客均已上车,无异常情况。向驾驶员展示"末班车手信号"。
③确认所有 TVM、入闸机已关闭,停止售票广播。
④播放末班车广播。
⑤与乘客服务中心站务员结账。
⑥清站,确认出入口关闭,扶梯、照明、售检票设备已全部关闭。
⑦收拾票、钱,整理票务备品,注销 BOM,回点钞室结账。

引导问题 21 请填附表 2-6 说明车站巡查的主要场所和注意事项。

车站巡查场所及注意事项 附表 2-6

序号	巡查重点	巡查注意事项
1	公众地方	
2	站台及车站设备	(1)留意站台、通道、自动扶梯、自动人行道及乘客升降机的等候范围,因这些范围一旦出现拥挤情况可导致严重后果; (2)迅速移去任何阻塞人流的障碍

续上表

序号	巡查重点	巡查注意事项
3	站台端门/滑动门	
4	车站房间	
5	承包商的工地	巡查工地，确保承包商遵守双方协定的安全措施

引导问题 22 车站日常运作实训演练。

（1）请根据车站运作演练重点工作程序提示，完成车站日常运作演练报告（附表 2-7）。

①客运值班员带领站务员装填票箱、钱箱。

②站务员对站台门、急停按钮进行测试。

③行车值班员在车站控制室执行相关程序：开启工作照明，开启 PA 系统、开启 AFC 系统。

④客运值班员对 AFC 系统进行监控检测。

⑤值班站长召开班前会。

⑥客运值班员为站务员准备票卡备用金，并协同站务员开启车站。

⑦值班站长在开站前 10 分钟确认所有人员到岗，并在车站控制室监控开站情况。

⑧车站开启，开始运营。

⑨值班站长车站巡查。

⑩客运值班员员关停车站部分 TVM，行车值班员播放末班车提示广播，发送车站信息并监控车站。

⑪末班车到达前 5 分钟，行车值班员播放停止售票广播，发送命令关闭 TVM、进站闸机，停止售票作业。

⑫站台岗站务员巡视站台各个角落，确认无乘客滞留车站。

⑬值班站长确认无乘客滞留并向末班车驾驶员展示稳定的末班车手信号。

⑭站务员将票款送到客运值班员处，负责关闭车站出入口及电扶梯。

⑮值班站长关闭工作灯光，监控各岗位关站情况。

⑯客运值班员核算当天运营票款，车站关闭。

车站日常运作演练报告 附表 2-7

车站运作	时间点	岗位角色	工作场所及设备	工作程序内容
车站开启	通勤车到站前 30min	行车值班员	车站控制室 ATS、站内电话、手台等	按行调命令试验道岔；对站台门、急停按钮进行测试；检查站台和线路出清情况，并报控制中心； 开启车站环控（BAS）、开启工作照明、开启 PA 系统、开启 AFC 系统，并检查其运行情况

续上表

车站运作	时间点	岗位角色	工作场所及设备	工作程序内容
车站开启	首班载客列车到站前30min			
	首班载客列车到站前20min			
	首班载客列车到站前10min			
车站运营和巡查	运营中	站台站务员	站台 站务员携带钥匙、对讲机等	站台安全监控
	运营中	乘客服务中心站务员		
	运营中	行车值班员	车站控制室 ATS、站内电话、手台等	行车监控
	运营中	客运值班员		
	运营中	值班站长		
车站关闭	末班车到达前10min	客运值班员	车站控制室 ATS、站内电话、手台等	关停车站部分TVM
	末班车到达前5min			
	末班车发车前			
	末班车已发车	站务员	乘客服务中心	将票款送到客运值班员处，关闭电扶梯
	末班车已发车	站务员	出入口	再次确认无乘客滞留车站，关闭车站出入口大门
	末班车已发车	值班站长	车站控制室 ATS、站内电话、手台等	关闭工作灯光，监控各岗位关站情况

(2)实训演练要求：

①各岗位规范着装，配备工牌(或胸牌)；

②熟练操作车站控制室广播、手台、扩音器等实训设备；

③小组分工明确，演练程序正确、团队配合协调、流畅；

④可邀请其他组同学充当乘客演员。

评价反馈

班级：　　　　姓名：　　　　学号：　　　　指导教师：

考核项目 2	城市轨道交通车站运作演练			
序号	评价标准	分值	自评得分（40%）	教师评分（60%）
1	引导问题填写字迹美观清晰，题目填写齐全	5		
2	引导问题回答正确率 90% 以上	5		
3	《车站运作实训演练报告》演练方案及程序完整，演练人员分工、设备配备、行动及沟通等在方案中明确落实，演练环节完整、程序正确	10		
4	实训演练运营前检查程序完整（检查站台门、站内线路、道岔、重要设备、行车备品）	10		
5	实训演练开站程序完整（上报行调、配好票款、站台岗领齐备品、开启照明设备、领票到岗、开启出入口、开启自动扶梯、开启 TVM 和闸机、开启环控设备、广播候车事项）	20		
6	实训演练巡查程序完整（公众场所、消除隐患、管理乘客、管理站台、房间巡查）	10		
7	实训演练关站程序完整（播放广播、关闭 TVM 并通知停止售检票、挂停止服务牌、暂停进站闸机、确认站台乘客已上车、站台清客确认、清站并关闭扶梯和出入口、收拾钱票备品注销 BOM、结账、启动节电照明并关闭部分环控设备）	20		
8	演练人员设备操作规范、熟练，设备性能及运行状态良好	10		
9	演练过程中，各岗位、各环节衔接紧密、配合流畅默契	5		
10	演练符合安全规章、设备操作规章、通信联络要求	5		
合计		100		

项目3

城市轨道交通客运组织

城市轨道交通客流分析与计算

项目说明

城市轨道交通系统提供的是乘客运输服务，乘客流动的数量和方向直接决定了线网及线路走向，客流是整个城市轨道交通系统规划、建设、运营的基础。

本项目要带领同学们认识客流的定义、性质，计算重要的客流指标，分析不同车站、不同线路的客流规律，介绍城市轨道交通客流调查、客流预测的基本内容和方法，为客运组织工作奠定基础。

项目目标

◎ 知识目标

1. 复述城市轨道交通客流的定义及客流的影响因素。
2. 理解进站量、出站量、换乘量、断面客流量、客流不均衡系数等重要客流指标的含义,掌握其计算方法。
3. 说明不同类型车站客流时间分布、空间分布的特征。
4. 说出城市轨道交通客流调查的基本内容、种类和方法。
5. 说明城市轨道交通客流预测的内容和模式。

◎ 能力目标

1. 能够绘制城市轨道交通客流指标思维导图。
2. 能够分析、比较不同地铁运营企业的客流指标,归纳总结相关结论。
3. 能够通过书籍、文献和网络查找数据,绘制各类客流曲线图。
4. 能够分析、比较不同线路、车站客流时间分布、空间分布特征。
5. 能够根据车站客流曲线分布形态,分析、判断车站用地类型。

◎ 素质目标

1. 分析我国城市轨道交通行业数据指标,增强民族自豪感。
2. 提升团队交流、分工协作能力。
3. 培养踏实细心、科学严谨的工作态度。

◎ 建议学时

8 学时

任务1 城市轨道交通客流指标分析与计算

一 城市轨道交通客流概述

1. 客流的概念

客流是指在单位时间内,线路上乘客流动人数和流动方向的总和。客流的概念既表明了乘客在空间上的位移及其数量,又强调了这种位移带有方向性和具有起讫位置。客流可以是预测客流,也可以是实际客流。

客流是规划城市轨道交通线网及线路走向、选择轨道交通制式及车辆类型、安排轨道交通项目建设顺序、设计车站规模和确定车站设备容量、进行项目经济评价的依据,也是轨道交通安排运力、编制开行计划、组织日常行车和分析运营效果的基础。

2. 客流的分类

根据客流的时间分布特征,城市轨道交通客流可分为全日客流、全日分时客流和高峰小时客流。全日客流是指每日城市轨道交通线路输送的客流量。全日分时客流是指一天内城市轨道交通线路各小时输送的客流量。高峰小时客流一般指城市轨道交通线路早、晚高峰及节假日高峰小时内输送的客流。

根据客流的空间分布特征,城市轨道交通客流可分为断面客流和车站客流。断面客流是指通过城市轨道交通线路各区间的客流,车站客流是指在城市轨道交通车站上下车和换乘的客流。

根据客流的来源,城市轨道交通客流可分为基本客流、转移客流和诱增客流。基本客流是指城市轨道交通线路既有客流加上按正常增长率增加的客流。转移客流是指由于城市轨道交通具有快速、准时、舒适等优点,使原来经常由常规公交和自行车出行转移到经由城市轨道交通出行的这部分客流。诱增客流是指城市轨道交通线路投入运营后,促进沿线土地开发、住宅区形成规模、商业活动繁荣所诱发的新增客流。

3. 影响客流的因素

(1)轨道交通沿线土地利用情况

土地利用涉及城市各个区域的功能定位、地上建筑物的类型、用地上社会经济活动类型等多个方面。轨道交通沿线土地利用情况与客流的关系是“源”与“流”的关系。沿线土地利用对轨道交通客流规模有着重要的影响,如果轨道交通线路行经的区域能将城市的主要居住区和商务区覆盖,那么其客流就有了基础的保障。在香港,约50%的居民和约55%的职业岗位距离轨道交通车站约10分钟的步行距离,强有力的客流支撑是其获得收益、成功运营的一个重要原因。

（2）城市布局发展模式

土地利用规划对城市布局发展模式有着重要的影响。在城市，由单中心布局发展到单中心加卫星城镇布局，又进一步发展到多中心布局的过程，通常伴随着客流的大幅增长。

学习与思考

请同学们结合所在城市或国内大城市，查阅资料分析说明车站周边土地开发对客流的影响。例如，上海1号线火车站—莘庄段贯通运营、北京地铁13号线历年的客流变化等。

（3）城市人口规模与出行率

城市中的出行量与人口规模、出行率存在密切的关系，因此，除了分析常住人口、暂住人口和流动人口的数量外，还应分析人口的年龄、职业、出行目的、居住区域等特征。根据出行调查资料显示，不同人群的出行率存在差异。一般规律是：常住人口中，中青年人群的出行率高于幼年与老年人群的出行率；上班、上学人群的出行率高于退休人群的出行率；市区人口的出行率高于郊区人口的出行率。暂住人口、流动人口中，旅游人群的出行率高于务工人员的出行率，流动人口的出行率高于常住人口的出行率。

（4）票价

票价是影响客流的重要因素，票价的变动会对沿线客流数量和运营企业的票务收入产生综合影响。票价与市民的消费能力与收入水平直接相关，轨道交通的客源主要来自中低收入人群，而中低收入人群对票价变动比较敏感，低收入、高票价的组合对客流的吸引最为不利。当轨道交通票价支出占收入水平的比例较大时，选择轨道交通方式出行的客流量就会下降。

在收入水平一定的情况下，只有在轨道交通的性价比高于其他出行方式或替代服务的性价比时，轨道交通才具有吸引客流的优势。

（5）服务水平

随着市民收入水平的提高，可选择的出行方式也逐渐增多。城市轨道交通服务的安全性、舒适性、经济性、换乘便利性以及列车的运行间隔、运送速度、正点率等多项指标逐渐成为市民选择出行方式时考虑的因素。城市轨道交通运营企业的服务水平已成为影响客流及潜在客运需求的关键因素。

（6）政府的交通运输政策

大城市确立以公共交通为主、个体交通为辅的交通运输政策，优先发展公共交通、大力发展轨道交通、控制私人汽车发展的方针，对引导市民出行利用公共交通与轨道交通具有重要意义。而要实现这一交通运输政策，首先是加快公共交通设施的建设，如提高轨道交通线网的密度、建成大型换乘枢纽等；其次是优化现有交通资源的利用，如完善轨道交通与常规公交、自行车、私人汽车的衔接换乘，减少与轨道交通线路走向重复的常规公交线路等。2001年，上海因打浦路过江隧道能力饱和，取消了几条经隧道开往浦东的常规公交线路，为引导乘客乘坐轨道交通2号线过江，推出了在黄浦江两侧乘坐地铁4站以内，优惠票价为1

元的调控措施,2 号线客流得到大幅增加。

(7)交通网的规模与布局

多层次的轨道交通线网、合理的线路布局及走向和功能完善的换乘枢纽对实现城市中心区域 1 小时交通经济圈、增大轨道交通对出行者的吸引力、提高轨道交通在公共交通中的运量分担比例有着重要的作用。

(8)私人交通工具的拥有量

在客运需求一定的情况下,利用私人交通工具出行越多,则通过公共交通出行的人数就越少。在发展个体交通还是发展公共交通的问题上,国外的经验教训值得借鉴。西方国家大城市过去曾对私人汽车的发展不加控制,结果在破坏城市生态环境的同时,出现了严重的道路拥挤和出行难问题,最后不得不转向发展公共交通和轨道交通的道路上来。因此,从优化出行方式结构、提高公共交通的客运比例出发,应有序控制私人汽车的发展。在出行的快捷、方便和舒适方面,私人汽车出行无疑优于公共交通出行,但私人汽车的发展应考虑道路网能力是否适应的问题,不能以降低大部分市民的快捷、方便和舒适为代价。对私人汽车的使用应通过经济杠杆进行适度控制,鼓励并创造条件让私人汽车使用者以停车—换乘方式进入城市中心区。

二 城市轨道交通客流的特点

城市轨道交通客流是由车站周边的各种出行方式集合形成的,是由步行、自行车、公交车、小汽车、出租车等多种交通方式接驳而产生的客流。不同的地铁车站空间位置和周边土地利用特点影响着各种出行方式的客流比例。因此,地铁车站应充分满足乘客接驳方便、快捷和安全的需求。

城市轨道交通客流的特点是客流整体表现出来的特性,而乘客行为的特点更多体现的是乘客的出行心理和出行习惯。其特点如下。

1. 高集中性

城市轨道交通换乘车站除了具有普通车站的进出站客流外,还汇集有相交线路甚至全网多座车站之间的交换客流,由此造成换乘站客流集中,往往是普通车站客流量的数倍。

2. 多方向和多路径性

由于进出站客流具有不同的出行目的、出行方向,适宜的换乘设施设备布局有利于吸引和疏散客流,同时合理的信息引导使客流有序流动。

3. 主导性

在换乘站的客流构成中,通常换乘客流占主导,而在某一时段的多种换乘方向中,同样存在主导换乘方向。因此,在车站设计和管理中应突出对主导客流的关注。

4. 客流方向不均衡性

同一时段、不同地铁站的客流量会存在较大差异。例如,外围线路与城区线路相接的换乘站,早高峰以进城方向为主,上下行方向的客流量可相差几倍,在晚高峰则相反。这种方向的不均衡性会影响车站设备设施的利用率。因此,当采用通道换乘时,双向组织较单向组织更有利于均衡通道利用。相应地,岛式站台与侧式站台相比,其对客流的调节能力更强。

5. 时间不均衡性

高峰小时客流需求是影响换乘站系统规模、设施设备能力等关键参数选取的主要依据,因此对高峰小时系数的把握十分重要。不同区域、不同功能类型的车站高峰小时系数不同,一般外围区车站高于中心区车站,通勤服务类车站高于生活服务类车站。

6. 短时冲击性

城市轨道交通客流的到达并非是连续均衡的,而是随列车的到达呈现脉冲式的分布规律,在短时间内会对换乘设施产生冲击作用。这种冲击作用对车站的换乘能力形成了巨大的考验。由于短时冲击的存在,使得一批客流到达时易在车站出入口、客服中心(票亭)、闸机入口处等形成拥堵和客流排队,当拥堵人数较多时,将会带来较大的安全隐患。

学习与思考

城市中火车站、高铁站客流与地铁车站客流的特点是否一致?有哪些不同?

三 城市轨道交通客流指标分析

城市轨道交通客流指标可划分为基础客流指标、拥挤情况指标、出行特征指标、强度指标和客流不均衡程度指标5类,本节选取重点的指标进行分析和计算。

(一)基础客流指标

基础客流指标可以分为进站量、出站量、换乘量、客运量、车站乘降量、断面客流量。其中进站量、出站量、换乘量和客运量又可以分为车站、线路和线网三个级别的指标。

1. 进站量

(1)车站进站量

进站量是指统计期内,在城市轨道交通车站利用轨道交通进站乘车出行的乘客数量,单位为万人次。

$$车站进站量=进站闸机检票人数+其他凭证进站人数 \tag{3-1}$$

式中,进站机检票人数和其他凭证进站人数,单位都为万人次。

小贴士

进站量包括付费和非付费客流,付费客流指凭单程票、储值卡、日票、多日票等刷卡进站乘车的乘客,非付费客流指凭老人免费票、残障人士免费票、员工票或其他进站凭证进站乘车的乘客。

通过统计分析单个车站在某一时段(全天、早/晚高峰期等)的进站客流情况,可总结出该车站的进站客流规律,为车站的客运组织工作提供指引。如图3-1某车站某工作日早晚高峰进站量变动趋势所示,该站晚高峰的进站客流远远高于早高峰进站客流。因此,车站要在晚高峰来临前做好各项客运组织工作准备,应对大客流。以此类推,车站要分析工作日、休息日、节假日等不同情况下的进站客流规律,根据客流规律提前部署,可以有效应对进站大客流。

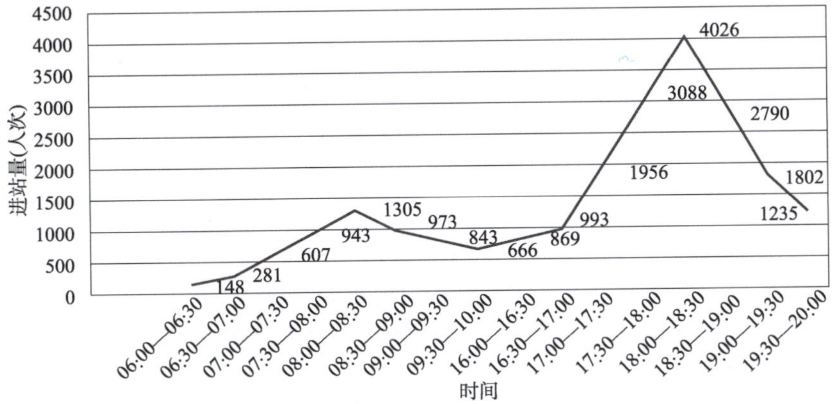

图 3-1 某地铁车站某工作日早晚高峰进站量变动趋势图(人次)

(2)线路进站量

线路进站量是指统计期内,乘客从本线路站点进站乘车的人数,单位为万人次。

$$线路进站量 = \sum 车站进站量 = 本线进站且本线出站乘客数 + 本线进站且他线出站乘客数 \tag{3-2}$$

式中,本线进站且本线出站乘客数、本线进站且他线出站乘客数,单位均为万人次。

(3)线网进站量

线网进站量是指统计期内,乘客从城市轨道交通线网进站乘车的人数,单位为万人次。

$$线网进站量 = \sum 线路进站量 \tag{3-3}$$

2.出站量

(1)车站出站量

车站出站量是指统计期内,在城市轨道交通车站采用票卡通过闸机、手持票卡机或其他凭证出站,由车站付费区离开至车站非付费区的乘客数量,单位为万人次。

$$车站出站量 = 出站闸机检票人数 + 其他凭证出站人数 \tag{3-4}$$

式中,出站闸机检票人数和其他凭证出站人数,单位都为万人次。

车站出站量和车站进站量反映了车站周边环境的乘车需求。如图 3-2 某地铁车站某工作日早晚高峰出站量变动趋势所示,该车站早高峰出站量是晚高峰出站量的 5 倍,出站客流组织工作应该是早高峰工作的重点之一。车站出站量变动趋势图,也可以反映出车站的地理位置、商业/居住地属性、普通车站或换乘车站等车站特性。地铁所辖线路范围内早高峰出站量能够表明早高峰期间换乘车站、地处商业中心或办公区域的车站出站量较高。

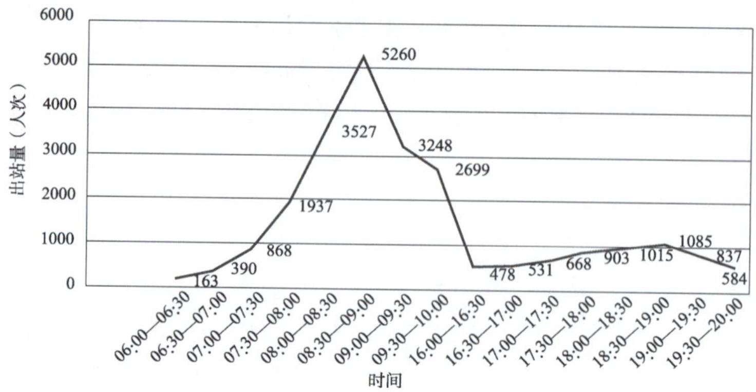

图 3-2　某地铁车站某工作日早晚高峰出站量变动趋势图

学习与思考

图 3-1 和图 3-2 为同一地铁车站工作日进站量、出站量变动趋势图，请分析该车站早晚高峰的客流规律。

该车站早、晚高峰出现的时间段，峰值出现在哪个时间？

该车站周边建筑物有何特点？

该车站早、晚高峰的客运组织重点是什么？

试分析该车站的客运组织工作应如何部署？（如车站客运设备设施布置、人员配备等）

（2）线路出站量

线路出站量是指统计期内，乘客从本线路站点检票出站的人数，单位为万人次。

$$线路出站量 = \sum 车站出站量 = 本线进站且本线出站乘客数 + 他线进站且本线出站乘客数 \quad (3\text{-}5)$$

式中，他线进站且本线出站乘客数，单位为万人次。

（3）线网出站量

线网出站量是指统计期内，城市轨道交通线网出站的乘客数量，单位为万人次。

$$线网出站量 = \sum 线路出站量 \quad (3\text{-}6)$$

3. 换乘量

（1）换乘站换乘量

换乘站换乘量是指统计期内，换乘站各线路间换乘乘客的总量，单位为万人次。

$$换乘站换乘量 = \sum 各线路间换乘乘客量 \quad (3\text{-}7)$$

小贴士

（1）通过自动售检票系统连续计费的换乘量，可通过票务系统清分模型计算；非连续计费的换乘量，可采用客流调查方式获取。

（2）两线换乘站的换乘量为 1 线换 2 线客流和 2 线换 1 线客流之和，3 线、4 线换乘站同理。

换乘客流具有方向性，常用于分析换乘车站的换乘客流压力。对于单个换乘车站，通过对不同方向换乘客流的比较，可以得出换乘压力较大的换乘方向和换乘线路，并提前做好换乘客运组织准备。对换乘压力较大的方向，重点关注换乘路径中的关键部位，加强人力疏导，当本站客流压力较大时及时申请对方线路实施客流控制，以缓解换乘客流冲击。

算一算

请计算完成表3-1：某车站早、晚高峰换乘量统计表中的数据，并在图3-3某地铁车站换乘量变动趋势图上标注早晚高峰换乘量的峰值。

某车站早、晚高峰换乘量统计表(单位：人次)　　表3-1

××车站换乘量	07:30—08:00	08:00—08:30	08:30—09:00	18:00—18:30	18:30—19:00	19:00—19:30
1号线上行→2号线上行	644	953	881	866	768	562
1号线上行→2号线下行	634	1038	1070	1580	1551	1068
1号线下行→2号线上行	3740	4499	3979	804	867	813
1号线下行→2号线下行	1931	2764	2482	1002	1214	777
1号线→2号线						
2号线上行→1号线上行	1235	1396	1127	2167	2044	1939
2号线上行→1号线下行	2226	2402	1906	1053	934	682
2号线下行→1号线上行	751	960	898	2720	3303	3087
2号线下行→1号线下行	508	693	632	902	738	516
2号线→1号线						
换乘量合计						

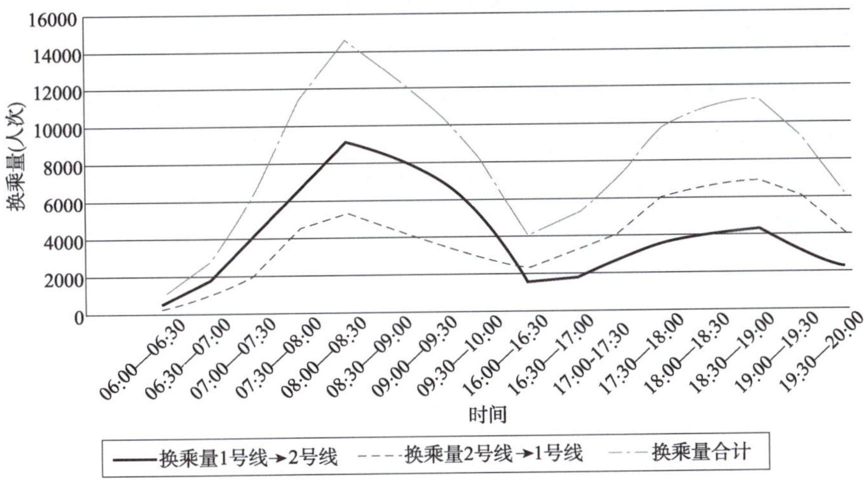

图3-3　某地铁车站换乘量变动趋势图

学习与思考

请同学们结合表3-1和图3-3,分析换乘压力最大的换乘方向和换乘线路。

请分析该换乘车站换乘的高峰时刻出现在哪个时间段?

(2)线路换乘量

线路换乘量是指统计期内,从其他线路换入本线的乘客数量,单位为万人次。

$$线路换乘量 = 其他线进入本线乘客量 + 途经本线乘客量 \tag{3-8}$$

(3)线网换乘量

线网换乘量是指统计期内,进入城市轨道交通线网的乘客在换乘站由一条线路换乘到另一条线路的总量,单位为万人次。

$$线网换乘量 = \sum 线路换乘量 = \sum 换乘站换乘量 \tag{3-9}$$

4. 客运量

(1)车站客运量

车站客运量是指统计期内,城市轨道交通运营车站为乘客提供进站、换乘服务的人次,为进站量和换乘量之和,单位为万人次。

$$车站客运量 = 车站进站量 + 换乘站换乘量 \tag{3-10}$$

(2)线路客运量

线路客运量是指统计期内,城市轨道交通线路运送乘客的总人次,为线路进站量和换乘量之和,单位为万人次。

$$线路客运量 = 线路进站量 + 线路换乘量 \tag{3-11}$$

(3)线网客运量

线网客运量是指统计期内,城市轨道交通线网运送乘客的总人次,为线网进站量和换乘量之和,单位为万人次。

$$线网客运量 = 线网进站量 + 线网换乘量 = \sum 线路客运量 \tag{3-12}$$

5. 车站乘降量

车站乘降量是指统计期内,城市轨道交通运营车站为乘客提供进站、换乘、出站服务的总人次,单位为万人次。

$$车站乘降量 = 车站进站量 + 车站出站量 + 换乘站换乘量 \tag{3-13}$$

注意:换乘站作为一个车站进行统计,非换乘站的换乘量以0计。

车站乘降量可细分为全日车站乘降量、高峰小时车站乘降量和超高峰期车站乘降量。超高峰期是指在高峰小时内存在一个15~20分钟的上下车客流特别集中的时间段。车站高峰小时和超高峰期乘降量决定了车站设计规模,是确定站台宽度、售检票设备数量、自动扶梯数量、楼梯与通道宽度、出入口数量等车站设备容量或能力的基本依据。

6. 断面客流量

(1)断面客流量

断面客流量是指在单位时间(一小时)内通过轨道交通线路某一地点的客流量,即运营线路单方向相邻两站间在一小时内通过的乘客数量,单位为万人次每小时。断面客流量分为上行断面客流量和下行断面客流量,断面客流量可通过票务系统清分模型直接计算或采用客流调查方式获得。

断面客流量,计算方法见式(3-14):

$$P_{i+1} = P_i - P_{下} + P_{上} \tag{3-14}$$

式中:P_{i+1}——第 $i+1$ 个断面的客流量(人);

P_i——第 i 个断面的客流量(人);

$P_{下}$——在车站下车人数(人);

$P_{上}$——在车站上车人数(人)。

(2)最大断面客流量

最大断面客流量在单位时间内通过轨道交通线路各个断面的客流一般是不相等的,其中的峰值称为最大断面客流量,单位为万人次每小时。轨道交通线路上下行方向的最大断面客流量一般不在同一个断面上。高峰小时最大断面客流量是决策修建轨道交通类型、确定车辆形式、列车编组、行车密度、运用车配置数和站台长度等的基本依据。

通过断面客流量可以看出各区段在不同时间段的变化规律,得出客流压力较大的时段和区段。如图 3-4 北京地铁 4 号线早高峰断面客流量所示,下行方向(公益西桥→西单)断面客流量较大的断面是连续的,有角门西→马家堡→北京南站→陶然亭→菜市口→宣武门→西单 7 个断面,该区段内客流供需矛盾突出,客流压力较大。

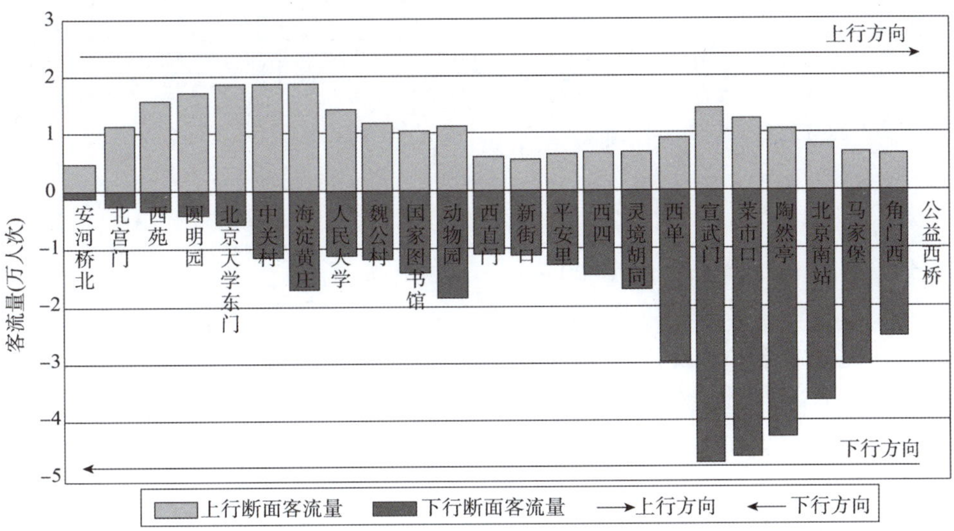

图 3-4　北京地铁 4 号线早高峰断面客流量

学习与思考

请通过书籍、网络，查询所在城市线路断面客流量是如何分布的，出现最大断面客流量的车站有何特点？

能力拓展

断面客流量应用——行车工作方案的编制

行车是为了提供乘客运输服务，在列车载客能力固定的情况下，在某个时间段、某个区间需要开行多少趟列车主要取决于该时段、该区间有多少乘客需要乘车以及乘客乘车的方向。请同学们一起来分析一个简化的案例。

某线路途经城市的三个区域，A站所在区域是居住区、B站所在区域是居住区和工作区、C站所在区域是工作区及商业区（图3-5），现分析讨论下行方向早高峰（7:30—8:30）的行车安排。

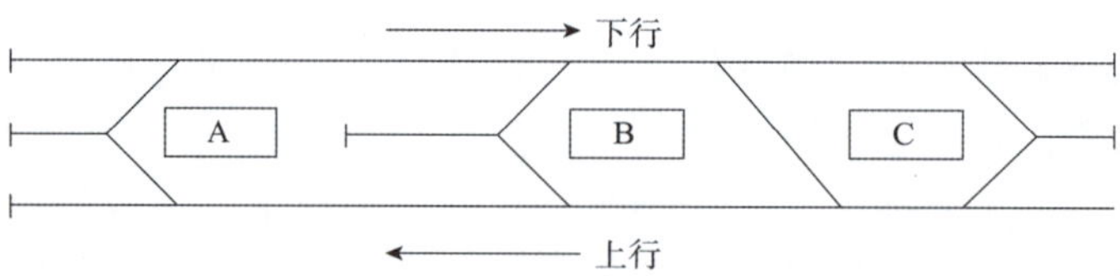

图3-5　某线路示意图

每列车的载客能力为1000人，属于中等运量的系统。假设在下行方向，早高峰小时（7:30—8:30）内的客流量数据如表3-2所示。

下行方向的站间 **OD** 表（早高峰小时）　　表3-2

	A	B	C	合　计
A	0	10000	10000	20000
B		0	15000	15000
C			0	
		10000	25000	25000

（1）由A到B的乘客人数为10000人；
（2）由A到C的乘客人数为10000人；
（3）由B到C的乘客人数为15000人；
（4）从A进站的总人数为20000人；
（5）从B进站的总人数为15000人；
（6）从B出站的总人数为10000人；
（7）从C出站的总人数为25000人。

对进出站乘客人数及站间断面客流量的表述可以用断面客流表3-3和断面客流图3-6两种方式表示。

进出站断面客流表

表 3-3

车站名	进站	断面	出站
A	20000		0
		A-B：20000	
B	15000		10000
		B-C：25000	
C	0		25000

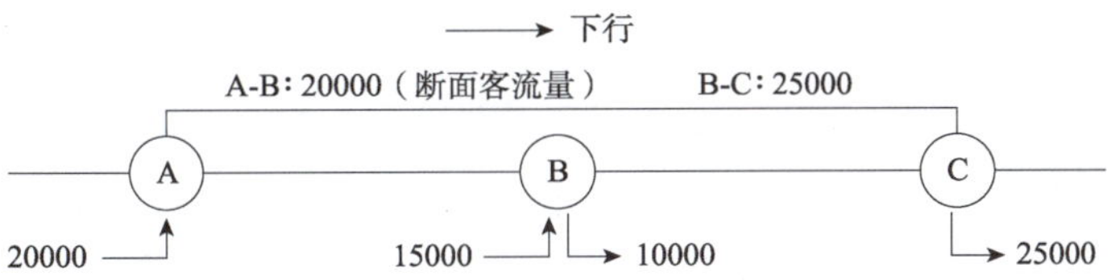

图 3-6　进出站及断面客流图

如图 3-6 所示，从 A 站进入的 20000 人会乘车前往 B 站。到达 B 站后，会有 10000 人下车出站，另有 15000 人从 B 站进入，与车上原有的 10000 人一同前往 C 站，到达 C 站后 25000 人全部下车出站。该时段有 A-B 和 B-C 两个断面客流量，运营服务要满足最大断面客流量 B-C 断面 25000 名乘客的需要，则：需要开行：25000 ÷ 1000 = 25（列）列车；行车间隔为：3600 ÷ 25 = 144（秒）= 2 分 24 秒。行车工作方案：该线路下行方向早高峰（7:30—8:30）内应安排 25 列列车，在 A 站每间隔 2 分 24 秒就发一列列车前往 C 站。

制定行车工作方案时，在计算出各时段开行列车数和行车间隔的基础上，还应检查该时段行车间隔是否过长，检验高峰小时的行车间隔是否符合列车在折返站的出发间隔时间等要素。

7. 客运周转量

(1) 线路客运周转量

线路客运周转量是指统计期内，运营线路中每位乘客每次出行与其相应乘坐距离乘积的总和，也称旅客周转量，单位为万人次公里。

$$线路客运周转量 = \sum 每位乘客的乘车距离 \tag{3-15}$$

式中，每位乘客的乘车距离，单位为万人次公里。

(2) 线网客运周转量

线网客运周转量是指统计期内，线网内每位乘客每次出行与其相应乘坐距离乘积的总和，单位为万人次公里。

$$线网客运周转量 = \sum 线路客运周转量 \tag{3-16}$$

提示：乘客从一条线路站点进，从其他条线路站点出，均由票务清分系统根据确定的原则清分出其乘坐路径，乘坐距离按照乘客进站和出站站点间该路径的长度计算，并按照该路径经过各条线路路段长度计算所属线路的客运周转量。

（二）拥挤情况指标

断面满载率是指单位时间内，运营线路单向断面客流量与相应断面运力的比值，也称断面拥挤度，单位为%。

$$断面满载率=\frac{断面客流量}{断面运力}\times100\%=\frac{断面客流量}{断面单向开行列车数\times列车定员}\times100\% \quad (3\text{-}17)$$

式中，断面客流量，单位为万人次每小时。

断面满载率反映列车运能的利用情况及列车内的拥挤程度，也反映运输能力与客流量的匹配程度。断面满载率较高，说明该断面的前方车站可允许上车的人数较少，若此时前方车站内乘客较多，并且开行列车数少、行车运行间隔大，运能不能满足乘客出行需求，则会导致前方车站客流堆积，客运风险增大，客运组织管理难度升高。

（三）出行特征指标

1. 线路平均运距

线路平均运距是指统计期内，线路客运周转量与线路客运量的比值，表示在某一线路上乘客一次乘车的平均距离，单位为公里。

$$平均运距=\frac{线路客运周转量}{线路进站量} \quad (3\text{-}18)$$

2. 线网换乘系数

线网换乘系数是指统计期内，线网客运量与进站量的比值，表示乘客在线网内完成一次出行需乘坐的平均线路条数。

$$线网换乘系数=\frac{线网客运量}{线网进站量} \quad (3\text{-}19)$$

线网换乘系数是反映乘客乘坐城市轨道交通出行便捷性的关键指标，也是评价城市轨道交通线网规划建设方案优劣的主要指标。在城市轨道交通线网进站客运量一定的前提下，线网换乘系数可以体现线网中乘客出行的便利性，该系数越大则表示乘客出行越不便利。一般情况下，线网线路条数越多，换乘系数越大。据 2017 年度中国轨道交通协会统计数据，北京换乘系数为 1.90，居全国第一，同时也拥有最多的轨道交通线网线路条数 21 条；四线以上线网的换乘系数多数在 1.4 以上；两线、三线线网的换乘系数多数在 1.4 以下。线网结构对换乘系数有明显影响，放射状线网的换乘系数比方格网状线网的换乘系数小。在线网进站客运量相同的前提下，换乘系数越小，乘客在轨道交通线网内出行越便利。但需要注意的是，换乘系数大的线网未必比换乘系数小的线网低效，换乘系数大，说明非本线客流比例在增大，体现了城市轨道交通客流的网络化效应。

3. 换乘比例

（1）线路换乘比例

线路换乘比例是指统计期内，其他线路换入本线客运量与本线客运量的比值，单位为%。

$$线路换乘比例=\frac{其他线进入本线乘客量}{线路客运量}\times100\% \quad (3\text{-}20)$$

线路换乘比例直观体现两条线路间客流交互程度，从换乘比例值可分析换乘站的主导换乘方向。换乘比例不是一成不变的，随着线网的发展、客流增加等变量而变动，同一换乘站在一段时间内（如一天）与一小时内的换乘比例通常也有所不同。当线路换乘比例较大时，说明该线路换乘客流对线路影响较大，需要关注线路换乘站的客运组织情况。

（2）线网换乘比例

线网换乘比例是指统计期内，线网换乘量与线网客运量的比值，单位为%。

$$线网换乘比例=\frac{线网换乘量}{线网客运量}\times 100\% \tag{3-21}$$

由线路、线网换乘比例可以看出换乘客流占本线路、线网总客运量的比例，体现换乘客流对本线路、线网的影响程度。

（四）客运强度指标

客运强度也称负荷强度，是反映乘客运输能力的指标，反映地铁线路单位长度上每日的载客量，在一定程度上体现运营效率，可分为线路客运强度和网络客运强度。

（1）线路客运强度

线路客运强度是指统计期内，运营线路中单位运营里程上平均每日承担的客运量，单位为万人次每公里日。

$$线路客运强度=\frac{线路日均客运量}{线路运营里程} \tag{3-22}$$

（2）线网客运强度

线网客运强度是指统计期内，线网中单位运营里程上平均每日承担的客运量，单位为万人次每公里日。

$$线网客运强度=\frac{线网日均客运量}{线网运营里程} \tag{3-23}$$

知识链接3-1

2019 年我国城市轨道交通线网客运强度排名前十的城市

2019 年度全国线网客运强度平均为 1.33 万人次/公里·日。年均线网客运强度超过 3.0 万人次/公里·日的仅有香港，2.0 万～3.0 万人次/公里·日仅有台北。内地全年日均客运强度最高的为深圳 1.92 万人次/公里·日。具体见表 3-4。

2019 年全国城市轨道交通线网客运强度排名（单位：万人次/公里·日） 表 3-4

排名	城市	客运强度	排名	城市	客运强度
1	香港	3.77	6	北京	1.7
2	台北	2.23	7	成都	1.69
3	深圳	1.92	8	上海	1.58
4	西安	1.91	9	杭州	1.37
5	广州	1.89	10	长沙	1.28

注：数据来源于网络资料整理。

(五)客流不均衡性指标

(1)方向不均衡系数

方向不均衡系数是指运营线路单向最大断面客流量与双向最大断面客流量平均值之比。

$$方向不均衡系数=\frac{2\times\max\{上行最大断面客流量,下行最大断面客流量\}}{上行最大断面客流量+下行最大断面客流量} \tag{3-24}$$

式中,上行最大断面客流量、下行最大断面客流量,单位为万人次。

方向不均衡系数式(3-23)反映轨道交通线路上下行方向的最大断面客流不均衡程度。该值趋向于1,表明上下行方向客流比较均衡;该值越大表明上下行方向客流越不均衡;当方向不均衡系数大于等于1.5时,表明上下行方向客流的不均衡程度比较大,而且不同线路的时间分布特点也不同。

位于市区范围内地铁、轻轨线路的方向不均衡系数通常小于1.5,而通往远郊区域轨道交通线路的方向不均衡系数有可能大于3。

(2)断面不均衡系数

断面不均衡系数是指运营线路单向最大断面客流量与该时段该方向所有断面客流量平均值之比。

$$断面不均衡系数=\frac{\max\{断面客流量\}\times单向断面数}{\sum断面客流量} \tag{3-25}$$

式中,单向断面数,单位为个。

(3)时间不均衡系数

时间不均衡系数是指运营线路单向高峰小时最大断面客流量与该方向所有时段分时最大断面客流量平均值之比。

$$时间不均衡系数=\frac{\max\{高峰小时最大断面客流量\}\times线路运营时间}{\sum高峰小时最大断面客流量} \tag{3-26}$$

式中,高峰小时最大断面客流量,单位为万人次;线路运营时间,单位为小时(h)。

时间不均衡系数值大于1趋向于1时,表明分时客流分布比较均衡;时间不均衡系数越大表明分时客流分布越不均衡;当时间不均衡系数大于等于2时,表明分时客流的不均衡程度比较大。位于市区范围内地铁、轻轨线路的值通常为2左右,而通往远郊区市域轨道交通线路的值通常大于3。

任务2 城市轨道交通客流规律分析

城市轨道交通客流是动态的,它的分布与变化因时因地而不同,这种不同归根结底是城市社会经济活动与生活方式以及轨道交通本身特征的反映。因此,客流的分布与变化是有规律的。对客流的分布特征与动态变化进行实时跟踪和系统分析,掌握客流现状与变化规律,有助于经济合理地进行线网规划、运力安排与设备配置,对做好日常行车组织与运营管理工作具有重要意义。在轨道交通运营实践中,客流分析的对象既可以是预测客流,也可以是实际客流,客流分析的重点是客流在时间与空间上的分布特征、动态变化规律以及客流与行车组织、客运组织能力配备的关系。

一 客流的时间分布特征分析

1. 一日内小时客流分布特征

城市轨道交通一日内小时客流随人们的生活节奏和出行特点而变化,在一日内呈起伏波状图形。通常夜间客流量较少,早晨渐增,上班或上学时间达到高峰,午间稍减,至下班或放学时间又出现第二个高峰,进入晚间客流又逐渐减少。因此,城市轨道交通一日内小时客流通常是双峰型,这种规律在国内外轨道交通线路上几乎是一样的,只是程度不同。图3-7是某城市地铁1号线工作日进出站客流量时间分布情况,该线路一日内小时进站客流、出站客流都明显呈现双峰型形态。早高峰时段进站客流占全日客流量的13%,出站客流占19%,分别为6.3万人次/小时和9.0万人次/小时,出站客流量明显高于进站客流量,早高峰客流量明显高于晚高峰。这与1号线途经该市核心区、沿线分布大量就业岗位、吸引其他线路的通勤客流有关。

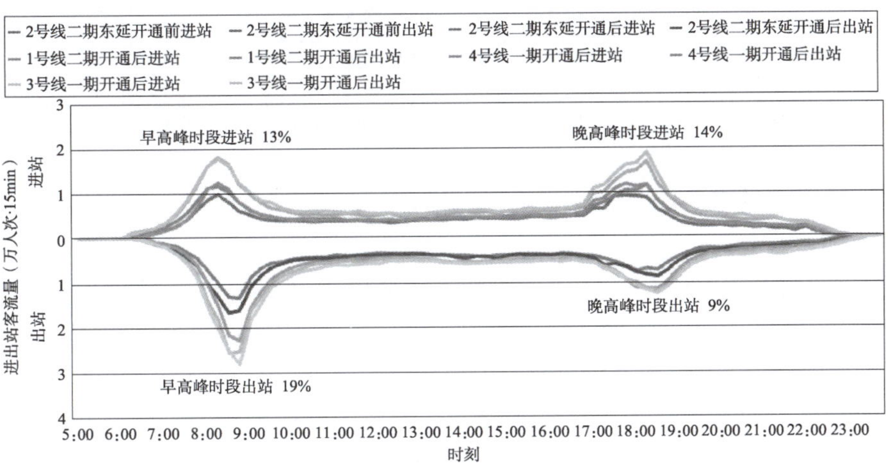

图3-7 某城市地铁1号线工作日进出站客流量时间分布

在一日内小时客流不均衡程度较大的情况下,为实现运营组织的经济合理性,可考虑采用小编组、高密度列车开行方案。小编组、高密度与大编组、低密度两种列车开行方案的分时列车运能不变,但在客流低谷时段,小编组、高密度方案具有以下优点:既能提高客车满载率,又不降低乘客服务水平。

2. 一周内全日客流分布特征

由于人们的工作与休息是以周为循环周期进行的,这种活动规律性必然会反映到一周内全日客流的变化上来。在以通勤、通学客流为主的线路上,双休日的客流会有所减少,而在连接商业网点、旅游景点的轨道交通线路上,双休日的客流又往往会有所增加。与工作日的早、晚高峰出现时间比较,双休日早高峰出现时间往往推迟,而晚高峰出现时间又往往提前。另外,周一与节假日后的早高峰小时客流,周五与节假日前晚高峰小时客流,会比其他工作日的早、晚高峰小时客流要大。

根据全日客流在一周内分布的不均衡和有规律的变化,轨道交通运营企业在一周内实行不同的全日行车计划和列车运行图,以适应不同的客运需求,提高运营的经济性。

从图 3-8 北京地铁 4 号线一周日均客运量的变动趋势图,可以明显看出周五的客流高于其他工作日客流,这跟该线路途经重要的交通枢纽西直门站、北京南站及中关村、西单等商业区域密切相关,周末双城生活的探亲客流和休闲娱乐客流都提升了线路的日均客运量。图 3-9 则展示了北京轨道交通线网一周的日客运量变动趋势,可以明显看出周末客流量大幅减少。

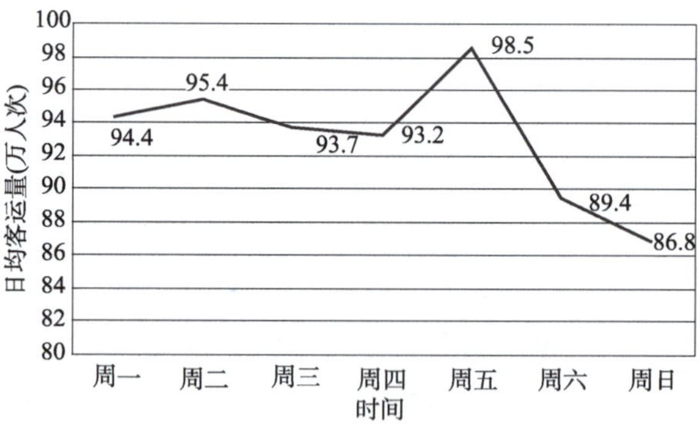

图 3-8 北京地铁 4 号线一周日均客运量的变动趋势图(单位:万人次)

注:数据来源于京港地铁官方微博。

3. 季节性或短期性客流变化

在一年内,客流还存在季节性的变化,如南方的梅雨季节,市民出行率降低,轨道交通的客流会随之减少,但在旅游旺季,城市中流动人口的增加又会使轨道交通线路的客流增加。图 3-10 为香港铁路公司本地服务线路 2017—2018 年月客运量趋势图,每年的 2 月是其全年客运量的低谷,随着 12 月打折季的到来会给客流带来不少的拉动效应。对季节性的客流变化,可采用实施不同列车运行图的措施来缓和运输能力紧张的情况。短期性客流激增通常发生在举办重大活动或遇到天气骤然变化的时候。当客流在短期内增加幅度较大时,运营部门应及时执行大客流应急疏导方案,确保乘客安全、有序地乘车。

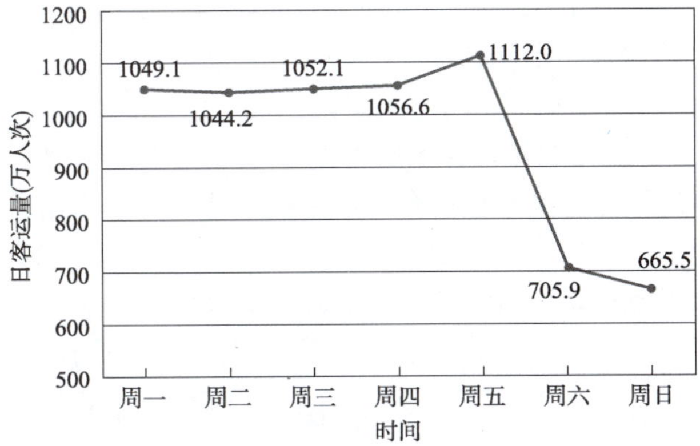

图3-9　北京市轨道交通一周日客运量变动趋势图

注:数据来源于《基于多源数据的北京轨道交通客流特征分析》,2017。

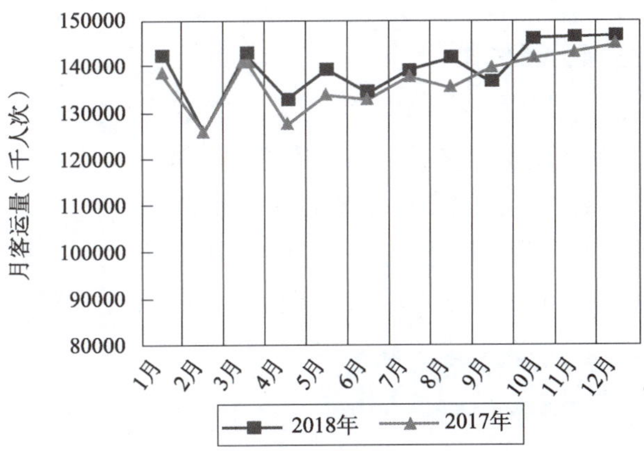

图3-10　香港铁路公司本地服务线路2017—2018年月客运量趋势图

注:数据来源于香港铁路公司官方网站。

4.车站高峰小时客流分布特征

车站高峰小时客流是确定车站设备容量或能力的基本依据。车站高峰小时客流分析,首先应确定进出站高峰小时的出现时间,其次才是分析客流量的大小。此外,还应分析客流的发展趋势。随着轨道交通新线的投入运营,既有轨道交通线路延伸,高峰小时进出站客流会发生较大的变化。而车站吸引区内住宅、商业和文化娱乐等方面的发展也会使高峰小时进出站客流发生较大的变化。研究表明,轨道交通车站高峰小时客流具有以下特征:

①车站客流的进出站高峰小时出现时间与断面客流的高峰小时出现时间通常不相同。

②各个车站客流的进出站高峰小时出现时间通常不相同。以北京轨道交通线网为例,

各车站进站时间由外围到中心逐步推移,五环外站点进站时间最早,7:00—8:00迎来进站高峰。晚上三环以里呈现进站高峰,三环外呈现出站高峰,且出站时间由中心城区到外围逐渐向后推移,五环外出站高峰较中心城区晚30分钟。

③同一车站客流的进出站高峰小时出现时间通常不相同。

④同一车站工作日客流与双休日客流的进出站高峰小时出现时间通常不相同。

⑤工作日高峰小时进出站客流通常大于双休日高峰小时进出站客流,见表3-5,双休日高峰小时客流仅有工作日客流的1/3~1/2。

某地铁车站不同时段车站进站量、车站出站量(单位:人次) 表3-5

时段	车站一		车站二	
	车站进站量	车站出站量	车站进站量	车站出站量
工作日	48000	47000	70000	68000
双休日	23000	22000	40000	40000
工作日高峰小时	4800	5800	6300	6100
双休日高峰小时	1600	1700	2800	2800

5. 车站超高峰期客流分布特征

为了避免因超高峰期内特别集中的客流而影响乘客不能顺畅地进出车站,甚至影响列车的正常运行秩序,在确定车站设备容量或能力时有必要适当考虑车站客流在高峰小时内分布的不均衡性。车站超高峰期的客流强度可用超高峰系数来反映,它是单位时间内的超高峰期15~20分钟内平均客流量与高峰小时平均客流量的比值。超高峰系数一般取值为1.1~1.4。对终点站、换乘站和客流较大的中间站通常取高限值,而其余车站则可取低限值。

二 客流的空间分布特征分析

1. 线路客流空间分布特征

城市轨道交通的建设规模、线路布设形式和走向以及首末车站所处区位,是影响其沿线客流分布的主要因素。纵观不同类型城市轨道交通线路,可归纳出以下四种沿线空间分布特征。

①均等型。当城市轨道交通线路成环线布置,或沿线用地已高度开发成熟时,各车站上下车客流接近相等,沿线客流基本一致,不存在客流明显突增路段。

②两端萎缩型。当城市轨道交通线路两端伸入还未完全开发的城市边缘地区或郊区时,线路两端路段的客流小于中间路段的客流。

③中间突增型。当城市轨道交通线路途经大型对外交通枢纽、高密度开发地区或者车站,利用周边常规公交线路辐射吸引范围广阔时,位于该区位车站的上下车客流明显偏大,线路客流存在突增的路段。

④逐渐缩小型。当城市轨道交通线路首末车站位于大型对外交通枢纽附近或城市中心地区(CBD)时,随着线路向外延伸,线路客流逐渐缩小。

沿线土地利用状况的不同是各条线路客流不均衡的决定因素,而轨道交通线网与其他交通工具接驳的现状也是各条线路客流不均衡的影响因素。各条线路客流的不均衡包括现状客流分布的不均衡和客流增长的不均衡两个方面，它们构成了整个轨道交通线网客流分布的不均衡。

2. 上下行方向客流分布特征

由于客流的流向原因，轨道交通线路上下行方向的最大断面客流通常是不均衡的。在放射状的轨道交通线路上，早晚高峰小时上下行方向的最大断面客流不均衡尤为明显。

在上下行方向的最大断面客流不均衡程度较大的情况下，直线线路上要做到经济合理地配备运力比较困难，无法避免断面客流较小方向因车辆满载率过低而引起的运能闲置。但在环形线路上，可采取在内外环线路安排不同运力的措施，避免断面客流较小方向的运能浪费。

3. 线路断面客流分布特征

在轨道交通线路上，由于各个车站乘降人数不同，线路上各区间的断面客流通常各不相同，甚至相差悬殊。断面客流分布通常是阶梯形与凸字形两种情形，前者是指线路上各区间的断面客流为一头大、一头小；后者是指线路上各区间的断面客流为中间大、两头小，如图3-11武汉地铁4号线高峰小时断面客流分布图所示，上行断面客流为阶梯式分布，下行断面为凸字形分布，且上下行高峰小时最大断面客流量不在一个断面上。

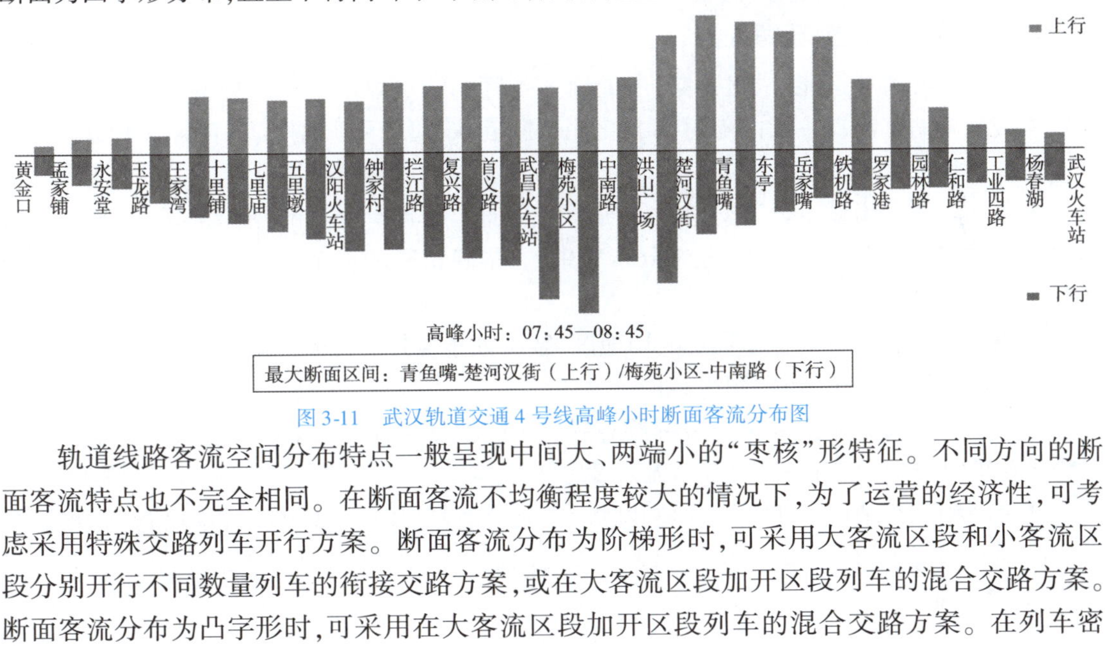

图3-11 武汉轨道交通4号线高峰小时断面客流分布图

轨道线路客流空间分布特点一般呈现中间大、两端小的“枣核”形特征。不同方向的断面客流特点也不完全相同。在断面客流不均衡程度较大的情况下，为了运营的经济性，可考虑采用特殊交路列车开行方案。断面客流分布为阶梯形时，可采用大客流区段和小客流区段分别开行不同数量列车的衔接交路方案，或在大客流区段加开区段列车的混合交路方案。断面客流分布为凸字形时，可采用在大客流区段加开区段列车的混合交路方案。在列车密度较大的情况下，采用特殊列车交路与加开区段列车的方案对行车组织和折返设备都会提出新的要求。此时，线路通过能力与中间站折返能力是否适应是采用特殊列车交路与加开区段列车措施的充分条件，因此必须进行能力适应性验算。

4. 各个车站乘降客流分布特征

轨道交通各个车站的乘降人数不均衡，甚至相差悬殊的情况并不少见。在不少线路上，全线各站乘降量总和的大部分往往集中在少数几个车站上。此外，车站乘降客流是动态变化的，新的居民住宅区形成规模，新的轨道交通线路建成通车，既有轨道交通线路延伸，使一些车站由中间站变为换乘站，或由终点站变为中间站，列车共线运营等，都会使车站乘降量发生较大的变化，加剧不均衡或带来新的不均衡。

车站乘降人数的不均衡决定了各个车站的客运工作量、设备容量或能力的配置、客运作业人员的配备以及日常运营管理的重点。

5. 车站内客流分布特征

分析轨道交通车站内乘客流向及行程轨迹，车站内客流在空间分布上也存在不均衡现象，包括经由不同出入口的客流不均衡、通过不同收费区的客流不均衡、通过同一收费区不同闸机的客流不均衡和上下行方向的乘降客流不均衡等。

通过各台进站闸机的客流按距离售票区域的近远而呈现明显的阶梯状递减态势，而通过各台出站闸机客流则相对均匀。究其原因，进站客流是陆续到达，乘客为争取时间通常会选择最近的进站闸机；而出站乘客是集中到达，乘客为避免排队通常会选择比较空闲的出站闸机。掌握客流在站内的空间分布特征，对车站自动售检票设备的合理配置与优化布局具有指导意义。

三 车站客流分析

1. 车站客流时间分布特征

城市轨道交通的运能、线路走向、所处交通走廊的特点以及车站所处区位的用地性质，使轨道交通车站客流在一天内随时间变化而不断起伏，可简要归纳出以下五种车站客流日分布曲线类型。

①单向峰型。当城市轨道交通线路所处的交通走廊具有明显的潮汐特征，或车站周边地区用地功能性质单一时，车站客流分布集中，有早晚错开的一个上车高峰、一个下车高峰[图 3-12a)]。

②双向峰型。车站位于综合功能用地区，客流分布与其他交通方式的客流分布一致，有两个配对的早晚上下车高峰[图 3-12b)]。

③全峰型。城市轨道线路位于用地已高度开发的交通走廊，或车站位于公共建筑和公用设施高度集中的 CBD 地区，客流分布无明显的低谷，双向上下车客流全天都很大[图 3-12c)]。

④突峰型。车站位于体育场、影剧院等大型公用设施附近，演出节目或比赛结束时，有一个持续时间较短的突变的上车高峰。一段时间后，其他部分车站可能有一个突变的下车高峰[图 3-12d)]。

⑤无峰型。当城市轨道交通本身运能较小，或车站位于用地未完全开发地区时，客流无明显上下车高峰，双向上下车客流全天较小[图 3-12e)]。

2. 车站客流空间分布特征

城市轨道交通车站按站点附近主要用地性质一般可分为居住型、商业办公型、混合型、交通枢纽型和景区型等。不同类型的车站，其客流量大小和客流规律受周边用地性质、人口构成的影响，进而呈现出不同的高峰期和大客流特点，可根据车站周边环境的分析、预测车站进出站客流规律。

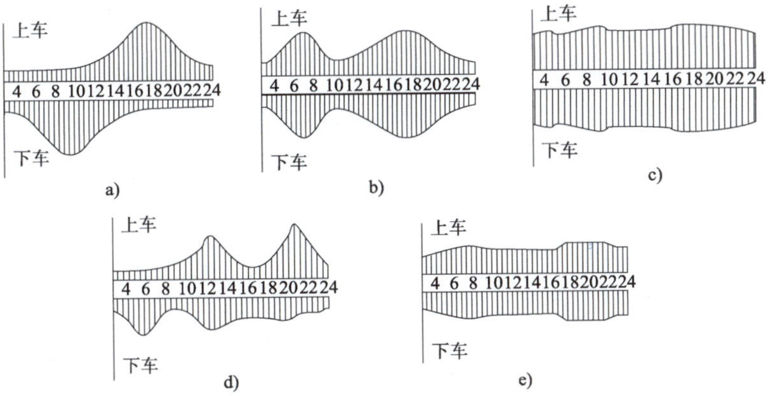

图 3-12 城市轨道交通车站客流时间分布特征示意图

(1)居住型车站

该类车站进出站客流以居民、常住人口为主,其出行习惯、目的、规律等相对比较稳定,主要以上下班通勤客流为主。车站早晚客流潮汐现象明显,早高峰客流比较集中,主要客流方向是进站客流,晚高峰主要客流方向是出站客流,且早高峰客流会比晚高峰集中,客流压力集中于早高峰时段。目前我国的城市规划中,居住用地一般在城市的外围区,早高峰客流会具有明显向心性。此外,居住型车站随着周边社区、居民区的发展,客流量会存在持续上涨的可能。居住型车站进出站客流如图 3-13 所示。

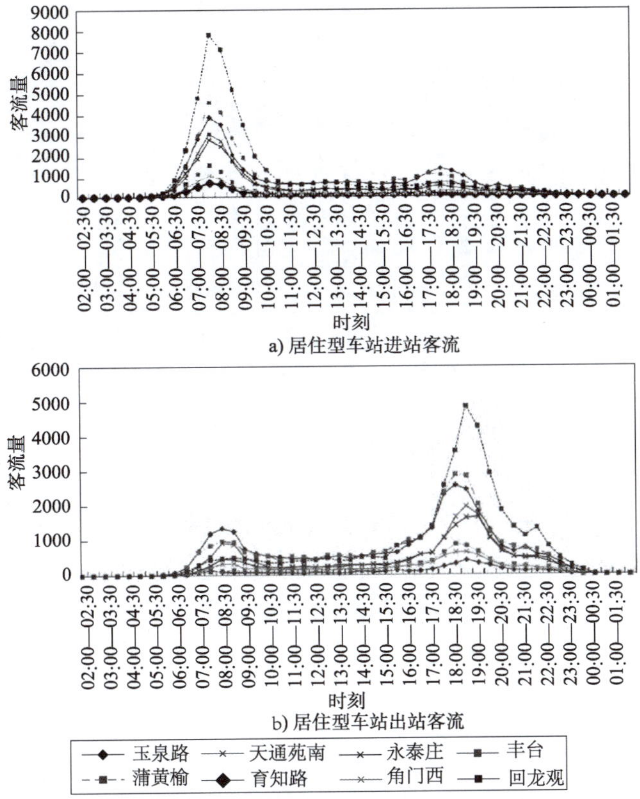

图 3-13 居住型车站进站、出站客流

(2)商业办公型车站

该类车站周边存在大量商业、办公区，企事业单位及各类学校，客流主要来源于通勤、通学及购物客流。该用地周边站点与居住型站点客流相反，早高峰主要为出站客流，晚高峰则为进站客流。商业办公型车站进出站客流如图 3-14 所示。

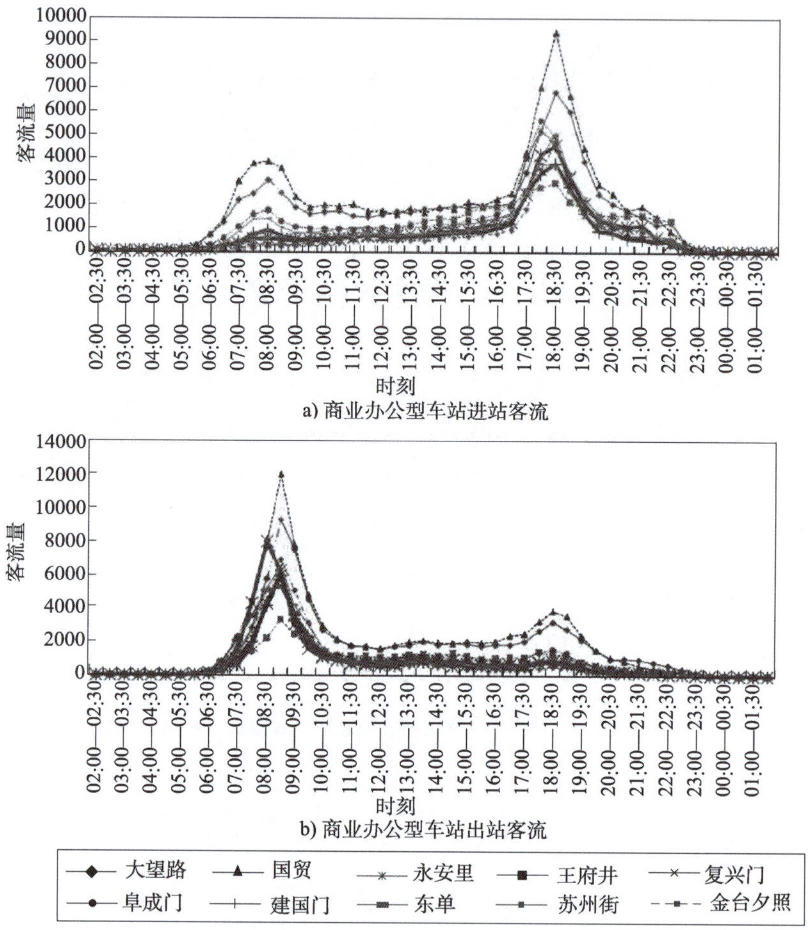

图 3-14　商业办公型车站进站、出站客流

(3)混合型车站

该类站点周边用地职住平衡，表现出土地开发趋于饱和，全天客流呈现双峰型特点。主导用地以居住类居多时呈现早高峰进站客流大于出站客流的特点，以商业办公类居多时呈现相反的特点。这类车站需根据早晚高峰时间不同、客流主要方向不同等特性做出相应的客流引导措施。混合型车站进站客流如图 3-15 所示。

(4)交通枢纽型车站

该类车站邻近火车站、机场及大型客运站，可以分为市内交通枢纽型和城际交通枢纽型两种。其中，城际交通枢纽型站点客流没有明显的早晚高峰，表现出无峰型客流特点，客流的波动主要与周边交通枢纽车辆的到发站时间有关。市内交通枢纽型站点有早晚两个高峰,并且早高峰以市郊通过轨道交通进入该类站点并以其他交通方式进入市区,晚高峰客流通过该站返回市郊,即早高峰客流主要方向为出站客流,晚高峰为进站客流。

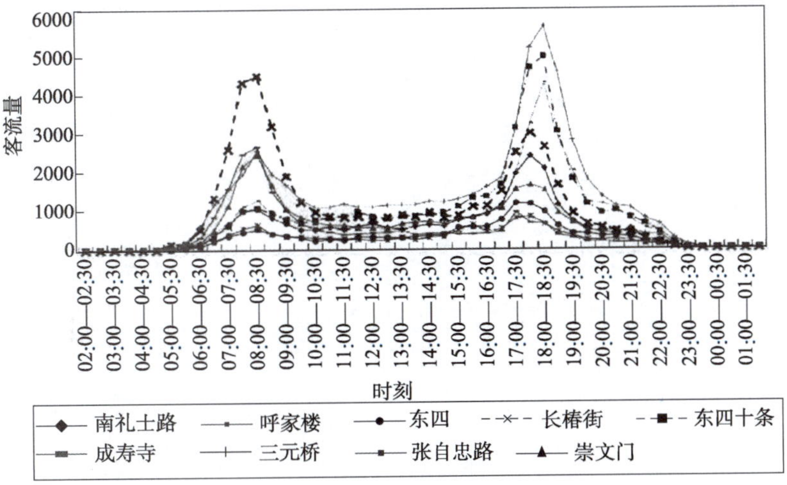

图 3-15　混合型车站进站客流

受客流构成的影响,这些车站的高峰通常出现在相邻枢纽车站乘客较多的时期,如春运、寒暑假、节假日期间,大量乘客返乡、出游、探亲等原因,会造成车站的客流高峰。交通枢纽型车站进站客流如图 3-16 所示。

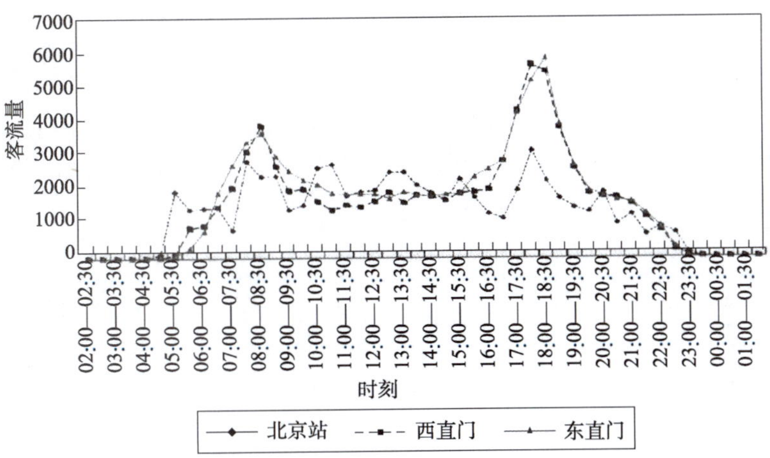

图 3-16　交通枢纽型车站进站客流

(5)景区型车站

该类站点主要以旅游性质为主,不具有明显潮汐现象。此类站点的客流具有波动性,站点客流量的大小主要与景区接待量和景区评级有关。景区型车站进站客流如图 3-17 所示。

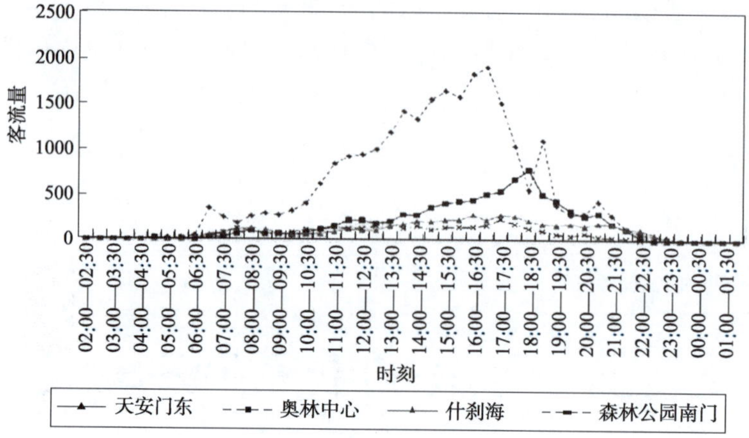

图 3-17　景区型车站进站客流

任务3 城市轨道交通客流调查

客流是动态变化的，对城市轨道交通的客流进行调查和统计分析，可以了解客流在时间、空间上的动态变化规律，同时对既有线路的运营客流特征分析，也能为后续实施线路或其他城市规划路网提供参考数据，从而为其线网规模的控制、基建工程和设备采用与布置以及运输组织等诸多方面提供参考。

一 客流调查的种类

为了掌握客流现状与变化规律，必须经常进行各种形式的客流调查。涉及客流调查内容、地点和时间的确定，调查表格的设计、调查设备的选用和调查方式的选择以及调查资料汇总整理、指标计算和结果分析等。

客流调查可根据调查内容分为全面客流调查、断面客流调查、节假日客流调查和专题性客流调查等。

1. 全面客流调查

全面客流调查是对全线客流的综合调查，调查全线各站所有乘客的上下车地点和票种情况。通过对调查资料进行整理、统计和分析，能对客流现状及出行规律有一个全面清晰的了解。

全面客流调查分为随车调查和站点调查两种方式。随车调查是指在车门处对全天运营时间内所有运行列车的上下车乘客进行调查；站点调查是指在车站检票口对全天运营时间内所有在车站上下乘客进行调查。以上两种调查方式中，轨道交通全面客流调查通常采用站点调查。全面客流调查一般应持续 2 ~ 3 天，在全天运营时间内，调查全线各站所有乘客的下车地点和票种情况，并将调查资料以 5 分钟或 15 分钟作为间隔分组记录下来。

2. 断面客流调查

断面客流调查是一种经常性的客流抽样调查，根据需要，可选择一个或几个断面进行调查，一般是对最大客流断面进行调查，调查人员直接观察记录调查车辆内的乘客人数。

3. 节假日客流调查

节假日客流调查重点对春节、元旦、国庆节、双休日和若干传统节日期间的客流进行调查。调查的内容包括机关、学校、企业等单位的休假安排，城市旅游业、娱乐业的发展程度，市民生活方式的变化等。

4. 专题性客流调查

专题性客流调查是对某一特定项目开展调查，包括突发客流调查、乘客情况调查和乘客满意度调查等项目。

(1)突发客流调查

突发客流调查也称之为重要活动客流调查,主要针对大型集散场所、大型活动场所以及发生短时较大客流的地点进行的专项客流调查,如影剧院、体育场馆等。该项调查主要涉及上述场所和地点的规模与附近轨道交通车站的客流影响程度、持续时间之间的相关关系。

(2)乘客情况调查

乘客情况调查包括乘客构成情况调查和乘客乘车情况调查。

乘客构成情况调查一般在车站进行。调查内容包括年龄、性别、职业、家庭住址和出行目的(工作、学习、购物、游览、就医、访友、其他)等。该项调查的时间可选择在客流比较稳定的运营时间段。

乘客乘车情况调查的安排视调查对象及调查内容的不同而不同。调查内容除年龄、性别和职业外,还需包括家庭住址和家庭收入、日均乘车次数、上车站和下车站、到达车站的方式和所需时间、轨道换乘次数、下车后到达目的地的方式和所需时间、乘坐轨道交通列车后节省的出行时间以及对现行票价的认同度等。

(3)满意度调查

满意度调查反映乘客对交通设施状况、供给水平、服务质量的评价,通过各种调查方式,重点统计列车运行图兑现率、列车运行正点率、乘客投诉率、车站(列车)清洁合格率、乘客满意率等指标,可以准确掌握轨道交通系统的改善方向,为提高客运管理水平提供依据。

二 客流调查的方法

传统的客流调查方式多为人工计数、问卷调查等,这些调查方式需要耗费大量的人力与时间成本。随着科技的发展进步,自动售检票系统数据已成为客流调查的重要数据源。但是 AFC 系统无法反映车站内客流的分布情况(如换乘客流,站厅、站台客流),灵活性较人工调查差,因此,在专题性客流调查中仍需采用人工调查。

1. 随车客流调查法

随车客流调查是在线路运行的车辆中安排调查员,在调查时间内,记录每个车站上下车的乘客数量以及车站上留站人数。

根据调查目的,可以灵活组织调查:调查可以在全市范围内进行,也可以选择部分或一条线路进行;可以组织全天运营时间进行,也可以在某一段运营时间进行。

具体做法是:在运营的车辆上一个车门安排一个调查员,在车门附近选好适当的位置进行。按照特定表格的要求进行上下车人数的记录,在车辆拥挤而有留站乘客时,还需注明未上车的留站人数。该客流调查资料反映线路在运行的各个时间内各站上下车人数和车内的乘客人数。

2. 驻站客流调查法

驻站客流调查法是在中途重点站(一个站或多个站)或客流量较大的高峰断面上配备调查员,在调查时间内,以目测的方法记录上下车乘车人数、车厢内人数、留站人数和通过车次。

调查日期与具体时间可根据一般客流动态规律和调查线路的具体情况而定。时间选择是否适当，直接影响能否达到预期的调查目的。

具体做法是：调查员应提前熟悉线路运营情况，掌握车辆的座位数、乘客可站立的面积和额定车容量，并能准确估算车厢人数。在开展调查时，调查员要选择适当的目测位置，能够较为准确地估算客流量。按调查表要求及时填好每次车的数据，避免混乱。

该客流调查根据调查点的乘客集散量，可分析运行车辆的满载程度，了解断面客流在时间上的变化与配车是否合理，为线路增减配车、调整运力提供可靠的依据。

3. 抽样客流调查法

抽样调查是用样本来近似地代替总体的调查方式，这样做有利于减少客流调查的人力、物力和时间成本。一般由调查员直接向乘客当面询问或者邀请乘客填写调查问卷获取乘客上下车地点。调查员的人数根据每个站集散乘客数量而定。

通过对调查结果的统计分析，能够得到每个乘客上车和下车的地点，同时也可反映出每站上车的乘客到其余各站下车的人数、每个站上乘客的乘距、每个断面的客流量负荷情况和满载率等。在条件允许的情况下，还可调查乘客的转乘，以掌握乘客的乘车规律与集散方向。

进行抽样调查，必须首先确定抽样方法与抽样数，以确保抽样调查的结果具有实用意义。抽样方法主要有简单随机抽样、分层抽样、整群抽样和多阶段抽样等。抽样数的大小取决于总体的大小、总体的异质性程度以及调查的精度要求。美国交通部规定的家访出行调查抽样率，见表3-6。

美国家访出行调查抽样率（以家庭为单位） 表3-6

调查范围内人口（万）	最小抽样率（%）	推荐抽样率（%）
<5	10	20
5～15	5	12.5
15～30	3	10
30～50	2	6.6
50～100	1.5	5
>100	1	4

20世纪80年代，天津、上海、广州、南京等城市进行的家访出行抽样调查率均在3%～4%之间。

4. AFC 系统数据

通过AFC系统获取的客流数据是目前较为准确的一种技术手段。该技术是通过轨道交通自动售检票系统，获取乘客进出站的站点位置（可精确至具体闸机编号）和时刻数据，用于分析客流的时间规律和空间规律。同时，AFC数据还能通过清分模型，将城市轨道交通客流OD分配到相应路径中，得到各条线路的客流量及换乘量。该技术应用于城市轨道交通网络客流总量的统计中，但是对车站内客流的分布情况（如换乘客流，站厅、站台客流）无法做到实时与精确地统计。同时，由于网络路径的复杂性、乘客出行路径选择行为的多样性和差异性，使得利用清分模型得到的客流清分结果与实际情况相比存在一定的误差。

三 选择调查方法的原则

客流调查是一件经常性的工作。根据不同的调查目的，可以有不同的调查方法。只有在明确目的的情况下，选择最合理的调查方法，才能取得预期的效果。选择调查方法时应注意以下两个要点：

第一，尽可能以最少的劳动和时间消耗，取得足量的和精确的调查资料；

第二，尽可能以最简便的方法，得到被调查者的配合，保证所需资料的及时性与可靠性。

知识链接3-2

客流调查新技术

1. 热敏传感技术

热敏传感技术的客流统计系统通过集成光学、传感器、信号处理逻辑及电子控制技术，把传感器下方人流的热气通过锗透镜转为红外辐射，实现对传感器覆盖区域的热敏检测；同时通过设置进、出基准路线来捕捉乘客的行走路径，实现对乘客在热敏传感器部署区域内的换入和换出的分类统计。该项技术适用于车站内通道的双向客流检测，尤其是对换乘客流的检测。

2. 智能视频分析技术

智能视频分析技术源自计算机视觉技术和人工智能技术，其发展目标是在图像与事件描述之间建立一种映射关系，使计算机从纷繁的视频图像中定位、识别和跟踪关键目标物体，并实时分析和判断目标的行为。智能视频分析技术能够实现客流的实时采集，可以对每个客流个体运动轨迹进行精确检测和跟踪，实现对大范围区域的覆盖和数据采集，并通过数据统计和分析，得到客流量、客流密度等轨道交通管理人员需要的各类数据指标。

3. Wi-Fi 信令技术

Wi-Fi 信令技术的基本原理是利用无线局域网（WLAN）技术实现 Wi-Fi 定位，能够在无线网络接入的同时，实现接入设备的位置判别。该技术可获得乘客进出站客流统计、站内乘客换乘统计以及区域内乘客密集度统计。同时，Wi-Fi 技术的身份识别功能还适用于城市轨道交通 OD 客流分析，通过获取乘客接入工作站的空间位置和时间点，得到准确的 OD 客流分析。

4. 手机信令技术

手机信令技术中的数据定位原理是基于基站小区的模糊定位技术，通过移动运营商的手机信令采集系统，采集匿名手机用户发生信令事件时的位置信息，包括收发短信、主被叫、基站切换，以及位置更新等数据，其能够较为全面地反映出行者的连续出行轨迹。在城市轨道交通客流调查方面，手机信令技术能够识别乘客的换乘路径和换乘车站，以及区域线路的进出站客流。同时，还能通过识别手机用户的出行时耗、出行距离及出行次数，分析乘客的出行需求（例如出行需求主要集中在什么时间段以及在哪些区域之间等）。通过对站点、线路一定范围内的手机用户密度进行统计及分析，可以得到站点和线路的服务范围。

5. 车辆称重技术

车辆称重技术的原理是通过测量车辆载客的总质量，来估算车辆载客人数。通过加装相应的压力传感器，能够较为直观和便捷地测算出车厢的载客人数。该项技术适用于断面客流统计，相比现行的 AFC 技术，不需要根据进出站客流数据、换乘客流数据等进行计算，能够实时地获取车辆载客数量的变化情况。如杭州地铁 5 号线，采用车辆称重技术，在乘客信息系统显示屏上显示出各车厢拥挤程度，如图 3-18 所示。

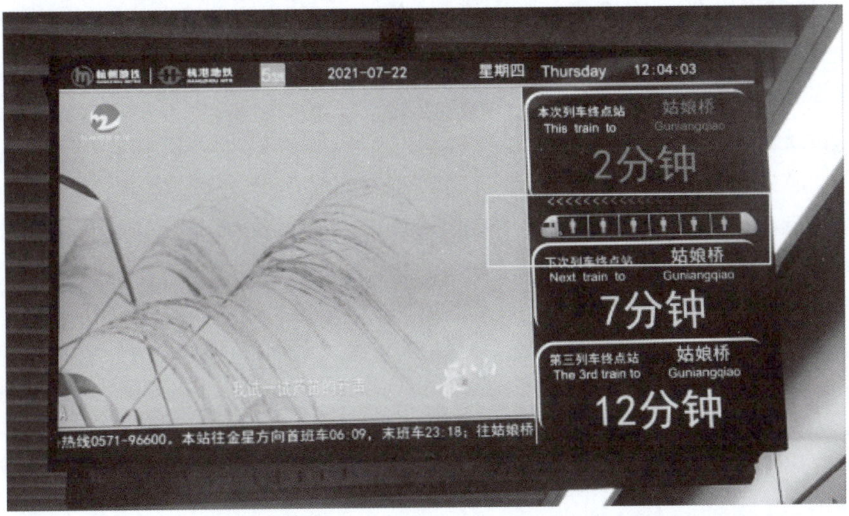

图 3-18　杭州地铁乘客信息系统车厢拥挤度显示

任务4　城市轨道交通客流预测

客流预测以现行运输统计制度提供部分基础资料为依据，辅以对城市、港口、车站等处的调查，运用相关理论及方法在此基础上进行预测。

一　城市轨道交通客流预测的意义

客流预测是城市轨道交通建设必要性、规模选择、经济效益分析和各项专业设计的基础和前提，因此，应以科学态度对城市轨道交通客流进行预测和分析。

在工程可行性研究阶段，客流预测是城市轨道交通投资决策的基础，只有具备足够大的客运交通需求，建设轨道交通才是合理的。在这个阶段，客流预测工作做得科学细致，可以使城市轨道交通修建方面的许多不合理因素得到控制。

在工程设计建设阶段，要依据预测客流量大小来确定系统的运输能力、车辆选型及编组、设备容量及数量、车站规模及工程投资等。客流预测结果在一定程度上决定了线路形式和造价。

在运营阶段，客流预测的作用体现在对节点运输的客运组织方案的制订上。车站依据前期客流走向的数据汇总以及客流处置经验，在运营过程中的特殊时间节点（如节假日、大型活动）上提前预测客流规模，为节点运输做好充分准备。

知识链接3-3

“5G＋智慧地铁平台”实现客流实时预测

2019年10月31日，由上海申通地铁集团联合上海电信、卡斯柯、华为、上海通服等合作伙伴共同打造的“5G＋智慧地铁平台”（图3-19）在上海地铁徐泾东站正式上线。这也是上海地铁为第二届中国国际进出口博览会提供服务保障的重要举措之一。

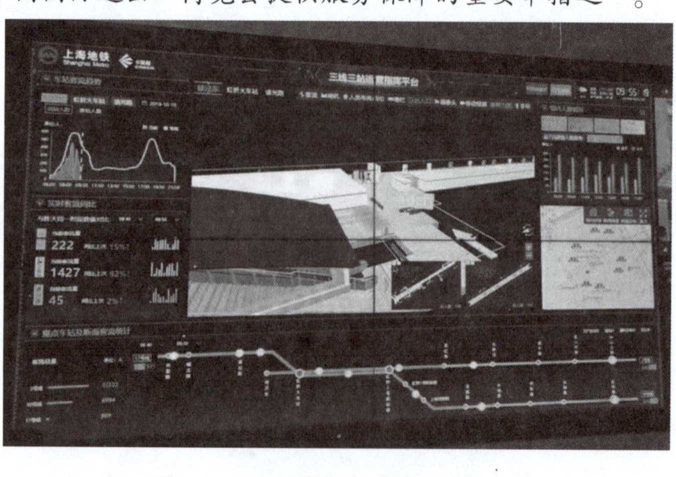

图3-19　上海地铁“5G＋智慧地铁平台”

该届博览会每天参会人数达到15万～20万人次，其中约半数参展观展客将乘坐轨道交通进入展馆。该平台能够实时监测“三线三站”的客流信息和进博会场馆的客流数据，并结合历史数据进行分析预测，准确预测未来15分钟的客流情况（如预测排队时间），让指挥人员可以更有效地判断当日运营组织和工作计划，必要时提前启动客流应急管理预案（如提前通知乘客更换乘车路线）。“进博会5G＋智慧地铁平台”不仅能够获取“人”的信息，还能实时获取车辆称重信息，从而计算列车运能，当客流与运能不匹配时，及时给出黄色、橙色、红色三色预警，并给出开启疏散通道建议、闸机或电扶梯等设备运行方式建议、出入口开启关闭建议以及地面客流疏散引导建议等。

二 城市轨道交通客流预测的内容

根据实际运用经验，在城市轨道交通系统中，从系统功能要求出发，在城市总体规划和轨道交通线网规划的前提下，按设计年限，对客流预测的结果可归纳为如下五类基本内容。

1. 全线客流

全线客流包括全日客流量和各小时段的客流量及比例。全日客流量是表现和评价运营效益的直观指标，也是进一步评价线路负荷强度的重要指标。各小时段的客流量及比例，是为全日行车组织计划提供依据，在保证运营能力和服务水平的前提下，合理安排行车间隔，提高列车的满载率及运营效益。

2. 车站客流

车站客流包括全日、高峰小时的上下车客流及站间断面流量和超高峰系数。高峰小时时段的站间最大单向断面流量是确定系统运量规模的基本依据，由此选定交通制式、车型、车辆编组长度、行车密度及车站站台长度。全线高峰小时的站间断面流量是全线运行设计的基本依据，由此确定区域折返交路、折返列车数量、折返车站位置及配线形式，并计算车辆配置数量。

3. 分流客流

分流客流包括站间OD表（被考查区域1到区域2的出行量）、平均运距及各级运距的乘客量。通过此项数据进行分段客流统计，制定票制和票价，对建设投资、运营成本作财务分析、社会经济效益分析提出项目效益评价意见。

4. 换乘客流

换乘客流是指对全日和高峰时段的各换乘车站（含支线接轨站）的换乘客流量及占车站总客流量的比例进行预测。分析相关线路之间多个方位的换乘客流及各个方向的分项客流，确定主客流方向，为换乘车站建筑平面及竖向布置形式、换乘车站间的换乘通道或楼梯宽度的计算提供依据。

5. 出入口分向客流

车站出入口客流预测是根据每座车站确定的出入口分布位置，预测每个出入口分向客流并分析波动性，为计算每个出入口宽度提供依据。

三 客流预测的年限

预测年限也就是设计年限，是控制工程规模和投资的重要因素，其合理与否，将直接影响工程建成后的效率和效益。恰当地定好设计年限是非常重要的。设计年限定得过长，虽为将来的发展留下了余地，但却使轨道运营长期处于欠负荷状态；设计年限定得过短，会使整个系统的交通容量很快饱和，系统将长期处于超负荷运营状态，这不但降低了服务质量，也不能很好地解决交通问题。

客流预测年限分为初期、近期和远期。

①初期为建成通车后的第 3 年，是“客流培育期”。每个城市基本上需要 2～3 年才能形成一个初期的客流规模，尤其是城市新建第 1 条线路时，第 1 年客流一般不太大。当轨道交通线路网络化后可能呈现不同的客流规律。因此，单条线路与线网客流预测会有所不同。

②近期为交付运营后的第 10 年，是指第 3～10 年的“客流成长期”。此时客流预测的基础和依据比较详实，有利于把握预测结果的可信度，合理控制近期客流规模。

③远期为交付运营后的第 25 年，是“客流成熟期”。远期的客流预测值是确定项目最终规模的依据，既体现了城市轨道交通项目的长远性和超前性要求，同时又对建设规模进行最终控制，避免盲目扩大工程规模。

四 城市轨道交通客流预测模式

客流预测是复杂的问题，不能简单用一种类型的模型解决，不同的预测目的对于预测结果提出了不同的精度要求，应采用不同的客流预测方法，重要的是要有量身定做的预测模型。

1. 非基于出行分布的客流预测模式

非基于出行分布的客流预测模式又称趋势外推客流预测模式，是将相关公交线路和自行车出行的现状客流向轨道交通线路转移，得到虚拟的轨道交通基年客流，然后根据相关公交线路的客流增长规律确定轨道交通客流的增长率，并据此推算轨道交通远期客流；或者由公交预测资料，直接转换为远期城市轨道交通客流，得到虚拟的基年轨道交通客流。

具体做法是在现状公交网络建立综合网络分配模型并标定相关参数，以初期公交和初期轨道交通网络为基础进行流量分配，对其结果进行分析和校正，通过校正的模型和参数继续推算近期、远期站间 OD 矩阵及相关预测结果，如图 3-20、图 3-21 所示。北京市的复兴门—八王坟地铁线路、上海市的新龙华—新客站地铁线路客流预测采用了此类预测模式。

该预测模式能较好地反映近期客流量的增长情况，但由于未考虑土地利用形态等客流影响因素，远期客流预测结果的精度较低，并且在预见未来出行分布变化上可靠性较差。该客流预测模式操作简单，常用于其他模式预测后的比较验证，或作为定性分析的辅助手段。

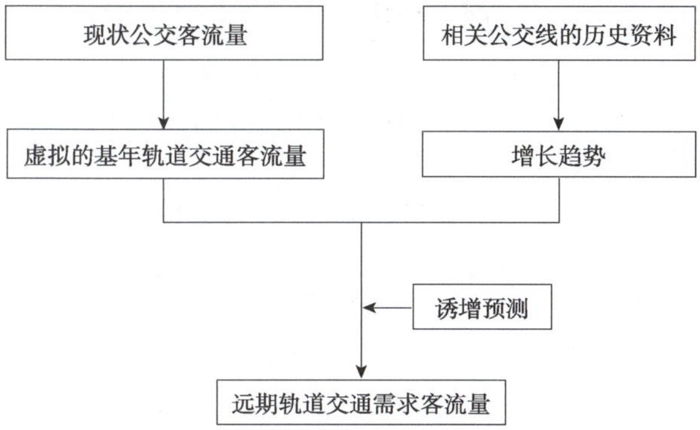

图3-20　非基于出行分布的客流预测模式一

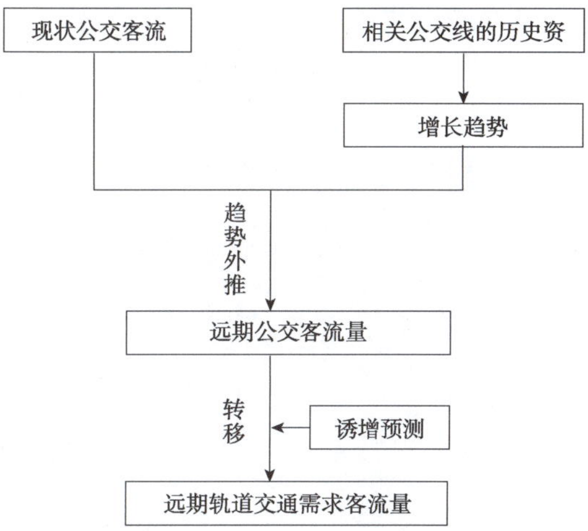

图3-21　非基于出行分布的客流预测模式二

2.基于出行分布的客流预测模式

基于出行分布的客流预测模式以市民出行交通起讫点调查（Origin-destination Survery，简称OD调查）为基础，得到现状全方式出行分布，在此基础上预测规划年度的全方式出行分布，然后通过方式划分和交通分配预测得到轨道交通的站间OD客流。

城市轨道交通客流预测采用该方法时，首先对研究对象城市划分交通小区，进行城市人口、就业、土地利用资料的调查和居民出行调查，在此基础上进行居民出行生成预测、出行分布预测、交通方式划分预测和出行分配，以获得所需的轨道交通需求数据，也称为四阶段客流预测模式，其一般流程如图3-22所示。上海市的轨道交通3号线、南京市的地铁南北线一期工程客流预测采用了此类预测模式。

（1）出行生成预测

四阶段法出行生成预测是指对每个规划区域内划分的小区发生和吸引的出行数量的预测，即预测每小区的各种交通方式的进出交通量，一般不预测这些交通流从何处来到何处去。出行生成预测的基础资料是城市远景土地利用规划、城市远景人口和就业岗位等预测数据。

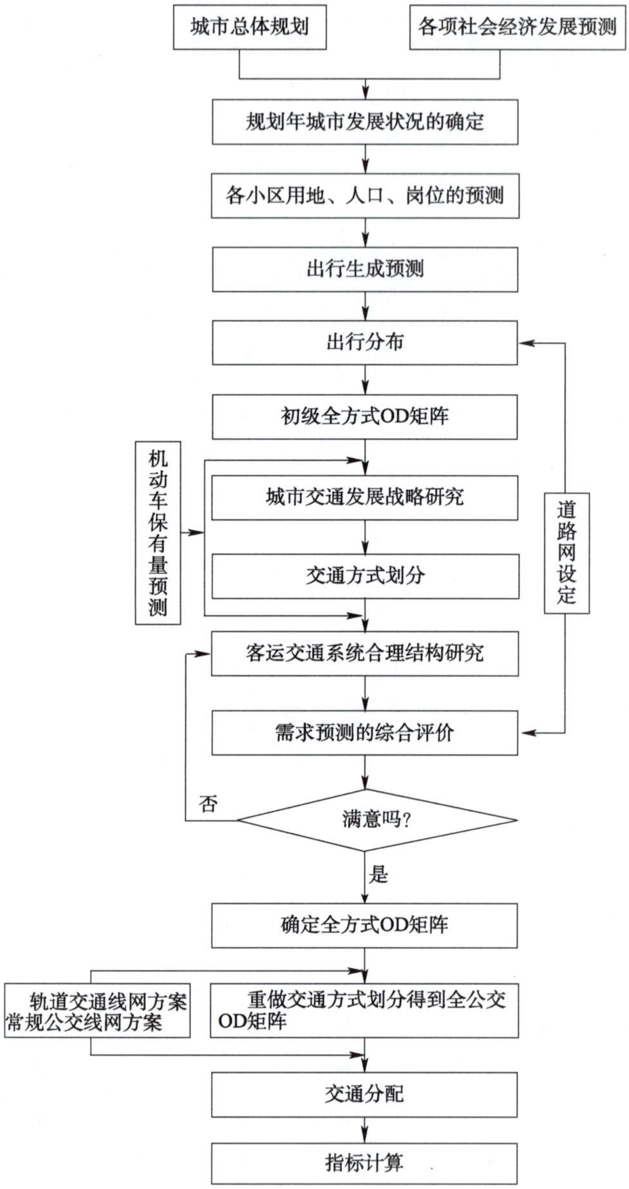

图 3-22　城市轨道交通四阶段法客流预测流程图

(2)出行分布预测

出行分布预测是指从起点小区(O)到终点小区(D)的交通量预测,不考虑路径及交通方式。

(3)出行方式预测

出行方式预测是指对每组起、终点间(OD)各种可能的交通方式(轨道交通、公交、自行车、小汽车等)所承担的比例的预测,即预测出行者采用何种交通方式出行及所占比例。

(4)出行分配预测

出行分配预测是将每种交通方式的起、终点间(OD)之间的客流量通过数学模型网络分配在特定路径上,即预测从起点到终点采用某种交通工具行走某条路线的交通流。

四阶段客流预测模式以现状OD调查为基础、结合未来城市发展及基于出行分布的客流预测模式土地利用规划,因此客流预测结果的精度较高。该客流预测模式对于基础数据的要求较高、操作复杂。此外,在城市发展未能按规划实现时,预测的客流分布与实际客流分布会存在较大的差异。近年来,国内许多城市的轨道交通客流预测采用了四阶段客流预测模式。但在实践中,各个建设项目在方式划分阶段的位置、预测模型选择及参数标定,以及交通规划软件选用等方面存在不同的情形。

3. 三次吸引客流预测模式

该客流预测模式认为,可以确定一个轨道交通车站对客流的吸引范围,车站吸引范围是一个以车站为圆心,以合理的到达车站时间或到达车站距离为半径的圆形区域,再分析车站吸引范围内的土地利用性质,以及确定合理步行区与接运交通区的基础上,可以预测通过步行、自行车和常规公交三种方式到站乘车的人次,它们分别称为一次吸引客流、二次吸引客流和三次吸引客流,并在车站客流量的基础上进一步推算线路的断面客流量。西安市的轨道交通可行性研究项目中采用了此类客流预测模式。

采用该客流预测模式,需要确定轨道交通车站客流吸引范围。根据莫斯科地铁的一项研究,在中间站到站乘客总数中,步行到站乘客约占58%、利用接运交通到站乘客约占42%。因此,确定车站客流吸引范围主要是确定一次吸引的合理步行区与三次吸引的合理接运区。研究认为:到达轨道交通车站的合理步行区应是以车站为圆心、半径为600~800m的区域;到达轨道交通车站的合理接运区应是以车站为圆心、半径为2500~3000m的区域。在有快速公交线路接运的情况下,合理接运区半径可以超过3000m。此外,研究还指出,轨道交通终点站的合理接运区半径一般要比平均值大30%~50%,在终点站上车的乘客中,利用接运交通到站乘客比例较高,达到55%。

4. 非集计模型

近年来,由于城市轨道交通四阶段法缺少明确的行为假说,特别是模型系统本质上并非有关个体行为,即它不是与个体出行行为相一致的,针对其不足,一些专家提出了非集计模型,也称为离散选择模型或交通特征模型。

非集计模型是以实际产生交通活动的个人为单位,对个人是否进行出行、去何处、利用何种交通工具以及选择哪条路线等活动分别进行预测,并按出行分布、交通方式和交通线路分别进行统计,得到交通需求总量的一类模型。这一模型在理论上利用了现代心理学的成果,引入了随机效用的概念,其核心是效用最大化理论。它着眼于研究出行者个体的出行行为。

非集计模型相比传统模型的优势是有明确的行为假说、模型的一致性好、模型标定所需调查样本少、模型有较好的时间和地区可转移性等特点。目前离散选择模型多应用于方式划分领域,无法完全取代四阶段法。

五 客流预测误差

我国正处于城市化的进程中，城市布局、土地利用和人口状况都处于不稳定的变化状态，城市发展过程中的不确定因素，政策、经济与社会心理因素，以及城市交通网络结构的未来变化都会对远期客流产生影响，这种难以把握的复杂关系使得客流预测的准确性很难保证。

分析表明，造成客流预测误差的主要原因有以下几个方面。

1. 城市规划背景的动态变化

客流预测必须以城市发展规划为依据，城市范围和结构形态、用地分布性质、人口分布数量、居民和流动人口出行量等，均为预测的背景资料。城市发展过程受多方面因素影响，是动态变化的，因此，必将造成预测结果与实际有一定差异。

如广州地铁1号线西南端芳村区的规划居住人口为15万，而1号线建成后实际居住人口已接近30万，沿线客流规律也发生了很大变化。这种人口激增的变化在制订城市总体规划及分区规划时难以预测和体现，而以此为背景资料客流预测也会产生误差。

2. 交通调查数据不足

由于交通调查工程庞大，需要耗费大量的人力物力，而且持续的时间一般都很长，若在进行客流预测的时候只能依据过去的有限资料，这样得出的客流预测的精确性不可能很高。

3. 客流预测参数的可变性

在客流预测中所使用的数学模型需要设定参数，不同的预测人员在标定预测模型时，会按照自己的研究思路确定参数取值，从而得到不同的预测结果。

我国城市轨道交通控制设计客流按照远期高峰小时客流量来计算，并考虑高峰小时内客流的不均匀性，计入1.2～1.4的超高峰系数，客流预测人员受“宁取上限”“留有充分余地”“建设规模宁大勿小”等思想的影响，预测客流时尽量往高取值。

青岛地铁公司在一期工程可研报告的客流预测中估计，初期/远期高峰小时单向断面流量为17800人次(2006年)/40500人次(2030年)，但委托一家国外公司对客流进行核算的结果为21300人次(2010年)/26100人次(2030年)。

4. 其他交通方式分流

随着其他公交系统环境的改善和服务质量的提高，乘客有了更多的选择，其他交通方式分流了城市轨道交通线路的部分客流，致使实际客流情况比预测的情况差一些。

5. 城市轨道交通网络规模效应

城市轨道交通单一线路由于可达性差，除了沿线覆盖范围以外，基本上不能吸引径向客流，实际客流与预测值相差较大；只有形成轨道交通的基本网络，配合合理的公交线路，才会使客运量接近预测值。

技能工作页 城市轨道交通客流分析

任务书

请小组合作，通过网络、书籍或实地调研的形式，收集所在城市轨道交通线网、线路、车站数据，分析线网、线路、车站客流的时间和空间分布特征，并与书中相关理论进行验证。具体任务如下：

(1)查找数据，用 Excel 绘制所在城市轨道交通线网客运量、线路客运量一周客流分布图；

(2)查找数据，分析、说明所在城市全年月均客流量分布的特征；

(3)选取熟悉的车站，通过网络收集数据或实地调研的方式，分析、说明车站客流时间分布、空间分布特征。

(4)制作“某城市轨道交通客流分析”PPT，课上交流并研讨。

任务分组

建议成立3~5人的学习小组，明确任务分工(附表3-1)，共同完成所在城市的城市轨道交通客流分析。

学生任务分配表 附表3-1

班级			组号	
组长			学号	
组员	姓名	学号	姓名	学号
任务分工	岗位	姓名	职责	

获取信息

引导问题1 客流是指在单位时间内，线路上乘客____________和____________的总和。客流可以是____________，可以是____________。

引导问题2 简述影响客流的因素。

引导问题3 请说明车站进站量、线路进站量和线网进站量三者之间的关系。

引导问题4 车站客运量、车站乘降量有何区别？

引导问题5 根据附表3-2：站间客流OD（Origin-Destination）表，A→E为下行方向，计算各个区间的断面客流量。

站间客流OD表 附表3-2

始发/到达	A	B	C	D	E	合计
A	—	3260	22000	1980	1950	29190
B	2100	—	21900	2330	6530	32860
C	5800	4900	—	3220	4600	18520
D	5420	4100	3200	—	4390	17110
E	1200	4320	7860	3420	—	16800
合计	14520	16580	54960	10950	17470	114480

(1)填写并完成下行区间上下车客流示意图(附图3-1)。

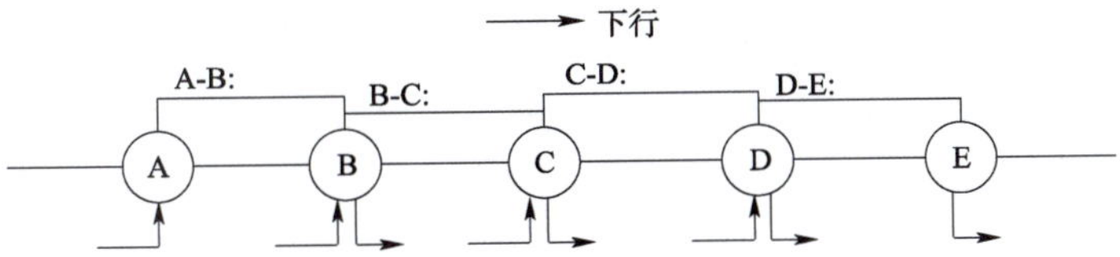

附图3-1　下行区间上下车客流示意图

(2)填写并完成上行区间上下车客流示意图(附图3-2)。

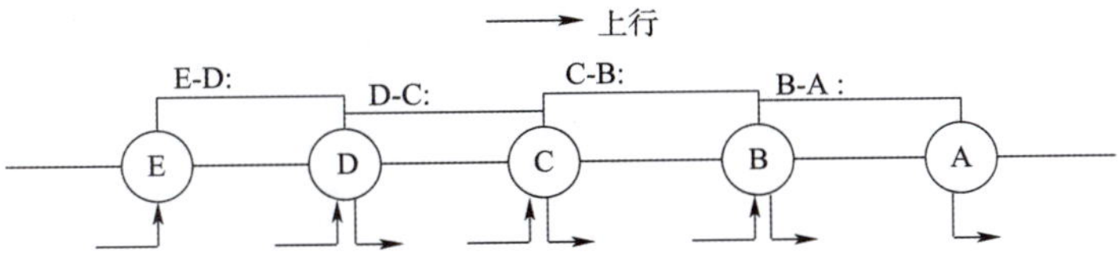

附图3-2　上行区间上下车客流示意图

(3)填写断面客流量表,见附表3-3。

断面客流量表　　附表3-3

下　行	区　间	上　行
	A-B	
	B-C	
	C-D	
	D-E	

引导问题6　客运周转量的含义和计算方法是什么?

引导问题7　线网换乘系数的含义和计算方法是什么?

引导问题8　客运强度的含义和计算方法是什么?

引导问题 9　绘制城市轨道交通客流指标思维导图。

引导问题 10　请根据以下文字和附图 3-3“2018 年各城市轨道交通客运完成情况”，回答问题。

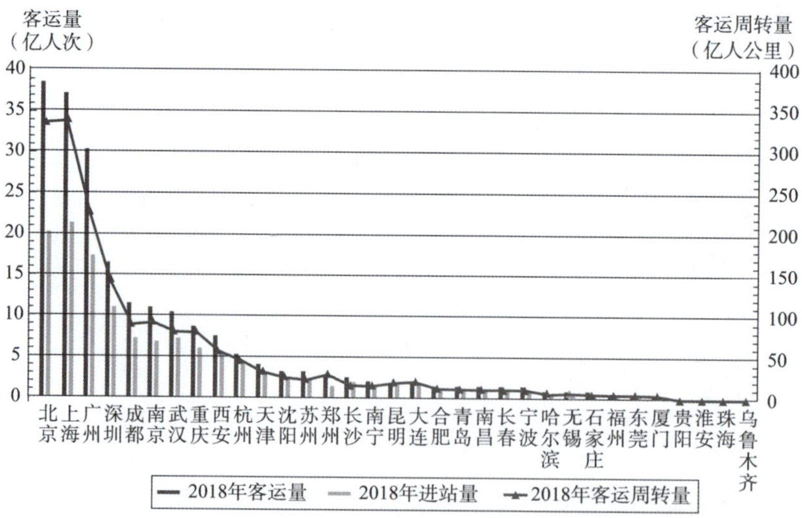

附图 3-3　2018 年各城市城轨交通客运完成情况

注：数据来源于《城市轨道交通 2018 年度统计和分析报告》。

“北京全年累计完成客运量 38.5 亿人次，上海累计完成客运量 37.1 亿人次，广州累计完成客运量 30.3 亿人次，深圳累计完成客运量 16.5 亿人次。北京、上海、广州、深圳 4 市客运量占全国总客运量的 58%。成都、南京和武汉 3 市累计完成客运量均突破 10 亿人次：成都累计完成客运量 11.6 亿人次，南京累计完成客运量 11.2 亿人次，武汉累计完成客运量 10.5 亿人次。随着大量新建线路投入网络化运营，后发城市骨干网络越发丰满。”

(1)线网客运量和线网进站量之间的关系?

(2)北京、上海和广州三个城市客运量、客运周转量有何特征,主要区别在哪里?

(3)根据上述文字分析,目前线网客运量位于第一梯队的城市有哪些?

(4)线网客运量位于第二梯队的城市有哪些?

引导问题11 2018年,全国城市轨道交通平均客运强度为0.8万人次/公里日,比上年略有下降。由于新建成线路集中投入运营,北京、上海、广州、武汉、长春、青岛等主要城市客运强度指标稳中有降。大连、深圳、成都、重庆、西安等城市随着客流量的增大,客运强度指标比上年均有所增长。请根据附图3-4:2018年各城市轨道交通客运强度和附表3-4:2018年主要城市客运强度指标,回答问题。

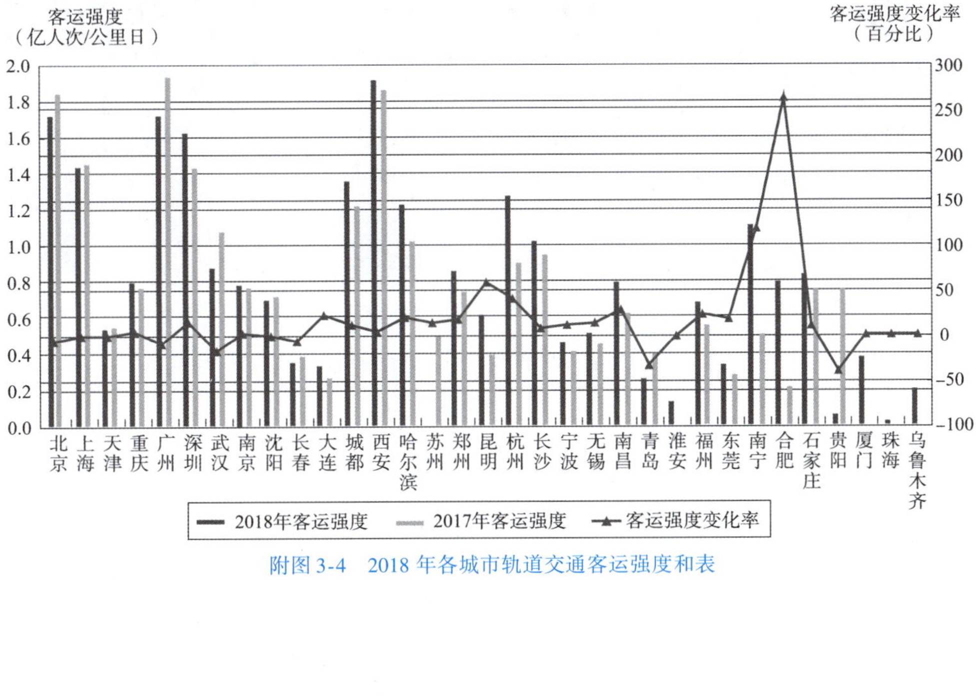

附图3-4 2018年各城市轨道交通客运强度和表

主要城市客运强度指标 附表 3-4

城市	北京	上海	广州	深圳	西安
客运强度	1.72	1.44	1.72	1.63	1.91

(1)线网日均客运量越高客运强度越高，这种说法是否正确？

(2)试分析2018年度西安地铁客运强度位列全国第一的原因。

提示：2018年度西安城市轨道交通线路长度123.4km，试推算其线网日均客运量，并与其他城市日均客运量和线路长度相比较。

(3)客运强度是反映乘客运输能力的指标，在一定程度上体现运营效率，香港地铁年均线网客运强度超过3.0，台北轨道交通线网年均客运强度大于2.0。从网络查找相关资料，试分析其客运强度高的原因。

引导问题 12 能力拓展，计算附表3-5中线网客流指标。

线网客流指标计算 附表 3-5

客流指标	线网进站量（万人次）	线网换乘量（万人次）	日均线网客运量（万人次）	线网长度（公里）	换乘系数	换乘比例	客运强度（万人次/公里·日）	平均运距（公里）	客运周转量（万人次·公里）
城市1	531.19	471.31	1002.50	573.40	1.89	0.47	1.75	16.36	8687.86
城市2	539.22	392.58		675.50				15.50	
城市3		277.86	680.50	268.60					4874.26
城市4			354.00			0.69	1.24	9.32	

引导问题 13 绝大部分城市轨道交通线路一日内小时客流通常呈现________________形态，只是程度不同而已。

引导问题 14 位于市区范围内地铁、轻轨线路的时间不均衡系数通常为________________左右，而通往远郊区市域轨道交通线路的值通常大于________________。

引导问题 15 在以通勤、通学客流为主的线路上，双休日的客流会________________，而在连接商业网点、旅游景点的轨道交通线路上，双休日的客流往往会________________。与工作日的早晚高峰出现时间比较，双休日早高峰出现时间________________，而晚高峰出现时间________________。

引导问题16　判断下列说法是否正确。

(1)在一日内小时客流不均衡程度较大的情况下,为实现运营组织的经济合理性,可考虑采用大编组、低密度列车开行方案。　(　　)

(2)根据全日客流在一周内分布的不均衡和有规律的变化,轨道交通运营企业在一周内实行不同的全日行车计划和列车运行图,以适应不同的客运需求,提高运营的经济性。　(　　)

(3)以通勤、通学为主的线路,车站工作日高峰小时进出站客流通常大于双休日高峰小时进、出站客流。　(　　)

(4)车站乘降客流一般不会动态变化。　(　　)

引导问题17　方向不均衡系数反映轨道交通线路上下行方向的最大断面客流不均衡程度。位于市区范围内地铁、轻轨线路的方向不均衡系数通常小于____________,而通往远郊区域轨道交通线路的方向不均衡系数有可能____________。

引导问题18　轨道交通车站客流在一天内随时间变化而不断起伏,可归纳为____________、____________、____________、____________和无峰型五种车站客流日分布曲线类型。

引导问题19　城市轨道交通车站按站点附近主要用地性质一般可分为____________、____________、____________、交通枢纽型和景区型等。

引导问题20　请根据车站进站客流时间分布特征(附图3-5),推断下列车站属于哪一类型的站点。

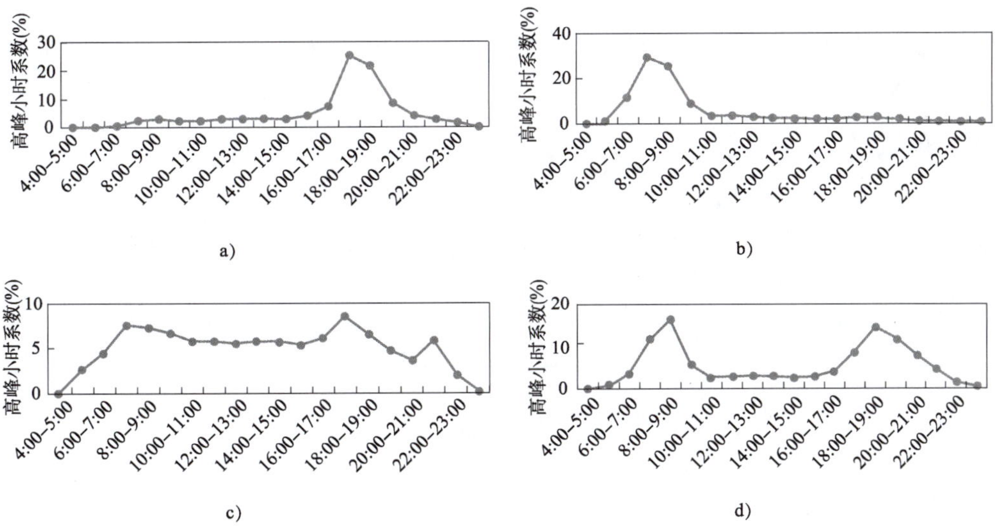

附图3-5　车站进站客流时间分布图

(1)与居住型车站客流特点相一致的是________,有何特点?

(2)与商业办公型车站客流特点相一致的是________,有何特点?

(3)与混合型车站客流特点相一致的是________,有何特点?

(4)与交通枢纽型车站客流特点相一致的是________,有何特点?

引导问题21 某线路工作日、周末全日客流量占比分布如附图3-6所示,分析该线路客流的时间分布特征。

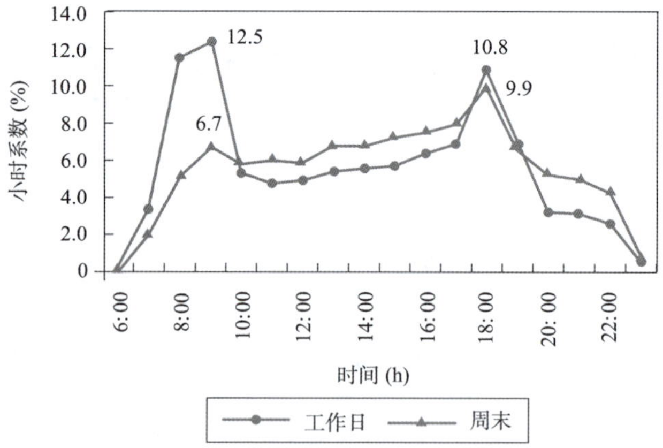

附图3-6 某线路客流时间分布图

(1)工作日该线路呈现明显的________________特征,有早晚两个对应的客流高峰。

(2)工作日早高峰小时客流占全日客流量的________________,晚高峰小时客流占全日客流量的________________,说明早高峰客流聚集程度要________________晚高峰。

(3)周末早高峰小时客流占全日客流量的________________,晚高峰小时客流占全日客流量的________________,周末客流时间分布(□有明显的早晚高峰 □相对均衡)。

(4)工作日该线路早高峰和晚高峰两个小时的出行量占全日客流量的比例为________,而其他时间则为客流平峰期,客流分布较为均匀。

(5)周末平峰时段(9:00—19:00)客运量________工作日客流量。

引导问题22　2016年广州城市轨道交通线网日均客运量701万人次/天,最高日客运量897万人次,最低日客运量260万人次,日客流波动幅度在-62.96%~+27.78%之间。月均最高743万人次,月均最低542万人次,月均客运量波动幅度在-22.79%~5.84%之间。2016年广州线网客运量波动分布图如附图3-7所示。

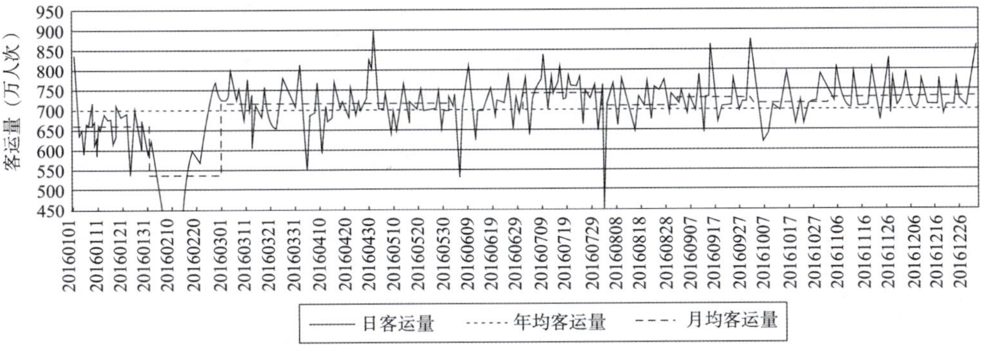

附图3-7　2016年广州线网客运量波动分布图

(1)全年最低月均客运量出现在________月,试分析其原因。

(2)全年最高月均客运量出现在________月份,试分析其原因。

(3)分析6月的数据,能发现什么规律?

(4)日均或月均客流均有较明显的波动分布特征,日客流波动幅度________月均客流波动幅度。

引导问题23　某线路上下行分时最大断面客流量如附图3-8所示,请回答下列问题。

(1)该线路上行最大断面客流量出现的时间是________,数值________。

(2)该线路下行最大断面客流量出现的时间是________,数值________。

(3)该线路最大断面客流量出现的方向和时间是________,此时该方向行车组织、客运组织压力大。

(4)计算上行断面客流量时间不均衡系数________,下行断面客流时间不均衡系数________。

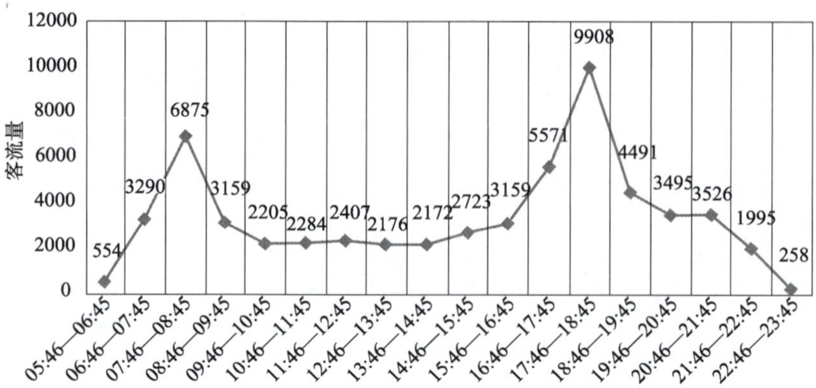

a) 上行

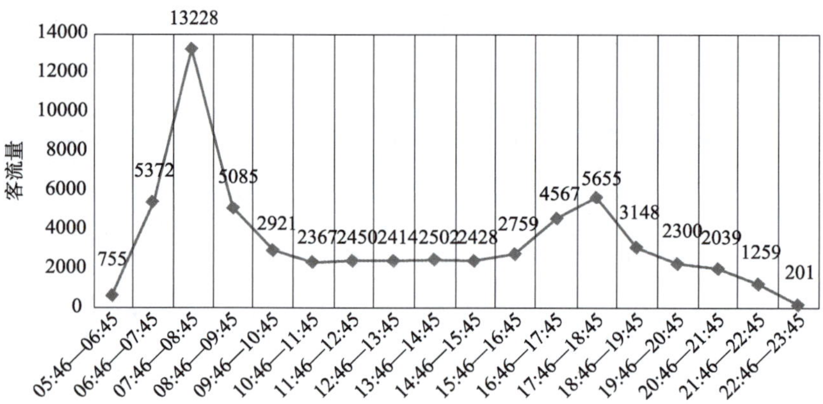

b) 下行

附图 3-8　某线路上、下行分时最大断面客流量

提示：时间不均衡系数是指运营线路单向高峰小时最大断面客流量与该方向所有时段分时最大断面客流量平均值之比。

$$时间不均衡系数=\frac{\max\{高峰小时最大断面客流量\}\times 线路运营时间}{\sum 高峰小时最大断面客流量}$$

引导问题 24　为了掌握客流现状与变化规律，必须经常进行各种形式的客流调查。客流调查种类主要有________、________、________和________。

引导问题 25　全面客流调查是________，分为________和________两种调查方式。轨道交通全面客流调查通常采用________。

引导问题 26　客流预测的内容包括________、________、________、________和________。

引导问题 27　客流预测年限分为________、________和________。

引导问题 28　四阶段客流预测方法分为哪四个阶段？

任务实施

引导问题29　请收集、整理所在城市发布地铁客流信息的网站，如地铁运营公司官网、官方微博等。（示例：北京地铁公司官方微博，查询“客流观察”栏目；京港地铁官方微博，查询“客流信息”栏目）

引导问题30　请根据地铁运营公司官网或其他渠道获得的数据，用Excel绘制所在城市线网各线路日客流量分布图，并结合各个线路途径的区域特点、线路承担的功能、线路客流量等方面的差异，分析各条线路的客流特征。

引导问题31 请根据地铁运营公司官网或其他渠道获得的数据,用Excel绘制所在城市线网客运量、线路客运量一周客流分布图,结合工作日、双休日、节假日客流变动等方面分析其客流特征。

引导问题32 请根据地铁运营公司官网或其他渠道获得的数据,分析所在城市年度客流量、月客流量变变化趋势,分析其客流特征,尝试计算、绘制客运强度变化趋势图。

提示:各城市年度客运总量、日均客运量、进站量、客运强度等指标可在中国轨道交通协会发布的《城市轨道交通××年度统计和分析报告》中查询,网址:https://www.camet.org.cn/.

引导问题33 查找所在城市符合居住型、商业办公型、混合型、交通枢纽型和景区型客流空间分布特征的典型车站,并简要描述该车站周边用地性质、客流主要来源、客流进出站高峰时间、客流时间分布形态等客流特点。

引导问题34 请根据引导问题29~33,团队配合制作"某城市轨道交通客流分析"汇报PPT,汇报展示小组成果。

评价反馈

班级：　　　　姓名：　　　　学号：　　　　指导教师：

考核项目 3	城市轨道交通客流分析			
序号	评价标准	分值	自评得分（40%）	教师评分（60%）
1	引导问题填写字迹美观清晰，题目填写齐全	10		
2	能够正确理解客流指标的含义，辨析各客流指标之间的关系，能够根据引导问题中的数据推导出正确的结论	15		
3	能够根据引导问题中的数据，推导计算出断面客流量、客运周转量、客运强度、线网换乘系数、换乘比例、平均运距等指标，数值结果正确	15		
4	能够采用网络、书籍、实地调研等多样化的数据来源，收集整理数据真实、可靠、丰富	10		
5	能够绘制清晰正确的日客流量曲线、周客流量曲线、年度客流量曲线，并标注图例、单位、数字标签、数据表标题等信息，内容呈现完整	15		
6	能够充分解释数据分析、曲线绘制的结果，并与教材中的观点进行比较和论证	10		
7	“××城市轨道交通客流分析”PPT 结构完整、条理清晰；图文并茂、数据详实、结论正确	15		
8	PPT 汇报吐字清晰、语速适当、声音洪亮；在规定时间内陈述完毕；适当地使用案例，陈述生动、活泼	10		
合计		100		

项目4

城市轨道交通客运组织

城市轨道交通车站客流组织 1+X

项目说明

城市轨道交通主要通过合理的客运组织来完成其大容量的客运任务。城市轨道交通客运组织是指通过合理布置客运有关设施设备，对客流采取有效的分流或引导措施来组织客流运送的过程。

本项目依据车站站务员、车站值班员、值班站长的客运组织工作任务，讲解车站日常客流组织、换乘客流组织、大客流组织三类典型客流组织工作实施的要点和程序。

项目目标

◎ 知识目标

1. 复述车站客流组织的基本原则和主要内容。
2. 说出车站出入口、安检、售票等各种场景日常客流组织的要点。
3. 说明各类换乘车站的优缺点、换乘客流组织要点。
4. 复述共同管理换乘车站的协同处置原则及分类。
5. 复述车站大客流的定义、分类。
6. 说明车站大客流的监测与预防措施。
7. 归纳、总结车站大客流的组织方法。

◎ 能力目标

1. 能够通过实地调研,分析具体车站日常客流组织措施的优缺点。
2. 能够利用实训室设备,模拟演练车站日常客流组织场景。
3. 能够通过网络查找资料,分析典型换乘车站的车站结构、换乘客流特点。
4. 能够通过实地调研,分析具体车站换乘客流组织措施的优缺点。
5. 能够小组配合、模拟演练"车站大客流组织程序""疏、控、限、封"分级客流组织措施。

◎ 素质目标

1. 培养爱岗敬业、尽职尽责的工作态度。
2. 培养良好的语言表达和沟通能力。
3. 提升团队交流、分工协作的能力。

◎ 建议学时

18 学时

任务1 车站日常客流组织

一 城市轨道交通客流组织的原则

城市轨道交通客运工作的核心是保证客流运送的安全,保持客流运送过程的畅通,减少乘客出行时间,避免拥挤,保证大客流发生时及时疏散客流。城市轨道交通客运组织工作必须实行集中领导、统一指挥的原则。控制指挥中心负责全线的客运组织工作,车站的客运组织由站长和值班站长负责。在进行客运组织时,应特别考虑下面几个方面的原则:

①合理安排车站售检票、出入口及楼梯的位置,行人流动路线简单明确,尽量减少客流交叉、对流。

②完善车站内外乘客导向系统的设置,使乘客快速分流,减少客流聚集和过分拥挤的现象。

③使乘客能够顺利地换乘其他交通工具。换乘过程中,人流与车流的行驶路线要严格分开,以保证行人的安全和车辆的行驶不受干扰。

④满足换乘客流方便、安全、舒适的基本要求。如要有适宜的换乘步行距离、恶劣天气下的保护、全天候的连廊系统、为残障人士专门设计的无障碍通道;又如要有适宜的照明、开阔的视野以及完善的突发事件应急系统等。

知识链接4-1

香港地铁人性化的换乘设计

与其他城市的轨道交通系统相比,我国香港地铁系统在许多方面保持着领先的地位,做到了给予香港市民“多点时间、多点生活”的体验。在香港地铁系统中,处处可见同台换乘、无缝交通枢纽以及独特的全天候、人性化行人连廊,使香港地铁系统历年被市民评为公众最满意的交通工具,真正成为广大老百姓生活的重要组成部分。香港地铁的设计,无论是站型选择、车站建筑设计,还是车站装修设计,自始至终都贯穿“以人为本、简洁实用”的原则。为了吸引客流,方便市民出行,缩短出行时间,提高运营效率,香港地铁在设计上大量采用了同台换乘、地铁与其他交通工具综合换乘、人行接驳系统等方案,如图4-1所示。没有完善的乘客可达设施,就不能达到吸引和方便乘客的目标。香港地铁现有80%以上的车站设置了人行接驳系统,并不断扩大全天候的连廊系统。这样的规划和设计既方便了乘客,又促进了站内外商业的发展,增加了客流,使轨道交通系统内部的设施成为香港市民生活设施的一部分。

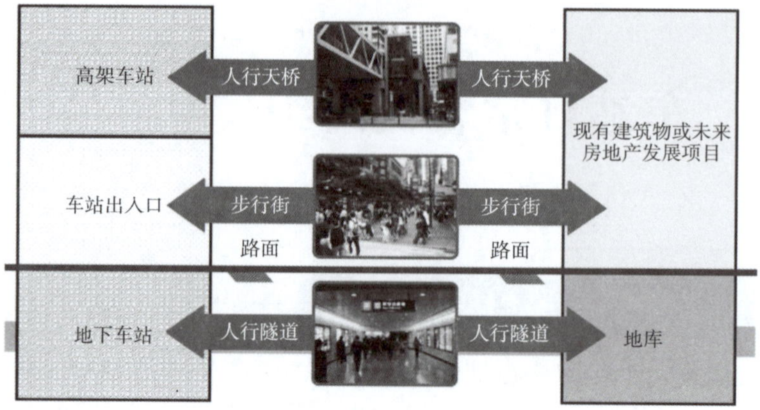

图 4-1　香港地铁人行接驳系统的设计

二　车站客流组织的原则和内容

1. 车站客流组织基本原则

①车站客流组织、客流疏导工作应以“流量服从安全”“客流有序、秩序可控、疏散有力”“节点控制、区域联动”为原则。

②车站值班站长具有限流启动、限流解除、临时处置、协调指挥的权力。值班站长是车站客流组织第一责任人，负责车站客流组织指挥工作，并有权对客流组织工作中出现的问题进行先行处置。车站工作人员应按照本站客流组织预案或根据值班站长指挥，在指定位置按照岗位要求做好客流疏导及宣传解释工作。

③客流组织工作遵循“边处置、边报告”的信息上报原则。

2. 车站客流组织内容

车站客流组织的主要内容包括：车站售检票位置的设置，车站引导标志的设置，车站自动扶梯、隔离栏杆、车站广播导向等设备设施的设置，各种设备数量及工作人员的配备，应急措施的制订与实施等。车站要通过合理布置以上客运有关设施设备，设计进站、出站和换乘客流流线，引导乘客快速、有效地分流，从而达到安全、高效、方便、快捷运送乘客的目标。

三　车站日常客流组织

车站日常客流组织主要包括：车站出入口客流组织、安检组织、售票组织、监票组织、乘降组织、常态化限流组织和雨雪天气组织等内容，换乘车站换乘客流组织的内容将在本项目任务 2 中讲述。

1. 车站出入口客流组织

①车站出入口的客流组织应结合实际的客流状况，当车站设施能够满足客流需求时，采用正常的组织方法，即各出入口全部开放，乘客可进出站双向使用，必要时可在出入口处或楼

梯上设置分流设施,保证进出站客流不相互干扰,不发生客流冲突。

②车站出入口如果只有一部自动扶梯,按照“出站优于进站”的原则,自动扶梯可调整为上行方向,为出站乘客提供便利。

③对于经过通道与站厅连接的出入口,当客流较大时,可在通道内进行排队组织,当客流过大时,需在出入口外进行限流组织。

④对于与商场、单位连接的出入口,应考虑客流组成和出行特征,当客流较大时,应按照与相关单位共同制订的措施进行客流组织。

二维码

车站出入口客流组织

⑤运营中要经常巡视出入口,避免在通道、出入口或楼梯上出现影响乘客正常通行的现象,如物品的堆放和人员长时间逗留等。

小贴士

对于地下车站,要通过对出入口的巡视来注意天气变化,遇到降雨或降雪天气,应及时启动“地铁运营车站防汛预案”或“地铁运营车站雪天预案”。

2. 安检组织

(1)安检组织原则

①安检区域应尽量设置在地铁进站口附近,站厅外端。

②安检设备应集中布置,以方便操作和应急处置。

③由于地铁内部的相通性,地铁站原则上不应设定安检等级,各安检口的安全等级应相同。

④安检点应布置于进站主客流流线上,且不应妨碍客流的正常通行和疏散。

⑤无行李进站的客流、有行李需安检的客流及出站客流应尽量避免交叉、干扰。

(2)安检工作流程

安检工作基本流程为:引导、检查、定性、处置,具体如图4-2所示。

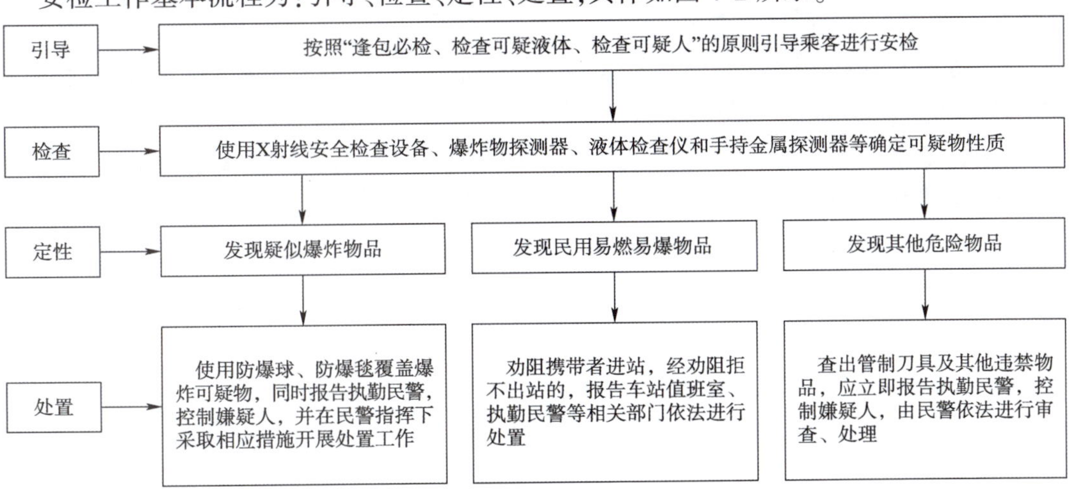

图4-2 车站安检工作流程

(3)一般情况下安检运行模式

车站可利用客流导流带、安检警戒线等工具将带行李、不带行李的乘客分流,带行李的乘客需将行李放入通道式 X 射线安全检查设备进行普检,若探测出可疑物品,使用配备的爆炸物探测器和液体检查仪对特定怀疑对象进行精确检查;若发现疑似爆炸物,利用防爆毯、防爆球进行现场处置,并上报公安机关;若检测出民用易燃易爆物品,则对乘客进行劝阻,劝乘客携带危险品出站,经劝阻拒不出站的需报告执勤民警依法进行处置。

安检人员可使用手持金属探测器对乘客进行抽检;使用台式液体检查仪对携带液体物品的乘客进行精确检查。

节假日以及重大活动时期,在客流量变化较大的时候,各车站应制定应急的安检方案,防止影响正常的客流疏散。

某地铁车站安检工作区域如图 4-3 所示。

图 4-3 某地铁车站安检工作区域

(4)特殊情况下安检运行模式

当车站发生火灾、爆炸等危害乘客人身安全的情况时,为及时疏散公共区内的乘客,车站应快速调整通道式 X 射线安全检查设备、液体检查仪支撑装置,利用其滚轮将其移至不影响乘客紧急疏散的位置,使乘客快速通过公共区撤离。对 X 射线安全检查设备这样的大型设备,其移动位置需在平时确定,并预留一个后备位置,防止第一位置处由于突发原因无法摆放。安检人员和车站工作人员应定期进行紧急疏散的演练。

3. 售票组织

①AFC 系统启用后,乘客购票时可选用半自动售票机、自动售票机、网络取票机购票,在半自动售票机、自动售票机前应组织乘客有序排队购票、充值;采用电子支付的乘客可使用扫码乘车、银联闪付、App 软件等形式支付票款,这类乘客进站时应提醒其提前打开相关 App 或乘车码。

②车站可利用导流带等设施进行排队组织,排队方向应以不影响其他乘客通行为宜。

当排队乘客较多时,可宣传疏导乘客到自动售票机处购票(图4-4)。必要时,可使用空闲的半自动售票机预制车票,提高售票速度,缩短排队长度。

图4-4　引导乘客使用自动售票机购票

③在自动售票机前组织乘客购票时,要尽可能充分利用自动售票机,使乘客分散购票,避免乘客大量集中于少量售票机处。当需要排队时,可利用站厅内客流较少的空间进行组织。

④单程票售票量较大的车站,可在低峰时段预处理车票,高峰时可直接售票,减少发售车票的时间。

⑤在进行乘客购票售票组织时,应特别注意团体出行的人群,车站要尽量组织同行人到不影响其他乘客通行的位置进行等待。

4. 监票组织

二维码

监票组织

①AFC系统启用后,乘客进出车站时均需检票。在进行监票组织时,应遵循“出站优于进站”的组织原则。

②乘客进站时,应组织乘客由进站闸机进站,提示乘客注意进站闸机上方显示的表示设备正常的绿色箭头。

③乘客刷卡进站时,应指导乘客右手持票、乘车码等,站在闸机通道外,顺序刷卡、刷码进站。

④对于无票乘客,引导其至自动售票机或半自动售票机购票,再检票进站。

⑤当大量乘客集中进站时,要组织乘客排队进入,避免在闸机前出现争抢现象,以及乘客因操作不正确或因车票问题无法通过而造成拥堵现象。

⑥在乘客排队进站时,队伍不能阻挡出站通道和路径,以确保出站乘客能够顺利出站。

⑦当大量乘客集中出站时,要组织乘客有序出站。双向闸机可根据客流状况进行调整,调整时须保证优先满足出站客流需求,同时尽量减少进出站客流的交叉,提高通过能力。必要时可采取措施加快出站速度(例如,打开售票处旁边小门、人工收票等),对进站客流与出站客流共用区域的车站,应减小进站客流对出站客流的负面影响。

⑧对于携带大件行李或行动不便的乘客,引导其由宽通道闸机通过。

⑨对于携带儿童的乘客,提示其儿童先于成人进入闸机通道。

知识链接4-2

车站监票作业和监票服务

车站监票作业主要包括:闸机设备监护、人工检票和现场票务处理等内容。

车站监票服务主要包括:指导乘客使用自动售票机、自动充值机、自动查询机、闸机等设备,帮助乘客顺利进出站,并解答乘客问询,满足乘客需求。

5. 乘降组织

二维码

乘降组织

站务人员主要从文明候车、有序乘降、分布均衡和意外处置四个方面来进行乘降组织。

①当乘客到达站台后,应向乘客宣传根据车门标志线的位置排队等候,如图4-5所示。

②对于没有站台门的车站,应宣传"请站在黄色安全线以内候车,不要探身瞭望,以免发生危险"。

③列车进站前,注意站台候车人员动态,特别是行为异常的乘客,还需重点关注老、弱、病、残、孕等特殊群体候车情况。向乘客宣传遵守乘降秩序,排队候车,先下后上,不要拥挤。人多时,向乘客宣传让开楼梯口、扶梯口等乘客通行区,分散候车。

④当列车进站时,应关注乘客安全。有站台门的车站,要防止乘客倚靠或手扶站台门,避免站台门开启时乘客被夹伤或摔倒。没有站台门的车站,要确保乘客均站在黄色安全线以内,特别要注意站台车尾位置,避免有乘客跳下或跌下站台,发生危险。

⑤列车门开启后,应组织乘客先下后上,请候车乘客站在车门两侧,待下车乘客下车后再上车,避免乘客拥堵,提高乘降效率。

⑥当关门提示铃响后,应阻止乘客抢上抢下(图4-6),请其等待下次列车,防止车门夹伤乘客和影响列车正点发车。

图4-5 乘客排队有序乘降

图4-6 防止乘客冲门

⑦当车门关闭后,要观察车门关闭状况,当发现车门或站台门未正常关闭时,若由于乘客或物品被车门夹住,应协助取出并劝导乘客等候下次列车或征求乘客同意后帮其完全进入车厢;若为设备原因,应按相关作业办理程序进行处置。

⑧对于站台两端客流不均衡的车站，应在客流较为集中的一端增加宣传疏导力量，引导乘客到站台中部或站台另一端分散候车，与列车满载状况和站台容纳能力相匹配，保证正常的停站时间。必要时，也可在站台客流较大一端设置导流设施，引导乘客到站台中部候车，防止在一端聚集。

⑨对于与楼梯边缘、站台边缘较近的区域，应尽量疏导乘客不要在此处滞留，保证足够的通行空间，防止此处拥挤，出现意外。当站台较为狭小时，为保障乘客通行，应设置格栅区域，乘客不得在此停留，仅供通行，如图4-7所示。

图4-7　仅供通行的格栅区域

⑩加强对站台四角的巡视，防止乘客进入区间。

⑪乘客物品掉入道床，要阻止乘客跳下站台捡拾物品，告知乘客会在运营结束后使用工具为乘客提供拾、捡服务。

小贴士

站务员在站台巡视组织时，应时刻关注乘客的动向，尤其是有异常行为的乘客。

站台值岗的站务员还要关注楼梯附近的客流状况，尤其是楼梯宽度较小或楼梯边缘与站台边缘较近的车站，更要密切关注。当有较多乘客需要上下楼梯时，应请乘客顺序通行，并注意脚下台阶，同时应请乘客按照导向标指示使用楼梯。

6. 末班车组织

①末班车前，车站按照规范播放末班车广播。

知识链接4-3

车站末班车广播

“乘客请注意：开往××车站及沿途各站的末班车将于××时××分由本站开出，请尽快购票进站。”

“乘客请注意：本次列车是开往××车站方向的末班车，请尽快上车。”

“乘客请注意：开往××车站及沿途各站的末班车已经开出。”

“乘客您好，今天的列车服务已经终止，车站即将关闭，请尽快出站，谢谢！”

②遇乘客临近末班车进行购票时，要主动询问乘客去往哪个方向乘车，避免购票后无法乘车的情况发生。

③换乘车站要做好相关两线各方向末班车的广播及乘客提示，并安排专人在换乘衔接处值守，做好换乘（某一方向有车或无车）宣传解释。

7. 常态化限流组织

一定时期内，指定车站在规定时间持续、规律地采取限制乘客进站或者换乘的措施，称为常态化限流组织，主要表现为早晚高峰限流。由于早晚通勤通学客流出行时间相对集中，会导致车站客流量增大，超过车站的运输能力，引发列车停站时间超时；或因列车满载率较高，会造成站台滞留乘客较多，影响线路均衡运输。为确保运营安全，某些车站会采取相对固定的常态化限流措施。

①常态化限流车站的站外广场、出入口通道、楼梯、自动扶梯、换乘通道等关键位置应设置必要的导流围栏（图 4-8）、限流栏杆、导向标志以及通信、广播、视频等监控系统。有条件的车站要设置防雨雪棚（图 4-9）。

图 4-8　北京地铁回龙观东大街站站外常态化导流围栏

图 4-9　北京地铁八角游乐园站防雨雪棚

②常态化限流设施须满足乘客紧急疏散要求。

③常态化限流车站须提前公示限流时间（图 4-10），按时启动限流措施，并做好对乘客的宣传解释工作。

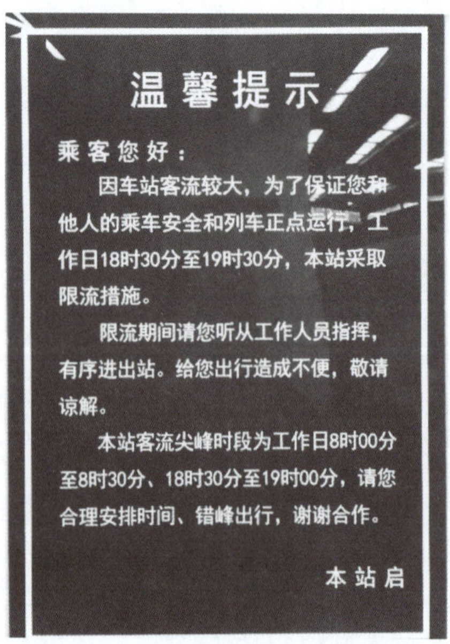

图 4-10　北京地铁常态化限流提示公告

④常态化限流时，需关注老、弱、病、残、孕等有特殊需要的乘客，开辟绿色通道，主动引导特殊乘客乘车。

⑤受到新线开通、客流自然增长等因素影响，地铁运营企业应根据客流变化情况，适时对常态化限流车站和限流时间进行评估确定。

小贴士

(1)站务人员应根据客流状况，进行限流组织。

(2)限流应保证乘客安全，并向乘客说明原因，请乘客予以配合。

(3)进行限流组织时，可根据情况请求公安人员予以支持。

(4)当对事态判断不明确时，应按照更为严重的情况进行处理。

(5)应充分利用车站广播疏导客流。

8.雨雪天客流组织

二维码

雨天客流组织

①站务人员要经常巡视出入口状况，观察天气状况。

②应在出入口铺设防滑设施并及时清理站内湿滑地面，避免乘客摔伤。

③要加强巡查排水沟及清理淤塞。

④要加强出入口处的宣传疏导，提高乘客出站速度，并提示乘客防止滑倒(图4-11)。

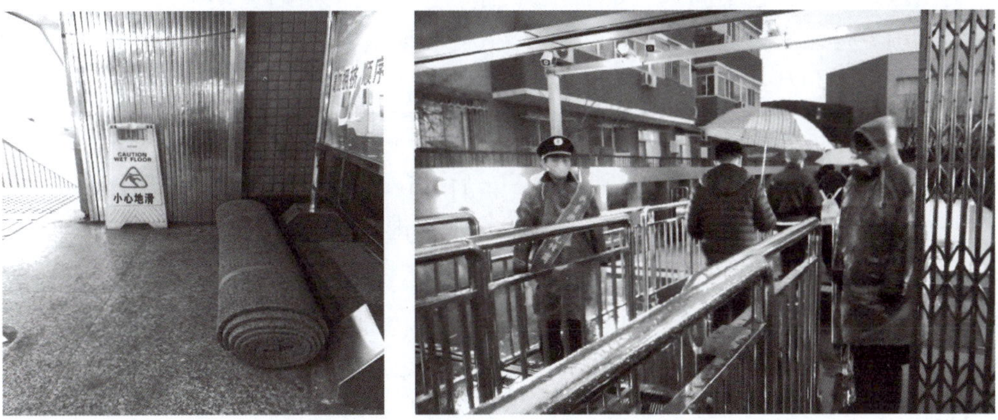

图4-11 雨雪天气铺设防滑设施，加强出入口宣传疏导

⑤地面线及高架线车站要密切关注车站建筑设施漏雨情况，采取有效措施进行控制，向乘客做好宣传解释工作，保证乘客乘降安全。

学习与思考

天气突变，很多乘客因避雨需要，在出入口处大量聚集，导致其他乘客出站困难，站务人员应如何处理这种情况？

任务2 车站换乘客流组织

随着城市轨道交通的快速发展，城市轨道交通网络也迅速扩张，线路之间换乘车站的数量和规模都在不断地增加，使得部分换乘车站形成3线甚至4线交汇的大型换乘车站。由于换乘车站的结构复杂、客流量大、客流流向较多，换乘车站客流组织的优劣已成为影响城市轨道交通服务水平的关键。

一 城市轨道交通换乘方式

（一）按照换乘地点不同划分换乘方式

按照换乘地点不同，客流换乘形式主要分为两种，即付费区换乘和非付费区换乘。

1. 付费区换乘

在这种换乘方式中，乘客到达换乘车站下车后，不需通过出站闸机，直接在付费区内根据换乘导向标志指引经楼梯、自动扶梯（或垂直电梯）、换乘通道或平台到达另一站台层换乘候车。付费区换乘一般包括同站台平面换乘、站台立体换乘及通道换乘。这种换乘组织要求有良好的引导标志和通道设计，在容易走错方向的地点安排工作人员值守引导，保证乘客尤其是初乘者安全顺利地完成换乘。

2. 非付费区换乘

在这种换乘方式中，乘客到达换乘车站下车后，需根据换乘导向标志指引，经楼梯、自动扶梯（或垂直电梯）到达站厅层付费区，通过出站闸机进入非付费区或出站，到另一线路重新进入付费区或进站进行换乘。这种换乘组织需要最大限度缩短乘客的走行距离，设置良好的衔接引导标志，并且要避免换乘客流与其他进出站客流的交叉干扰。这种换乘方式需出闸再次购票进闸，耗时较长，通常是线网规划不合理留下的后遗症，部分是因为换乘的两条线路分属于不同的轨道交通运营企业，或者属于同一运营企业但票制不同。在很多城市中，普通地铁线路换乘机场轨道交通线路，执行不同票制，此时就需要刷卡出站，再次刷卡进站。当车站遇到大客流冲击时，也会利用隔离栏杆、铁马等导流设施，引导乘客到站外非付费区绕行，缓解站台客流压力。

（二）按照线路走向和交织方式不同划分换乘方式

城市轨道交通车站的换乘方式首先取决于轨道交通两条线路的走向和相互交织形式。一般常见的线路交织形式有垂直交叉、斜交、平行交织等多种。轨道交通不同线路间的换乘方式主要有站台换乘、站厅换乘、通道换乘、站外换乘和组合式换乘五种类型，如图4-12所示。

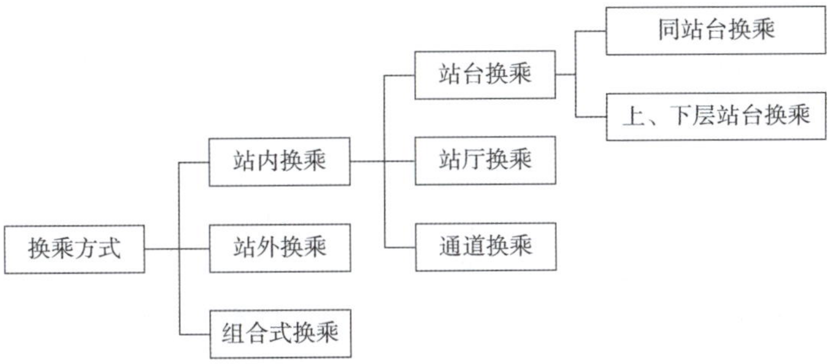

图 4-12　城市轨道交通不同线路间的换乘方式

1. 站台换乘

站台换乘有两种方式:同站台换乘和上、下层站台换乘。

(1)同站台换乘

同站台换乘一般适用于两条平行交织的线路,且采用岛式站台的设计,两条不同线路的车辆分别停靠同一站台的两侧,乘客换乘时,由岛式站台的一侧下车,穿越站台至另一侧上车,即完成了转线换乘,换乘极为方便。同站台换乘要求站台能够满足换乘高峰客流量的需要,乘客无须换乘行走,换乘时间最短,但换乘方向受限。同站台换乘可分为一站同站台换乘和连续两站同站台换乘两类。

二维码

同站台换乘

①一站同站台换乘。

一站同站台换乘可通过双岛四线、单岛四线等多种换乘车站设计方式来实现,这两种形式是目前同站台换乘车站的主要形式。北京城市轨道交通网络中的第一个同站台换乘车站——国家图书馆站,是北京地铁 4 号线与 9 号线的换乘车站。4 号线与 9 号线站台位于同一层面,为地下双岛四线式车站,如图 4-13 所示。对于双岛四线式车站,两个岛式站台各实现两个方向的换乘,共用的站厅则实现另外四个方向的换乘。这种站台形式的优点是便于同站台设计方向换乘,但是反向换乘不便,换乘反方向列车的乘客必须经过站厅层再到对面的站台层乘车,走行距离较长。

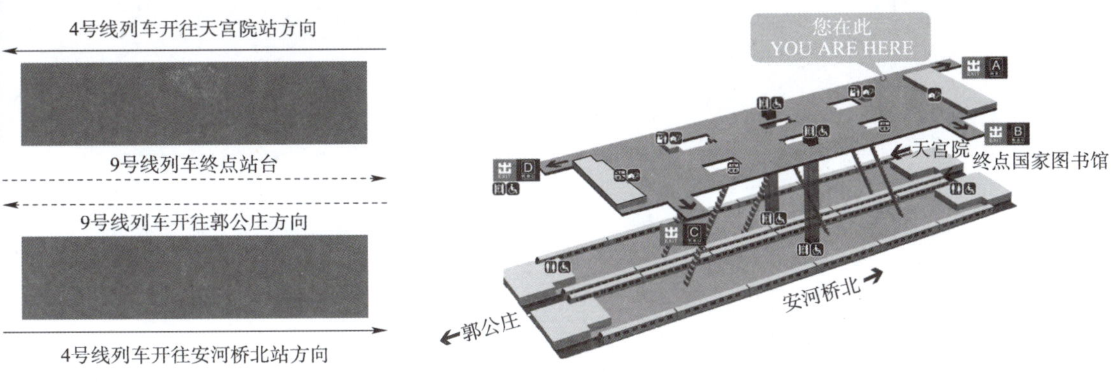

图 4-13　北京地铁国家图书馆站同台换乘

单岛四线式车站是由双岛四线车站变化而来的。这种车站将两个岛式站台分成上下两层重叠设置，由此形成了单岛三层同方向换乘车站。地下一层为站厅层，地下第二层、第三层为站台层。如图4-14所示，香港地铁调景岭站就采用了这种同台换乘形式。调景岭站是观塘线和将军澳线的换乘车站，地下二层站台实现观塘线黄埔方向（方向2）与将军澳线北角方向（方向4）同台换乘，地下三层站台实现观塘线终点（方向1）与将军澳线宝琳/康城方向（方向3）换乘。单岛式站台每一层只能实现两个方向的换乘，其余换乘方向的乘客可通过自动扶梯、楼梯到上层站台或下层站台进行反向换乘，相比双岛四线式车站的反向换乘需走行站厅，可节约很多换乘时间。这种换乘车站的缺点是车站埋深较大。

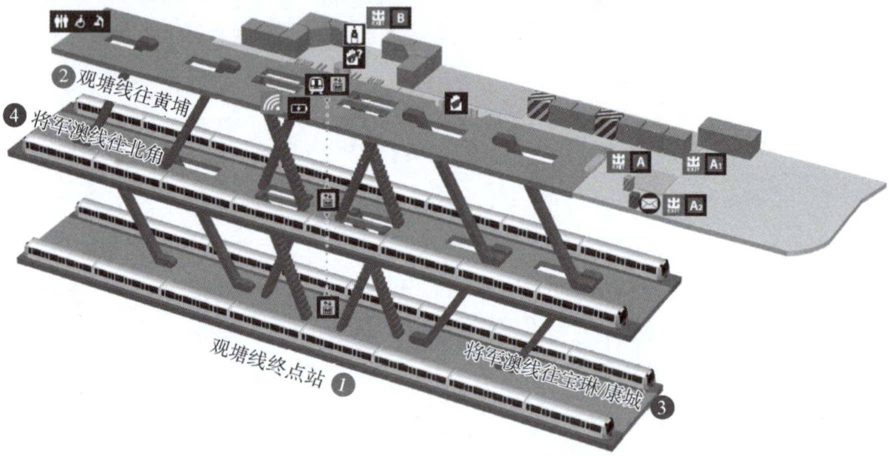

图4-14　香港地铁调景岭站单岛四线同站台换乘方式

一站同站台换乘只能实现4个方向、大约一半的客流同台换乘，另一半客流换乘需要通过站台或站厅才能实现，对于换乘客流量较大的车站，这种换乘形式客流组织复杂，比较混乱。

②连续两站同站台换乘。

连续两站同站台换乘可以满足8个方向的换乘客流同台换乘，换乘极为方便，我们称这种换乘方式为两站同站台换乘。图4-15为相邻两站上下层均为单岛式同站台换乘的示意图，即两条线路平行运行一个区间（含两个车站），两个车站的站台均采用上下层结构，从而将换乘客流疏解到相邻两个车站。该换乘方案换乘能力大，适用于换乘客流量很大，并且各个换乘方向客流量比较接近的情形。

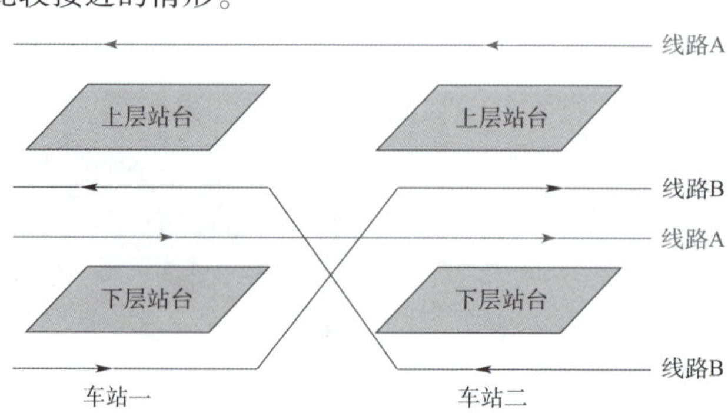

图4-15　连续两站上下层单岛式同站台换乘示意图

案例分析4-1

香港地铁太子站、旺角站连续两站同站台换乘分析

我国香港地铁系统的便捷、高效在世界范围首屈一指，尤其是其同站台换乘方式的设计堪称地铁换乘设计的典范。香港地铁换乘车站大多设置为连续两站换乘，观塘线和荃湾线更是设计了太子、旺角、油麻地三站连续换乘车站，如图4-16所示。其中太子站、旺角站为连续两站同站台换乘，两站均为单岛四线换乘设计。荃湾线往荃湾方向线路沿两站的上层站台布置，荃湾线往中环方向线路沿两站的下层站台布置；旺角站观塘线往调景岭方向线路沿上层站台布置，出站后则逐渐改变空间关系，逐渐过渡到太子站下层站台布置；同理，旺角站观塘线往黄浦方向线路沿下层站台布置，出站后也逐渐改变空间关系，逐渐过渡到太子站上层站台，如图4-17所示。太子站、旺角站利用上下层站台可分别实现4个方向的同台换乘，连续两站则实现了两条线路8个方向的同台换乘，给乘客提供了极大的便利。同时，香港地铁站台、列车运行方向采用数字标号，导向标志简单明了，乘客可迅速识别，快速找到对应的站台候车，如图4-18所示。

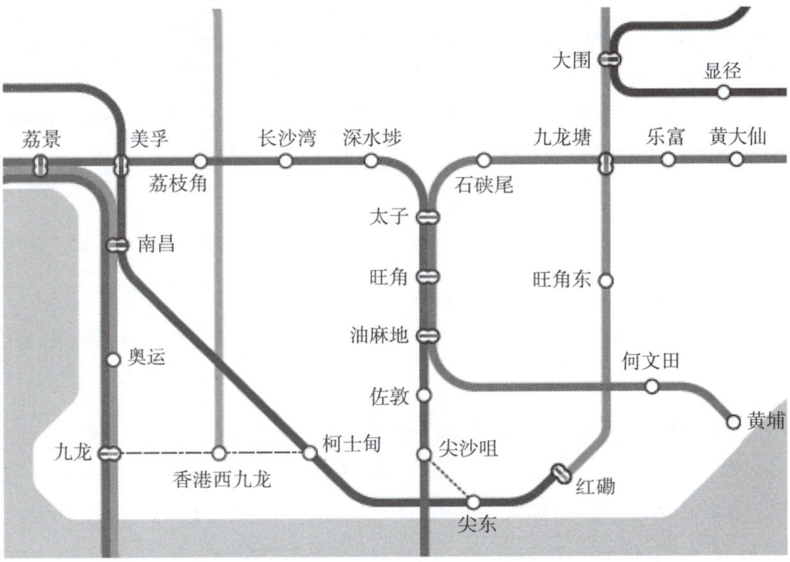

图4-16　香港地铁线路图(节选)

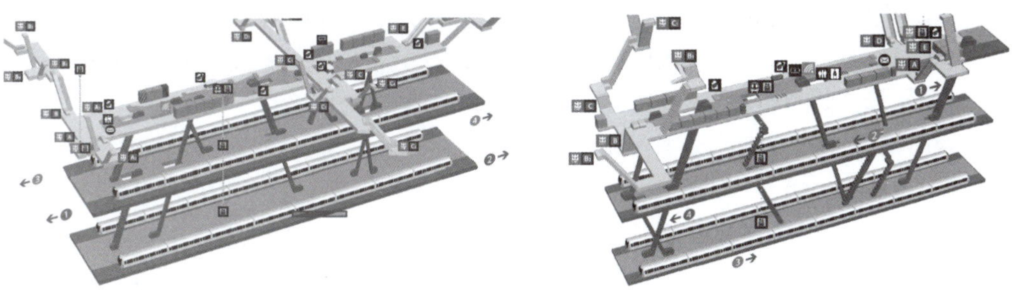

a)旺角站车站结构图　　b)太子站车站结构图

图　4-17

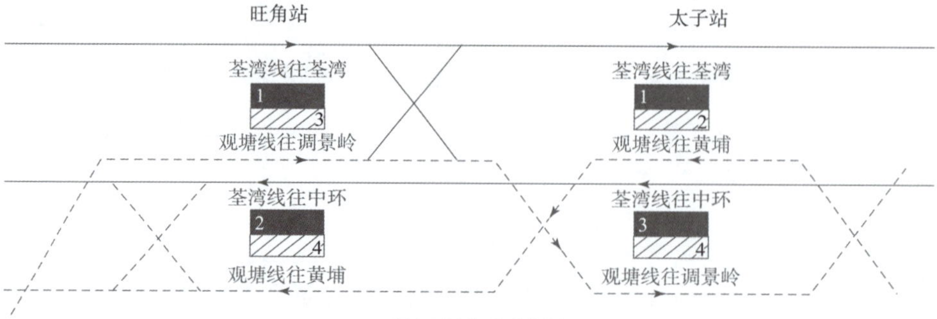

c)连续两站换乘示意图

图4-17　太子站、旺角站连续两站换乘示意图

图4-18　香港地铁站台、列车运行方向导向标志

在所有站台换乘方式中,同站台换乘的换乘能力最大,一般适用于某一方向换乘客流占主导的情形。同站台换乘可显著提高乘客换乘的舒适度与便捷度,客运组织要点如下:

①如两线换乘客流之间存在对冲(当两侧列车同时到达车站时),车站工作人员应加强人员及广播引导,避免安全隐患。此时制约站台换乘能力的两大主要因素是站台宽度和列车间隔,站台宽度关系到站台的容量,列车间隔影响着站台出清的快慢。

②因换乘客流集中在站台区域,同台换乘是所有换乘方式中最难以进行大客流控制的方式。当换乘客流量大而造成站台拥堵时,需要采取分流引导措施,将换乘客流引导到站厅等区域后,再视站台客流情况进行分批放行,以确保站台安全。

(2)上、下层站台换乘

上、下层站台是指乘客由一个站台通过楼梯或自动扶梯到另一站台直接换乘。根据地铁线路交叉的情况及两车站的位置,可形成站台与站台的十字换乘、T形换乘、L形换乘和平行换乘的模式,如图4-19、图4-20所示。

上、下层站台换乘方式的关键在于楼梯或自动扶梯的宽度,该宽度往往受岛式站台总宽度的限制,使其通过能力不能满足乘客流量的需要。这种换乘方式要求换乘楼梯或自动扶梯应有足够的宽度,以免在高峰客流时出现乘客堆积和拥挤的现象。在所有站台换乘方式中,这种换乘方式的换乘能力最小,其制约因素是自动扶梯(楼梯)的运量。在上、下层站台配置的组合中,线路的交叉点越少,则换乘能力越小。实践中,通过增加站台宽度以扩大交叉处面积,是提高上、下层站台换乘能力的基本途径。

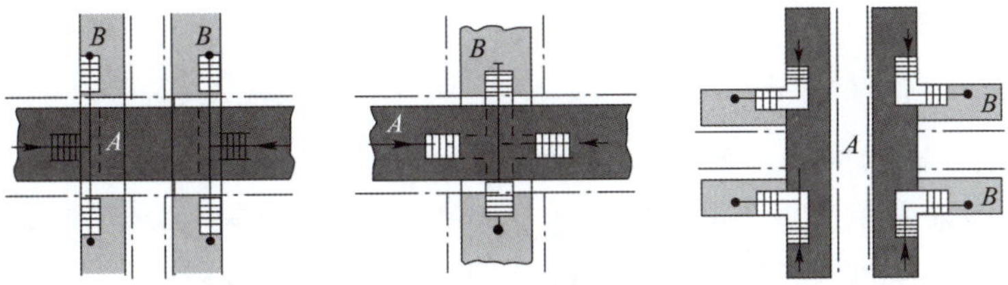

a) 十字岛侧换乘　　b) 十字岛岛换乘　　c) 十字侧侧换乘

图 4-19　城市轨道交通车站十字换乘模式

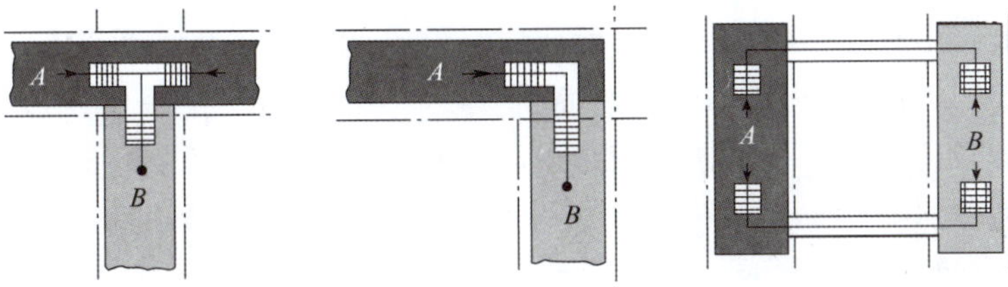

a) T形岛岛换乘　　b) L形岛岛换乘　　c) 双通道平行换乘

图 4-20　城市轨道交通 T 形、L 形、平行换乘模式

上、下层站台换乘客流组织要点如下：

①为提升换乘能力，可通过楼梯、扶梯等设备辅助换乘，需要安排人员在设备附近进行引导或广播，充分发挥设备的通过能力并保证安全。

②当上下层站台存在共用换乘路径时，为避免多股客流交叉，必须设置栏杆或铁马将不同线路、不同方向的换乘客流分隔，避免客流交叉。换乘客流量较大时，可在上下层站台楼梯入口处进行拦截，采取分批放行的方式进行客流控制。

2. 站厅换乘

站厅换乘一般用于相交车站的换乘，设置两线或多线的共用站厅，或相互连通形成统一的换乘大厅。乘客下车后，无论是出站还是换乘，都必须经过站厅，再根据导向标志出站或进入另一个站台继续乘车。由于下车客流到站厅分流，减少了站台上的人流交织，乘客行进速度加快，在站台上的滞留时间减少，可以缓解站台拥堵，增加站厅的使用面积，安全隐患较小，但换乘距离比站台直接换乘要长。若换乘过程中需要进出收费区，检票口的能力可能成为限制因素。

二维码

站厅换乘

站厅换乘方式中，乘客换乘线路必须先上（或下），再下（或上），换乘总高度落差大。若站台与站厅之间由自动扶梯连接，可改善换乘条件。这种换乘方式有利于各条线路分期修建，后期形成换乘。

站厅换乘客流组织要点如下：

①站厅换乘方式对站台与站厅的连接设备的通过能力要求较高，为避免站台拥挤，必须在自动扶梯、楼梯安排专人引导，引导乘客使用通过能力较好的设备设施。

②在站厅层，要做好进出站客流与换乘客流的分流，设置人员、告示进行引导。当换乘客流较大时，需结合站厅客流流线，在站厅往站台的楼梯、自动扶梯处拦截客流，实施客流控制。

3. 通道换乘

二维码

通道换乘

通道换乘是指在两个或几个单独设置车站之间设置联络通道等换乘设施,方便乘客完成换乘。通道可直接连接两个站台,这种方式换乘距离较近,换乘时间较短;通道还可连接两个站厅收费区,换乘距离相对较远,换乘时间较长。《城市轨道交通工程项目建设标准》(建标 104—2008)规定:换乘距离不宜大于250m,换乘时间不宜大于5min。一般情况下,换乘通道长度不宜超过100m,换乘通道的宽度可根据客流状况加宽。这种换乘方式最有利于两条线路工程分期实施,预留工程最少,后期线路位置调节有较大的灵活性。香港地铁鲗鱼涌站由于受先天技术的限制,换乘通道的拥挤程度一度非常严重,后续实施了"舒缓鲗鱼涌转车站挤塞工程"加以缓解,利用楼梯、自动扶梯和多条换乘通道连通了上下两层站台和两个独立的站厅,如图 4-21 所示。图 4-22 为北京地铁知春路换乘车站换乘通道示意图,该换乘通道连接了两个车站的站厅层。

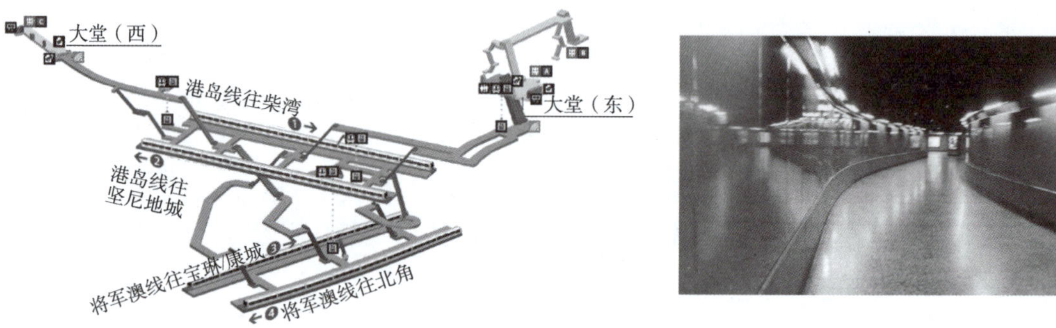

图 4-21 香港地铁鲗鱼涌站车站结构图及换乘通道

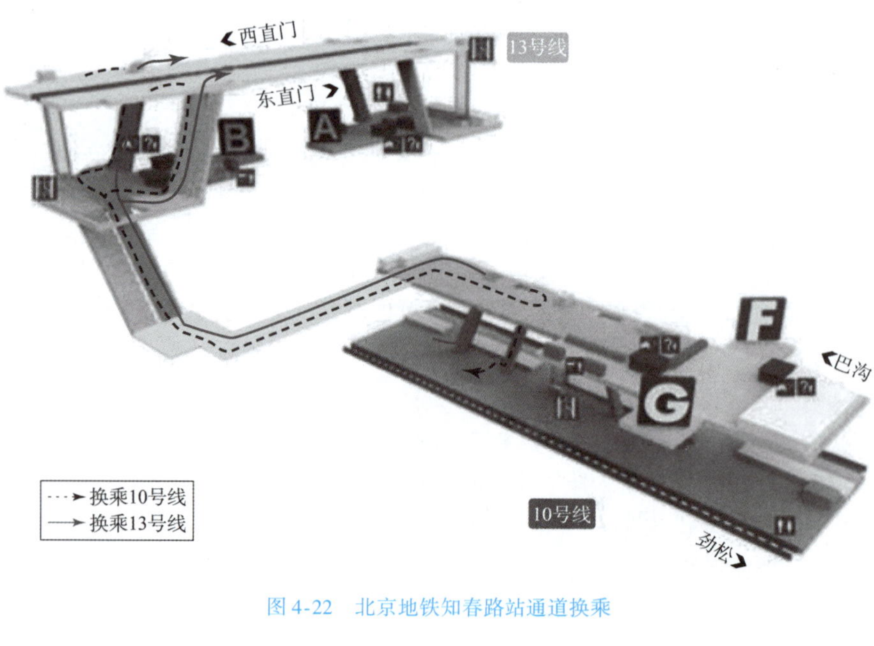

图 4-22 北京地铁知春路站通道换乘

通道换乘客流组织要点如下：

①当通道为双向行走通道时，应用栏杆将不同方向的换乘客流分隔开，使客流单向流动，避免客流交叉。

②当换乘客流量较大需要进行客流控制时，可结合站厅情况，在通道入口处设置回行栏杆，延长换乘路径，或在通道处拦截换乘客流，进行分批放行。

4. 站外换乘

站外换乘是指乘客在车站付费区以外进行换乘。此种换乘方式往往是客观条件不允许站内换乘或设计不当造成的。乘客换乘路线可分割为出站行走、站外行走和进站行走。在所有换乘方式中，站外换乘所需的换乘时间和换乘距离最长，给乘客的换乘带来很大不便，应尽量避免。对城市轨道交通自身而言，站外换乘是缺乏线网规划造成的一种后遗症。

5. 组合式换乘

在实际应用中，往往采用两种或几种换乘方式组合，以使所有换乘方向的乘客均能实现换乘。同时，组合式换乘可改善换乘条件，方便乘客的使用。例如：同站台换乘方式辅以站厅或通道换乘方式，可使所有的换乘方向都能换乘；站厅换乘方式辅以通道换乘方式，可以减少预留的工程量。组合式换乘可进一步提升换乘通过能力，同时还具有比较大的灵活性，工程实施比较方便。图 4-23 为北京地铁西直门站换乘示意图，13 号线为地面高架线路，2 号线和 4 号线呈十字形交叉，地下一层为 2 号线站台，地下二层为 4 号线站台。2 号线换乘 4 号线直接下楼梯即可完成，4 号线换乘 2 号线、13 号线则需要通过通道换乘完成。2 号线和 13 号线之间的换乘同样需要通过通道换乘来实现。这个三线换乘的车站就采用了通道换乘和上、下层站台换乘两种换乘方式的组合。

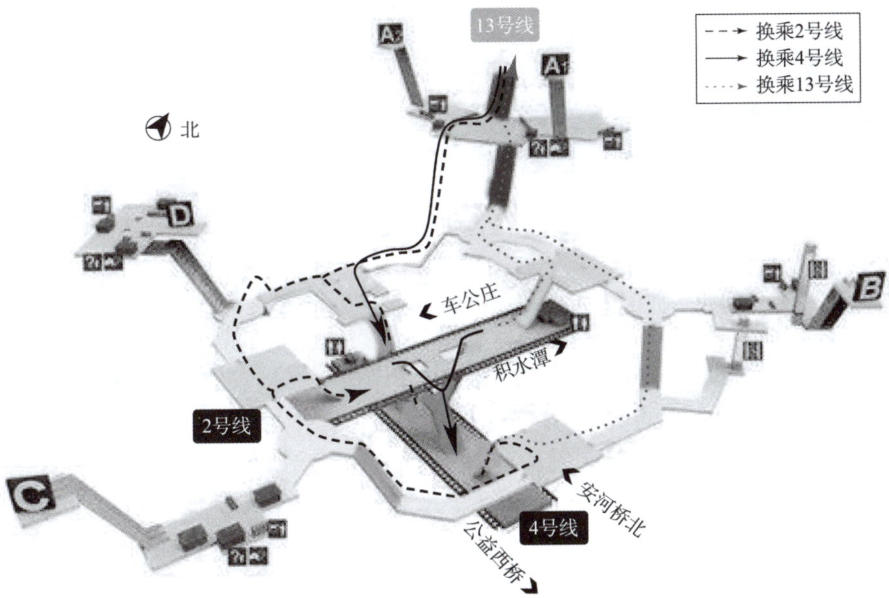

图 4-23 北京地铁西直门站换乘示意图

二 换乘车站客流组织特点

换乘车站是城市轨道交通线网的重要节点，连通着两条以上的轨道交通线路，客流以该节点作为始发站、中转站或到达站。由于换乘车站规模较大，客流组成复杂，客流流向纵横交错（图4-24），其客流组织具有如下特点：

①客流流线复杂，容易产生进站客流、出站客流和换乘客流交叉、对流，甚至各流线间严重干扰，导致客流组织效率不高，服务水平难以提升。

②对客流导向及服务设施的要求高，若自动售票机、闸机、限流栏杆等设备设施布局不合理，突发大客流情况下易引发拥堵。

③大型换乘车站的通道有时会与地下商场连通并兼做社会通道，非乘客客流（如过街、参观或购物）的组织和引导易被忽视。

④在紧急情况下，客流疏散困难。

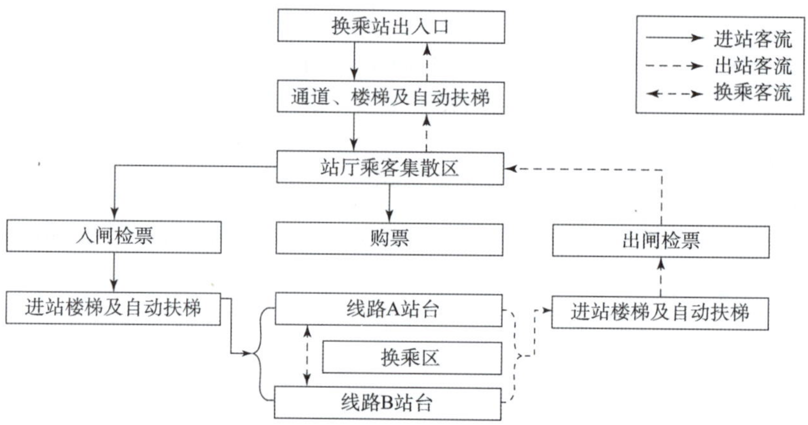

图4-24 换乘车站客流流线图

三 换乘车站客流组织原则

①随时掌握客流变化规律，经常统计分析客流量，监视客流的骤变，同时密切注视乘客的安全状况。

②合理设计乘客流动路线，在站台、楼梯、大厅处尽量减少客流交叉和对流，并设计标线，要求乘客在楼梯和扶梯上有序上下。

③在客流容易混行的区域，如大厅或楼梯等处，需设置必要的安全线或栅栏隔离，以免流向不同的乘客互相干扰。

④引导乘客在换乘通道内单向流动，以免双方向大客流相互冲击。

⑤完善统一导向标志系统，准确快速地分散客流，避免乘客交叉聚集和拥挤。

⑥应尽量为乘客提供方便，缩短进出站、换乘的时间及距离。

⑦应有站内空气、温度调节设备，并设置无障碍通道。

⑧应建立完善的突发事件应急客流组织和统一的调度指挥系统。

四 共同管理换乘车站客流组织

1. 共同管理换乘车站

根据是否由同一家地铁运营企业管理，换乘车站可划分为单独管理换乘车站和共同管理换乘车站。

单独管理换乘车站是指由一个地铁运营企业负责管理的车站。当线路运力不足或发生突发情况时，该线路车站值班站长可以立即启动限流措施，限制本换乘车站进站客流，必要时暂停换乘客流进入运力不足的线路。这种客流组织工作具有统一指挥、整体协调、快速联动的特点。

共同管理换乘车站是指换乘车站由两家以上地铁运营企业共同负责管理的车站。当一方线路运力不足或发生突发情况时，另一方需按照相关规定及时启动相应的客运组织措施，延缓换乘客流进入对方线路。这种客流组织工作需建立协同机制，明确信息通报程序、协同限流措施等，与单独管理换乘车站客流组织相比，具有分散指挥、联动滞后的特点。

2. 共同管理换乘车站协同处置的原则

共同管理换乘车站是网络化运营过程中运营企业间所辖线路的主要接口，是大客流、突发事件应急协同联动的关键地段。对于共同管理换乘车站，管理双方需在统一的领导下协调配合，建立健全相应的应急响应方案，遵循下列协同处置原则：

①共同管理换乘车站双方应在明确责任的基础上，加强协作及突发事件联动处理，从而为乘客提供无缝、高效、安全的服务。

②根据换乘车站管理界面的划分，实施“谁主管、谁负责”的工作原则。

③当一条线路需要进行限流时，共管换乘双方车站应依据“限制本站保换乘”的原则进行现场客流组织工作。

④采取“先限制外部客流、再限制内部换乘客流”的原则。

3. 共同管理换乘车站的分类

(1)通道换乘式

通道换乘式车站是指分属不同地铁运营企业的车站拥有各自独立的车站结构，有明确的换乘空间，通过换乘设施(换乘通道、楼梯等)连接，换乘空间连接点处能够进行物理隔离，在隔离后各线车站能够各自独立运营的换乘车站。换乘通道栅栏门一般采取“一门双锁”的方式锁闭，双方各负责一把锁，每日运营前按照各自规定的运营时间开锁，运营时间结束后，锁闭栅栏门，如图4-25所示。

图4-25 通道换乘式共同管理换乘车站

(2)共用出入口式

共用出入口式车站是指分属不同运营企业的车站拥有各自独立的站台结构，通过楼梯、通道等方式换乘,但所有出入口均由一方管理的换乘车站,如北京地铁西直门站是北京地铁2号线、13号线与京港地铁4号线的三线换乘车站,京港地铁4号线无独立出入口,共用北京地铁2号线和13号线的出入口,京港地铁负责4号线站台和与之连接的换乘通道的管理,如图4-26中阴影部分所示。

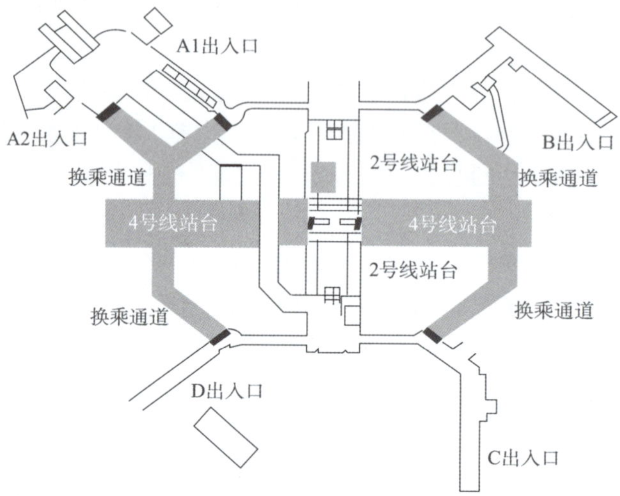

图4-26 北京地铁西直门站4号线管理界面划分示意图

(3)同台换乘式

同台换乘式车站是指分属不同运营企业的车站共用站台、站厅、出入口,主要通过站台同台、跨越站厅等方式换乘,客运组织由一方主要负责的换乘车站,如北京地铁国家图书馆站(京港地铁4号线与北京地铁9号线换乘),客运组织主要由京港地铁运营公司负责。图4-27a)为国家图书馆站同台换乘结构示意图,图4-27b)为站台层管理界面划分图,以9号线站台门为分界线,站台门站台侧为4号线管辖范围,由京港地铁负责日常管理,站台门轨道侧(含站台门本身)属9号线管辖范围,由北京地铁负责日常管理。

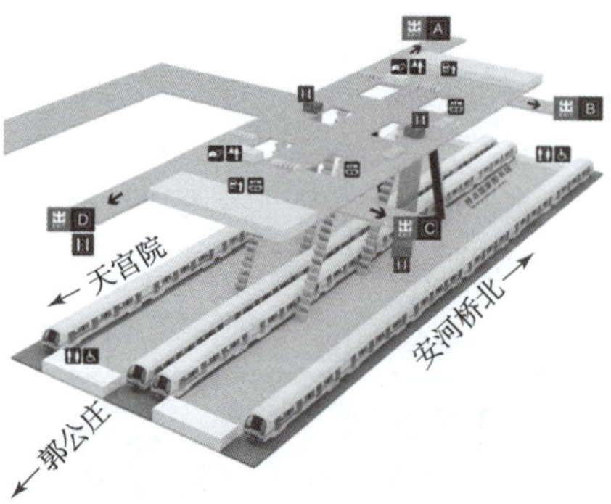

a)国家图书馆站同台换乘结构示意图

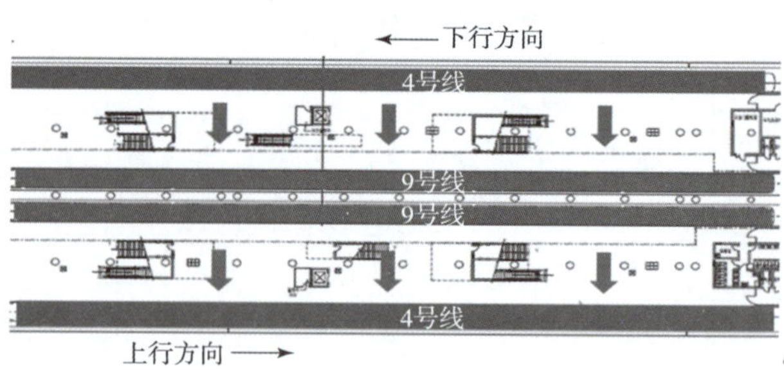

b)站台层管理界面划分

图4-27 同台式换乘共管车站——北京地铁国家图书馆站

4. 共同管理换乘车站换乘客流组织要点

(1)限流客流组织

①当事发车站需要限流时,事发车站值班站长指示车站员工采取限制外部客流措施,必

要时，指示车站控制室通知邻线车站启动临时限流预案。

②事发车站、邻线车站车站控制室分别将车站限流情况汇报至本线OCC，必要时，请求OCC采取行车调整措施，如列车通过、空载列车到达等，从而减轻换乘车站压力。

③邻线车站值班站长接到启动限流预案通知后，立即组织人员到达相关换乘节点。

如本站为通道式共同管理换乘车站，则到达换乘通道，采取封闭部分或全部通道的方式组织限流，并进行有效的宣传疏导，必要时，在本站各出入口同时采取限流措施，限制乘客进站。

如本站是共用出入口式共同管理换乘车站，则组织人员到达相关出入口，采取封闭部分或全部车站出入口栅栏门的方式组织限流。

④双方车站控制室利用车站及换乘通道广播，及时告知乘客车站限流和运营情况。

⑤邻线车站控制室将去往事发车站通道的限流情况及时通报事发车站控制室。

⑥双方车站控制室将车站视频监控调整至限流通道部位，重点监控换乘通道客流状况和限流情况。必要时，双方值班站长可根据本站特点，在保证安全的前提下，组织乘客采取站外换乘的形式，缓解换乘客流压力。

⑦事发车站值班站长根据客流情况，判断限流措施可以解除时，指示车站控制室通知邻线车站控制室解除换乘通道或出入口的限流措施，恢复正常运营。

⑧邻线车站控制室接到解除限流通知后，恢复正常运营，并告知事发车站控制室。

⑨当需要为乘客办理退票时，双方均应以“在就近车站办理”为原则及时为乘客办理退票服务。

(2)临时封站客流组织

①事发车站应及时与事发线OCC沟通，确定本站退出运营，列车不再在本站乘降。

②临时封站时，原则上应先封闭本站出入口，停止进站，再封闭换乘；封站解除时，应先恢复换乘，然后再开通出入口，恢复进站。

③对于换乘通道式共管车站，事发车站封闭车站后，邻线车站应维持运营；对于共用出入口式车站、同台换乘式共管车站，事发车站和邻线车站应同步封闭。

④事发车站需要临时封站时，事发车站值班站长指示车站员工进行封站，指示车站控制室通知邻线车站启动临时封站预案，并提出明确配合要求。

⑤事发车站控制室立即通知邻线车站车站控制室启动临时封站预案，将车站封闭情况汇报至事发线OCC，请求采取列车调整措施，阻止本线路其他乘客到达本站。同时，通知车站属地派出所等其他相关单位及部门。

⑥邻线车站控制室接到事发车站启动封站预案的通知后，立即报告本线值班站长及OCC，必要时，请求OCC采取行车调整措施，减轻换乘车站压力。

⑦邻线车站值班站长接到启动限流预案的通知后，根据配合要求，立即组织人员疏导并关闭换乘通道，安排人员在通道处把守宣传，并及时将换乘乘客疏散出站。

⑧双方车站控制室利用车站级换乘通道广播，及时告知乘客车站封站。

⑨事发车站封站完毕后，事发车站控制室及时将封站相关信息通知邻线车站控制室。

⑩事发车站解除封站后，事发车站控制室及时通知邻线车站控制室开放换乘通道，并通

知本线 OCC 恢复列车到达。

⑪邻线车站控制室接到事发车站解除封站的通知后，及时通知本线值班站长。值班站长组织人员开放换乘通道，邻线车站控制室将通道开放情况及时通知事发车站控制室，并通知本线 OCC 恢复列车到达。

⑫当需要为乘客办理退票时，双方均应以“在就近车站办理”为原则及时办理退票。

案例分析4-2

某换乘通道式共管车站换乘客流组织预案

某换乘车站为通道式换乘共管车站，换乘通道连通两车站站厅，如图 4-28 所示。运营企业 A 负责 1 号线运营，运营企业 B 负责 2 号线运营，两企业之间以 1 号线站厅层南北墙与 2 号线换乘通道的接驳口为界，以设置在此处的防火卷帘门为界标。界标靠近 2 号线一侧的换乘通道内的所有建筑结构、设备设施产权均归 2 号线所有，由 2 号线车站负责日常管理；界标靠近 1 号线一侧由 1 号线车站负责日常管理。

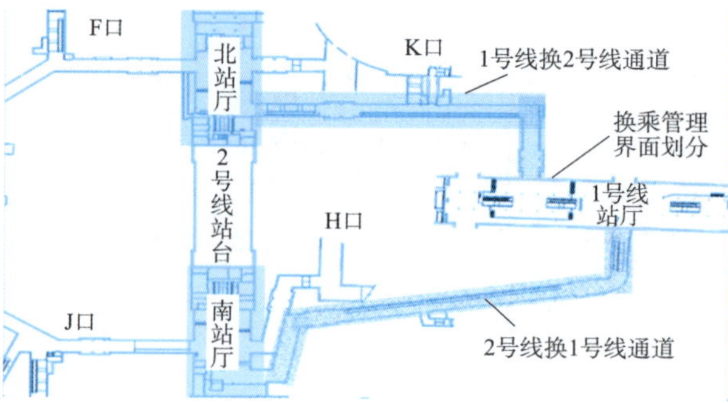

图 4-28　某通道换乘式共管车站换乘管理界面划分示意图

1. 日常换乘方式

1 号线与 2 号线某换乘车站日常的换乘方式为：1 号线北侧换乘通道为 1 号线换乘 2 号线的单向使用通道；1 号线南侧换乘通道为 2 号线换乘 1 号线的单向使用通道。

2. 换乘限流组织

双方限流本着“谁限流、谁指挥”的原则，即以故障线的值班站长为指挥主体，另一条线的值班站长协同配合。

如 1 号线车站需要限流，双方按照以下预案处置：

①当 1 号线发生故障需要限流时，1 号线车站值班站长指示车站控制室通知 2 号线限流。

②1 号线车站控制室立即将限流要求通知 2 号线车站控制室。

③2 号线车站控制室接到限流的通知后，立即通知值班站长。

④2 号线值班站长接到车站控制室关于限流的通知后，立即组织人员封闭部分或全部 2 换 1 的通道进行限流，并进行有效的宣传疏导。

⑤2 号线车站控制室将换乘通道限流的情况通知 1 号线车站控制室。

⑥双方将车站监控调整至通道部位，重点监控换乘通道客流状况和限流情况。

⑦依据客流情况，1 号线值班站长应将 2 换 1 通道栅栏门部分或全部关闭，阻止乘客换乘 1 号线，并进行宣传解释。

⑧2 号线应积极广播宣传:“由于 1 号线故障,换乘通道封闭,请去往 1 号线的乘客从其他站换乘或改乘地面交通工具。”

⑨1 号线应积极广播宣传:“由于 1 号线故障,暂时无车,请乘客改乘其他交通工具。”

⑩双方按照退票服务约定,为乘客办理退票工作。

⑪1 号线值班站长依据 1 号线故障修复和站台客流情况,指示车站控制室通知 2 号线车站控制室解除换乘通道限流,恢复正常运营。

⑫解除限流后,2 号线车站控制室及时通知 1 号线车站控制室恢复正常运营。

如 2 号线车站需要限流,双方同样依据上述方式协同处置。

3. 封闭换乘通道

如 1 号线发生火灾、爆炸、恐怖袭击等重大突发事件及其他特殊情况,需要封闭换乘通道,双方按照以下方式处置:

①1 号线车站值班站长应立即组织工作人员封闭靠近自己一侧的 2 换 1 换乘通道栅栏门,同时通知 2 号线车站控制室:“1 号线发生突发事件,2 换 1 通道已经封闭。”并派人看守。

②2 号线车站控制室立即通知本站值班站长 1 号线情况。

③双方将车站监控调整至通道部位,重点监控换乘通道客流状况。

④2 号线值班站长立即组织人员把守 2 换 1 通道栅栏门,阻止乘客换乘 1 号线,并派专人对通道进行清理,清理完毕后,对通道进行锁闭。

⑤2 号线车站应积极广播:“由于 1 号线 × × 站发生突发事件,换乘通道封闭,请乘客改乘其他交通工具。”

如 2 号线车站发生突发事件,双方同样依据上述方式协同处置。

4. 无障碍服务

遇有乘客需使用无障碍换乘时,为保证无障碍服务的接续性,双方协商以南北换乘通道栅栏门为界。当一方车站有乘客需使用无障碍服务换乘到另一方时,应及时通知另一方的车站控制室,准备人员到换乘通道处等候,双方在换乘通道处进行交接。

5. 退票服务

因城市轨道交通原因造成乘客未到达目的站时,经双方协商,退票服务本着“在就近车站办理”的原则,双方应无条件为需办理退票的乘客办理退票服务,退票张数、金额上报各企业票务主管部门。

6. 日常管理

①双方应从方便乘客的角度出发,与对方共同商定首末班车的运营组织,在同一时间播放首播班车广播,同时开关出入口及换乘通道。

②双方应对各类预案进行沟通,保证联动。

③双方应定期组织联合演练。

7. 沟通方式

①双方使用车站控制室电话进行日常沟通。

②双方使用换乘通道两端的直通电话进行沟通,或双方负责人现场指派专人联系对方。

五 换乘车站客流组织的评价指标

城市轨道交通换乘车站客流组织可从换乘车站的运行效率和内部设施布局合理性两方面来综合评价，见表4-1。主要指标如下。

换乘车站客流组织评价指标　　表4-1

类　别	评价指标	指标单位
运行效率 P_1	换乘行走距离 P_{11}	km
	换乘时间 P_{12}	min
	干扰度 P_{13}	个/m^2
	便捷度 P_{14}	%
内部设施布局 P_2	舒适性 P_{21}	m^2/人
	人安全性 P_{22}	—

(1)换乘行走距离 P_{11}

换乘行走距离 P_{11} 指乘客完成整个换乘过程行走的平均距离。换乘行走距离小，换乘效率高，反之亦然。

(2)换乘时间 P_{12}

换乘时间 P_{12} 指乘客在站内完成换乘所花费的平均时间，包括换乘步行时间和等候时间。

(3)干扰度 P_{13}

干扰度 P_{13} 指在换乘过程中各方向客流相互干扰的程度，反映站内的交通组织水平。

$$P_{13}=\frac{d}{S} \tag{4-1}$$

式中：d——各客流形成的对冲点数；

S——换乘车站的计算营业面积。

(4)便捷度 P_{14}

便捷度 P_{14} 用于衡量站内换乘的难易程度，可以用换乘时间占乘客出行总时间的百分比来计算。

$$P_{14}=\frac{T_b+T_d}{T_z} \tag{4-2}$$

式中：T_b——乘客换乘步行时间；

T_d——乘客换乘等待时间；

T_z——乘客出行的总时间。

(5)舒适性 P_{21}

舒适性 P_{21} 可量化为人均换乘面积，衡量换乘设施容纳乘客的能力，反映换乘设施的拥挤程度。舒适性还体现在信息发布的及时性和诱导标志的完善性上。

(6)安全性 P_{22}

安全性 P_{22} 是体现换乘车站使用质量的指标，用来衡量客流组织是否满足乘客乘降的安全要求,以及站内发生紧急事故时乘客的疏散措施是否有效等,可以用人均对冲点数的倒数来量化。

六 换乘车站客流组织的优化

1. 客流组织运行效率的优化

换乘行走距离、换乘时间、干扰度和便捷度指标可以通过物理切割法、提高流速法和源头控制法来优化。

(1)物理切割法

物理切割法可以将进出站客流和换乘客流在空间上进行分割,以减少对冲点。减少冲点可以降低干扰度以及换乘时间,使换乘方案更优。物理切割法可以借助移动围栏或其他设施将客流在平面上进行空间隔离,从而理顺换乘车站内各方向客流的行走秩序,解决乘客行走习惯与车站布局的矛盾。开辟新的换乘通道也可以视为物理切割法的一种。

(2)提高流速法

提高流速法是指通过选用最短路径来提高乘客的走行速度,相对地降低乘客对车站设施、设备的占用时间,从而提高设备利用率和流线的流动速度。此外,也可以利用站务人员、车站公安人员维持各站台和通道秩序,避免乘客长时间逗留,从而保持各区域的畅通无阻。以上措施可以优化各评价指标。

(3)源头控制法

源头控制法是通过控制各种流线的流量以疏解流线交叉,减少客流对冲的可能性。车站协调组织各线运营计划,依据各线高峰时段客流量制定各方向列车到发点,应尽量避免不同方向列车同时到达,以杜绝乘客密集到达,缩短乘客换乘时间,提高舒适性和安全性。

2. 内部设施布局的优化

内部设施布局可以通过功能布局优化法和引导法来优化。

(1)功能布局优化法

功能布局优化法是通过调整自动售检票机及客服中心的位置来形成合理的布局。在优化的过程中,结合车站运营的合理化管理和方便乘客出行的要求,进行 AFC 设备布局的设计和调整。乘客到达车站是一个随机过程,可根据乘客分布规律,设置合理数量的售检票机及其位置,使乘客平均排队长度和等待时间在可以接受的范围内,并满足高峰时段客流通过的要求。另外,自动检票机的合理布局还能起到延时作用,减轻客流对其后设施(如楼梯、自动扶梯等)的通行压力。售检票区域的布置要以保持客流快速畅通为原则,其组织布局应遵循:售检票机位置与出入口、楼梯间应保持一定距离;保持售检票机前空间宽敞,避免大客流时排队乘客与过闸机客流的对冲;售检票机应根据出入口数量相对集中布置;尽量避免客流的对冲;提高检票设施的灵活性,保证紧急情况下的检票能力;设置专门的售、检票设施及绿色通道,将行动不便乘客及残障乘客与其他客流分离开,以保证各流线的有序、高效流动。

(2)引导法

引导法主要指依靠服务信息和导向标志对客流进行引导。由于换乘车站衔接方向较多,应根据客流流向的需求,合理设置导向设备的位置,通过对进站客流、出站客流、换乘客流的明确指引,保证客流的顺畅流动。

时代强音

熊熊:用奋斗的青春为时代留下印记

熊熊,一名“80 后”地铁人,2002 年 7 月参加工作,2011 年荣获“全国五一劳动奖章”,2015 年荣获全国劳动模范称号。

成为上海地铁人民广场站站长之初,熊熊接受的第一个挑战任务就是参与地铁音乐角的设立。人民广场站作为上海第一个汇集了三条地铁线路的换乘枢纽站,日均客流量 65 万人次左右,最高时达到 113 万人次左右。单单这个站的客流,就占去整个上海地铁客流量的十分之一。在很多人眼里,在这样客流密集的车站设置音乐角是不可思议的,筹备过程中也听到了无数的质疑声。

在熊熊的带领下,人民广场站的员工担任起地铁音乐角的兼职“运营总监”,多次走访、协调、联系上海交响乐团等专业院团,组织了近千名专业演员轮番上阵,先后上演了无数个精彩节目。音乐角的舞台由小到大也历经多次改造,每年 100 场的固定演出吸引了许多忠实粉丝,深受广大观众的喜爱。人民广场站地铁音乐角已成为乘客停下脚步感受文化艺术、体会真善美的大舞台。

作为车站的核心管理者,熊熊执着探索适用于这座特大型车站的科学有效的管理模式。她先后提出了一系列客运组织的新方案,创新推出“移动式人工售票亭”、“自动语音播报 BOM 设备”、“卷轴式”悬挂导向 + 公告栏固定式导向以及创新试点“站务助理员”岗位,全新的管理模式大大节省了人力,保障了人民广场站这个特大型枢纽站每天的客运组织安全。

熊熊还利用多方共建平台,紧密联系当地管理部门、公安、消防及周边企事业单位,建立了全国首支“地铁应急疏散志愿者团队”。一旦车站发生大客流紧急情况,来自周边商场、企事业单位、地铁商铺等的志愿者们就能召之即来、来之能战,在平时训练的点位上,有效地开展客流疏导等志愿服务,缓解大客流风险隐患,为城市安全保驾护航。

熊熊和车站员工传承和发扬创新精神,用创造性的服务使乘客在服务中感受到了这座城市的温度。他们用实际行动抓住时代机遇,担起时代的责任,用奋斗的青春在这个时代留下属于自己的印记。

任务3　车站大客流组织

城市轨道交通线路的走向一般都是客流集中的交通走廊，连接着重要的客流集散点，如火车站、汽车客运站、航空港、航运港等交通枢纽，大型商业经济活动中心，体育场、博览会、大剧院等重要文体活动中心，以及规模较大的住宅区等。正因为如此，某些特殊车站会不定期遇到大客流。为了保证乘客的安全和正常的运营秩序，这些车站在客流组织方面应备有完善的运营组织方案和措施。在一定程度上，这些方案、措施补救了硬件设施的缺陷。

一　大客流的定义

大客流是指在某一时段集中到达车站的客流量超过车站正常客运设施或客运组织措施所能承担的流量的客流。

一般来说，大客流出现的时间具有规律性，如每天由于通勤原因引起的早晚高峰：大城市上班高峰大约在7:30—9:30；下班高峰大约在16:30—18:30。同时，还应预见外界因素引起的大客流，如节假日伴随的旅游高峰期，举办重大活动（如大型体育赛事、文艺表演等），风、雨、雪等恶劣天气情况，都可引起客流的大幅增加。

车站大客流发生的原因一般有以下三种：第一，进站人数持续增加，站台聚集人数占据了站台有效区域的绝大部分；第二，列车运输能力不足，列车到站时满载率已经达到70%～80%，下车乘客少，造成乘客滞留站台不能登车；第三，下车乘客非常多，出站楼梯、自动扶梯、通道、闸机等设施能力不足，使得乘客滞留站台，造成站台乘客堆积。

案例分析4-3

我国“五一”小长假、“十一”黄金周和其他节假日期间，各大城市轨道交通的客流量都会在短期内急剧上升。如广州地铁2004年上半年客运量大约为日均45万人次，而5月1日的客运量为82.6万人次，约为平时的2倍，线路单向高峰小时的最大断面客流量是平常的数倍。2005年元旦，投入运营的深圳地铁由于客流量大大超过预计数量，致使1号线暂停运营42min。2009年“十一”期间，到天安门广场参观的客流暴增，临近天安门广场的地铁王府井站、西单站、和平门站客流大幅增加。10月2日至10月4日三天，地铁王府井站进出站客流最高增幅达719%，西单站最高增幅为281%，和平门站最高增幅为607%。由此可见，大客流虽然持续时间不长，但大客流冲击往往会对客流组织形成较大甚至很大的压力，城市轨道交通运营企业必须在保证乘客安全的前提下，尽快地疏散客流。

二 大客流的分类

1. 按大客流是否可以预见分类

按是否可以预见分类，大客流可分为可预见性大客流和突发性大客流。

①早晚高峰客流、节假日大客流、大型活动和恶劣天气大客流为可预见性大客流。

②突发性大客流是指超出常规、无法事先预见的客流激增情况。这种客流一般无规律可循，客流量的上升呈无序和突发的特点，天气突变、地铁延误或车站发生大面积停电、车站附近举行临时性大型活动等原因都会引起突发性大客流。

案例分析4-4

白俄罗斯尼阿米亚地铁站突发大客流引起踩踏事故

1999年5月30日，白俄罗斯明斯克当地时间20:00左右，有超过2500人正在参加一场户外摇滚音乐会。突然，天气变化并下起冰雹，大量乘客为躲避冰雹突然涌进了附近的尼阿米亚地铁站。由于事发突然，前往地铁站躲避的人群互相拥挤，与站内的出站客流发生冲突。车站现场没有管理人员进行客流疏导，导致几分钟之内迅速演变为踩踏事故。此次事故共造成53人死亡、250多人受伤。

2. 按大客流产生的影响和后果不同分类

按产生的影响和后果不同，大客流可分为一级大客流和二级大客流。

(1)一级大客流

一级大客流的判定标准为：与本站的正常乘客数量进行比较，站台聚集人数达到或大于站台有效区域的80%，并且持续时间大于实际行车时间间隔者，为一级大客流。这种情况会给乘客及轨道交通运营安全造成影响，存在明显的安全隐患。

(2)二级大客流

二级大客流判定标准为：与本站的正常乘客数量进行比较，站台聚集人数达到站台有效区域的70%，并有持续不断上升的趋势者，为二级大客流。这种情况下，乘客的正常出行和轨道交通所提供的服务水平受到一定程度的影响，车站比较拥挤，乘客感觉比较压抑，但尚未对乘客及轨道交通运营安全造成影响。

知识链接4-4

大客流的危害

当车站聚集大量客流时，随着等待时间的延长，乘客烦躁的情绪、无理性行为开始蔓延或传播，乘客间容易因为拥挤、接触等小问题产生争执。此外，大量人员聚集，可导致车站或车厢内空气流通效果差，乘客有发生中暑、窒息和昏迷的危险；楼梯、站台上出现客流拥挤，也易引发踩踏、摔伤、掉下楼梯等事故。

三 车站大客流组织的原则

车站大客流组织原则如下：

①控制中心(OCC)负责地铁线路的客流组织工作，车站的客流组织由值班站长负责。

②在大客流情况下，车站应采取有效措施对车站客流进行控制。地下车站客流控制应遵循“由内至外，由下至上”的原则。

③如站台乘客数量大于站台容纳能力，必须对入闸机控制点进行客流控制，控制前往站台的乘客数量。

④如站台乘客数量大于站台容纳能力、站厅乘客数量大于站厅容纳能力，必须对出入口控制点进行客流控制，临时限制或者不允许乘客进站。

四 车站大客流组织的方法

1. 增加列车运能

可根据预测客流量，提前编制针对大客流的特殊情况下列车运行图，从运能上保证大客流的运营组织。在大客流发生时，根据大客流的方向，利用就近的折返线、存车线组织列车运行方案，增开临时列车，从而保证大客流疏散。增加列车的运能是大客流组织的关键。

2. 提高售检票能力

售检票能力是大客流疏散的主要限制，车站在设置售检票位置时应考虑提供疏散大客流的通道。当可预见大客流情况发生时，可事先做好相应的票务服务准备工作。

①售检票设备的准备。在大客流发生前，设备维护人员应事先对车站全部售检票设备进行维护、检修，确保在大客流发生时售检票设备能正常使用。

②车票和零钞的准备。车站应根据客流预测和以往大客流所消耗的车票及零钞数，在大客流发生前，向票务部门申领和储备充足的车票和零钞。

③临时售票亭的准备。车站应根据大客流进出方向，选择在进站客流较集中的位置设置临时售票亭。站厅面积较小的车站，可考虑将临时售票亭设置在进站客流较多的通道内。

3. 进站大客流组织

当车站发生进站大客流时，根据现场情况，可采取以下客运组织方法：

①客流流线隔离。用铁马、隔离栏杆、伸缩栏杆等将进站客流、出站客流、换乘客流分别隔离，杜绝客流交叉。

②客流分流。若站内乘客分布不均匀，则引导乘客到人少的区域，避免乘客排长队和高度聚集的现象；如果站内聚集乘客过多，则引导乘客出站换乘其他交通工具或是引导到临近地铁车站乘车。

③延长走行路径。通过设置绕行区域或关闭部分通道、出入口、楼梯、自动扶梯等方式，人为改变原有的走行路径，引导乘客按规定的路径行走，增加乘客的走行距离，延缓到达时间。

④增加等候时间，即进行分批放行。通过划定储客区域让乘客进行等待，根据车站客流情况分批放行。储客区域可以是安检前、楼梯、自动扶梯上方或是出入口，对于换乘客流，也

可以在付费区或非付费区划出相应区域,做好隔离和卡控。

在客运组织工作中,通常将以上办法综合运用,以达到客运组织“安全、有序、可控”。根据车站各设施最大通过能力情况,站台容纳能力是客运组织的关键。因此,在站台容纳能力一定的情况下,大客流组织方法与具体操作措施不同,具体见表4-2。

进站大客流组织方法与具体操作措施

表4-2

前提	客流组织方法	具体操作措施	图示
站台有足够容纳能力	提高售票能力	(1)准备好足够的车票、零钞。 (2)车站根据大客流的进出方向,选择在进站客流较集中且有利于乘客排队但不影响车站客运组织的位置设置临时票亭。站厅面积较小的车站,可考虑将临时票亭设置在进站客流较多的通道内,出售预制票,加快售票速度。 (3)增加自动售票设备的投入	 北京西站临时售票厅
站台有足够容纳能力	加开进站方向闸机,提升运力	(1)具备条件的车站,部分双向闸机设置为进站模式,并加快安检速度。 (2)向行调申请适当延长列车停站时间。 (3)在站台上做好乘客上、下车的引导工作,在保障安全的前提下,争取让更多的乘客上车,增加本次列车的运能	 双向闸机根据客流情况调整方向  引导乘客快速、有序乘降
站台容纳能力不足	减缓进站速度	(1)暂停售票或减缓售票速度,关闭部分自动售票机。 (2)暂时关闭局部或全部进站闸机,同步放慢或停止安检。 (3)在出入口或在安检前(有条件的车站)设置绕行区域,降低乘客进站速度	 关闭部分自动售票机
	改变自动扶梯方向	站台自动扶梯设置为向站厅方向运行	 调整自动扶梯向站厅方向运行

续上表

前　提	客流组织方法	具体操作措施	图　示
站台容纳能力不足	进出分流	（1）将部分出入口设置成只能出不能进，限制乘客进入，延长乘客进入车站的时间。 （2）在地铁公安的配合下关闭某些出入口，车站安排人员到出入口做好乘客服务解释工作，并张贴、摆放车站关闭的通告	 关闭某些出入口
	分散候车	安排人员在靠近楼梯、自动扶梯处引导乘客分散候车	 引导乘客分散候车

4. 出站大客流组织

当车站发生出站大客流时，按“疏导为主”的原则进行客流组织，可采取以下方法：

①调整楼梯、自动扶梯走行方向，将部分或全部楼梯、自动扶梯改为出站方向，加快出站速度。

②将部分或全部双向闸机改为出站方向，减轻出闸机处的排队情况。

③当出站乘客排队过长导致付费区拥挤时，可采取打开边门人工回收单程票，增加手持读卡器、扫码器扫码出站的方式放行乘客，尽量要求乘客刷卡出站。

④安排人员至出闸机处引导乘客有序出站，若出现排队秩序混乱的情况，可设置隔离栏杆规范排队通道。

⑤若出现出站乘客集中在车站某一端的情况，可在站厅楼梯、自动扶梯上方设置活动栏杆或伸缩栏杆引导乘客从另一端出站，如图4-29所示。

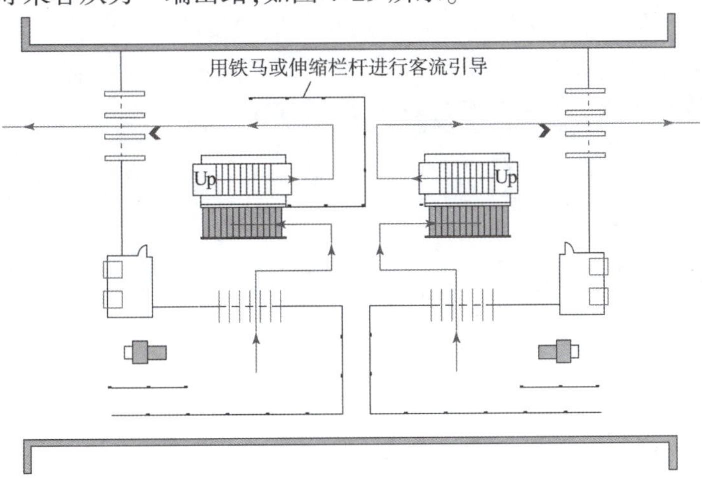

图4-29　出站大客流站厅导流栏杆设置

⑥紧急情况时，可采取票务应急处理模式，如采用出站免检模式、AFC 紧急放行模式等。

在应对出站大客流时，车站应结合实际情况综合利用以上方法，最大限度地加快乘客出站速度，实现“快出站”。

5. 进、出站同时出现大客流的组织

当车站同时发生进站大客流、出站大客流，即遭遇特大客流时，应遵循“能控制在站外就不放在站内，能控制在站厅就不放在站台，能控制在站台就不放在列车”和“出站优于进站”的原则实施客流控制，避免大量乘客积压在车站站台、站厅等面积有限的狭小空间内。一般来说，只要严格采用以下三级客流控制方法，可确保乘客安全和车站秩序。

(1)一级客流控制——控制站台客流

一级客流控制是指控制站台乘客数量的客运组织措施。控制点一般设在站厅与站台的连接处(通道区、楼梯或自动扶梯连接处)，通过控制站厅通往站台的楼梯或自动扶梯通行方向、在付费区设置回行线路等措施，减缓乘客到达站台的速度，达到限制和减少站台乘客数量的目的。站务人员应分散在站台的各部，维持候车、出站秩序，协助司机开关车门，确保乘客安全上、下车。一级客流控制，如图 4-30 所示。

图 4-30　站厅楼梯口、站台客流控制

(2)二级客流控制——控制站厅客流

二级客流控制是指控制进入站厅付费区乘客数量的客运组织措施。控制点一般设在安检处、进站闸机处，通过控制安检速度、控制闸机开放数量、在付费区设置回行线路等措施，减缓乘客进入付费区速度，达到减少付费区乘客数量的目的。站务人员在进闸机处确保有序、快捷的进站秩序，及时处理票务问题。二级客流控制，如图 4-31 所示。

图 4-31　站厅进站闸机、安检处客流控制

(3)三级客流控制——控制出入口客流

三级客流控制是指控制进入车站乘客数量的客运组织措施。控制点在车站出入口外，

通过在站外设置迂回的限流隔离栏杆，使用铁马等备品，延长乘客进站路线和进站时间，减缓乘客进站速度，达到减少车站乘客数量的目的。这项措施可最大限度缓解站台层客流压力。三级客流控制，如图4-32所示。

图4-32　车站出入口客流控制

车站可根据客流量逐步或越级采取一、二、三级客流控制，以缓解大客流压力。

6. 换乘大客流组织

当车站发生换乘大客流时，按照“先控制进闸，后控制换乘”的原则进行客运组织，主要方法如下：

①依照车站客运组织方式，在站台楼扶梯口设置导流铁马或伸缩栏杆，引导乘客至人少的区域排队候车，并防止乘客直接冲门。

②通过调整楼梯、自动扶梯方向减轻站台压力。

③若换入线路站台容纳能力已饱和，根据空间情况可采取站厅绕行、分批放行等方式控制进入站台的客流量。

④向行调申请大客流来源方向列车跳停本站。

另外，当换入线站台能容纳和承受更大客流时，维持好站台候车乘客排队秩序，加快上车速度，可申请列车增加站停时间，尽可能组织更多的乘客上车。当换入线站台不能容纳和承受更大客流时，则按照进站大客流组织模式控制进站客流，为换乘客流留足空间和运力。若已采取进站限流措施而大客流仍未得到缓解，则根据不同的换乘方式采取不同的客流控制方法。

案例分析4-5

十字形上下层站台换乘大客流组织方法

采用十字形上下层站台换乘方式的车站，在进行换乘客流组织时，可采取以下控制方法：

1. 站台客流组织

①关闭站台间直接连接的部分换乘扶梯或缩小换乘楼梯入口宽度。

②在换出线站台的头尾端各设置6～8个车门的客流引导设施，引导该部分乘客通过站厅换乘。

③关闭换乘节点处所有楼扶梯，全部乘客通过站厅换乘。

2. 站厅客流组织

当通过站厅换乘仍然不能减轻换入线站台压力时，在站厅设置绕行和等待区域，有条件的车站可在非付费区设置绕行和等待区域，临时扩大付费区，延长乘客走行距离或分批放行乘客进入换入线站台。

例如，北京地铁惠新西街南口站为地铁5号线和10线换乘车站。该站为地下车站，10号线在地下一层，设有2个不连通站厅及2个侧式站台，5号线站台在地下二层，如图4-33所示。平峰、晚高峰换乘时，两线路均可通过两站台连接处的楼梯、自动扶梯上下直接换乘，换乘时间不超过1分钟。早高峰换乘时，10号线换5号线可直接下楼梯换乘，而5号线换10号线则需行走至站台两端的楼梯、自动扶梯上行至10号线站厅，再前往10号线站厅，如图4-34所示。该站采取了延长乘客换乘路径的客流组织措施，以确保换乘客流不瞬时堆积到10号线站台，从而减轻10号线的客流压力。

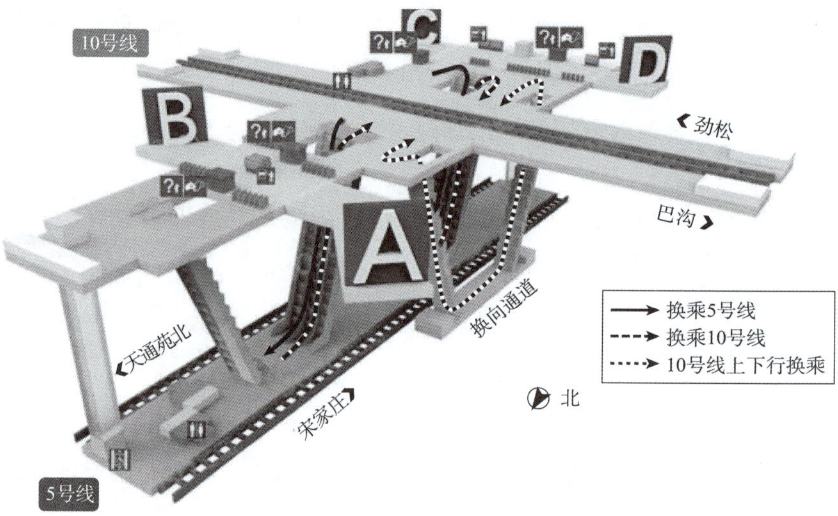

图4-33　北京地铁惠新西街南口站立体换乘示意图

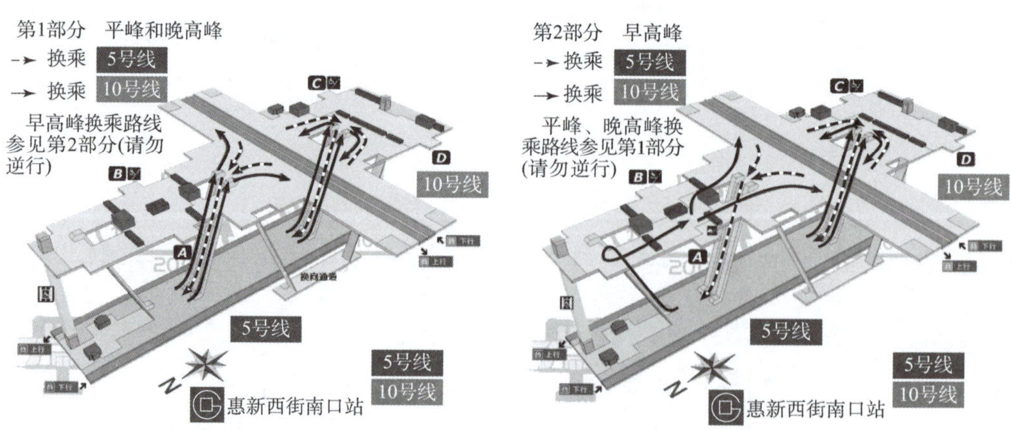

图4-34　北京地铁惠新西街南口车站换乘客流组织

7. 采取临时疏导措施

在大客流组织中，临时合理的疏导是一项很重要的组织措施。采取的疏导措施主要有设置临时导向标志、设置警戒绳或隔离栏杆、采用人工引导及通过广播宣传引导等，如图4-35所示。

a)临时导向标志　　b)广播疏导

图4-35　临时疏导措施

五　"疏、控、限、封"分级客流组织措施

按照客流组织措施实施的强度划分，车站客流组织方法可分为疏导、控制、限制客流和封闭车站四个级别，遵循"能疏导、不控制"的原则。

1. 疏导客流

疏导客流，即通过宣传疏导或调整列车运行方式等方法，防止车站客流滞留。

疏导是客流组织工作中最常用的方式，通过利用车站内外空间和设备设施等条件，改变车站原有客流流线，通过延长乘客走行距离、扩大缓冲区域来达到控制客流流速和流量的目的。主要措施有：

①组织乘客分散、均衡、排队候车。

②引导乘客分散使用客运设备设施，加快通行速度。

③进、出站分流组织，避免乘客客流交叉。

④加开临时客车，缓解车站客流压力。

2. 控制客流

控制客流，主要是利用控制安检、售检票设备、电梯系统，降低安检、票务、电梯服务设施的通过能力，达到减缓乘客进站速度、减缓乘客进入付费区的目的。主要措施有：

①通知安检减慢安检速度。

②关闭自动售票机，减缓购票乘客进站速度。

③关闭部分进站闸机，减缓乘客进入付费区速度。

④更改电梯、自动扶梯运行方向，减缓乘客进入付费区速度。

二维码

车站大客流组织——控制客流组织方案

3. 限制客流

限制客流，即利用车站导流围栏、限流栏杆、导向标志等设施或调整列车运行方式，限制

乘客进站或换乘。主要措施有:

①启动车站出入口导流设施,限制乘客进站或组织乘客分批进站。

②启动换乘导流设施,限制换乘或引导乘客站外换乘。

③更改自动扶梯运行方向,限制乘客进入站厅、站台区域。

④组织列车在车站通过。

二维码

车站大客流组织——限制客流组织方案

4. 封闭车站

封闭车站,即采取措施阻止乘客进站或换乘。主要措施有:

①封闭车站部分或全部出入口,乘客只出不进。

②关闭车站所有自动售票机、进站闸机,停止售票,关闭所有进站方向电梯,疏导乘客尽快出站,封闭车站。

③关闭换乘通道入口,暂停换乘。

二维码

车站大客流组织——封站客流组织方案

学习与思考

车站因列车延误而导致突发大客流时,现场站务人员应该怎么做呢?

请尝试从站台、站厅、安检部位、换乘通道、出入口等客流控制节点,按照"疏、控、限、封"客流控制四个级别,简述各岗位的主要工作内容。

六 车站大客流组织方案

车站大客流组织的目的是防止车站站厅、站台发生过度拥挤的情况,确保乘客安全乘车。车站需要根据各自车站结构和不同的站厅、站台设备设施布置方式,灵活组合运用各种大客流组织方法,制订适用于本站客运组织方案,即"一站一方案",确保完成各种条件下的大客流运输任务。大客流组织方案是车站客运组织方案中重要的组成部分,应包含以下内容:

1. 本站大客流可能发生的时间和区域

大客流可能发生的时间有:节假日、特别事件(如演唱会或体育赛事等)、恶劣天气、服务中断、设备故障、突发事件等。

大客流可能发生的地点有:站台、站前广场、换乘通道、楼梯及自动扶梯、出入口、站厅、与其他公交接驳处等。

2. 大客流组织措施启动的时机和触发点

大客流组织的触发点可以是:

①乘客占据站厅、站台的百分比。

②乘客在闸机前排队的长度。

③乘客在站台排队的长度。

④特定运营情况或服务中断时的等候时间。

⑤楼梯或自动扶梯被占据的梯级数。

⑥可预期的列车服务延迟等。

车站大客流组织预案中一定要明确上述触发点，站务人员一旦发现有大客流形成并要达到触发点时，须立刻报告值班站长。同时，值班站长发现大客流开始形成时，应立即启动监控程序并在需要时召集后备资源。当大客流超过安全限值，达到客流控制触发点时，须执行相应的控制计划。

知识链接4-5

某地铁企业车站大客流组织启动和解除标准

(1)客流集中到达，达到出入口通过能力的70%时，车站启动限流；客流降至通过能力的70%时，解除限流。

(2)通道内客流步行速度低于0.75m/s且后续客流仍在持续进入通道时，车站启动限流；通行顺畅时，解除限流。

(3)进站闸机前排队等候乘客超过5人且客流持续到达时，车站启动限流；通行顺畅时，解除限流。

(4)同方向连续2列列车发出后，岛式站台滞留乘客达到或超过站台宽度1/4，侧式站台滞留乘客达到或超过站台宽度1/3时，车站启动限流；岛式站台滞留乘客降至站台宽度1/4或以下，侧式站台滞留乘客降至站台1/3或以下时，解除限流。

(5)发出列车满载率达到100%及以上的区段，区段内车站启动限流，发出列车满载率降到90%及以下时，解除限流。

(6)连续3个站间发出列车满载率超过100%，首次列车到达第一个区段前，上游相关车站适时启动限流；列车满载率降到90%，首次列车到达第一个区段前，上游相关车站适时解除限流。

(7)换入线路发出列车满载率达到100%及以上时，换乘车站及换乘客流来源线路的车站启动限流，降到90%及以下时，解除限流。

3. 大客流组织实施时，各岗位工作人员的任务和岗位职责

明确实施过程中各岗位工作人员的任务，避免员工之间因职责不清、忙乱而导致遗漏重要的行动。

4. 不同级别大客流组织的措施

对不同数量级别的大客流要采取不同的客流组织措施，在保障安全的情况下，尽量减少对乘客的限流措施，提升乘客出行的舒适性和方便性。

5. 意外事故的应急处理措施

大客流组织方案中应充分考虑电梯、电力供应等设备故障、长时间无车等突发事件发生时的应急处理措施。

知识链接4-6

某地铁车站大客流组织方案——站务人员岗位职责

1. 值班站长

①在车站出入口、入闸机组、站厅与站台的楼梯、自动扶梯处进行客流控制。

②及时了解产生突发客流的原因、规模及可能持续的时间，合理安排岗位。

③及时组织人员维持购票秩序，增设兑零点，对乘客做好疏导、服务工作。

④站台拥挤时，值班站长立即安排其他岗位员工或支援人员到站台维持候车秩序，对站厅与站台的楼梯、自动扶梯处进行一级客流控制，先让下车乘客出站，再允许上车乘客进入站台，控制进站的乘客人数。

⑤若因设备故障造成列车晚点、车站乘客拥挤，值班站长应安排行车值班员及时通知公安部门协助，安排巡视岗、客运值班员在进出站口、客服中心（票亭）及进闸机组前摆放临时告示，告知购票进闸的乘客客车延误信息。同时，做好退票和公交接驳的准备工作。

⑥由于特殊气象（如暴雨）导致突发性大客流时，值班站长应及时安排员工做好滞留乘客的疏散。

⑦值班站长有暂时关闭出入口的临时处置权。值班站长在难以采用有效的措施及时疏散客流时，视情况可采用关闭出入口（换乘口）或对某个出入口（换乘口）限制乘客进入车站的措施，限制客流量及大客流进站时间。

2. 车站行车值班员

①认真监视信号控制台、列车运行、信号显示情况、AFC 设备运行情况及乘客的乘降组织，及时播放相应的广播疏导乘客。

②严格执行调度命令或上级指示，遵守各项行车作业操作规程，认真各项办理行车作业，依据运行图做好接发列车、变更闭塞等行车作业。遇有设备故障，及时向行调、值班站长、站区汇报。做好特殊情况下的预案准备工作。

③行车值班员监控 15 分钟进站客流变化。当有突发大客流时，协助值班站长通知公安部门，报告行车调度请求支援。

④站台拥挤时，要利用广播等途径提醒乘客注意安全，提示乘客按线候车、排队上车，有序组织乘降，确保列车正点运行。

⑤密切关注列车运行、建筑设施、乘客动态情况，发现不安全事宜或不安全行为及时制止，并向值班站长和有关部门、领导汇报。

⑥在非正常行车时，负责接发列车作业及递送行车凭证等站台层的行车任务。

3. 售检票人员

①当站厅一端客服中心（票亭）前出现排长队的情况时，适时协助引导乘客到人少的另一端购票。

②听从安排，适当加快或延长售检票时间。

③严格执行岗位操作流程和作业程序，提醒乘客提前打开乘车码，引导乘客快速进出站。

④积极主动进行宣传疏导，观察站厅内客流情况，关注 AFC 设备使用情况。

⑤对出站没有车票或车票无效的乘客进行补票。

⑥遇有特殊情况，及时向值班站长反馈现场情况并听从值班站长的安排，依据值班站长指令执行预案，做好客运组织工作。

⑦停止售检票后，保护好票款安全，同时做好解释疏导工作，维护好车站秩序。

4. 站务员

①在站台两端紧急停车按钮处及站台中部听从值班站长的指挥,参与组织、疏导客流。

②利用手持扬声器做好宣传工作,维护好站台秩序,制止乘客强行扒车门上下车,防止乘客跌入轨道。

③与车站控制室联系,及时汇报站台客流情况。

当车站客流得到有效缓解、恢复正常时,值班站长报告控制中心,经控制中心同意后宣布结束预案的实施,各岗位员工恢复正常工作,临时支援人员在现场指挥的安排下回到原车站、原岗位。

七 车站大客流的监测与预防

为保障乘客运送的安全、高效,在车站日常工作中,要做好大客流的监测和预防工作。

1. 车站客流状态的监测

①站务人员巡查车站客流通过能力的瓶颈区,如车站出入口、进闸机处、楼梯和自动扶梯入口处等。

②通过闭路电视监控系统进行车站客流情况的监控。

③站务人员在各个岗位定期汇报现场客流情况。

2. 车站大客流的预防

①巡视检查车站照明、导向标志、通风空调系统、电梯系统、AFC 系统运转正常。

②确保在出入口、通道等客流通行的地方无障碍物;密切关注雨雪天气出入口乘客滞留、聚集的情况。

③为乘客提供及时、便利的导向标志、位置标志,如乘车路线,换乘路线,车站站台、站厅、出入口位置,车站周边环境信息等。

④在出入口及时张贴通告,方便乘客了解运营信息。

⑤监测车站地面路况,提早为可能到来的客流做准备。

⑥及时疏导出入口聚集的客流。

⑦及时通过 OCC 请求公安支援。

⑧车站要和其他部门,如 OCC、站区、邻站保持高效、迅速的沟通,能够快速得到反馈和支援,从而更有效地开展大客流组织措施。

⑨车站广播和通告要能向乘客提供清楚、详尽的咨询,使乘客消除混乱恐慌的心理,能够知晓现场情况及将采取的措施,依从车站工作人员指示,配合大客流管制安排。

八 节假日大客流组织

在国家法定的元旦、春节、五一、十一、清明节、端午节等节假日及双休日期间,市民出行、旅游等规律与工作日不同,要做好相应的节假日客流组织准备和调整工作。

1. 节假日大客流的特点

①节假日前一天，早高峰客流压力与工作日早高峰相当，晚高峰由于下班、乘客出行、购物等客流叠加的影响，具有客流量大、持续时间长的特点，客流压力急剧上升。

②节假日当天，客流具有明显的方向和线路不均衡性，客流流向市内的商业网点和旅游景点，客流量明显高于反方向的线路。

③节假日客流的构成以购物、文娱为主，出行时间较平日通勤、通学客流晚，早高峰持续时间长，客流到达较为集中；晚高峰客流总体较为平缓，但在晚间结束运营前，商业集中区车站的客流可能骤然增加至峰值。

④大型购物商圈、活动场所、交通枢纽、地标性建筑周边的车站，其客流会有较大变化，如当天安门广场或周边有重大活动时，天安门东站、天安门西站和前门站会采取封站措施，与这三个车站相邻的车站客流会大幅增长。

2. 节假日大客流组织的准备工作

节假日大客流属于可预见性大客流，要做好节假日前大客流组织的准备工作。

(1)编制节假日大客流组织预案

节假日客流与日常客流有着明显的不同，特别是节前一天晚高峰压力最为突出。在节假日来临前，可根据历史数据分析总结节假日的客流规律，提前编制节假日客流组织预案并进行演练，为节假日大客流组织的现场操作提供清晰指引。

(2)节假日客流控制车站信息预告

节假日期间，受客流拥堵的影响，多个站点有可能反复采取长时间的客流控制措施，因此需提前通过多种媒介扩大乘客获知面，满足乘客知情权，争取更多乘客的理解与支持。

(3)重点车站增派人手、客运备品

节假日期间，特别是节前一天，客流压力剧增，因此须在节假日来临前做好人员、客运备品的储备，及时上报各种物资需求，保证在节假日大客流时有足够的人员及备品实施客流组织。

(4)建立内部大客流保障机制

建立大客流预警分级机制，在节前对大客流进行预设，从行车组织及客运组织方面明确不同等级客流预警细化响应机制。同时，在节前成立大客流疏运指挥小组，协调各项人员和物资保障安排，指挥现场大客流疏导组织，做好大客流的控制。

3. 节假日大客流组织要点

节假日大客流组织措施与车站日常大客流组织措施基本一致，特别的要点如下：

①节假日现场大客流组织原则上按照预告信息中的车站、日期、时段启动客流控制。具体的实施要求和实施流程与工作日的常态化客流控制一致。

②特别注意加强站台、出入口巡视，关注客流变化，利用告示牌、临时导向标志、广播设备，积极做好乘客的宣传引导工作，根据客流情况随时调整岗位力量。

③要加强安检工作，严禁乘客携带易燃、易爆、危险品进站乘车。

技能工作页 车站大客流组织实施

任务书

请根据“任务实施”部分引导文“某换乘车站客运组织方案——‘疏、控、限、封’分级客流组织措施”，结合当地地铁运营企业车站岗位设置及大客流组织程序，补充、完善换乘车站大客流组织实训演练报告，利用实训室设备，分角色模拟演练车站大客流组织。

(1)按照值班站长、车站值班员、站务员、车站助理、安检人员等角色分工，明确其岗位职责。

(2)按照引导文，在车站站厅、站台平面示意图上标注各角色值岗位置。

(3)依据各级别客流组织方案，补充关键行动、沟通对话等内容，完成实训演练报告撰写。

(4)依据实训演练报告，利用实训室设备，分角色开展车站“疏、控、限、封”分级客流组织模拟演练。

(5)车站大客流模拟演练要点：

①首先明确各岗位职责和关键行动指引。

②根据行动指引，参照“知识链接：某地铁运营企业无线通信规范(节选)”中的相关要求，完善岗位、乘客间沟通对话。

③各岗位人员熟练配合。

④各岗位人员熟悉车站大客流“疏、控、限、封”分级客流组织措施的各项指引及程序流程。

⑤各岗位人员能够利用实训室相关设备设施，严格按照行动指引进行设备操作。

⑥各岗位人员在操作过程中使用专业术语，并能合理掌控时间。

知识链接

某地铁运营企业无线通信规范(节选)

1. 无线通信要求

在无线电话通信过程中，须采取下列方法确保传递信息的准确：

①引起注意。

②传送的信息简单明了。

③行动指示要求明确。

④如有必要，重复、澄清信息内容。

2. 身份识别

①每段无线通话开始时，进行通话的发送者和接收者必须表明身份，以确保正确传递信息。

②使用无线电设备时，必须采用编配给使用设备者的呼号来识别身份。

3. 无线通信数字发音（附表 4-1）

无线通信数字发音　　附表 4-1

数字	0	1	2	3	4
发音	dòng	yāo	liǎng	sān	sì
数字	5	6	7	8	9
发音	wǔ	liù	guǎi	bā	jiǔ

4. 无线通信常用术语（附表 4-2）

无线通信常用术语　　附表 4-2

术　语	含　义
所有单位	表示向所有通信台集体通话
请注意	表示将发送信息
正确	表示信息已被正确接收
明白	表示收到和清楚明白该信息
请复诵	表示接收者必须复述信息，确保有正确的理解
请回话	表示在信息完结时需要回话
请再讲一次	要求发送者复述信息
请稍候	表示在通话期间稍做停顿
确认后继续	要求确认收到一段较长信息的一部分
照办	表示收到和清楚明白该信息，并将依指示执行
错误	表示信息接收错误
通话完毕	表示在信息完结后不需要回话
通信测试	测试确定某通信台收到信号
接收正常	表示在无线电通话测试中，某通信台所接收的信号正常
接收困难	表示在无线电通话测试中，某通信台所接收的信号微弱
接收不清	表示信息并未得到确认
紧急事件	表示为紧急信息

5. 通话范例(附表 4-3)

通话范例——行车调度员向个别驾驶员发出指示 附表 4-3

发送者	信息
行车调度员	行调,呼叫 002 列车,请回话
002 列车驾驶员	002 列车,请回话
行车调度员	行调,请复诵,到达 A 站后清人,请回话
002 列车驾驶员	002 列车,到达 B 站后清人,请回话
行车调度员	行调,错误,我再讲一次,请复诵,到达 A 站后清人,请回话
002 列车驾驶员	002 列车,到达 A 站后清人,请回话
行车调度员	行调,正确,通话完毕

6. 手台呼号的编制原则(附表 4-4)

一般规定,每个无线电信息必须使用编配给个别岗位或设备的呼号,以助识别发送者和接受者的身份,如中关村站值班站长的手台呼号为中关村 01。

手台呼号编制原则(节选) 附表 4-4

<table>
<tr><th>使用者</th><th colspan="2">呼号</th></tr>
<tr><td>值班经理</td><td colspan="2">值班经理</td></tr>
<tr><td>行车调度员</td><td colspan="2">行调</td></tr>
<tr><td>值班站长</td><td rowspan="3">车站名称</td><td>01</td></tr>
<tr><td rowspan="5">车站员工</td><td>11-99</td></tr>
<tr><td>行车值班员:11、12…
站厅站务员:21、22…
客服中心站务员:31、32…
站台站务员:41、42…
……</td></tr>
<tr><td>车站维修</td><td>101-109</td></tr>
<tr><td>保安</td><td>保安 11-99</td></tr>
<tr><td>列车</td><td>列车 01-99</td></tr>
</table>

任务分组

建议 10~12 位同学为一组,明确任务分工(附表 4-5),共同完成车站大客流组织实训演练报告和模拟演练等相关任务。

学生任务分配表 附表 4-5

班级			组号	
组长			学号	
组员	姓名	学号	姓名	学号
任务分工	岗位	姓名	职责	
	值班站长		控制全局，做出正确判断，下达正确指令	
	行车值班员			

获取信息

引导问题1　回顾城市轨道交通客运组织的概念。

....

....

....

....

引导问题2　城市轨道交通客运组织工作必须实行________________、________________的原则。

引导问题3　车站客流组织、客流疏导工作应以________________、________________、“节点控制、区域联动”为原则。

引导问题4　车站值班站长是车站客流组织第一责任人，具有________________、限流解除、________________、________________的权力。

引导问题5　客流组织工作遵循“________________”的信息上报原则。

引导问题6　车站出入口如果只有一部自动扶梯，按照“________________”的原则，自动扶梯应调整为上行方向。

引导问题7　判断下列关于安检组织的说法是否正确。

(1)安检区域应尽量设置在站厅中部。　(　　)

(2)安检设备应集中布置，以方便操作和应急处置。　(　　)

(3)地铁车站各安检口的安全等级不同。　(　　)

(4)安检点应布置于进站主客流流线上，且不应妨碍客流的正常通行和疏散。　(　　)

引导问题8　若发现疑似爆炸物，利用________________、________________进行现场处置，并上报公安机关；若检测出民用易燃易爆物品，则对乘客进行劝阻，________________，经劝阻拒不出站的需报告执勤民警依法进行处置。

引导问题9　判断下列关于售票、监票组织的说法是否正确。

(1)在自动售票机前组织乘客购票时，要尽可能充分利用自动售票机，使乘客分散购票，避免乘客大量集中于少量售票机处。　(　　)

(2)在进行监票组织时，应遵循“出站优于进站”的组织原则。　(　　)

(3)在乘客排队进站时，队伍可阻挡出站通道和路径，以确保进站乘客能够顺利进站。　(　　)

(4)对于持有大件行李或行动不便的乘客，引导其由宽通道闸机通过。　(　　)

(5)对于携带儿童的乘客，提示其儿童先于成人进入闸机通道。　(　　)

引导问题10　站务人员主要从________________、有序乘降、________________和意外处置四个方面来进行乘降组织。

引导问题11　判断下列关于乘客乘降组织的说法是否正确。

（1）工作人员特别要注意站台车尾位置，避免有乘客跳下或跌下站台，发生危险。（　　）

（2）对于站台两端客流不均衡的车站，应在客流较为集中的一端增加宣传疏导力量，引导乘客到站台中部或站台另一端分散候车。（　　）

（3）当站台较为狭小时，为保障乘客通行，应设置格栅区域，乘客不得在此停留，仅供通行。（　　）

（4）乘客物品掉入道床，应及时使用工具为乘客提供拾、捡服务。（　　）

引导问题 12　换乘车站要做好相关两线各方向末班车的广播及乘客提示，并安排专人在________值守，做好换乘（某一方向有车或无车）宣传解释。

引导问题 13　判断下列关于常态化限流的说法是否正确。

（1）常态化限流组织，一般主要表现为早晚高峰限流。（　　）

（2）常态化限流设施不需满足乘客紧急疏散要求。（　　）

（3）常态化限流车站须提前公示限流时间，按时启动限流措施，并做好对乘客的宣传解释工作。（　　）

（4）常态化限流时，需关注老、弱、病、残、孕等有特殊需要的乘客，开辟绿色通道，主动引导特殊乘客乘车。（　　）

（5）常态化限流车站一经确定，不得更改。（　　）

引导问题 14　按照换乘地点不同，客流换乘形式主要分为两种，即________和________。

引导问题 15　轨道交通不同线路间的换乘方式主要有________、站厅换乘、________、站外换乘和________五种类型。

引导问题 16　一站同站台换乘可通过________、________等多种换乘车站设计方式来实现，能实现________个方向的客流同台换乘，另一半换乘客流需要通过________才能实现换乘。

引导问题 17　连续两站同站台换乘可以满足________个方向的换乘客流同台换乘，换乘极为方便，相邻两站一般会采用________的同站台换乘设计。

引导问题 18　在所有站台换乘方式中，________的换乘能力最大，适用于优势方向换乘客流较大的情形；________的换乘能力最小，其制约因素是________。

引导问题 19　下列有关站厅换乘描述正确的是（　　）。

A. 乘客下车后，无论是出站还是换乘，都必须经过站厅，再根据导向标志出站或进入另一个站台继续乘车

B. 站厅换乘方式中，下车后客流走行方向一致，乘客行进速度快

C. 站厅换乘距离比站台直接换乘距离短

D. 若换乘过程中需要进出收费区，检票口的能力可能成为限制因素

引导问题 20　慈寿寺站是北京地铁 6 号线和北京地铁 10 号线的换乘车站，其中 10 号线站台在上方，6 号线站台在下方，请根据附图 4-1 回答下列问题。

（1）两线站台均为________站台，两线为________上、下层站台换乘，10 号线换

乘6号线直接通过站台端部的楼梯、自动扶梯换乘，6号线换乘10号线则需＿＿＿＿＿＿。

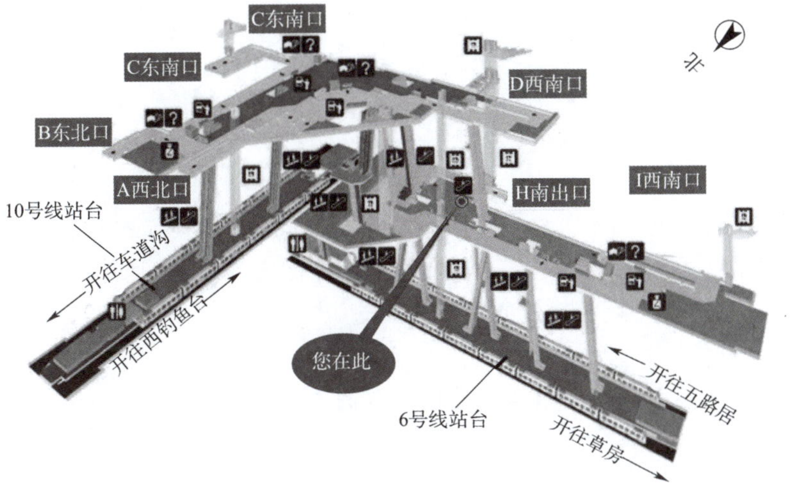

附图4-1　北京地铁慈寿寺站

(2)请简述该种换乘方式的优缺点。

引导问题21　车公庄站是北京地铁2号线和北京地铁6号线的换乘车站，请根据附图4-2回答下列问题。

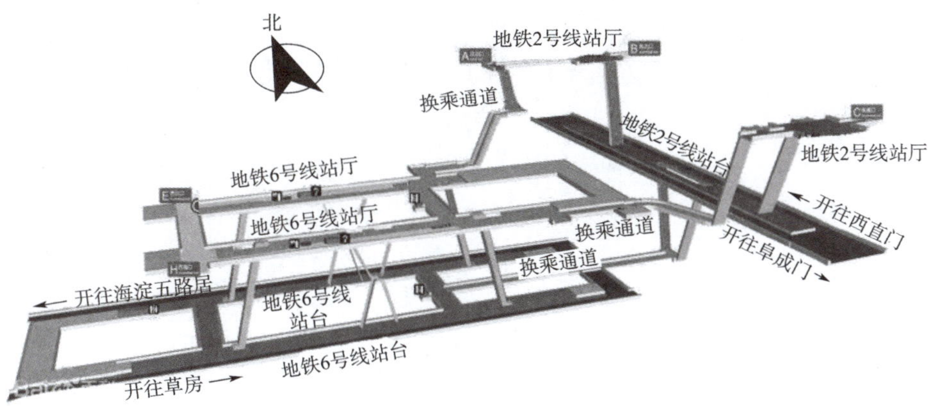

附图4-2　北京地铁车公庄站

(1)2号线站台是(　　)，6号线站台是(　　)。

A. 岛式站台　　B. 侧式车站　　C. 混合式站台　　D. 分离岛式站台

(2)2号线和6号线两条线路呈＿＿＿＿＿＿相交的方式，2号线换乘6号线的换乘方式为＿＿＿＿＿＿，6号线换乘2号线的换乘方式为＿＿＿＿＿＿。

(3)请简述该种换乘方式的优缺点。

引导问题22 换乘通道可直接连接________，这种方式换乘距离较近，换乘时间较短；通道还可连接________，换乘距离相对较远，换乘时间较长。

引导问题23 一般情况下，换乘通道长度不宜超过________，换乘通道的宽度可根据客流状况加宽。

引导问题24 请简述共同管理换乘车站协同处置的原则。

引导问题25 通道换乘式共管车站，换乘通道栅栏门一般采取________的方式锁闭；同台换乘式共管车站，客运组织一般由________。

引导问题26 共同管理换乘车站需要为乘客办理退票时，双方均应以________为原则及时为乘客办理退票服务。

引导问题27 换乘车站客流组织的评价指标有________、________、干扰度、________、舒适性、安全性等。

引导问题28 车站大客流的定义是什么？车站大客流出现的时间有哪些？

引导问题29 按是否可以预见分类，大客流可分为________和________。

引导问题30 突发性大客流是指________，引起突发性大客流的原因有________。

引导问题31 ________负责地铁线路的客流组织工作，车站的客流组织由________负责。

引导问题32 可根据预测客流量，提前编制针对大客流的特殊情况下的列车运行图，从运能上保证大客流的运营组织。________是大客流组织的关键。

引导问题 33　采取哪些措施可提高售检票能力？

引导问题 34　当发生进站大客流、站台还有一定容纳能力时，可采取哪些客流组织方法？

引导问题 35　当发生进站大客流、站台容纳能力不足时，可采取哪些客流组织方法？

引导问题 36　当发生出站大客流时，可采取哪些客流组织方法？

引导问题 37　当车站同时发生进站大客流、出站大客流的情况时，应遵循“__________”和“__________”的原则实施客流控制。

引导问题 38　三级客流控制方法是指__________、__________和__________，正好符合地下车站大客流组织“____________________”的原则。

引导问题 39　当车站发生换乘大客流时，按照“_______________”的原则进行客运组织。

引导问题 40　车站换乘大客流组织的方法有哪些？

引导问题 41　车站采取的临时疏导措施主要有哪些?

引导问题 42　疏导客流有哪些措施?

引导问题 43　控制客流有哪些措施?

引导问题 44　限制客流有哪些措施?

引导问题 45　封闭车站有哪些措施?

引导问题 46　车站大客流组织措施启动的时机和触发点有哪些?

任务实施

某换乘车站客运组织方案——“疏、控、限、封”分级客流组织措施

某车站为地铁1号线和2号线的换乘车站，车站主体为地下二层结构，站厅层位于地下一层，分为南北两部分，中间不连通；站台层位于地下二层，为局部分离岛式站台。该换乘车站为通道换乘方式。2号线车站南北端站厅分别有一条换乘通道与1号线车站站厅连接，南端换乘通道开口于1号线车站站厅中部，北端换乘通道开口于1号线车站站厅西部，如附图4-3所示。

车站高峰期人员配置如附表4-6所示。

某车站高峰期人员配置　　附表4-6

值班站长	车站值班员	站务人员	车站助理	安检人员	安保人员	保洁人员
1人	2人	5人	7人	14人	1人	6人

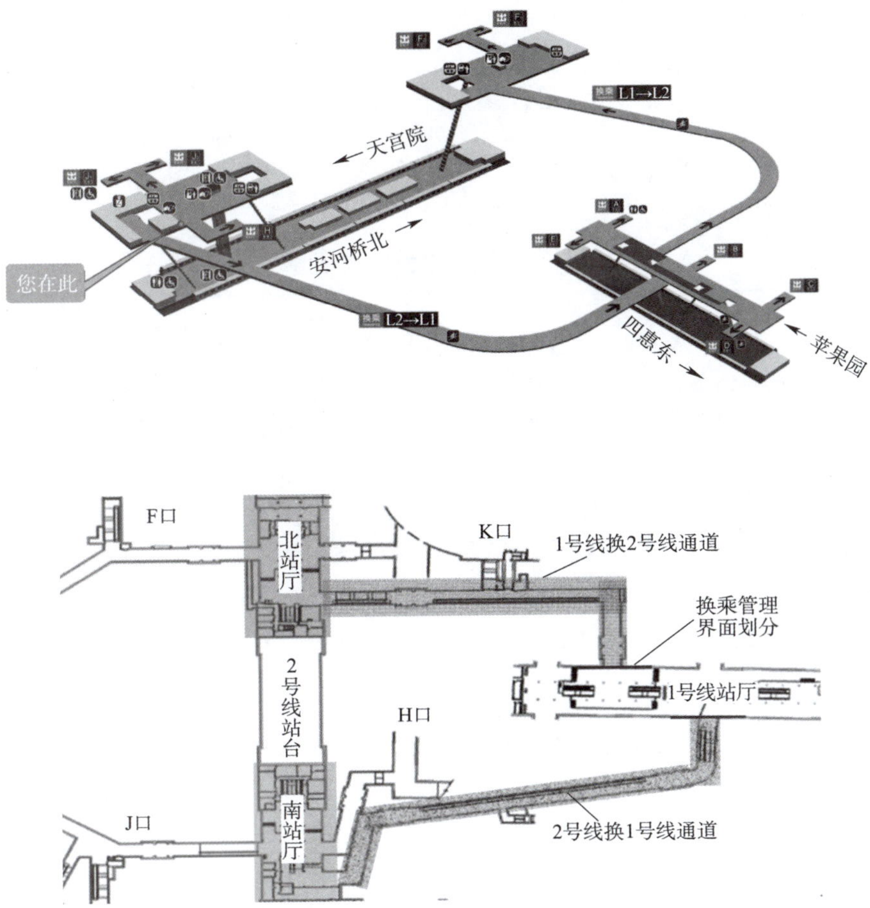

附图4-3　某换乘车站结构示意图

1. 疏导客流方案(高峰期正常客运组织,附表4-7)

某换乘车站疏导客流方案 附表4-7

岗　　位	岗位职责
车站控制室	严密监控车站控制室内所有设备的运行情况,每20min利用CCTV监控车站所管辖区域。早高峰期间重点关注上行站台、站台南部(简称"南站台")及L2换乘L1情况。晚高峰期间重点关注北厅进站、下行站台及L1换乘L2情况
客服中心售票	正常售票、充值,为乘客处理问题票卡
自动扶梯岗(车站助理)	关注自动扶梯运行情况,对携带大件物品乘客及老人、儿童提前做好提醒。发现危及乘客安全的情况,第一时间按压急停按钮
北站台	对进站及换乘乘客加强宣传疏导,避免乘客在站台北部(简称"北站台")聚集,均衡乘车。监控站台门、车门及列车运行情况
站台监察亭	监控上下行列车运行,做好广播宣传
闸机岗	做好乘客进出站的引导工作

2. 控制客流方案(附表4-8)

某换乘车站控制客流方案 附表4-8

启动时机	(1)当单侧站台出现乘客滞留现象,达到客流控制触发点时(单侧站台乘客排队到达网格线,等候在单扇滑动门的乘客达到20人)。 (2)当1号线突发大客流或换乘通道自动扶梯故障,导致换乘通道客流较大,乘客移动缓慢时。 (3)当北站厅出现换乘客流堆积,乘客排队影响安检时。 (4)当北站厅进站客流较大,排队到F口通道坡道下方时
客流组织措施	(1)将北站厅自动售票机关停3部。 (2)北站厅客服中心减慢人工售票速度。 (3)北站厅关闭3部进站闸机。 (4)K口人员监控北换乘通道内情况。 (5)通知安检减慢安检速度。 (6)车站内播放循环广播(每3min播放一次)。 (7)站台岗及时通报站台乘客滞留情况及列车满载率。 (8)站台监察亭预制好循环广播后,到达北站台加强疏导

3. 限制客流方案(附表4-9)

某换乘车站限制客流方案 附表4-9

启动时机	(1)当初级措施不能缓解车站压力,客流达到车站最大通过能力的70%时,站台单侧每个门排4队,且单侧站台乘客排队长度距离承重墙仅能供1人侧身通行时(每扇滑动门滞留约17人)。 (2)当北站台乘客滞留到达北站台楼梯下方梯形网格线处,影响楼梯及北站台上行自动扶梯正常使用时。 (3)当北站厅人员堆积已到达北换乘楼梯口水篦子处时。 (4)当北换乘客流在换乘通道内堆积,乘客堆积到达K口时。 (5)当北站厅进站安检客流排到F口出口设备用房处时
客流组织措施	(1)将F口改为只出不进,进站乘客绕行J2口进站;F口粘贴通告指引乘客前往J2口进站。 (2)安排车站保安及一名北站厅安检人员在F口通道处值守,通知进站乘客绕行J2口进站。 (3)通知北站厅客服人员停止售票,负责组织北站厅客流并兼顾票务处理,根据值班站长指令,分时段开启北站厅换乘自动扶梯。 (4)安排北站厅车站助理于北站厅至北站台下行扶梯上部值守,提醒乘客注意安全。 (5)自动售票机及进站闸机关停北站厅。 (6)通知北站厅换乘处值岗车站助理关停自动扶梯。 (7)如客流无缓解,关停北站厅至北站台下行自动扶梯。 (8)K口人员监控北换乘通道内情况。 (9)值班站长将情况通知1号线车站控制室、行调。 (10)循环播放广播(每1min播放一次),告知乘客出入口及换乘通道限流情况。 (11)通知南客服中心人员提前预制单程票,视情况在南站厅增加临时售票,通知南站厅安检放置导流围栏。 (12)必要时,车站控制申请人力后援。 (13)在F口只出不进,引导乘客由J2口进站的措施下,可根据J口安检点乘客积压情况,在F1口外进行分时段放行

4. 封闭车站方案(附表4-10)

某换乘车站封闭车站方案 附表4-10

启动时机	(1)当客流骤增超出车站最大通过能力时。 (2)当站台堆积大量乘客,造成站厅层乘客无法进入到站台层,且换乘通道内聚集乘客超过北换乘通道拐弯处时。 (3)当车站长达20min没有列车进站,客流仍然持续增加时。 (4)当车站出现紧急情况,需要进行疏散时。 (5)当车站发生突发情况,值班站长认为需要对车站进行关闭时

续上表

客流组织措施	(1)关闭车站所有出入口，出入口只出不进，同时通知1号线，并关闭换乘通道。 (2)关闭车站所有进站闸机。 (3)关闭车站所有自动售票机。 (4)车站南北站厅客服中心停止售票。 (5)南北站厅客服中心售票人员疏导站厅层乘客尽快出站。 (6)站台站务员疏导站台层乘客尽快出站。 (7)播放封站广播(每1min播放一次)，安排安检人员值守车站各出入口，阻止乘客进站；安排保洁、车站助理等前往出入口张贴封站通告。 (8)将情况上报行调。 (9)关闭所有进站方向电扶梯

引导问题47 请根据车站大客流组织演练方案进行角色分工，按照手台呼号的编制原则为每个岗位(值班站长、车站值班员、站务员、车站助理、安检人员等)编制手台呼号，并写在附表4-11中。

手台呼号编制表 附表4-11

岗位编码	姓　名	岗位编码	姓　名
值站01			

引导问题48 请根据如下疏导客流方案的车站岗位人员布置，设计相关图例，在车站站厅、站台平面布局及流线图(附图4-4～附图4-6)上标注工作人员值岗位置。

①值班站长在车站控制室值岗。

②2名车站值班员在北站厅车站控制室值岗。

③1名站务员在北站厅客服中心值岗。

④1名站务员在南站厅客服中心值岗。

⑤6名安检人员在F口安检设备处值岗。

⑥6名安检人员在J口安检设备处值岗。

⑦1名车站助理在北站厅入闸机处值岗。

⑧1名车站助理在南站厅出闸机处值岗。

⑨1名车站助理在北侧L1换L2换乘通道上行扶梯处值岗。

⑩1名车站助理在南侧L2换L1换乘通道下行扶梯处值岗。

⑪3 名车站助理分别在站台北部扶梯、站台中部、站台南部扶梯处值岗。

⑫3 名站务员在站台客流密集处值岗。

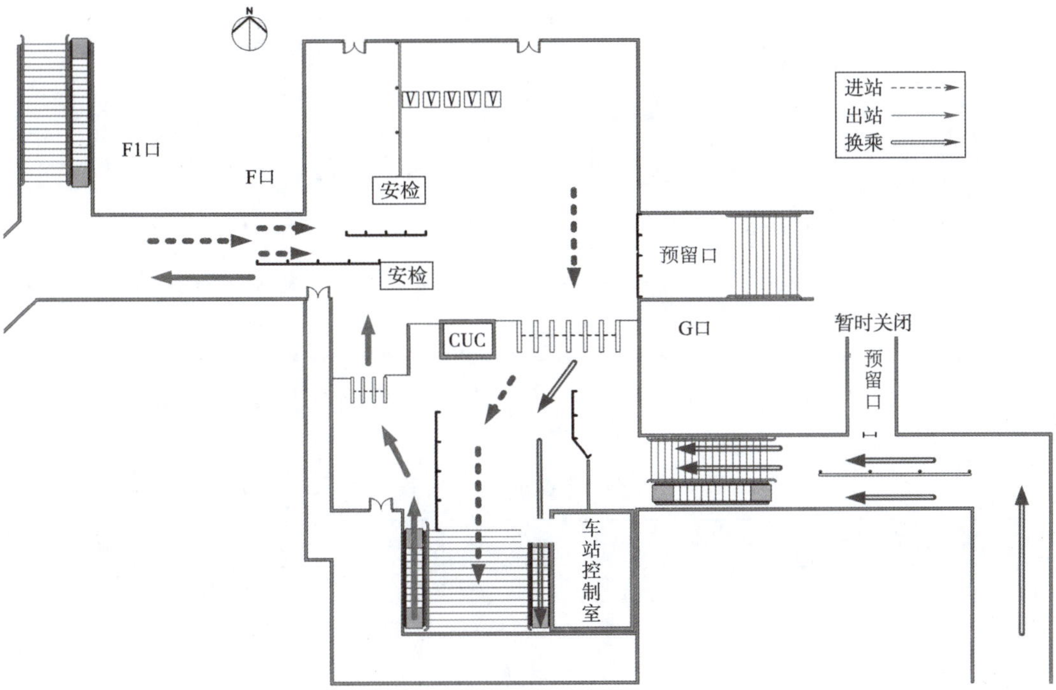

附图 4-4 疏导客流方案——北站厅平面布局及流线图

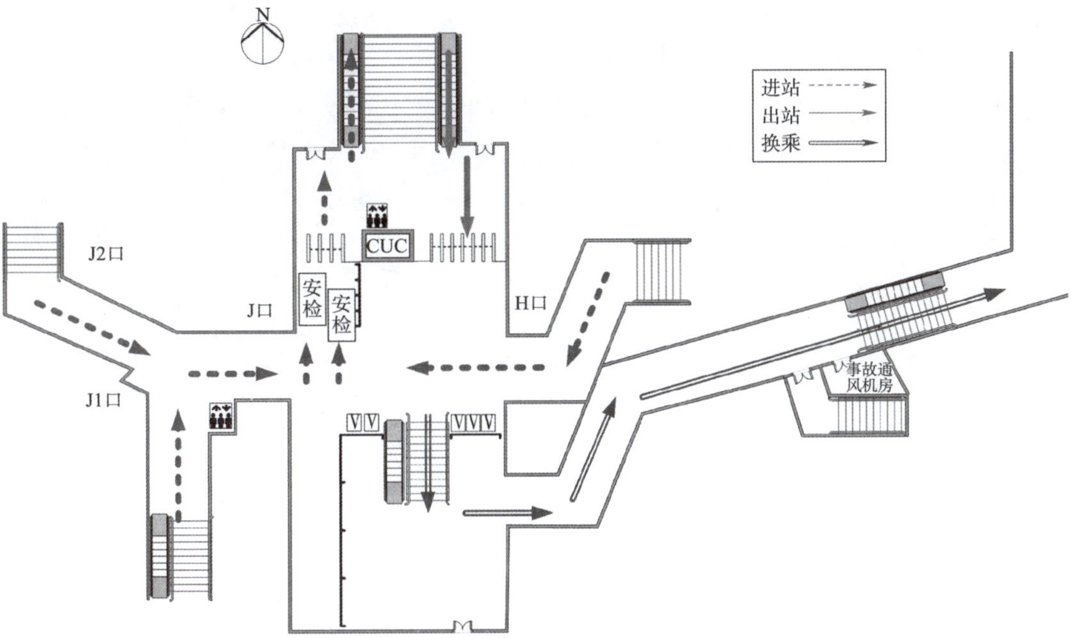

附图 4-5 疏导客流方案——南站厅平面布局及流线图

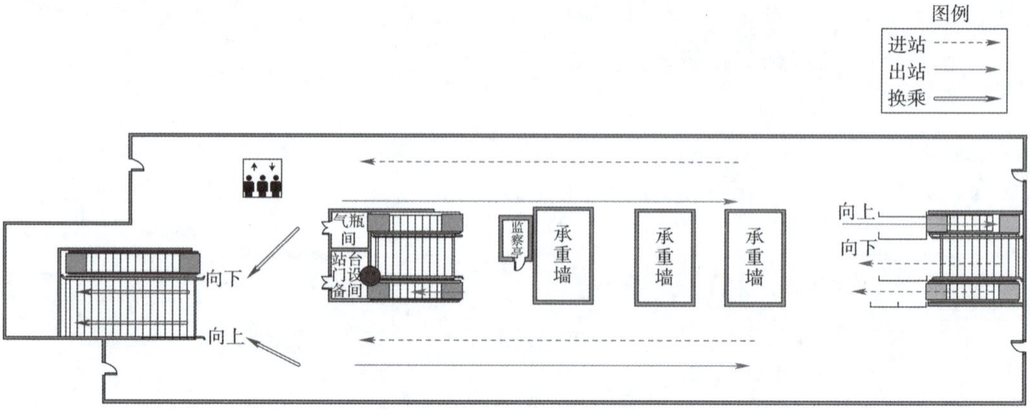

附图 4-6　疏导客流方案——站台平面布局及流线图

引导问题 49　请根据疏导客流方案，在附表 4-12 中补充各岗位关键行动、沟通对话和所需设备，完成实训演练报告，并结合实训室设备，小组配合、分角色扮演完成“疏导客流”模拟演练。

疏导客流实训演练报告　　附表 4-12

步骤	岗　位	行动指引		所需设备
1	车站控制室	关键行动	行动 1：	CCTV 手台
		沟通对话		

续上表

<table>
<tr><th>步骤</th><th>岗位</th><th colspan="2">行动指引</th><th>所需设备</th></tr>
<tr><td rowspan="2">2</td><td rowspan="2">客服中心岗</td><td>关键行动</td><td>行动1：正常售票、充值，为乘客处理问题票卡</td><td rowspan="2"></td></tr>
<tr><td>沟通对话</td><td></td></tr>
<tr><td rowspan="2">3</td><td rowspan="2">自动扶梯岗
（车站助理）</td><td>关键行动</td><td>行动1：关注自动扶梯运行情况，对携带大件物品乘客及老人、儿童提前做好提醒。
行动2：发现危及乘客安全的情况，第一时间按压急停按钮</td><td rowspan="2"></td></tr>
<tr><td>沟通对话</td><td>广播宣传用语：</td></tr>
</table>

续上表

<table>
<tr><th>步骤</th><th>岗　　位</th><th colspan="2">行动指引</th><th>所需设备</th></tr>
<tr><td rowspan="2">4</td><td rowspan="2">站台岗</td><td>关键行动</td><td>行动1：对进站及换乘乘客加强宣传疏导，避免乘客在北站台聚集，均衡乘车。
行动2：监控站台门、车门及列车运行情况</td><td rowspan="2"></td></tr>
<tr><td>沟通对话</td><td></td></tr>
<tr><td rowspan="2">5</td><td rowspan="2">站台监察亭</td><td>关键行动</td><td>行动1：预制好循环广播后，到达北站台加强疏导</td><td rowspan="2"></td></tr>
<tr><td>沟通对话</td><td>广播宣传用语：</td></tr>
</table>

续上表

步骤	岗　位		行动指引	所需设备
6	闸机岗	关键行动	行动1：做好乘客进出站的引导工作	
		沟通对话		

引导问题50　请根据如下控制客流方案的车站岗位人员布置，设计相关图例，在车站站厅、站台平面布局及流线图（附图4-7、附图4-8）上标注工作人员值岗位置。

①值班站长在车站值班室、站台南部扶梯处轮流巡视。

②2名车站值班员在北站厅车站控制室值岗。

③1 名站务员在北站厅客服中心值岗。

④6 名安检人员在 F 口安检设备处值岗。

⑤1 名车站助理在北站厅入闸机处值岗。

⑥1 名车站助理在北侧 L1 换 L2 换乘通道上行扶梯处值岗。

⑦3 名车站助理分别在站台北部扶梯、站台中部、站台南部扶梯处值岗。

⑧3 名站务员在站台客流密集处值岗。

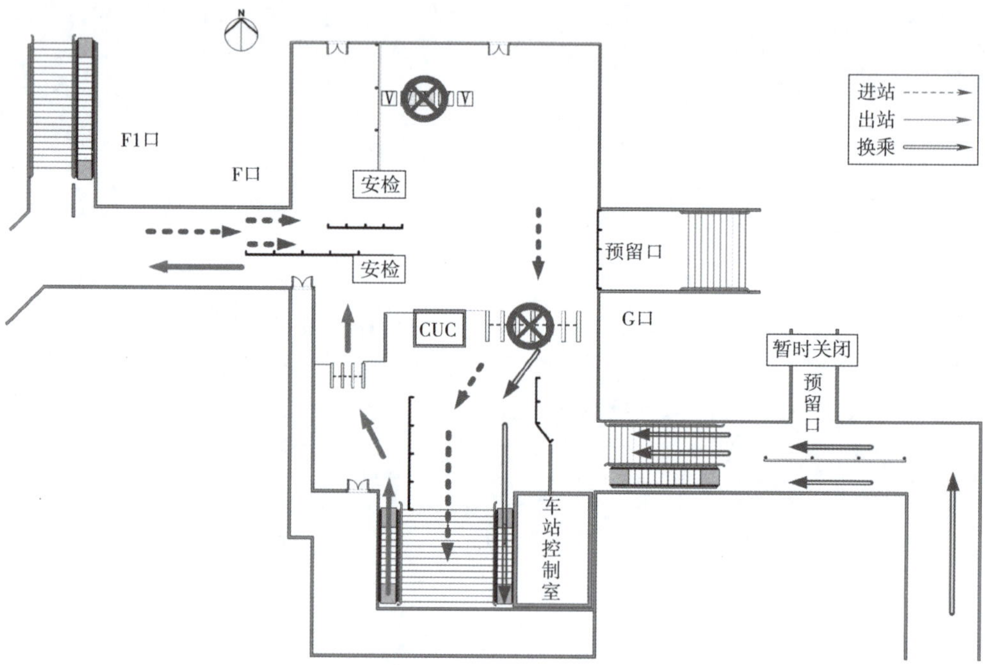

附图 4-7　控制客流方案——北站厅平面布局及流线图

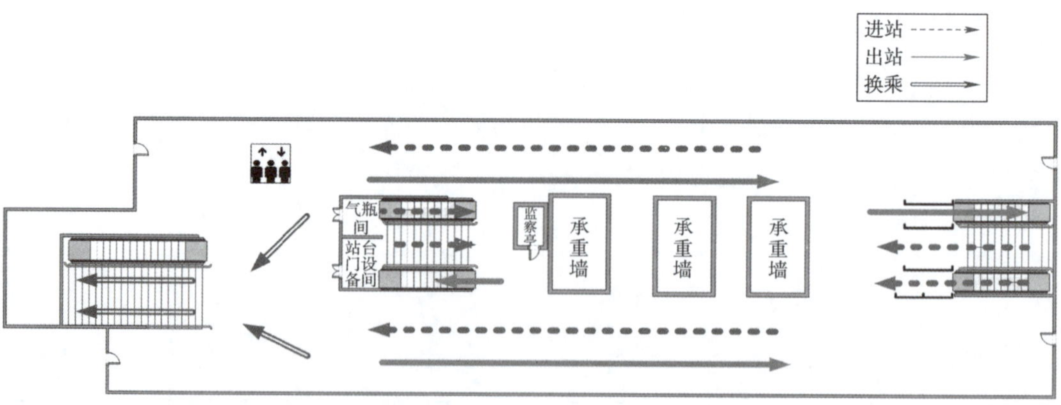

附图 4-8　控制客流方案——站台平面布局及流线图

引导问题 51　请根据控制客流方案，在附表 4-13 中补充各岗位关键行动、沟通对话和所需设备，完成实训演练报告，并结合实训室设备，小组配合、分角色扮演完成“控制客流方案”模拟演练。

控制客流实训演练报告

附表 4-13

<table>
<tr><th>步骤</th><th>岗 位</th><th colspan="2">行 动 指 引</th><th>所需设备</th></tr>
<tr><td>演练启动</td><td>站台岗站务员</td><td colspan="2">站务11:站务11,呼叫值站01,站台排队乘客到达网格线,排队乘客达到20人,请求启动控制客流方案,请回话。
值站01:值站01,收到。
值站01:所有单位,请注意,现启动车站限流组织方案,收到请回话。
站务11:站务11,收到,通话完毕。
站务21:站务21,收到,通话完毕。
其他岗位回复(略)</td><td>手台</td></tr>
<tr><td rowspan="2">1</td><td rowspan="2">值班站长</td><td>关键行动</td><td></td><td rowspan="2"></td></tr>
<tr><td>沟通对话</td><td></td></tr>
</table>

续上表

步骤	岗　位	行动指引		所需设备
2	车站值班员	关键行动	行动1:通过车站计算机(SC),关闭北站厅3部自动售票机。 行动2:通过手台通知北站厅客服中心减慢人工售票速度	
		沟通对话		
3	客服中心岗	关键行动		
		沟通对话		

续上表

步骤	岗　　位	行动指引		所需设备
4	自动扶梯岗 （车站助理）	关键行动		
		沟通对话	广播宣传用语：	
5	换乘通道岗	关键行动	行动1：关注换乘通道客流及自动扶梯运行状况	
		沟通对话		

续上表

<table>
<tr><th>步骤</th><th>岗　位</th><th colspan="2">行动指引</th><th>所需设备</th></tr>
<tr><td rowspan="2">6</td><td rowspan="2">闸机岗</td><td>关键行动</td><td>行动1：做好乘客进出站的引导工作</td><td rowspan="4"></td></tr>
<tr><td>沟通对话</td><td></td></tr>
<tr><td rowspan="2">7</td><td rowspan="2">站台疏导岗</td><td>关键行动</td><td>行动1：对进站及换乘乘客加强宣传疏导，避免乘客在北站台聚集。
行动2：均衡乘车。监控站台门、车门及列车运行情况</td></tr>
<tr><td>沟通对话</td><td>广播宣传用语：</td></tr>
</table>

续上表

步骤	岗 位	行动指引		所需设备
8	站台监察亭	关键行动	行动1:预制好循环广播后,到达北站台加强疏导	
		沟通对话	广播宣传用语:	

引导问题52 请根据如下限制客流方案的车站岗位人员布置,在车站站厅、站台平面布局及流线图(附图4-9~附图4-11)上标注工作人员值岗位置。

①值班站长在站台客流集中处巡视、疏导。

②1名车站值班员在北站厅车站控制室值岗。

③1名车站值班员在北站厅客服中心值岗,同时负责北站厅客流组织工作。

④1名车站助理在北侧L1换L2换乘通道上行扶梯处值岗。

⑤1名车站助理在北侧L1换L2换乘通道K出入口处值岗。

⑥1名车站助理在F2出入口处值岗。

⑦1名站务员在F1出入口与F2出入口交接处值岗,引导乘客从J口进站。

⑧8名安检人员在J口安检设备处值岗。

⑨2名站务人员、1名车站助理在南站厅维持进站客流秩序。

⑩1名车站助理在南侧L2换L1换乘通道自动扶梯处值岗。

⑪3 名车站助理分别在站台北部扶梯、站台中部、站台南部扶梯处值岗。

⑫2 名站务员在站台客流密集处值岗。

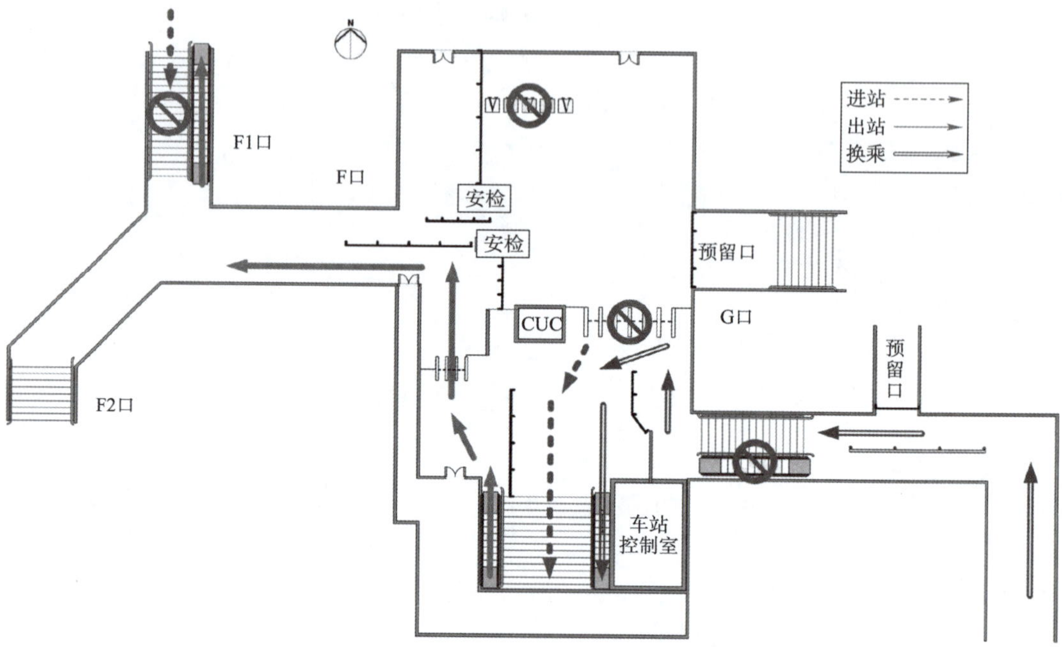

附图 4-9　限制客流方案——北站厅平面布局及流线图

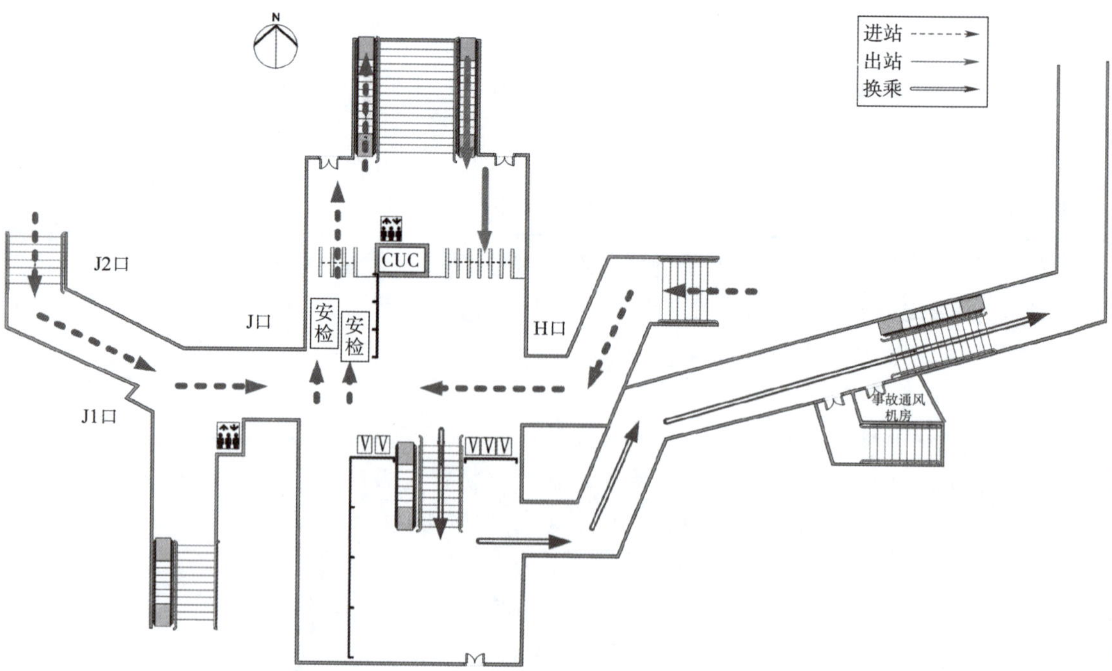

附图 4-10　限制客流方案——南站厅平面布局及流线图

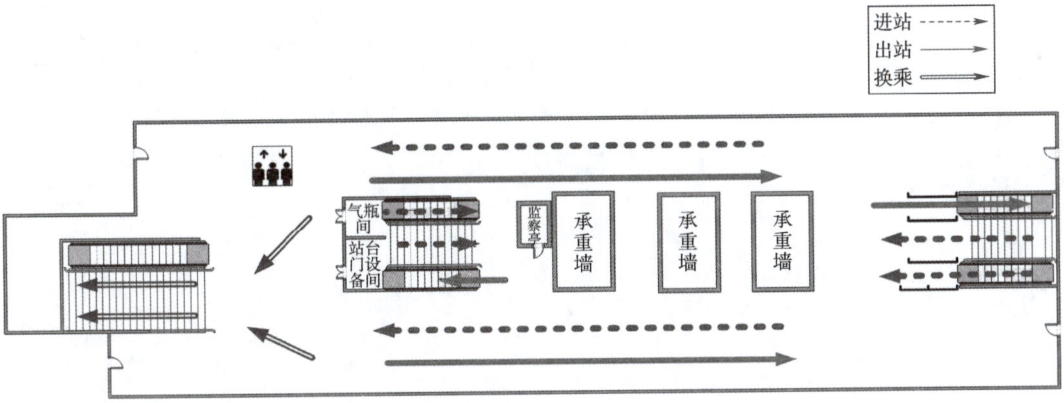

附图 4-11 限制客流方案——站台平面布局及流线图

引导问题 53 请根据案例中限制客流方案，在附表 4-14 中补充各岗位关键行动、沟通对话和所需设备，完成实训演练报告，并结合实训室设备，小组配合、分角色扮演完成“限制客流”模拟演练。

限制客流实训演练报告

附表 4-14

步骤	岗 位	行 动 指 引	所 需 设 备
演练启动	站台岗站务员	站务 11：站务 11，呼叫值站 01，北站台滞留乘客到达楼梯下方梯形网格线，请求启动限流组织方案，请回话。 值站 01：值站 01，收到。 值站 01：所有单位，请注意，现启动车站限流组织方案，收到请回话。 站务 11：站务 11，收到，通话完毕。 站务 21：站务 21，收到，通话完毕。 其他岗位回复（略）	手台

续上表

<table>
<tr><th>步骤</th><th>岗　位</th><th colspan="2">行动指引</th><th>所需设备</th></tr>
<tr><td rowspan="2">1</td><td rowspan="2">值班站长</td><td>关键行动</td><td>行动1：安排各岗位进行限流组织，下达客流组织相关指令</td><td rowspan="2"></td></tr>
<tr><td>沟通对话</td><td></td></tr>
<tr><td rowspan="2">2</td><td rowspan="2">车站值班员</td><td>关键行动</td><td>车站值班员客流组织措施(如通过××设备，采取××措施)：</td><td rowspan="2"></td></tr>
<tr><td>沟通对话</td><td></td></tr>
</table>

续上表

步骤	岗　位	行动指引		所需设备
3	客服中心岗	关键行动		
		沟通对话		
4	自动扶梯岗（车站助理）	关键行动		
		沟通对话	广播宣传用语：	

续上表

<table>
<tr><th>步骤</th><th>岗　位</th><th colspan="2">行动指引</th><th>所需设备</th></tr>
<tr><td rowspan="2">5</td><td rowspan="2">换乘通道岗</td><td>关键行动</td><td>行动1：关注换乘通道客流及自动扶梯运行状况</td><td rowspan="2"></td></tr>
<tr><td>沟通对话</td><td></td></tr>
<tr><td rowspan="2">6</td><td rowspan="2">闸机岗</td><td>关键行动</td><td>行动1：做好乘客进出站的引导工作</td><td rowspan="2"></td></tr>
<tr><td>沟通对话</td><td></td></tr>
</table>

续上表

<table>
<tr><th>步骤</th><th>岗 位</th><th colspan="2">行动指引</th><th>所需设备</th></tr>
<tr><td rowspan="2">7</td><td rowspan="2">站台疏导岗</td><td>关键行动</td><td>行动1：对进站及换乘乘客加强宣传疏导，避免乘客在北站台聚集。
行动2：维持站台均衡乘车</td><td rowspan="2"></td></tr>
<tr><td>沟通对话</td><td>广播宣传用语：</td></tr>
<tr><td rowspan="2">8</td><td rowspan="2">出入口岗</td><td>关键行动</td><td></td><td rowspan="2"></td></tr>
<tr><td>沟通对话</td><td></td></tr>
</table>

引导问题 54 请根据如下封闭车站方案的车站岗位人员布置，在车站站厅、站台平面布局图（附图 4-12 ~ 附图 4-14）上标注工作人员值岗位置。

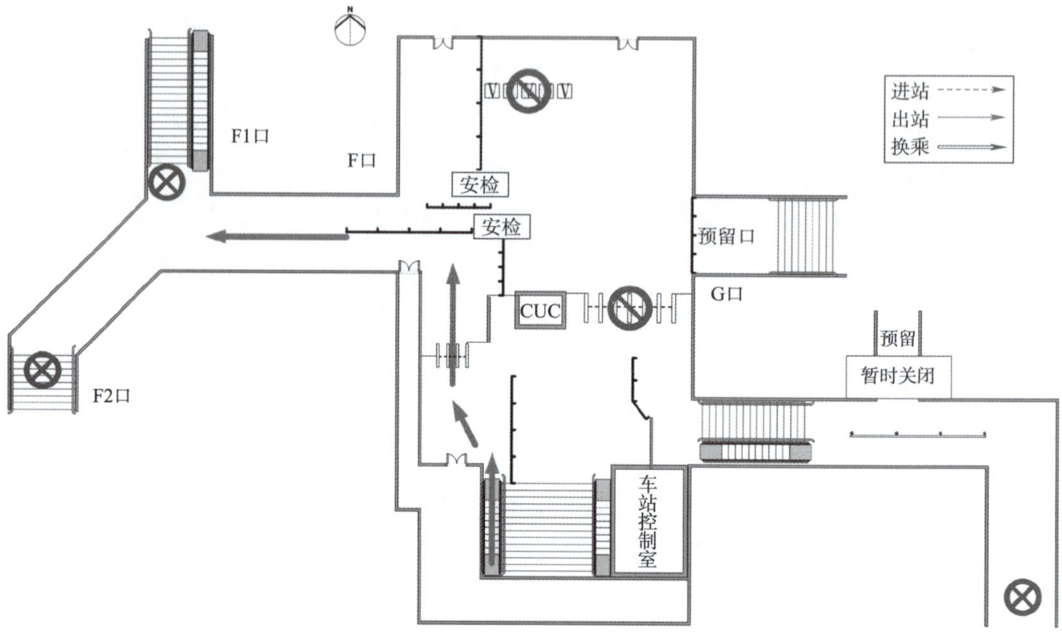

附图 4-12　封闭车站方案——北站厅平面布局及流线图

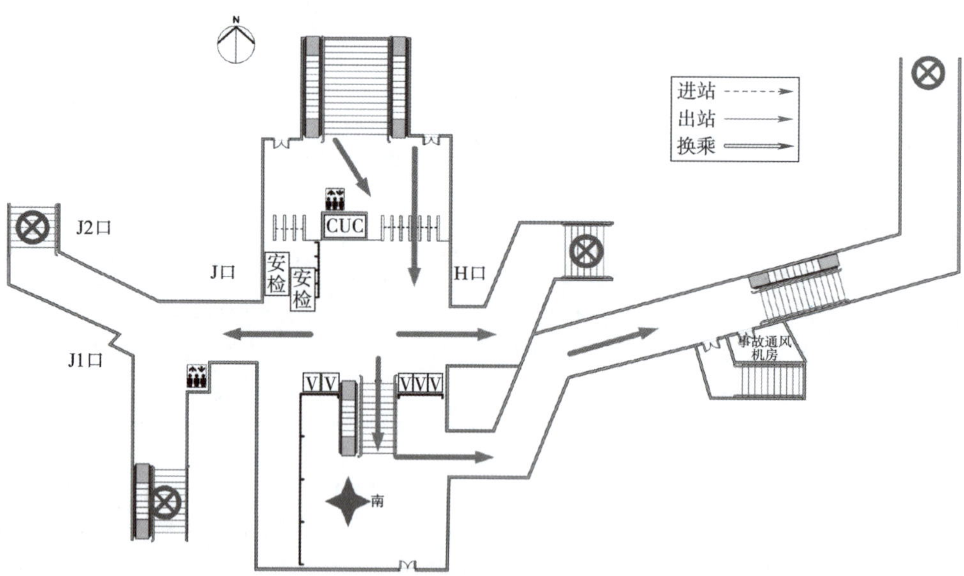

附图 4-13　封闭车站方案——南站厅平面布局及流线图

①值班站长在站台客流集中处疏导乘客出站。

②1 名车站值班员在车站控制室值岗。

③1 名车站值班员、1 名站务员在北站厅车站疏导乘客出站。

④3 名安检人员负责关闭、把守北站厅 F1、F2 出入口和换乘通道入口。

⑤1 名车站助理在北侧 L1 换 L2 换乘通道上行扶梯处值岗。

⑥1 名车站助理在北侧 L1 换 L2 换乘通道 K 出入口处值岗。

⑦6 名安检人员负责关闭、把守南站厅 J1、J2、H 口和 L2 换 L1 通道入口。

⑧1 名车站助理在南侧 L2 换 L1 换乘通道上行扶梯处值岗。

⑨1 名站务员在南站厅值岗。

⑩2 名车站助理分别在站台北部扶梯、南部扶梯处值岗。

⑪3 名站务员在站台客流密集处值岗。

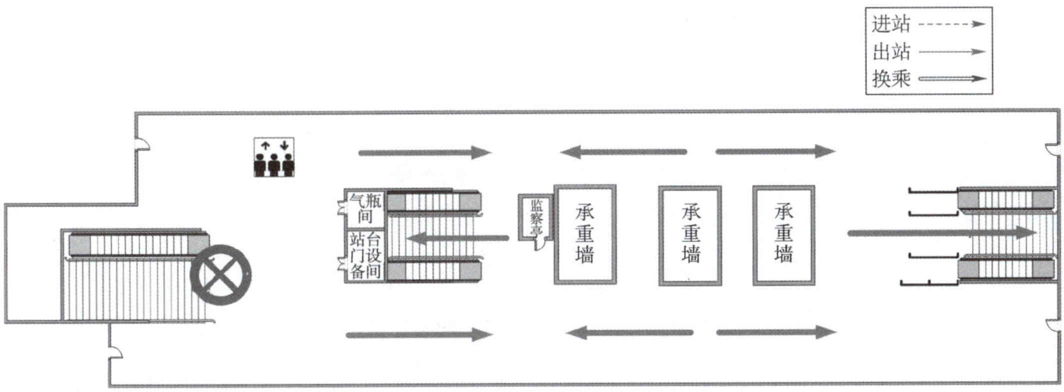

附图 4-14　封闭车站——站台平面布局及流线图

引导问题 55　请根据封闭车站方案，在附表 4-15 中补充各岗位关键行动、沟通对话和所需设备，完成实训演练报告，并结合实训室设备，小组配合、分角色扮演完成“车站封闭客流组织”模拟演练。

封闭车站客流组织实训演练报告　　附表 4-15

步骤	岗　位	行动指引	所需设备
演练启动	站台岗站务员	站务 11：站务 11，呼叫值站 01，站台堆积大量乘客，请求启动封闭车站，请回话。 值站 01：值站 01，收到。 值站 01：所有单位，请注意，现启动封闭车站方案，收到请回话。 站务 11：站务 11，收到，通话完毕。 站务 21：站务 21，收到，通话完毕。 其他岗位回复(略)	手台

续上表

步骤	岗　位	行动指引		所需设备
1	值班站长	关键行动	行动1：安排各岗位进行限流组织，下达客流组织相关指令 …………………… …………………… …………………… …………………… ……………………	
		沟通对话	…………………… …………………… …………………… …………………… …………………… …………………… ……………………	
2	车站值班员	关键行动	车站值班员客流组织措施（如通过××设备，采取××措施）： …………………… …………………… …………………… …………………… ……………………	
		沟通对话	…………………… …………………… …………………… …………………… …………………… …………………… ……………………	

续上表

步骤	岗　位	行动指引		所需设备
3	客服中心岗	关键行动		
		沟通对话		
4	自动扶梯岗（车站助理）	关键行动		
		沟通对话	广播宣传用语：	

续上表

步骤	岗　位	行动指引		所需设备
5	换乘通道岗	关键行动	行动1：关注换乘通道客流及自动扶梯运行状况	
		沟通对话		
6	闸机岗	关键行动	行动1：做好乘客进出站的引导工作	
		沟通对话		

续上表

<table>
<tr><th>步骤</th><th>岗　位</th><th colspan="2">行动指引</th><th>所需设备</th></tr>
<tr><td rowspan="2">7</td><td rowspan="2">站台疏导岗</td><td>关键行动</td><td></td><td rowspan="2"></td></tr>
<tr><td>沟通对话</td><td>广播宣传用语：</td></tr>
<tr><td rowspan="2">8</td><td rowspan="2">出入口岗</td><td>关键行动</td><td></td><td rowspan="2"></td></tr>
<tr><td>沟通对话</td><td></td></tr>
</table>

引导问题56 通过本任务的演练，是否发现演练过程中规章与程序、团队配合及自身存在问题？应如何改进？

评价反馈

班级：　　　　姓名：　　　　学号：　　　　指导教师：

考核项目4	城市轨道交通车站客流组织实施			
序号	评价标准	分值	自评得分（40%）	教师评分（60%）
1	引导问题填写字迹美观清晰，题目填写齐全，引导问题答案正确率90%以上	10		
2	“疏导客流方案”岗位布置图标注正确；实训演练人员分工明确，演练报告内容完整、程序正确；各岗位关键行动指引、设备配备描述正确，无关键行动缺漏项	15		
3	“控制客流方案”岗位布置图标注正确；实训演练人员分工明确，演练报告内容完整、程序正确；各岗位关键行动指引、设备配备描述正确，无关键行动缺漏项	15		
4	“限制客流方案”岗位布置图标注正确；实训演练人员分工明确，演练报告内容完整、程序正确；各岗位关键行动指引、设备配备描述正确，无关键行动缺漏项	15		
5	“封闭车站方案”岗位布置图标注正确；实训演练人员分工明确，演练报告内容完整、程序正确；各岗位关键行动指引、设备配备描述正确，无关键行动缺漏项	15		
6	各岗位联络过程中使用专业术语，符合通信联络规范	10		
7	实训设备性能及运行状态良好，演练人员设备操作规范、熟练	10		
8	演练人员反应迅速，行动敏捷，各岗位、各环节衔接紧密、配合流畅默契	5		
9	演练符合安全规章、设备操作规章	5		
合计		100		

项目5

城市轨道交通车站突发事件客流组织

项目说明

突发事件是指在没有任何征兆的情况下,在城市轨道交通车站内、列车上或其他设备设施内突然发生的危及人身安全的事件,如地震、投毒、爆炸、设备故障失火等。突发事件发生时在车站内或列车上的客流均称为突发事件客流。各车站应根据本站具体情况建立切实可行的突发事件客流组织预案,合理安排各地点和岗位的具体工作,迅速疏散客流,避免意外发生、扩大和蔓延。

本项目设计五个学习任务:车站突发事件报告及响应、疏散客流组织、清客客流组织、隔离客流组织、站台事故应急处理。

项目目标

◎ 知识目标

1. 复述突发事件的报告原则和报告内容。
2. 说明突发事件发生后事发车站值班站长岗位职责。
3. 复述疏散、清客、隔离的定义。
4. 比较车站疏散、区间疏散的异同点。
5. 比较计划清客、非计划清客的异同点。
6. 归纳、总结清客的规则。
7. 归纳、总结站台突发事件客流组织要点。

◎ 能力目标

1. 能够利用实训室设备，结合当地地铁运营企业作业程序，模拟演练区间疏散程序。
2. 能够利用实训室设备，结合当地地铁运营企业作业程序，模拟演练站台清客作业程序。
3. 能够利用实训室设备，结合当地地铁运营企业作业程序，模拟演练列车区间清客作业程序。
4. 能够利用实训室设备，结合当地地铁运营企业作业程序，模拟演练全列车门不能打开作业程序。

◎ 素质目标

1. 弘扬“抗疫”精神，培育学生热爱祖国的家国情怀。
2. 强化安全责任意识，忠于职守、尽职尽责。
3. 培养良好的抗压能力，迅速的反应能力，沉着冷静处理突发事件的能力。

◎ 建议学时

16 学时

任务1 车站突发事件报告及响应 1+X

一 车站突发事件的处理原则

城市轨道交通车站及列车是人群集中的公共设施，一旦发生火灾、爆炸、水淹等突发事件，不仅会引起城市轨道交通沿线的交通瘫痪，若应急处置不当，还可能造成群死群伤的严重后果，严重地影响社会秩序。当城市轨道交通车站发生突发事件时，各岗位员工应遵循突发事件的处理原则，团结协作、迅速高效地妥善处置，防止事故扩大、升级，最大限度减少事故造成的危害损失。

车站突发事件的处理原则如下：

①突发事件发生时，地铁运营企业的应急处置指导思想是：先控制、后处置、救人第一。要始终把保障人民群众的生命财产安全放在第一位。

②突发事件现场应急处置的重点是控制事故源头、危险区域，组织人员撤离和抢救受伤人员。

③各岗位员工应按规定程序及时间，及时向有关方面报告，迅速开展工作，尽一切可能控制事故的扩大，以减少伤害损失。

④各岗位员工应沉着冷静，严格执行规定的标准和程序，优先组织人员疏散、抢救伤员，做好乘客疏导和安抚工作，维持秩序，减少乘客恐慌。

⑤各岗位员工应坚守岗位，立即进入突发事件抢险救灾状态，兼顾重点设备和环境的防护，采取一切可能措施减少损失。

⑥兼顾现场的保护工作，以利于公安、消防和事件调查部门现场取证。

⑦员工在应急事件处理时，坚持对外宣传归口管理的原则，不得擅自发布相关信息。

⑧坚持就近处理的原则，在上一级事故处理负责人到达现场前，由表5-1所示人员担任现场指挥，承担现场临时事故处理负责人职责。

现场临时事故处理负责人 表5-1

序号	事故发生处所	现场临时事故处理负责人
1	列车上(列车在区间)	本次列车司机
2	列车上(列车在车站)	所在站值班站长
3	车站	所在站值班站长
4	区间线路上	行车调度员指定的值班站长
5	车场	车场调度员
6	其他场所	现场职务最高的员工

二 车站突发事件的报告程序

1. 车站突发事件的报告原则

①迅速、准确、完整的原则。

②逐级上报的原则。事故发生在区间，列车司机应立即上报行车调度员；事故发生在车站内或车场内，车站值班站长或车场调度员应立即上报行车调度员。

③现场情况报告应遵循“边处置、边报告”的原则。当情况一时难以判断清楚时，应先汇报整体情况，然后继续确认，随时报告。如发现已经报告的内容有误时，应立即予以更正。在迅速报告的基础上，对现场情况及处置过程应随时报告。

任何员工发现或接到突发事件信息，均应立即执行规定的通报流程，不得延误、中断或缺漏。

2. 运营一线岗位突发事件报告要求

车站内发生突发事件时，车站员工应立即报告当值值班站长，值班站长接到报后应立即将相关情况转报行车调度员。

列车运行中发生突发事件时，列车司机应立即报告行车调度员。

如事发现场需要公安、消防、医疗急救等救援，且因故无法联系行车调度员时，现场人员可自行联系。例如，在明确发生火灾后，现场人员应立即拨打 119 报警电话。

3. 报告事故前应采取的行动

在报告事故前，站务人员应根据事故的严重性，果断采取下列行动之一：

①若发现任何可能影响列车安全运行的情况，例如信号设备损坏、异物落入轨道等异常情况，必须立即利用下列方法，截停可能受影响的列车。

a. 操作车站控制室内的紧急停车按钮。

b. 按压站台紧急停车按钮。

c. 猛烈摇动“危险”手信号，或猛烈摇动任何物品。

②若发现设备或装置有故障，则必须立即停用或隔离有关故障设备或装置。

4. 突发事件报告的内容

报告事故时，应尽可能全面地包括下列内容：

①报告人姓名、职务、单位及联系电话。

②事件发生的时间（时、分）、准确地点（上下行线路、区间、公里标或股道、站台头端或尾端位置）。

③事件发生的概况、原因（若能初步判断）及对运营影响的程度。

④事件发生时列车所在位置及当时车上乘客的大概数量。

⑤人员伤亡情况、设施设备损毁情况，所需的工程援助。

⑥现场已经采取的措施。

⑦是否需要公安、消防、医疗急救支援。

⑧是否需要进行接触轨或接触网停电处置及原因。

⑨其他必须说明的内容。

5. 突发事件报告程序

突发事件发生后，现场人员应严格遵守报告程序迅速上报，调度控制中心根据当时各部门、各车站上报的情况及时汇总信息，确认突发事件性质、原因，做出准确判断，高效调动、协调企业内外资源，确保事态得到有效控制，力争将损失降到最低程度，因此，地铁运营企业内部必须建立起一套严格、高效的信息传递程序。某地铁运营企业突发事件通报流程如图5-1所示。

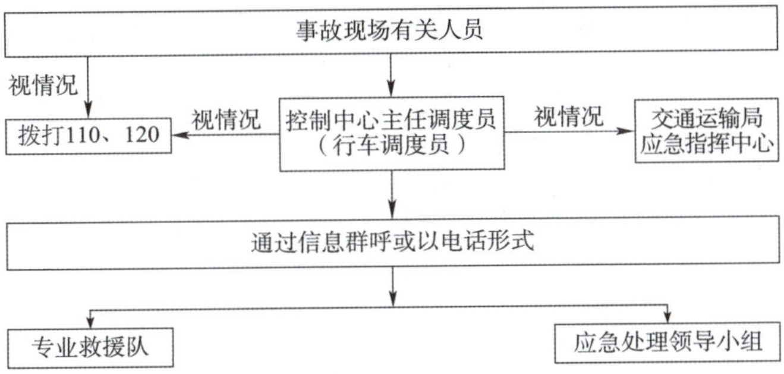

图5-1 某地铁运营企业突发事件通报流程

三 车站突发事件响应程序

当预计突发事件会引发或已造成列车停运、中断运营时间较长时(如某地铁运营企业规定列车停运或中断运营10分钟为中断运营时间较长)，地铁运营企业各部门应启动不同级别的响应程序，快速处理该事件。事发车站的值班站长作为现场第一负责人，应立即到达事发现场进行现场指挥。相关应急抢险人员必须立即到达事发现场进行应急处置。邻线发生事故时，受影响车站的值班站长在同一时间到达现场，做好本线的配合工作。

1. 行车调度员岗位职责

①积极采取有效措施防止次生、衍生灾害发生，确保乘客生命安全；及时协调各专业人员进行事件处置，减少事件对运营造成的影响。

②根据需要指示值班站长疏散列车内或受影响车站的乘客。

③与事故处理负责人保持联络，实时掌握事件处置进展，协调联系公安、消防、医疗急救等部门对事件处置进行支持。

④与值班站长、环控调度员协调，采取必要运营调整措施，维持未受影响区段的行车服务，及时发布实时运营服务信息。

⑤根据事件现场或事故处理负责人的要求安排接触轨或接触网停电，要求在现场具备资格的人员在接触轨或接触网断电后进行接地保护工作，并将接触轨或接触网停送电状态及时通报给事故处理负责人。

2. 事发车站值班站长岗位职责

①在上级领导抵达前，暂时担任事故现场负责人。

②根据现场情况及行车调度员要求采取车站限流、疏散或临时封闭措施。

③按需要启动排烟系统,并在消防人员抵达时向其通报相关措施。

④根据需要申请事发现场接触轨或接触网停电,并安排设置接地措施。

⑤指派一名员工携带无线手持电台,陪同救援人员前往事发现场。

⑥安排通信专业人员进行通信设备的紧急安装和调试。

⑦在确定具备运营条件后,通知车站各岗位恢复正常运营。

3. 工程人员岗位职责

①故障报警中心、车辆段控制中心在接到行车调度员通知并要求工程人员到场处理时,应立即安排相关专业人员到现场参加处置。

②工程人员到现场后,应立即向事故处理负责人报到,并根据现场事件处置负责人的授权和安排,进行所属专业设备状态检查及抢修。

③在无法联系到现场事件处置负责人或其未到达时,可向行车调度员报告并听从其指示。

④在进行现场确认后,工程人员应尽快向现场事件处置负责人报告并转报行车调度员如下事项:

a. 设备受损程度及对运营的影响;

b. 需要采取何种恢复行动,预计完成的时间;

c. 恢复行动所需的条件,如接触轨或接触网停电等;

d. 需要其他有关工程组提供何种协助;

e. 是否需要更高级的工程执行人员到场处理。

⑤如事件涉及接触轨或接触网设备故障,工程人员必须在开始施工前,与事故处理负责人确认接触轨或接触网停、送电及接地保护的情况。

4. 配合企业其他相关部门的相关工作

①有关突发事件的一切对公共媒体的信息发布,由企业高级管理人员、新闻发言人统筹安排,任何运营员工不得私自向公共媒体发布关于事件的信息。

②发生严重运营事件后,高级运营、工程执行人员与事故处理负责人需及时通报事件相关信息,做好应对媒体采访的相关准备工作。

③当事故调查人员到达事发现场,进行事件调查的先期调查取证时,事故处理负责人应向其移交负责保管的事件相关证据证物。

任务2 疏散客流组织

一 疏散的定义

疏散是指利用一切通道和出入口迅速将乘客从危险区域全部转移到安全区域，按照疏散地点可分为车站疏散和区间疏散，按照突发事件可能引起的后果可分为紧急疏散和非紧急疏散。车站可因火警、气体泄漏、水淹等多种原因而进行紧急疏散。列车晚点、列车故障、供电系统故障等情况不会立即威胁到乘客的生命安全，允许城市轨道交通运营企业有一定的时间做好相关准备工作，这种情况下可开展非紧急疏散。

车站疏散需要城市轨道交通运营企业各部门的高度配合，力争在最短的时间内完成客流的转移。对于城市轨道交通运营企业而言，这种疏散办法应定期进行现场模拟演练，让每位员工充分了解自己的岗位职责及作业程序，只有这样才能保证在突发事件发生时疏散工作井然有序，乘客得到安全、快速的转移。以下以某地铁运营企业车站疏散工作指引为例，简要介绍车站疏散程序及区间疏散程序。

二 车站疏散程序

车站疏散时，值班站长担任现场事故处理负责人，各岗位按照以下作业程序执行。

1. 值班站长行动指引

值班站长的行动指引，见表5-2。

车站疏散——值班站长行动指引 表5-2

步骤	行动指引
1	通知行车调度员以下信息： (1)现场情况，车站需要紧急疏散； (2)必要时请求协助：召唤紧急服务，安排适当的列车服务
2	如果有需要，安排操作FAS/BAS设备
3	可根据应急预案，召唤邻站人力支援
4	开始紧急疏散后应： (1)利用广播系统(PA)通知车站人员启动疏散程序，随后用手台确认个人职责； (2)安排安检、安保员到各出入口阻止乘客进站； (3)安排专人在指定的位置张贴乘客通告； (4)指定一名站务人员到指定出入口引导支援人员进入车站

续上表

步骤	行 动 指 引
5	视情况设立事故控制站，在上级领导到来前，担任事故处理负责人
6	密切监视现场情况，与 OCC 保持联系
7	疏散完毕后，检查是否有乘客滞留，关闭出入口，前往紧急集合地点集合

知识链接5-1

某地铁运营企业《人力支援管理办法》

当事发车站需要额外人力及物资支援时，应立即启动站务中心《人力支援管理办法》（图 5-2）。由事发站的当班值班站长作为调配人，首先由第一支援车站（B 站和 C 站），向事故车站（A 站）提供包括值班站长、车站督导员以及站务员、车站助理和安保在内的至少 4 名人员及所需物资。当第一支援车站提供的人力及物资支援不能满足 A 站需求时，立即要求第二支援车站（D 站和 E 站）进行支援。

图 5-2　某地铁运营企业《人力支援管理办法》示意图

知识链接5-2

某地铁运营企业事故控制站的设置要求

事故控制站是在事故发生现场，选取合适的地点，建立起来的协调事件处置、确保参与处置各方有效沟通的指挥中心。

事故控制站组成人员主要有：事故处理负责人（由赶赴现场的上级领导担任）、事故处理负责人助手（由值班站长、车站值班员担任）、通信维修技术人员、工程人员等。

事故控制站的设置要求如下：

①须远离任何有潜在危险及高风险的地方。

②须与事发现场分隔开，但应靠近现场。

③不得妨碍救援工作开展。

④不得阻碍清人或疏散通道。

⑤必须可以容纳有效运作所需的设备及人员。

⑥设立于可建立及维持有效通信的位置。

⑦须有足够的照明条件。

⑧条件具备时应设置在车站端墙位置。

⑨所设位置必须可确保事故处理负责人能有效控制任何人员进入事发现场。

⑩事故处理负责人、事故工程师等人员须穿着事故控制站提供的反光背心以方便识别。

2. 行车调度员行动指引

行车调度员的行动指引，见表5-3。

车站疏散——行车调度员行动指引 表5-3

步骤	行动指引
1	根据情况需要，呼叫110、119、120等请求支援，协助疏散车站及相邻车站
2	通知有关车站实施车站疏散，并告知其相关的行车安排、清客安排
3	指示环控调度员、值班站长接管环控系统控制权，以便在车站进行控制
4	根据情况需要，关断有关区段的电力供应
5	指示司机驶过疏散车站时不要停车

3. 行车值班员行动指引

行车值班员的行动指引，见表5-4。

车站疏散——行车值班员行动指引 表5-4

步骤	行动指引
1	(1)视情况需要，拨打120、119，请求支援； (2)通知地铁公安到场维持秩序
2	根据值班站长安排，视灾害情况关闭或开启车站相应环控模式
3	按压AFC紧急释放按钮，开放所有闸机及应急疏散门，将TVM设为暂停服务
4	(1)确认事件发生的地点，防止乘客进一步接近；如有必要，隔离事发地点； (2)向乘客播放疏散、封站广播，通知乘客、商铺、设备管理房间所有人员疏散； (3)通过PIS系统发布疏散信息； (4)利用手提广播指示乘客出站； (5)指派或协助其他人员视情况将自动扶梯的运行方向改为出站方向； (6)确认清站完毕，无乘客滞留
5	必要时设立事故控制岗和紧急路线，担任事故处理负责人助手
6	向值班站长、行车调度员及其他有关人员及时通报情况

知识链接5-3

车站疏散——行车值班员视灾害情况关闭或开启车站相应环控模式

当车站、区间发生火警，车站值班员需立即启动相应的通风安排，监控或操作火灾自动报警系统、通风系统，确保广大乘客疏散时的安全。某地铁线路IBP盘车站火灾自动报警系统、隧道紧急通风系统功能按钮设置如图5-3所示。

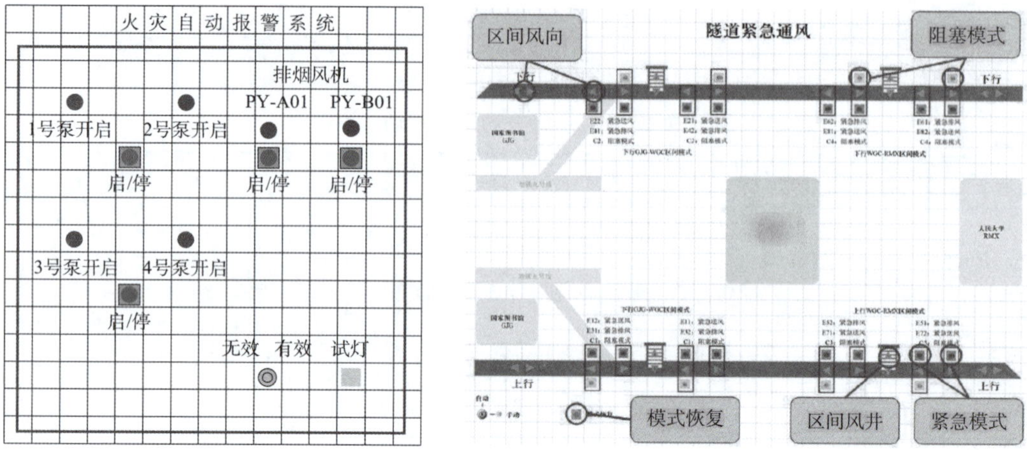

图 5-3　某地铁线路 IBP 盘车站火灾自动报警系统、隧道紧急通风系统功能按钮设置

4. 车站其他员工行动指引

车站站厅员工、站台员工、安检及安保人员的行动指引，见表 5-5。

车站疏散——车站其他员工行动指引　　表 5-5

步骤	行动指引	站厅员工	站台员工	安检及安保人员
1	阻止乘客接近事发地点，隔离事件地点	√	—	√
2	利用广播系统（PA）通知乘客疏散信息	—	√	—
3	将所有自动扶梯运行方向改为出站方向	√	√	—
4	利用手提广播指示乘客出站	√	—	√
5	指示乘客通过正确疏散路线出站	—	√	√
6	通知商铺人员离开车站	√	—	√
7	协助关闭所有出入口	√	—	√
8	必要时协助区间清客	—	√	—
9	确保站台无乘客滞留	—	√	—
10	向值班站长汇报，在指定地点待命	√	√	√
11	必要时，协助设立事故控制岗和疏散路线	√	—	—
12	必要时，指引紧急救援人员进站	√	—	√

5. 车站疏散程序指引

车站疏散程序指引，见表 5-6。

二维码　列车在站台失火（火势可控）——事故发生

二维码　列车在站台失火（火势可控）——车站事故处理

二维码　列车在站台失火（火势可控）——车站疏散及恢复运营

车站疏散程序指引 表5-6

<table>
<tr><th>步骤</th><th>负责人员</th><th colspan="2">行动指引</th></tr>
<tr><td rowspan="8">1</td><td rowspan="8">值班站长</td><td>确定事故的种类及地点</td><td>(1)通过CCTV查看事故现场；
(2)派站务人员前往现场，调查事故原因；
(3)上报行车调度员及通知所有车站员工；
(4)确定是否执行紧急疏散程序</td></tr>
<tr><td rowspan="6">指挥抢险，进行疏散</td><td>(1)通过PA/PIS宣布疏散车站(注意：避免引起乘客恐慌)；
(2)在上级领导未到达前担任现场指挥</td></tr>
<tr><td>如乘客被困站台，要求行车调度员安排一列空车前往站台</td></tr>
<tr><td>通知车站内其他人员，如施工人员、商铺租户等离开车站并前往集合地点报到</td></tr>
<tr><td>命令车站员工执行车站紧急疏散计划，组织乘客撤离车站</td></tr>
<tr><td>视情况需要：
(1)要求行车调度员呼叫119、110、120等请求支援；
(2)如需救援人员支持，安排一名站务人员到紧急出入口引导救援人员进站；
(3)要求行车调度员不要放车进站</td></tr>
<tr><td>若车站内有火警或冒烟而需作出紧急通风安排，则要取得环控系统控制权，并操作环控系统控制设备</td></tr>
<tr><td>指挥撤离</td><td>(1)疏散完毕后，检查是否还有乘客滞留，安排员工关闭车站出入口；
(2)如灾害危及车站员工安全，组织员工到紧急出入口集合</td></tr>
<tr><td rowspan="4">2</td><td rowspan="4">车站其他员工</td><td rowspan="3">组织乘客疏散</td><td>(1)在车站IBP盘上操作AFC紧急放行模式，使闸机扇门全部打开；开放应急疏散门；
(2)将TVM设为暂停服务模式</td></tr>
<tr><td>开启相应的环控模式</td></tr>
<tr><td>(1)组织乘客撤离，需要时用扬声器疏散乘客；
(2)按停电梯或转用适当的运行模式；
(3)为伤残人士提供协助</td></tr>
<tr><td>关闭车站</td><td>完成疏散后：
(1)检查所有乘客是否已离开车站；
(2)张贴车站关闭的通告；
(3)前往集合地点报到</td></tr>
<tr><td>3</td><td>值班站长</td><td>恢复服务</td><td>(1)当事故处理完毕后，确认线路出清；
(2)上报行车调度员，得到确认后恢复正常运营；
(3)通过PA系统通知乘客服务恢复正常</td></tr>
</table>

三 区间疏散程序

当列车迫停于区间不能移动时，需要执行区间疏散程序。在实际运营中，为确保乘客安全，降低疏散对运营的影响，列车司机须尽可能将列车运行至车站，避免区间疏散。

1. 区间疏散的原则

实施区间疏散须遵循以下原则：

①除危及乘客生命安全的紧急情况外，区间疏散必须先获得行车调度员授权；接触轨线路区间疏散前，受影响区段必须停电。

②接触网线路可按需要安排停电。

③必须确保开启区间照明。

④除非情况极度紧急，否则必须有车站员工、相关运营执行人员协助疏散。

⑤区间疏散完毕，受影响区段线路出清后，方可恢复行车。

2. 区间疏散的前提条件

(1) 采用接触轨供电方式的线路

区间疏散前应确认，电力监控系统（SCADA）中显示接触轨无电；综合后备盘（IBP 盘）相应区段的紧急停电按钮已被按下（图 5-4）；乘客疏散线路上下行区间无列车运行。

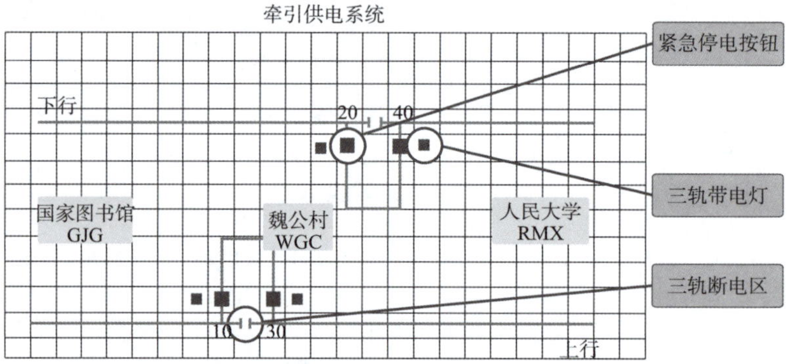

图 5-4　某地铁线路 IBP 盘供电区域功能按钮

在危及人员安全的紧急情况下，可在站务人员到达列车迫停地点前开始区间疏散，在疏散期间将接触轨供电设备隔离及接地。

(2) 采用接触网供电方式的线路

在危及人员安全的紧急情况下，可在站务人员到达列车迫停地点前开始区间疏散，并可先行疏散再安排接触网停电，但必须确保乘客疏散线路上下行区间无列车运行。

在未危及人员安全的非紧急情况下，须在站务人员到达列车迫停地点后开始疏散，确保乘客疏散线路上下行区间无列车运行，同时须对接触网供电设备停电。

3. 区间疏散程序

(1) 列车司机

列车司机应根据行车调度员指示，打开车头应急疏散门（图 5-5），放下疏散通道，做好疏散的准备工作。

图 5-5 车头应急疏散门

列车司机与行车调度员确认可以开始疏散后,通过广播系统通知乘客疏散安排,并要求乘客按顺序离开车厢。如有使用轮椅的乘客需向行车调度员说明(在不危及轮椅乘客安全的情况下安排专人守候,等待救援)。

疏散期间列车司机通过广播持续要求乘客迅速有序离开车厢并监视疏散情况,协助记录进入轨道的乘客人数,乘客全部下车后向行车调度员汇报。

列车司机巡视车厢确认所有乘客已离开车厢后,收起应急疏散通道,汇报行车调度员。

在紧急情况时,如列车采用接触轨供电方式,列车司机可使用区间紧急停电按钮对接触轨进行停电操作,并在操作后通报行车调度员。

当列车在区间长时间停车且车辆应急通风无法满足时,司机应通过广播指示乘客打开紧急通风窗(图 5-6),如列车未配备紧急通风窗,则可指示乘客用安全锤击碎车窗,实现车厢和外部环境的空气流动,改善车厢内通风情况。

图 5-6 地铁车辆紧急通风窗

(2)行车调度员

行车调度员应及时向相关车站人员及列车司机确认列车迫停位置,并说明疏散方向及相关要求,要求车站人员立即安排人员协助疏散作业,要求列车司机做好疏散准备。

行车调度员确认现场情况,并在满足相关疏散条件时,方可授权疏散。

当一个站间区间停放多组列车,乘客疏散的必经路径上有列车阻挡,且阻挡列车因故无法驶离时,行车调度员应安排人员协助司机疏散人员(在阻挡列车处协助疏散)。紧急情况下可打开阻挡列车的前后应急疏散通道(阻挡列车同时疏散),使乘客穿越阻挡列车。

行车调度员应与环控调度员确认事发区段的通风风向,疏散方向原则上为逆风疏散。

疏散工作完毕,行车调度员应与事故处理负责人确认线路出清完毕后方可进行接触轨或接触网送电。

控制中心应及时通过各信息系统发布事件进展及运营调整信息。

(3)车站工作人员

列车因各种原因在区间被迫停车而无法驶入车站,需要疏散乘客时,值班站长在接到行车调度员下达区间疏散乘客的命令后，应确认以下设备状态。

①ATS控制台显示的所有被停止的列车的正确位置。

②牵引电流是否已关断。

③综合后备盘（IBP盘）相应区段的紧急停电按钮状态。

在接到行车调度员进行区间疏散的指令后，值班站长立即安排人员穿戴好防护用品，并携带大面积抢修强光手提灯、反光衣、扩音器、手台（图5-7）前往疏散列车。同时可安排车站员工进行停电区段的接地操作。

a) 大面积抢修强光手提灯　b) 反光衣　c) 扩音器　d) 手台

图5-7　大面积抢修强光手提灯、反光衣、扩音器、手台

值班站长应安排人员加强站内乘客疏导，并根据行车调度员的指令临时封闭车站，必要时通知控制中心启动车站降级模式。

知识链接5-4

某地铁线路车站降级模式

为应对各类突发事件，部分城市轨道交通线路车站IBP盘设置了车站降级模式相关按钮（图5-8）。

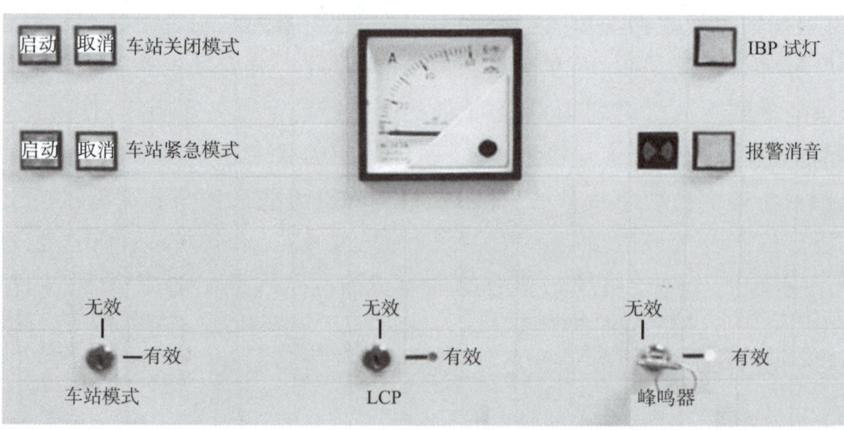

图5-8　某地铁线路IBP盘车站降级模式相关按钮

车站关闭模式按钮:按压启动按钮后,将临时关闭车站,即所有 AFC 设备关闭,进站闸机关闭,出站闸机正常运作,广播系统发出车站关闭信息,引导乘客有序出站。

车站紧急模式按钮:按压启动按钮后,车站将进行紧急疏散,即所有 AFC 设备关闭,所有闸机扇门全部打开,广播系统发出车站紧急疏散信息,引导乘客迅速、安全出站。

一般安排至少两名站务人员前往故障列车协助列车司机进行疏散。一名站务人员负责引领乘客从列车上进入轨道,并按指定的方向疏散;另一名站务人员进行乘客人数清点工作。

疏散过程中工作人员应随时进行宣传,稳定乘客情绪,防止发生混乱。在隧道口、道岔或有潜在危险的地方安排员工驻守,防止乘客偏离疏散路线或被障碍物绊倒(图 5-9)。

图 5-9 区间疏散重要地点站务人员驻守、引导

值班站长应启动另一侧站台紧急停车按钮防止其他列车进入相应区间。

值班站长应担任临时事故处理负责人,指挥车站工作人员采取封闭车站措施,疏散站内乘客迅速有序出站。

在发生区间疏散事件后,相关车站应从其他车站调集机动人员前往事发站进行支援。

值班站长应指定专人加强宣传,引导乘客迅速有序出站,并派专人值守出入口,张贴通告,阻止乘客进站,并保证上级领导及抢险人员随时能够进入车站。紧急疏散情况下,关闭车站自动扶梯,防止客伤事件发生。

疏散完毕后,事故处理负责人与列车司机及协助疏散的车站员工确认所有员工和乘客已离开轨道后,安排人员进行线路巡查。

车站接到行车调度员通知进行轨道巡查时:每个站台由 1 名车站员工在站台端墙展示危险手信号;两名车站员工步行前往下一个车站,以便确定该区间畅通无阻,沿途小心查看,进行线路出清,确保轨道上无人员或障碍物,抵达车站后,向事故处理负责人或值班站长报告出清情况。

知识链接5-5

某地铁运营企业区间疏散行动指引(车站工作人员,表 5-7)

车站工作人员区间疏散处置要点:

(1)接收行车调度员下达的区间疏散命令,确认列车迫停位置和乘客疏散方向。

(2)关闭车站,向站外疏散乘客。

(3)供电方式为接触轨的线路必须与行车调度员确认上下行接触轨已停电。

(4)建立事故控制站,安排人员到达列车处与司机联系,进行区间疏散。

某地铁运营企业区间疏散行动指引(车站工作人员) 表5-7

<table>
<tr><th>负责人/值岗地点</th><th>步骤</th><th>行动指引</th><th>参考时间</th></tr>
<tr><td colspan="4">事件发生</td></tr>
<tr><td>值班站长(1人)车站控制室</td><td>1</td><td>(1)下达区间疏散指令,关闭车站、疏散乘客;
(2)(必要时)得到值班经理授权后启用AFC降级模式;
(3)与行车调度员协商并确定在站列车清客安排;
(4)向相邻车站的值班站长请求人力支援;
(5)联络工区各工作队负责人,协助疏散乘客;
(6)安排人员进行接地验电准备工作(图5-10)
[紧急情况下,可在站务人员到达列车迫停地点前开始区间疏散,在疏散期间将接触轨(网)停电接地]</td><td>2min</td></tr>
<tr><td colspan="4">车站疏散</td></tr>
<tr><td rowspan="2">行车值班员(2人)车站控制室</td><td>2</td><td>(1)通知邻线行车值班员,配合疏散、关闭换乘通道;
(2)视情况安排人员利用救生照明线(图5-11),引导乘客疏散</td><td>3min</td></tr>
<tr><td>3</td><td>(1)播放疏散广播,通知乘客、商铺人员、设备管理房间所有人员疏散;
(2)通过PIS系统发布疏散信息,并查看PIS发布内容的正确性(图5-12);
(3)(必要时)得到值班经理授权后启用AFC降级模式,在IBP盘上按压AFC紧急释放按钮,释放所有闸机扇门;将TVM设为暂停服务;
(4)在车站控制室内开启隧道照明、确认区间阻塞模式已开启(开启故障列车所在区间通风设备,保证区间和列车内部的空气流通);
(5)在IBP盘上按压紧急停车按钮,防止列车进入相应区间;
(6)穿戴好防护用品,进行停电区段验电接地工作;
(7)确认接触轨或接触网无电后,携带手电、扩音器、手台前往疏散列车;
(8)在道岔、隧道口处提醒乘客避免走错,视情况安排人员;
(9)指引乘客通过站台端门的台阶到达站台,并统计好受伤人员数量和疏散人数</td><td>1min</td></tr>
</table>

续上表

负责人/ 值岗地点	步骤	行动指引	参考时间
		车站疏散	
安检或安保人员 (若干人)站厅	4	(1)阻止各个出入口乘客进站; (2)引导乘客从指定出入口出站	—
站务员(1人) 站厅		(1)迅速到站台端门处支援,打开端门; (2)护送乘客通过站台端门的台阶到达站台上,救助受伤乘客; (3)协助急救人员对受伤乘客提供帮助,关闭端门	—
站务员(2人) 上下行站台	5	(1)引导乘客离开站台; (2)确认所有电梯停止在未受影响的区域、无人员被困其中	—
站务员(1人) 客服中心	6	(1)收好票款和发票,关闭客服中心的电源; (2)确认所有闸机扇门已开启,将应急疏散门(图5-13)打开,引导乘客出站,从站厅至出入口; (3)撤离后关闭出入口,并张贴通告(图5-14)	—
站务员(1人) 客服中心	7	(1)收好票款和发票,关闭客服中心的电源; (2)确认所有闸机扇门已开启,将应急疏散门打开,引导乘客出站,从站厅至出入口; (3)撤离后关闭出入口,并张贴通告; (4)驻守出入口,并准备迎接消防、公安、急救和工程维修人员	—
相关车站	8	确认PIS发布信息的正确性	1min
		事故控制	
值班站长 车站控制室	9	(1)在上级领导到达之前暂时担任事故处理负责人,立即建立事故控制站(图5-15); (2)上级领导到达后,汇报处理详情,担任其助手	6min
行车值班员 车站控制室	10	在事故控制站张贴通告,联系通信人员在事故控制站安装临时电话	—
站务员 站厅	11	(1)检查站台、站厅是否还有乘客并将结果报告给事故处理负责人; (2)携带无线通信设备引导急救人员自出入口至事故控制站; 设置进站路线:从最近的车站出入口到事故发生地点,在地上贴方向标志; 设置出站路线:从事故发生地点到最近的车站出入口,在地上贴方向标志; (3)检查换乘通道是否还有乘客并将结果报告给事故处理负责人	—
值班站长	12	根据上级命令,决定全面或局部解除封站	—

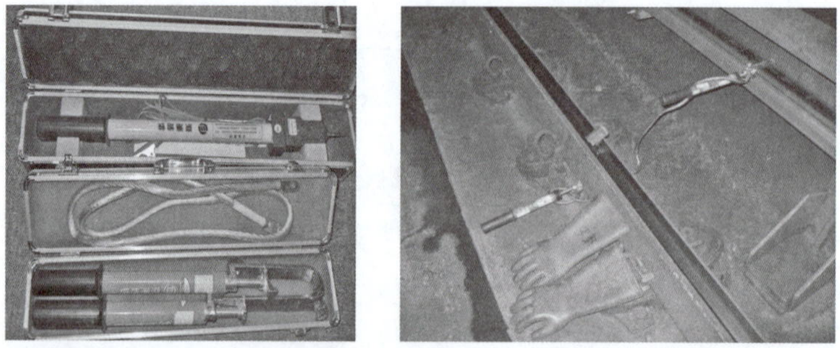

图 5-10　验电接地工作相关设备

图 5-11　救生照明线

图 5-12　PIS 系统发布紧急疏散信息

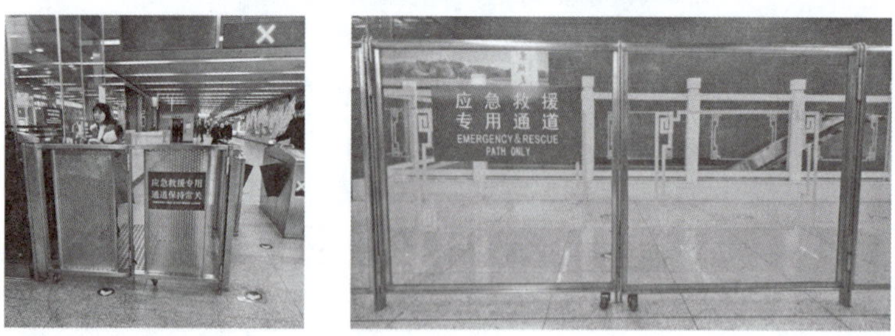

图 5-13　应急疏散门

图 5-14　张贴封站公告

图 5-15 建立事故控制站

知识链接5-6

某地铁车站事故应急备品

某地铁运营企业车站事故应急品包括事故应急人员袖标、应急手电筒、电池、反光衣、安全帽、紧急疏散地面引导标志、运营紧急状态通告等，如图 5-16 所示。

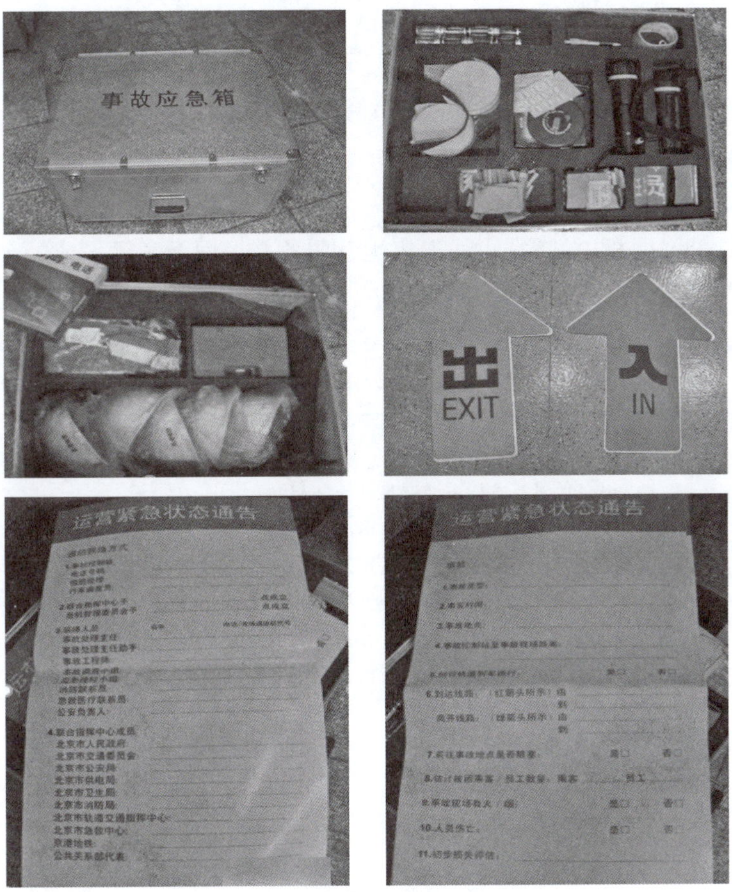

图 5-16 某地铁车站部分事故应急备品

任务3 清客客流组织

一 清客的定义

清客是指当正常载客运行的列车出现某种原因，不能继续执行运营任务时，根据行车调度员的统一指挥将车内乘客全部清下车，从列车转移到其他区域。简而言之，清客是安排所有乘客离开列车的过程。清客分为计划性清客和非计划性清客。

计划性清客指的是列车运行至终点站或区域站（折返站）时，乘客必须下车，列车进行折返或按照时刻表计划退出服务。（乘客在上车前一般须能够了解本趟列车运行服务终点的信息。）

非计划性清客指列车运行中途，由于设备故障（电力故障、车辆故障）、发生紧急事件（如火灾、列车脱轨等）、降级运营组织（如临时采用小交路运行）时，列车无法继续运行而需要退出运营服务的情况下，乘客必须下车的清客。非计划性清客的特点是乘客事先不知情。

二 计划性清客

在终点站或区域站（折返站）从正线退出运营服务并返回至车辆段或停车场的列车，需执行计划性清客程序，同时需避免列车将乘客带入车辆段或停车场。以下以某地铁运营企业回库列车清客工作指引为例，简要介绍计划性清客——回库列车清客客流组织办法，见表5-8。

某地铁运营企业回库列车清客客流组织办法 表5-8

步骤	负责人	行动指引	备注
1	值班站长	（1）根据时刻表或行车调度员的通知得知某列车为回库列车时，安排站台岗或其他站务人员对回库列车进行清客；通知站台岗清客列车的车次车号，上/下行线，到站时间，特别强调该车为回库列车； （2）通过公共广播系统播放广播告知乘客相关车辆不载客运营	广播词：本次列车到站为终点站，请全体乘客下车，前往××车站的乘客请您等候下一辆列车，谢谢您的配合！
2	站务员	得知某列车为回库列车须清客时，提前抵达相应站台位置，通知站台其他工作人员（如车站助理）该车清客安排，待列车到站开门后上车清客	

续上表

步骤	负责人	行动指引	备注
3	列车司机	列车到达终点站,车门、站台门全部打开后,司机在端门后的小站台监护乘客下车;须再次进行清客人工广播,提醒乘客本站为终点站	广播词:××站,本次列车的终点站。请所有乘客离开车厢,感谢您搭乘××地铁,下次乘车再见!
4	站务员	清客作业完毕后,确认列车车厢无乘客,尾端清客作业人员留守列车车厢内,头端清客作业人员返回站台为司机展示"一切妥当"手信号(右手单手高举过头) (注意:未听到关门提示音前,需保持示意动作)	
5	列车司机	待收到头端清客作业人员"一切妥当"手信号后,关闭车门、站台门,打开后端门,等待车厢内站务人员从驾驶室下车	
6	站务员	等待车门、站台门关闭后,从车厢尾部行至车厢头部,再从车头驾驶室返回站台,如车厢内有乘客,将其经驾驶室带出至站台,并告知司机列车无滞留乘客	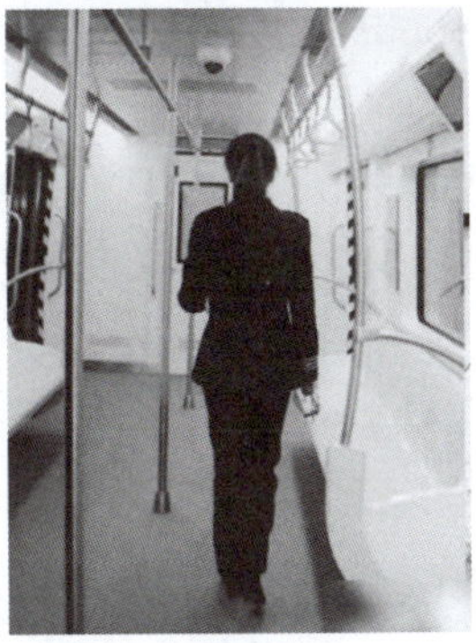
7	列车司机	确认发车条件具备后,且确认站务员已下车,驾驶列车驶离车站	
8	列车司机	司机驾驶列车返回停车库时,如发现客室内有滞留乘客,广播安抚乘客,待列车停于规定位置后,将乘客带到乘务派班室,由段场当值督导员联系安保中心,将滞留乘客交予安保人员	

三 非计划性清客

1.清客的规则

非计划性清客情况下，各城市轨道交通运营企业制订的清客程序、人员分工都有所不同，但大致遵循下列清客规则。

（1）清客的授权

清客前必须获得行车调度员的授权，除非在危及乘客安全或与OCC通信中断等紧急情况下，列车司机或车站值班站长才可未经授权进行清客。

（2）清客地点

在条件允许的情况下，列车司机应尽可能将列车驾驶到下一站或指定的站台进行清客，避免在区间清客。

（3）牵引电流

若清客作业在站台进行，人员直接从站台疏散，不需进入轨道区间，则不用关断牵引电流；若在区间清客且线路采用接触轨供电，在清客前，行车调度员必须通知电力调度员关断清客区间的牵引电流。

提示：凡是清客至轨道的情况，都必须关断牵引电流。

（4）参与清客的工作人员

一般情况下，在没有车站员工协助的情况下列车司机不得开始清客，除非发生了极度紧急、严重威胁乘客生命安全的情况，方可由列车司机单独组织清客。在车站接应人员到达之前，由司机担任现场指挥。司机应开启列车紧急通风装置，保证车厢内的空气正常流通，同时不间断通过列车广播对乘客进行安抚，稳定乘客情绪，避免乘客恐慌。司机还应向行车调度员报告列车内所载乘客的大致数量，便于车站安排接应人员。

值班站长在接到行车调度员关于清客的通知后，立即组织车站工作人员到现场协助司机清客，至少应有两名车站员工协助司机进行清客。如派遣三名车站员工到达现场清客，则一名站务人员进入车厢，近距离了解车厢内乘客情况，引导乘客按秩序排队下车。另外一人在车下接应乘客，第三人走在队伍最前端，带领乘客向就近车站行走。

图5-17 隧道灯

（5）装备

协助清客的员工应穿戴好防护用具（绝缘鞋、反光背心），携带手提灯、扩音器和手台（无线通信对讲机）等。

（6）隧道灯

任何地铁员工或乘客进入隧道前，必须确保隧道灯是点亮的，如图5-17所示。

注意：在某些地铁线路中，当列车在隧道停止超过120s时，隧道内的鼓风扇会自动启动。在隧

道内清客期间，为了确保乘客安全，必须将鼓风扇关掉。鼓风扇如图5-18所示。

图5-18　鼓风扇

乘客下车后，司机或车站员工应指挥乘客利用清客后停定的列车作为保护，朝正常的行车方向步行前往下一站；除非列车与前方车站距离太远或情况极度紧急（如停在区间的列车失火或冒烟），可前往行车调度员指定的其他站台。

（7）乘客指引

为了防止乘客偏离清客路线或被障碍物绊倒，必须安排员工驻守在下列地方：①道岔及交叉口；②隧道口；③其他有潜在危险的地方。如图5-19所示的交叉口，在清客时必须指派人员驻守。

图5-19　交叉口

（8）不得行车的区间

清客期间，以下轨道不得行车：乘客下车后途经的轨道，乘客可由隧道门或交叉口进入的轨道。直至完成清客，确保所有乘客已撤离轨道后，上述轨道才可解除行车限制。

（9）伤残人士的安排

若非情况紧急，伤残人士（如轮椅使用者）应留在车厢内，待列车行驶到安全位置再下车。司机凡得知车上有伤残人士，必须向行车调度员报告。如需立即救助伤残人士，必须迅速通过行车调度员通知紧急救援人员。

提示：必要时可调派额外人员或自愿协助的乘客陪同伤残人士留在车上。

（10）使用站台楼梯

下车乘客抵达指定车站时，需由车站员工指示沿站台两端的台阶至站台上，以便加快乘客撤离轨道的速度。

（11）列车清客后的程序

列车完成清客后，相关车站必须安排两名车站员工巡查所有下车乘客可能经过的轨道区段。这两名员工必须按正常行车方向，由后方车站走至前方车站，确保区间内已无任何乘客或障碍物，然后向出发车站的值班站长汇报巡查结果。确保区间内已无任何乘客或障碍物后，才可恢复正常行车。

乘客全部疏散至车站后，应组织车站人员对乘客做好后续安抚工作。有受伤的乘客要及时送医，有票务纠纷的乘客要积极配合处理，有其他纠纷的乘客要诚恳致歉争取取得乘客谅解，有围观乘客要及时劝离，避免出现次生灾害。

（12）应急救援

实施清客时，应呼叫公安、消防等应急救援人员协助。

2. 非计划性清客的要点

①控制中心（OCC）行车调度员发布清客指令要果断、清晰。

②车站人员要有高度的敏感性，发现列车在本站停站超过 1min，则需要做好清客的准备；在接到行车调度员的清客指令后，要立即安排车站员工协助司机清客，且清客的人员越多越好。

知识链接5-7

某地铁运营公司四人站台清客行动指引（4 名工作人员）

二维码

站台清客作业

接到值班站长站台紧急清客命令后，客运值班员（若无此岗位可由值班站长兼任）、站厅站务员立即支援清客工作。负责清客的 4 名工作人员分为两组，第 1 组员工分别从站台头端 1 号站台门、12 号站台门上车，在前半部分车厢相向而行进行清客，于前半部分车厢中部会合；第 2 组员工分别从 13 号站台门、24 号站台门上车，在后半部分车厢相向而行进行清客，在后半部分车厢中部处会合。站台清客示意图如图 5-20 所示。

清客时要礼貌引导乘客迅速下车，对不予配合的乘客及时报车站公安协助处理。

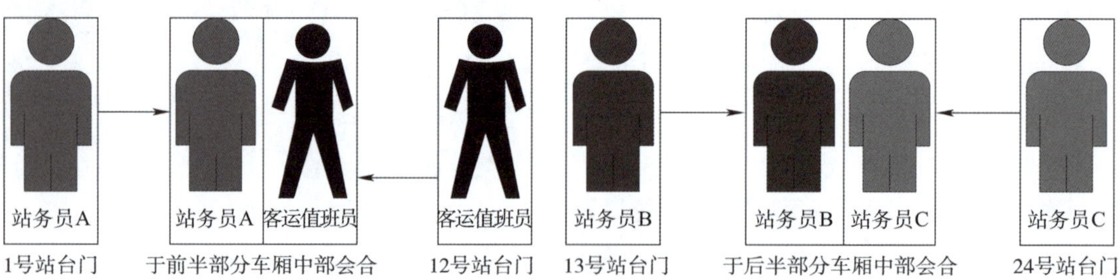

图 5-20　某地铁运营公司站台清客示意图（4 名工作人员）

③当故障列车上乘客较多时，车站应及时启动应急支援程序，寻求其他车站或企业救援队伍的支援。支援人员到站后，由车站值班站长进行人员分工，安排支援点位。

④列车司机在接到行车调度员指令后，立即播放清客广播，尽快清客完毕，按行车调度员指令要求动车。

⑤一旦启动区间清客程序，必然在短时间内无法恢复正常运营秩序。区间两端车站及邻近车站要根据控制中心临时调整的行车方式做好对乘客的信息发布，告知乘客可能延误的大概时间，必要时提示乘客换乘其他交通工具，避免造成车站人员积压。

⑥本线路其他车站、其他线路也要根据受影响程度做好车站的客运组织工作。

⑦如果采用列车车门、疏散平台疏散乘客，切不可将一侧车门全部打开，以防大量乘客同时涌出后出现不可控的情况。

⑧区间清客应尽可能实行“单向”清客，清客车站为距离故障列车较近的车站。

二维码

非紧急情况下清客——列车故障区间清客

⑨列车应预存一定数量的应急广播。当发生突发事件时，司机可启动应急广播对乘客进行安抚，这样可以减轻司机的劳动量，分担一部分工作压力。

⑩非计划性区间清客应遵照区间清客程序执行。

知识链接5-8

某地铁运营企业列车故障区间清客程序行动指引

1.行车调度员的行动指引（表5-9）

行车调度员接到故障列车报告后，指示司机、值班站长进行区间清客工作。

列车故障区间清客——行车调度员行动指引 表5-9

步骤	行动指引	
1	停止相关轨道上的所有行车	(1)即将清客的轨道需停止行车； (2)乘客离开车厢后可能途经的轨道需停止行车
2	指示列车司机做好清客前的准备	(1)停止所有列车运作，只维持无线通信设备正常操作； (2)前往即将清客的列车一端候命； (3)待车站员工抵达后即可清客
3	通知环控调度员	关断牵引电流，采取防护措施
4	命令受影响区域的值班站长执行清客程序	(1)亮起隧道灯，关掉鼓风扇，采取相关保护措施； (2)向有关值班站长查证列车停止的正确位置，指示其在何处清客，在列车哪一端清客
5	确认清客已结束	与司机确认： (1)所有乘客已离开车厢； (2)是否有伤残人士还留在车上
		与值班站长确认： (1)所有乘客已撤离车厢及轨道； (2)要求值班站长派员工步行巡视各轨道区段，并确定轨道区段已畅通无阻
6	恢复正常运作	接获值班站长通知轨道已畅通后，指示： (1)牵引电流送电； (2)司机限速将列车驶往下一站； (3)根据情况，部分或全部恢复正常运作

2. 值班站长的行动指引（表 5-10）

值班站长接获行车调度员执行清客程序通知后，须按表 5-10 所示程序行动。

列车故障区间清客——值班站长行动指引　　表 5-10

步骤	行动指引	
1	与行车调度员确定清客事宜	(1)ATS 控制台显示所有被停止的列车的正确位置； (2)清客的位置，在列车的哪一端清客； (3)牵引电流已关闭，安全保护措施已做好
2	接管环控系统操作权	视情况需要，关掉鼓风扇、亮起隧道灯
3	安排车站员工执行隧道清客程序	(1)指派 1 名车站员工负责执行清客程序； (2)至少再派 1 名员工陪同其前往列车现场
		根据情况需要，加派员工前往： (1)任何有潜在危险的位置，提醒乘客注意安全； (2)在清客范围内协助引领乘客； (3)引导离开车厢的乘客经站台两端的楼梯前往车站
4	清客结束后，向行车调度员报告	向执行清客程序的车站员工确认：所有员工和乘客已离开轨道
5	安排车站员工进行轨道巡查	接获行车调度员要求进行轨道巡查的通知后： (1)安排两名车站员工步行前往下一个车站，确定该区间畅通无阻； (2)每确定一段指定轨道畅通无阻后，向行车调度员汇报
6	恢复车站正常运作	接获行车调度员通知后，恢复车站正常运作

3. 负责清客的车站员工的行动指引（表 5-11）

车站员工接到执行清客程序通知后，须按表 5-11 所示程序行动。

列车故障区间清客——车站员工行动指引　　表 5-11

步骤	行动指引	
1	前往清客现场	(1)带上手提灯、无线通信对讲机等应急物品； (2)确保隧道灯已亮起，牵引电流已关断，保护措施已做好
2	抵达现场开始清客	(1)至少两名车站员工共同前往现场，抵达现场后立即开始清客； (2)一名车站员工带领乘客前往指定车站，引领乘客使用站台两端的楼梯，以加快疏散速度； (3)协助司机清客； (4)乘客中若有伤残人士，安排车站员工或自愿协助的乘客陪同； (5)确定车上乘客已全部撤离后，收回逃生踏板
3	返回车站，沿途巡查轨道	(1)沿途巡视轨道，确保轨道上没有遗留乘客或障碍物，安全保护措施已拆除； (2)抵达车站后，向值班站长报到

任务4 隔离客流组织

一 隔离的定义

隔离是指采用某种方式或设备人为地隔开人群或封闭某个区域。如当突发事件发生时,可迅速用防恐装置、警戒带、导流栏杆、屏风等设备(设施)对现场受影响区域进行封闭。采取隔离措施后,一方面可减少突发事件对正常客流的影响,另一方面可阻止乘客对突发事件处理的干扰。

二 隔离的分类

根据造成隔离的原因,隔离的组织方法可分为以下4种。

1. 非接触式纠纷隔离

乘客发生口头纠纷时,离现场最近的工作人员要立即上前劝阻,必要时要把纠纷双方分别带到人少的地方(或带到车站会议室),进行劝说和调解。如有其他乘客围观,应及时劝离现场,维持好车站正常秩序。

2. 接触式纠纷隔离

乘客发生肢体冲突时,离现场最近的工作人员要立即赶到现场,与车站安保人员一起把纠纷双方隔开,并通知公安人员到场。车站控制室通知值班站长赶到现场处理,将肇事双方移交公安人员处理。车站要及时疏散围观的其他乘客,并寻找目击证人填写事件记录。

在接触式纠纷事件处理过程中,应注意做好以下几点工作。

①当发生此类事件时,车站值班员应立即通过广播呼叫公安人员、车站安保人员到现场,对正在发生冲突的乘客起到震慑的作用。

②在公安人员没有赶到现场前,应尽可能动员周围的年轻的乘客、军人等协助劝阻;同时疏散围观乘客,避免其他乘客误伤。

③车站值班员应利用广播通知其他岗位、其他工种人员到达现场,协助站台岗人员一起处理乘客冲突。

④在劝说和制止乘客冲突的过程中,工作人员应分别对双方进行劝阻和控制。待乘客被劝开时,应分别将双方乘客劝拉至一定距离,防止乘客再次发生肢体冲突。最好采取异地处理的方式,例如将双方乘客各劝到站厅两侧,最后交由公安人员处理。

⑤车站工作人员要在第一时间找到现场证人,留下乘客的联系方式。

3. 客流流线隔离

当车站某区域存在进站、出站、换乘客流交叉干扰时,车站工作人员可利用伸缩铁制围栏、隔离带、警戒绳、铁马等设备器具将各方向行进的客流隔离开，保持进站、出站、换乘客流畅通，乘客可以单向、快速流动。

4. 疫情隔离

地铁车站出现疑似传染病人，须立即做好现场隔离防控措施，立即拨打救护电话，在急救车到达前控制病人活动区域，并及时进行消毒。根据上级指示，疫情发生车站列车通过不停车，对与疑似传染人员有过密切接触的物品、人员进行消毒、隔离，密接人员未经防疫部门的许可不得离开车站。

列车上出现疑似传染病人，列车要停车至站台，由站务人员组织车上乘客下车。如病人情况允许列车返回车库（场），需同时拨打救护电话到指定车库（场）接送病人，并对列车进行彻底消毒。如病人情况危急，则在列车停靠车站时随乘客一起下车，控制病人接触区域，拨打救护电话送病人到医院救治，及时对现场进行严格消毒。

知识链接5-9

某地铁运营企业“新型冠状病毒”疫情期间防疫隔离措施

1. 防护用品使用措施

车站员工须佩戴口罩上岗，其中站务员、安检及安保员、保洁员等与乘客有频繁接触的人员，须同时佩戴手套上岗；消毒作业人员在作业时须佩戴口罩、手套等防护用品。

2. 安检措施

安检测温员需佩戴医用口罩、手套、护目镜等防护用品，测温时不得与乘客进行接触。使用手持测温设备时不直接接触乘客，测温仪距离乘客额头3cm左右。站务人员在处理发热乘客前，应做好以上同等防护措施，避免直接接触乘客。

3. 隔离措施

所有车站各安检点附近、站台区域设置临时隔离区（图5-21），对于检测体温超过37.3℃的发热乘客，立即劝阻乘客搭乘地铁并引导乘客进入隔离区域，避免体温异常乘客与其他乘客进行接触，避免引起恐慌。与此同时，车站立即拨打救护电话，做好移交工作，并立即向有关部门上报异常信息。

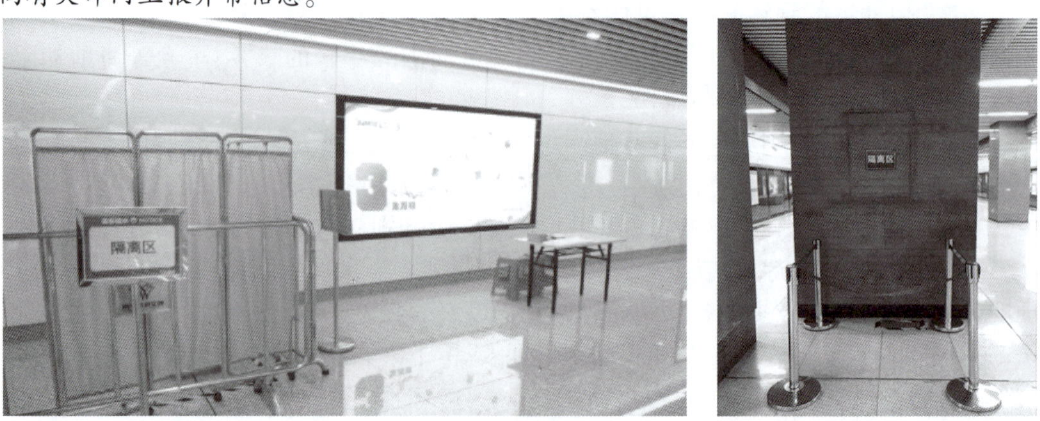

图5-21　地铁车站疫情隔离区

4. 废弃防护物品回收措施

①对废弃的医用口罩、一次性手套、消毒液瓶等有害垃圾的处置，有明确统一回收地点，回收前应进行必要的消毒等处理，不可直接混入普通垃圾丢弃。

②公共区域垃圾桶、卫生间等不可有以上废弃防护物品丢弃。

③车站公共区域、卫生间设口罩回收专门垃圾桶。

5. 防疫客流组织措施

①车站制定限流客运组织方案，明确限流措施。（一站一方案）

②限流车站高峰期每站增加10名疏导人员。

③列车满载率达到40%，启动站外限流。（限流预案响应机制）

④站台人员密度不超过3人/m^2。

⑤列车满载率不超过50%。（设列车客流满载率观察员）

⑥列车采用平日运行图组织行车。

⑦车站各岗位人员配发限流职责卡片，各岗位人员掌握限流工作职责。

⑧限流期间每3分钟进行一次限流广播。

任务5　站台事故应急处理

一　站台紧急停车按钮被触发应急处理

1.站台紧急停车按钮的功能

紧急停车按钮一般设置在各站站台(图5-22)、站台监察亭(图5-23)和车站控制室综合后备盘(IBP盘)上,该按钮可实现紧急情况下对列车的控制。在紧急情况下,可通过按压站台、车站控制室IBP盘、站台监察亭任一位置的紧急停车按钮,禁止列车自区间进入车站,禁止已停在车站的列车出发进入区间。对于已起动而尚未完全离开车站的列车则实施紧急制动停车。

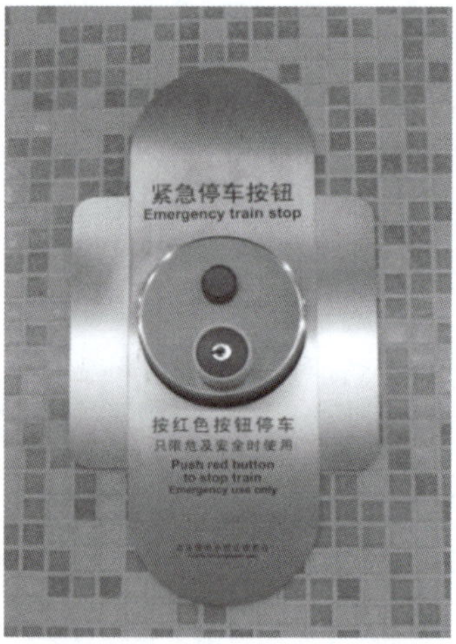

图5-22　站台紧急停车按钮

站台上下行方向每侧可设置两到三个紧急停车按钮,如车站为岛式站台,则本侧紧急停车按钮仅对相应侧的线路实行车站封锁,如为侧式站台,可设置为对上下行线路同时实行车站封锁。

紧急停车按钮为非自复式按钮,须使用钥匙使其复位;紧急停车按钮会设置红色指示灯,当按钮被启动后,该按钮的指示灯点亮,车站控制室IBP盘和站台监察亭内对应站台的指示灯也同时点亮(图5-24),表示该紧急停车按钮被激活。

如车站设有站台监察亭,在站台监察亭内对应每侧站台设置1个紧急停车按钮,并配有指示灯。当发现紧急情况需紧急停车时,按压该侧紧急停车按钮,IBP盘上对应站台的指示灯和站台监察亭内的对应站台的指示灯同时点亮,表示该紧急停车按钮被激活。

图 5-23　站台监察亭

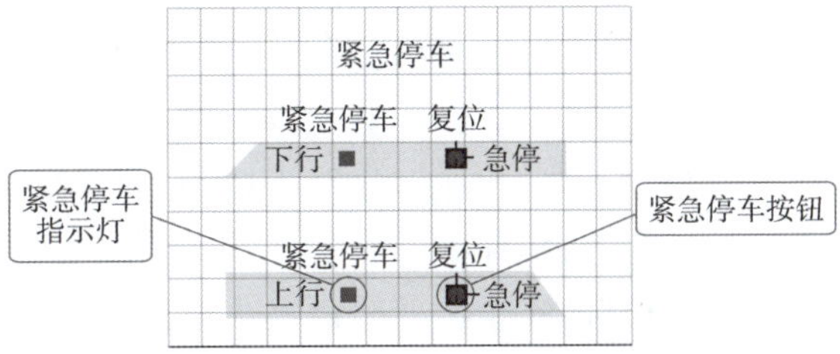

图 5-24　车站控制室 IBP 盘紧急停车按钮及指示灯

2. 站台紧急停车按钮触发的条件

①发生影响列车行车安全的事件，如接触轨或接触网严重拉弧，站台门玻璃破裂，水淹至道床顶部等；

②发生影响人身安全的事件，例如站台门、车门发生夹人、夹物事件，有人跌落轨道等；

③当末班车完成乘降，站务员发出发车手信号后，车门尚未关闭，发现站台有乘客没有登乘时；

④终点站站务员清客完毕，在发出“一切妥当”手信号后，发现有乘客强行上车，如列车车门还没有关闭，必要时可启动站台紧急停车按钮，请乘客离开车厢；如此时列车已经关门，不需操作站台紧急停车按钮，但需要立即上报行车调度员。

3. 站台紧急停车按钮被触发应急处理程序

当站台发生紧急情况，需列车紧急停车时，车站工作人员应按以下程序处理。

二维码

站台紧急停车按钮被触发应急处理

①站台岗员工或乘客按下站台上的紧急停车按钮。

②对应的紧急停车按钮指示灯点亮，车站控制室 IBP 盘上和站台监察亭内对应站台的按钮指示灯点亮，车站 ATS 工作站和 OCC 调度员工作站对应区域显示紧急停车，显示报警信号。

③行车值班员按下车站控制室 IBP 盘上的紧急停车开关至“急停”位置。

④站台岗员工赶往事发地点，采取适当的措施处理该事件，并保持站台、车站控制室、OCC 联系畅通，必要时请求协助。

小贴士

在操作任何车门或站台门之前要得到行车调度员和行车值班员的同意。

⑤在确定处理完情况后，站台岗员工用钥匙复位被激活的紧急停车按钮，并通知行车值班员，处理完毕后给司机显示“一切妥当”手信号。

⑥站台岗员工获得操作站台紧急停车按钮乘客的资料，并报告给值班站长。

⑦行车值班员将车站控制室 IBP 盘上对应的紧急停车按钮恢复至“复位”位置。

⑧行车值班员复位 ATS 工作站上的事件，使 ATC 系统复位，并记录该次事件的时间、紧急停车按钮启动的原因及事件处理经过。

4. 站台紧急停车按钮被触发客流组织要点

①站务人员应在距离紧急停车按钮 10m 半径范围内值岗，可及时处理突发事件。

②对紧急停车按钮区域加强监视，对乘客不合理启动站台紧急停车按钮的行为应及时制止，并进行教育，如因乘客责任造成设备设施损坏以及危害公共安全等后果时，应依据所在城市轨道交通安全运营管理办法报公安部门处理。

③客流高峰期，应加强对站台门上下车乘客的疏导和监护，若发生站台门、车门夹人夹物等突发事件，立即果断按下紧急停车按钮。

二 乘客紧急报警器被触发应急处理

1. 乘客紧急报警器

地铁车厢内一般设置乘客紧急报警器（图 5-25）。当乘客在车厢内遇到火灾、晕厥、车厢犯罪等突发情况时，按动此报警器，按照面板提示操作便可与司机直接通话，从而让司机及有关方面做出及时、正确的应对措施。

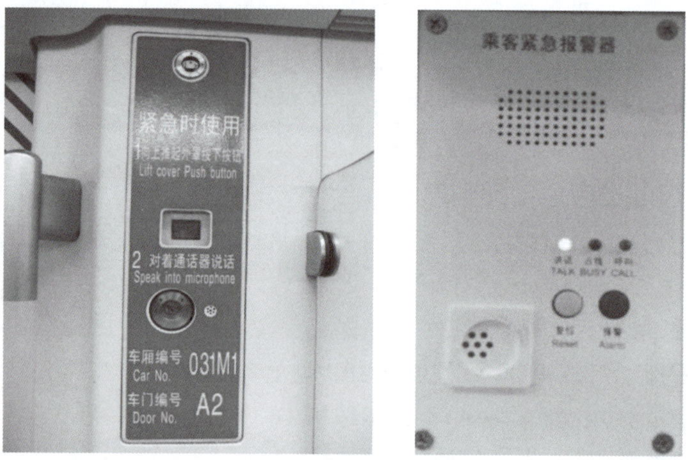

图 5-25　乘客紧急报警器

二维码

乘客紧急报警器被触发应急处理（列车停靠在站台）

2. 乘客紧急报警器被触发应急处理程序

若列车停靠在站台还未起动时，乘客触发了车内报警器，站务员应按以下程序处理。

①值班站长接到乘客紧急报警器被触发的通知，须向行车调度员核实以下信息：报警器启动的原因、启动报警器的车次和车门，列车是否需要退行，并立即通知站台岗员工赶赴现场并核实。

②站台岗员工到达事发现场，使用车内乘客紧急报警器扬声器与司机沟通，寻找启动报警器的原因，进行乘客救援工作。

③确定情况稳定后，车站员工必须将车内乘客紧急报警器按钮复位，离开列车，向司机显示“一切妥当”手信号。

④行车调度员通知列车司机，车站已将车内乘客紧急报警器按钮复位。

⑤站台岗员工在日志中详细记录该次事件发生的时间、原因、被启动的报警器的编号及事件处理经过，将以上内容提交给值班站长。

3. 乘客紧急报警器被触发处理要点

①站台岗员工应迅速到达现场，通过报警闪亮灯来确认被触发的乘客紧急报警器。

②需携带与车辆设备相关的解锁、复位钥匙。

③上车后可大声询问车厢乘客，查明乘客启动报警器的原因，立即与司机进行沟通。

④进行乘客救援工作，可寻求同事或热心乘客的支援。

⑤报警器复位前，要检查是否还有其他报警器被按下，有时热心乘客会同时按下不同的报警器进行求助。

三 单个车门故障应急处理

当列车单个车门发生故障时，需要站务员上车协同处理，下面以某地铁运营企业为例，讲解单个车门故障应急处理程序。

1. 值班站长行动指引

①收到行车调度员通知后，复诵故障信息（车门位置及故障状态），并将相关处理事故员工的"手台呼号"告知行车调度员；安排站务员立即到达现场进行处理，并提醒其将手台转至"正线组"。

提示："正线组"是车站无线通信的一个组别，处理紧急事件时可监听到所有岗位通话。

②安排车站值班员或自己到现场监督，协助故障处理。

③如有需要，向乘客播放列车延误广播。

④通过 CCTV 监控故障现场处理进展。

⑤故障处理完毕后，与行车调度员核对情况并做好记录。

2. 车站值班员行动指引

①车站值班员收到值班站长的命令后，确认故障信息（车门位置与故障状态），立即携带车门钥匙，赶往现场。

②到达现场后，了解并监督站务员工作情况，必要时指导并与站务员一同处理故障。

③故障处理完毕后，向值班站长报告故障处理过程及时间。

3. 站务员行动指引（单个车门无法关闭情况）

列车停靠站台单个车门无法关闭时，站务员应按以下流程处理：

①收到值班站长的通知后，复诵故障信息（车门位置与故障状态）并及时记录相关资料，将手台调到"正线组"后赶往现场。（携带车门钥匙、告示。）

②到达现场，立即使用手台报告行车调度员并进行故障处理（如果无法联系上行车调度员，需先行处理故障）。

③确定车门位置后，检查有无异物。如有异物（图 5-26），立即取出异物并使用手台通知司机"××车，尝试关门"。如车门能够正常关闭到位，该列车将正常发车。

④如车门无法自行关闭，立即手动将故障车门关闭，门扇间不允许有任何缝隙（图 5-27）。

图 5-26　单个车门不能关闭,车门处有异物

图 5-27　手动关闭故障车门

⑤确认车门已经关闭后将其隔离[图 5-28a)、b)],隔离操作完毕后通知行车调度员。将故障告示粘贴在车门内侧[图 5-28c)]。如果未携带告示,跟车前往下一站,可向行车调度员申请安排下一站人员上车粘贴,并在列车到达下一站后返回原站。

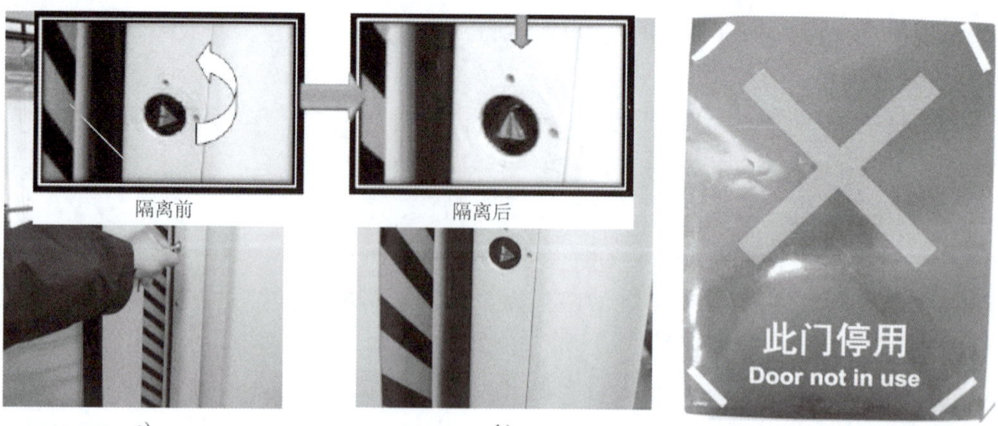

图 5-28　某地铁列车故障车门隔离操作

⑥车门隔离完毕,若行车调度员指示须跟车,现场监控车门时须注意自身安全,疏散故障车门附近乘客并告知从其他车门上下车,列车运行过程中发现异常马上报告行车调度员。

⑦遇车门无法手动关闭或无法隔离等情况时,需立即报告行车调度员并听候指示。一般情况下行车调度员要求站务员跟车监护车门,择机退出服务返回场段,无人监护时禁止列车发车。此时,站务员应随时与司机保持联系。

知识链接5-10

车门的隔离操作

当车辆的某一个车门出现机械或电路故障时会导致列车车门不能正常开关,操作隔离装置能使此门退出服务,并保证其他车门的正常开关,确保车辆的正常运营。

4. 站务员行动指引(单个车门无法打开情况)

列车停靠站台单个车门无法打开时,站务员应按以下流程处理:

①收到值班站长通知后,复诵故障信息(车门位置与故障状态),并及时记录相关资料,将手台调到“正线组”后赶往现场(携带车门钥匙和告示)。

②到达现场,查看列车车门开启情况,如该车门未正常开启,立即使用手台报告行车调度员并进行故障处理(无法联系行车调度员时,需先行处理故障)。

③确认车门未开启后进行隔离操作,并在隔离完毕后通知行车调度员。

④将告示粘贴在车门内侧(如果未携带告示,可向行车调度员申请,安排下一站人员上车粘贴),并在列车到达下一站后返回原站。

⑤特殊情况(遇车门无法隔离等情况)时需立即报告行车调度员并听候指示。

知识链接5-11

故障车门临时停用

除在车厢内张贴“车门故障”告示外,不同地铁运营企业可采取不同的办法来告知乘客故障车门的信息,如悬挂车门故障帘、胶带封闭等(图5-29),一般情况下都会有站务员跟车监护,疏散故障车门处乘客,引导乘客从其他车门下车。

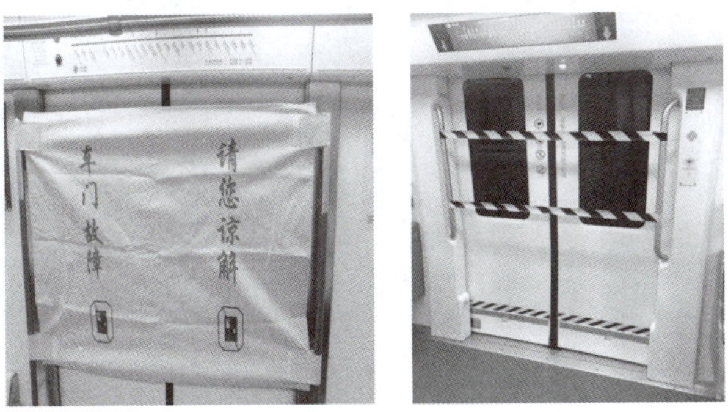

图5-29 故障车门临时停用

当行车调度员指示单个车门故障列车需继续运行至终点站时,需指示沿途各站站务员在故障车门对应的站台门处值岗,引导乘客去其他站台门处候车。

四 全列车门无法打开应急处理

以某地铁运营企业全列车门无法打开的处理程序为例,简要介绍这种故障情况下站务员工作要点。

1. 值班站长行动指引

①值班站长接到行车调度员通知"全列车门无法打开"的故障后,立即安排行车值班员留守车站控制室,自己将手台调至"正线组",携带必要备品(站台门钥匙、车门钥匙、列车激活钥匙)前往站台列车后端驾驶室。

②到达后端驾驶室后,使用列车广播对讲功能与值乘司机取得联系并在得到其允许后,插入激活钥匙,激活后端驾驶台,按压站台侧"开门按钮"。

③如果车门打开,组织人员进行清客。

④如车门无法打开,报告行车调度员,听从行车调度员指示从驾驶室后端门进入客室紧急解锁车门。

提示:视客流情况每节车厢至少开一对车门方便乘客尽快下车。

2. 行车值班员行动指引

①行车值班员接到值班站长通知后马上留守车站控制室。

②通知站台站务员做好清客准备,并提醒将手台调至"正线组"。

③如有需要,向乘客播放延误广播。

3. 站务员行动指引

①接到车站控制室通知后将手台调至"正线组",做好清客准备。

②如整列车门开启,进行清客作业。

③如整列车门无法开启,接到进行人工解锁车门通知后听从值班站长安排,从驾驶室进入车厢内部操作紧急解锁装置解锁车门(图5-30)。

④清客完毕后通知行车调度员。

图5-30 车厢内部车门紧急解锁装置

知识链接5-12

从车厢内部解锁车门

车厢内部的紧急解锁装置一般设置在车门旁,紧急情况下,待列车停稳后打开紧急解锁装置盖板，用力旋转或拉下紧急解锁手柄，待车门解锁，车门打开一个缝隙后，用手将车门向两侧拉开。该解锁装置平时严禁自行或轻易使用，无故使用将承担法律责任。

五　全列车门无法关闭应急处理

当全列车门无法关闭时，原则上应进行清客，如遇特殊情况遵循行车调度员指示处理。

1. 值班站长行动指引

①值班站长接到行车调度员整列车门无法关闭需要清客的命令后，立即安排车站值班员及其他站务员到达站台进行清客工作。

②播放清客广播。

2. 行车值班员行动指引

①接到值班站长通知后马上到相关站台，将手台调至“正线组”。

②通知站务员进行清客作业。

③清客后通知行车调度员。

3. 站务员行动指引

站务员接到车站控制室通知后将手台调至“正线组”，进行清客作业。

六　乘客物品坠落轨道应急处理

城市轨道交通车站未安装站台门，或站台门发生故障时发生乘客携带物品坠落至轨道的事件，此时要根据坠落的物品是否影响行车来分别处理。

二维码

乘客物品坠落轨道（影响行车）处理办法

1. 坠落的物品不影响行车

①站台岗员工接到报告后，立即赶往现场查看情况，向行车值班员报告：该物品不影响行车。若该车站未安装站台门，站台岗员工应在第一时间明确告诉乘客“请勿擅自跳下轨道，工作人员会尽快妥善处理”。

②站务员应立即安抚乘客，告知乘客将在当日运营结束后下轨道拾回物品，请乘客留下联系方式，第二日到车站领回物品。

2. 坠落的物品影响行车（如高出轨面）

①站台岗员工接到报告后。立即赶往现场查看情况，若该物品影响行车，则立即按压站台侧紧急停车按钮。

②站台岗员工向行车值班员、值班站长报告该物品影响行车，须立刻处理。

③行车值班员上报行车调度员，经批准后，按压车站控制室内紧急停车按钮，做好防护，通知站务员进行拾物处理。

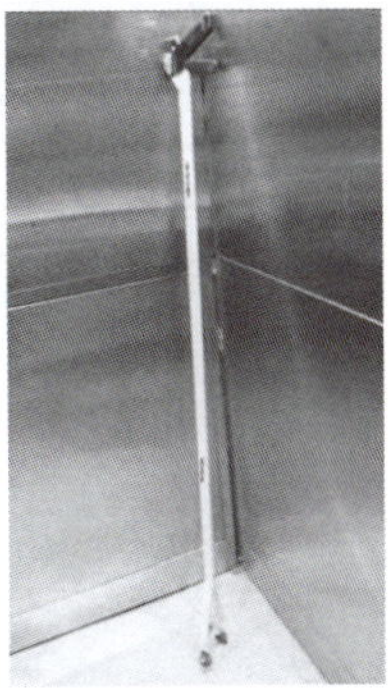

图 5-31　夹物钳

④站务员立即携带夹物钳（图 5-31）、隔离带到现场，隔离该处站台

门。夹不起的物品，安排人员从站台两端的楼梯或使用下轨梯进入轨道拾回物品。

⑤站务员将物品取回后，确认线路出清，恢复站台门的使用，向行车值班员汇报。

⑥行车值班员及时取消紧急停车，并向行车调度员汇报。

⑦做好相关记录，将物品归还乘客。

七 车站停电故障应急处理

1. 车站照明部分熄灭

①事故发生后，值班站长立即向行车调度员报告：车站照明系统部分失效，应急照明是否已经启用，是否影响车站其他设备的正常运作，车站是否有列车停靠及列车的相应位置，车站内乘客滞留情况。

②值班站长或行车值班员联系故障报警中心，获取相应的故障信息，召唤人力支援。

③值班站长立即下达车站紧急疏散指示。

④行车值班员通过 PA、PIS 系统，通知乘客情况，稳定乘客情绪。

⑤站务人员就近取用应急照明备品，站于重要位置为乘客提供照明和保护，加强宣传，稳定乘客情绪。

⑥票务岗员工保管好票款，适时放慢售票速度。根据客流情况，合理关闭部分进站闸机、自动售票机进行客流控制。

⑦所有员工随时做好准备，一旦照明系统无法恢复时进行乘客疏散工作。

2. 车站照明全部熄灭

二维码

车站照明全部熄灭应急处理办法

①事故发生后，值班站长立即向行车调度员报告：车站照明系统全部失效，应急照明是否已经启用，是否影响车站其他设备的正常运作，车站是否有列车停靠及列车的相应位置，车站内乘客滞留情况。

②值班站长或车站值班员联系故障报警中心，获取相应的故障信息，召唤人力支援。

③值班站长立即下达车站紧急疏散指示。

④车站值班员通过 PA、PIS 系统，通知乘客疏散，稳定乘客情绪，疏导乘客向站台中部靠拢。

⑤站务人员就近取用应急照明备品，站于重要位置为乘客提供照明和保护，加强宣传，稳定乘客情绪，密切关注站台边缘地带，确保乘客安全。

⑥票务岗员工立即停止售检票作业，保管好票款及有效票证，做好与乘客的解释工作。

⑦站务员打开全部闸机和应急疏散门，立即引导乘客从各个出入口出站，同时阻止乘客进站，确认乘客全部疏散后，关闭出入口并张贴通告。

⑧进站列车、停靠站台的列车、即将出站的列车均需暂时停止运行，开启列车全部灯光（含前、后大灯），为疏散乘客提供照明，在得到行车值班员允许后方可继续运行。

技能工作页　车站突发事件客流组织实施

任务书

请根据以下演练情境，参考教材中"知识链接5-5：某地铁运营企业区间疏散行动指引（车站工作人员）"、"知识链接5-8：某地铁运营企业列车故障区间清客程序行动指引"、数字资源"非紧急情况下清客—列车故障区间清客"，结合当地城市地铁运营企业车站岗位设置、规章制度，设计、完善各岗位行动指引和岗位间沟通对话，完成实训演练报告，利用实训室设备分角色模拟演练区间清客作业任务。

（1）任务演练情境及简要流程：

①某年某月某日，下午15:10，某线路供电系统故障，造成车站D—车站E区间接触轨无电，运营服务中断。上行2078次列车正运行在该区间，且供电系统故障短时间内无法恢复，需进行列车区间疏散作业。列车服务只能维持车站A—车站C、车站F—车站Z区间实行短交路运营。

②2078次列车司机向行车调度员报告："列车迫停于车站D—车站E区间，距车站E上行站台约100m处，无法移动，后备电池不可用，车厢内乘客情绪稳定、无异常，请求区间清客。"

③行车调度员接到司机报告后，授权司机由列车头部向车站E进行疏散，通知司机向乘客播放广播，安抚好乘客情绪，做好清客前准备工作。

④行车调度员通知车站E值班站长派站务人员协助司机做好区间疏散。

⑤行车调度员立即向值班经理汇报，通知公安人员；通知当值事务经理到达车站E，担当事故现场负责人。

⑥行车调度员通知全线所有车站和在线列车司机事故具体地点和注意事项，全线列车实行短交路运营（车站A－车站C、车站F－车站Z）。

⑦车站E进行清站，停止运营服务。

⑧值班站长与行车调度员确认车站D至车站E区间接触轨已经断电。

⑨值班站长安排符合资质的人员对接触轨进行接地保护工作，确认完成后，值班站长安排站务员携带手台、手电等备品由上行站台尾端进入区间，到达列车迫停地点，进行区间疏散。

⑩值班站长于车站E上行尾端端墙处建立事故控制站、工程控制站，同时担任临时事故现场负责人。

⑪列车司机用人工广播通知乘客疏散，引导乘客由列车头部进行疏散，协助照顾行动不便乘客；站务员协助乘客疏散，并引导乘客上到站台；司机与站务员共同确认乘客全部撤离，并统计人数上报给值班站长。

⑫车站确认区间清客完毕、人员全部撤离区间后向行车调度员报告。

⑬当值事务经理到达现场接任事故现场负责人，接管车站后续工作。

⑭维修人员赶到进行抢修。

⑮修复后抢修人员告知事故现场负责人。

⑯事故现场负责人与行车调度员确认供电系统是否恢复正常。

⑰当值事务经理与行车调度员联系，进行车站D—车站E区间变电所停电，确认停电后指示车辆工程师与维修人员及1名站务人员返回2078次列车，进行逃生门复位。

⑱车辆工程师及2078次列车司机确认2078次列车逃生门复位良好且登乘列车后，站务员返回车站拆除接地装置并向事故现场负责人汇报。

⑲事故现场负责人将现场情况告行车调度员，并告知行车调度员可以送电。

⑳全线列车恢复服务，车站恢复服务。

(2)小组成员确定角色扮演分工、佩戴工牌等身份标识。组员可分别扮演行车调度员、值班站长、行车值班员、客运值班员、站务员、列车司机、事故现场负责人、安保员、安检员等岗位。安保员、安检员等可由一人兼任。

(3)若干同学扮演乘客角色，配合区间清客演练。

(4)结合演练场地，设计车站控制室、列车迫停地点、区间、站厅、站台、客服中心、出入口、换乘通道等值岗位置。

(5)配备手台、手持喇叭、手电照明、反光服、告示、路线指示标等疏散备品。

(6)调试、熟练运用实训室广播、CCTV监控设备、ATS工作站设备、综合后备盘(IBP盘)、接触轨接地装置等设备，做好演练准备。

(7)各岗位按照区间疏散、清客程序，明确岗位职责，补充岗位行动指引和各岗位间沟通对话，完成实训演练报告撰写。

(8)依据实训演练报告，设计实训室场地跑位，操作相关实训室设备，开展区间清客客流组织模拟演练。

(9)区间清客演练要点。

①首先明确各岗位职责和关键行动指引。

②根据行动指引，参照“项目4技能工作页知识链接：某地铁运营企业无线通信规范(节选)”中相关要求，完善各岗位间沟通对话。

③各岗位人员熟练配合。

④各岗位人员熟悉区间清客的各项指引及程序流程。

⑤各岗位人员能够利用实训室相关设备设施，严格按照行动指引进行设备操作。

⑥各岗位人员在操作过程中使用专业术语，并能合理掌控时间。

任务分组

建议8~10位同学为一组，共同完成相关任务，填写附表5-1。

学生任务分配表　　附表 5-1

<table>
<tr><td>班级</td><td colspan="2"></td><td>组号</td><td></td></tr>
<tr><td>组长</td><td colspan="2"></td><td>学号</td><td></td></tr>
<tr><td rowspan="6">组员</td><td>姓名</td><td>学号</td><td>姓名</td><td>学号</td></tr>
<tr><td></td><td></td><td></td><td></td></tr>
<tr><td></td><td></td><td></td><td></td></tr>
<tr><td></td><td></td><td></td><td></td></tr>
<tr><td></td><td></td><td></td><td></td></tr>
<tr><td></td><td></td><td></td><td></td></tr>
<tr><td rowspan="12">任务分工</td><td>岗位</td><td>姓名</td><td colspan="2">职责</td></tr>
<tr><td>行车调度员</td><td></td><td colspan="2">向各个部门下达指令</td></tr>
<tr><td rowspan="2">值班站长</td><td></td><td colspan="2">接行车调度员指示，指挥</td></tr>
<tr><td></td><td colspan="2">车站员工进行疏散</td></tr>
<tr><td>行车值班员</td><td></td><td colspan="2">车站控制室值守</td></tr>
<tr><td></td><td></td><td colspan="2"></td></tr>
<tr><td></td><td></td><td colspan="2"></td></tr>
<tr><td></td><td></td><td colspan="2"></td></tr>
<tr><td></td><td></td><td colspan="2"></td></tr>
<tr><td></td><td></td><td colspan="2"></td></tr>
<tr><td></td><td></td><td colspan="2"></td></tr>
</table>

获取信息

引导问题 1　突发事件发生时，地铁运营企业的应急处置指导思想是：________________。

引导问题 2　突发事件现场应急处置的重点是________________，组织人员撤离和抢救受伤人员。

引导问题 3　突发事件坚持就近处理的原则，在上一级事故处理负责人到达现场前，由以下人员担任现场指挥，担任临时事故处理负责人职责，请补充附表 5-2。

现场临时事故处理负责人　　附表 5-2

序号	事故发生处所	现场临时事故处理负责人	序号	事故发生处所	现场临时事故处理负责人
1	列车上(列车在区间)		4	区间线路上	
2	列车上(列车在车站)		5	车场	
3	车站		6	其他场所	

引导问题4 请简要说明车站突发事件的报告原则。

引导问题5 判断下列说法正误。

(1)车站内发生突发事件时，车站员工应立即报告当值值班站长，值班站长接到报后应立即将相关情况转报行车调度员。 ( )

(2)列车运行中发生突发事件时，列车司机应立即报告前方值班站长。 ( )

(3)如事发现场需要公安、消防、医疗急救等救援，且因故无法联系行车调度员时，现场人员也不得自行联系。 ( )

(4)在明确发生火灾后，现场人员应立即拨打119。 ( )

(5)行车调度员应与事故处理负责人保持联络，实时掌握事件处置进展，协调召唤公安、消防、医疗急救等部门对事件处置进行支持。 ( )

(6)行车调度员需协调安排接触轨或接触网断电事宜。 ( )

(7)行车调度员应担任事故现场负责人。 ( )

(8)值班站长应根据行车调度员要求进行车站限流、疏散或临时封闭车站。 ( )

(9)工程人员只服从工程主管人员的安排，不听从行车调度员的指示。 ( )

(10)工程人员必须在开始施工前，与事故处理负责人确认接触轨或接触网停送电及接地保护的情况。 ( )

引导问题6 请简要说明报告事故前应采取的行动。

引导问题7 请简要说明突发事件的报告内容。

引导问题8 疏散是指____________________。按照疏散地点可分为__________和__________，按照突发事件引起的后果可以分为__________和__________。

引导问题9 事故控制站的主要组成人员主要有：事故处理负责人由__________担

任、事故处理负责人助手由________________担任，还有通信维修技术人员、工程人员等。在上级领导未到来之前，由________________担任事故处理负责人。

引导问题10　请根据表5-5车站疏散——车站其他员工行动指引，梳理、总结站厅和客服中心员工在车站疏散程序中的行动，能否发现这些行动符合突发事件处理中的哪项原则？

引导问题11　请根据表5-5车站疏散——车站其他员工行动指引，结合当地城市地铁运营企业车站岗位设置、工作责任划分，梳理、总结站台岗员工在车站疏散程序中的行动。

引导问题12　结合所在城市地铁运营企业车站岗位设置和工作责任划分，梳理、总结行车值班员或客运值班员在车站疏散程序中的行动。（提示：可从人员安排、设备操作两个方面梳理总结）

人员安排：

设备操作：

引导问题13　结合当地城市轨道交通运营企业车站岗位设置和工作责任划分，梳理、总结值班站长在车站疏散程序中的行动。（提示：可从与行车调度员沟通联络、落实工作人员到岗到位、现场指挥处理等方面梳理总结）

与行车调度员联络：

落实人员到岗到位：

现场指挥处理：

引导问题 14 请简述实施区间疏散须遵循哪些原则？

引导问题 15 行车调度员应与环控调度员确认事发区段的通风风向，疏散方向原则上为________。

引导问题 16 值班站长在接到行车调度员下达区间疏散乘客的命令后，应确认以下设备状态：

引导问题 17 在接到行车调度员进行区间疏散的指令后，值班站长立即安排人员穿戴好防护用品，并携带________、________、________前往疏散列车。

引导问题 18 车站关闭模式下，所有 AFC 设备________，进站闸机________，出站闸机________，PA 系统播放________。

引导问题 19 车站紧急模式下，所有 AFC 设备________，所有闸机________，PA 系统播放________。

引导问题 20 要安排员工在以下地点驻守________、道岔及交叉口，________，防止乘客偏离疏散路线或被障碍物绊倒。

引导问题 21 判断下列说法的正误。

(1)站务人员要和司机一起进行疏散乘客人数清点工作。 ( )

(2)区间疏散时不需要启动另一侧站台紧急停车按钮。 ( )

(3)区间疏散一般不需要其他车站人力支援。 ( )

(4)紧急疏散情况下,不能关闭车站自动扶梯,要加快乘客出站速度。 ( )

(5)疏散完毕后,要派两名车站员工步行前往下一个车站,以便确定该区间畅通无阻。 ( )

引导问题22 车站事故应急备品一般有哪些?

引导问题23 请简述清客的定义。

引导问题24 ________属于计划性清客;________属于非计划性清客。

A. 电力故障清客　B. 终点站清客　C. 临时小交路运行清客

D. 车辆故障清客　E. 折返站清客

引导问题25 清客前必须获得________的授权,除非在危及乘客安全或与OCC的通信中断等紧急情况下,________才可未经授权进行清客。

引导问题26 在条件允许的情况下,列车司机应尽可能________,避免在区间清客。

引导问题27 判断下列说法正误。

(1)一般情况下,司机可以在没有车站员工协助的情况下开始清客。 ( )

(2)司机还应向行车调度员报告列车内所载乘客的大致数量,便于车站安排接应人员。 ( )

(3)值班站长应派出一名车站员工赶赴现场,协助司机进行清客。 ( )

(4)地铁员工或乘客进入隧道前不需点亮隧道灯。 ( )

(5)一般情况下,清客的方向应该是朝正常的行车方向,引领乘客步行前往下一站,除非情况极度紧急(列出失火或冒烟)或前方车站距离太远。 ( )

(6)司机得知车上有伤残人士,必须向行车调度员报告。 ( )

(7)非计划清客时,参与清客的人员越多越好。 ( )

(8)如果采用列车客室门、疏散平台疏散乘客,可将一侧车门全部打开,加快乘客疏散速度。 ( )

(9)凡是清客作业都需要关断牵引电流。 ( )

(10)一旦启动区间清客程序,必然在短时间内无法恢复正常运营秩序。 ( )

引导问题 28 协助清客的员工应穿戴好防护用具________、________携带手提灯、扩音器和________等设备。

引导问题 29 清客期间，以下轨道不得行车：________、________。

引导问题 30 隔离是指________。

引导问题 31 隔离可采用哪些设备？

引导问题 32 隔离可以分为非接触纠纷隔离、________、客流流线隔离和________。

引导问题 33 请简述接触式纠纷隔离客流组织的要点。

引导问题 34 紧急停车按钮一般设置在________、站台监察亭和________。

引导问题 35 请简述紧急停车按钮的功能。

引导问题 36 紧急停车按钮为________按钮，须使用钥匙使其复位。当按下站台处紧急停车按钮后，________和________对应站台的指示灯也同时点亮，表示该紧急停车按钮被激活。

引导问题 37 请简述站台紧急停车按钮触发的条件。

引导问题 38 在操作任何车门或站台门之前要得到________和________的同意。

引导问题 39 站务人员应在距离紧急停车按钮________半径范围内值岗，可及时处理突发事件。

引导问题 40 值班站长接到乘客紧急报警器被启动的通知，须向行车调度员核实以下信息：________、________，列车是否需要退行。

引导问题41 简述车门隔离操作的作用。

引导问题42 请结合所在城市地铁运营企业规定，简述单个车门无法关闭站务员处理流程。

引导问题43 值班站长接到行车调度员“全列车门无法打开”的故障通知后，应立即携带必要备品__________、__________、__________前往站台列车后端驾驶室。

引导问题44 当全列车门无法关闭时，原则上应进行__________，如遇特殊情况遵循行车调度员指示处理。

引导问题45 当乘客坠落物品不影响行车时，应

引导问题46 当乘客坠落物品影响行车时，应

引导问题47 请分析对比车站照明全部熄灭客流组织与车站疏散客流组织异同，指出两种客流组织有哪些特殊的要点。

任务实施

引导问题48 根据演练任务情境，结合所在城市地铁运营企业岗位设置、工作责任划分，实训场地和设备，补充、完善区间清客行车调度员行动指引（附表5-3）。

区间清客行车调度员行动指引 附表5-3

<table>
<tr><th>负责人/值岗地点</th><th colspan="2">行动指引</th><th>所需设备</th></tr>
<tr><td rowspan="2">行车调度员/运营控制中心（OCC）</td><td>关键行动</td><td>行动1：接到2078次列车司机报告，对司机下达区间清客指令。
行动2：向车站下达协助区间清客指令。
行动3：向值班经理汇报，通知公安人员、当值事务经理到达事故现场</td><td>调度电话</td></tr>
<tr><td>沟通对话</td><td>行动1对话：
列车司机：“2087司机，列车迫停于车站D—车站E区间，距车站E上行站台约100m处，电池故障无法移动，车厢内乘客情绪稳定、无异常，请求车站协助清客，请回话。”
行车调度员：“行调，2087司机，现授权你由车头上行方向疏散至车站E，车站会派人协助，请回话。”
行动2对话：
行车调度员：“行调，E站值站，供电系统故障，车站D—车站E区间运营服务暂停。2078次列车迫停于车站D—车站E区间，距你站上行站台约100m处，现沿上行方向向你站疏散，请立即协助司机在区间清客、疏散车站，请复诵。”
值班站长：（复诵行车调度员命令。）</td><td></td></tr>
</table>

引导问题49　根据演练任务情境,结合所在城市地铁运营企业岗位设置、工作责任划分,实训场地和设备,补充、完善区间清客司机行动指引(附表5-4)。

区间清客司机行动指引　　附表5-4

负责人/值岗地点	行动指引		所需设备
司机/列车	关键行动	行动1:向行车调度员报告列车相关状况。	车载手台
	沟通对话	行动1对话: 列车司机:"2087司机,列车迫停于车站D—车站E区间,距车站E上行站台约100m处,电池故障无法移动,车厢内乘客情绪稳定、无异常,请求车站协助清客,请回话。" 行车调度员:"行调,2087司机,现授权你由车头上行方向疏散至车站E,车站会派人协助,请回话。"	

引导问题 50 根据演练任务情境，结合所在城市地铁运营企业岗位设置、工作责任划分，实训场地和设备，补充、完善区间清客值班站长行动指引（附表 5-5）。

区间清客值班站长行动指引 附表 5-5

负责人/值岗地点	行动指引		所需设备
值班站长/车站控制室	关键行动	行动 1：接收行车调度员区间清客、车站疏散指令	调度电话
	沟通对话	行动 1 对话： 行车调度员：“行调，E 站值站，供电系统故障，车站 D—车站 E 区间运营服务暂停。2078 次列车迫停于车站 D—车站 E 区间，距你站上行站台约 100m 处，现沿上行方向向你站疏散，请立即协司机在区间清客、疏散车站，请复诵。” 值班站长：“E 站值站，因供电系统故障，车站 D—车站 E 区间运营服务暂停。上行 2078 次列车迫停于车站 D—车站 E 区间，距我站上行站台约 100m 处，现沿上行方向我站疏散，立即协助司机在区间清客、疏散车站，通话完毕。” 行车调度员：“行调，正确，通话完毕”	

引导问题51　根据演练任务情境，结合所在城市地铁运营企业岗位设置、工作责任划分，实训场地和设备，补充、完善区间清客行车值班员行动指引（附表5-6）。

区间清客行车值班员行动指引　附表5-6

<table>
<tr><th>负责人/值岗地点</th><th colspan="2">行动指引</th><th>所需设备</th></tr>
<tr><td rowspan="2">行车值班员/车站控制室</td><td>关键行动</td><td></td><td></td></tr>
<tr><td>沟通对话</td><td></td><td></td></tr>
</table>

引导问题 52 根据演练任务情境，结合所在城市地铁运营企业岗位设置、工作责任划分，实训场地和设备，补充、完善区间清客站务员（站厅、站台、客服中心）行动指引（附表 5-7）。

区间清客站务员行动指引

附表 5-7

负责人/值岗地点	行动指引		所需设备
	关键行动		
	沟通对话		

引导问题53 根据演练任务情境，结合所在城市地铁运营企业岗位设置、工作责任划分，实训场地和设备，补充、完善当值事务经理/现场事故负责人行动指引(附表5-8)。

当值事务经理/现场事故负责人行动指引 附表5-8

负责人/值岗地点	行动指引		所需设备
	关键行动		
	沟通对话		

引导问题 54 根据演练任务情境，结合所在城市地铁运营企业岗位设置、工作责任划分，实训场地和设备，补充、完善区间清客安检、安保员行动指引（附表 5-9）。

区间清客安检、安保员行动指引

附表 5-9

负责人/值岗地点	行动指引		所需设备
	关键行动		
	沟通对话		

引导问题55 通过本任务的演练,是否发现演练过程中规章与程序、团队配合及自身存在有待改善的地方?应如何改进?

评价反馈

班级：　　　　姓名：　　　　学号：　　　　指导教师：

考核项目5	车站突发事件客流组织实施			
序号	评价标准	分值	自评得分（40%）	教师评分（60%）
1	引导问题填写字迹美观清晰，题目填写齐全，引导问题答案正确率达到90%以上	10		
2	实训演练人员分工明确，演练报告内容完整、程序正确	10		
3	行车调度员、司机岗位关键行动指引（如：清客授权、列车广播、列车清客等）、设备配备描述正确，无关键行动缺漏项	10		
4	值班站长、行车值班员岗位关键行动指引（车站清客疏散命令下达、设置事故控制站、车站控制室相关设备操作等）、设备配备描述正确，无关键行动缺漏项	10		
5	站务员、当值事务经理/现场事故负责人、安检/安保员岗位关键行动指引（接触轨接地保护操作、车站清客疏散、清客后轨道巡查等）、设备配备描述正确，无关键行动缺漏项	15		
6	各岗位联络过程中使用专业术语，符合通信联络规范	15		
7	实训设备性能及运行状态良好，演练人员设备操作规范、熟练	10		
8	演练人员反应迅速，行动敏捷，各岗位、各环节衔接紧密、配合流畅默契	10		
9	演练符合安全规章、设备操作规章	10		
合计		100		

项目6

城市轨道交通客运组织

城市轨道交通车站客运组织方案编制

项目说明

城市轨道交通车站客运组织方案是在充分保障乘客进站、出站、售检票、候车、乘降、换乘等环节客运活动安全的准则下，经过科学推导、合理研判，因地制宜、重点突出地制订的全场景全流程的客运工作方案。车站客运组织方案的制订，需充分调研、深入分析本车站的基本情况、所处地理位置、客流吸引特征，进行客流实测及预测分析，对车站客运设备设施通过、容纳能力进行计算。该方案是车站客运组织工作的指导性方案，是车站客运部门及相关人员开展工作的主要依据之一。

本项目任务1讲解车站通过能力和客流控制关键点的能力分析与计算，任务2讲解车站客运组织方案编制的主要内容和要点。

项目目标

◎ 知识目标

1. 复述车站通过能力的定义。
2. 列举车站通过能力的影响因素。
3. 计算车站设备设施通过能力。
4. 计算、分析车站客流控制的关键点。
5. 复述车站客运组织方案的主要内容。

◎ 能力目标

1. 能够通过实地调研收集整理车站设备设施数据,分析计算车站通过能力。
2. 能够通过实地调研收集整理车站站厅、站台、列车发车间隔等数据,分析计算车站客流控制的关键点,确定客流控制触发点。
3. 能够编制车站客运组织方案的目录框架,补充相关内容,完成所调研车站客运组织方案撰写。

◎ 素质目标

1. 培养实事求是、认真严谨的工作作风。
2. 培养良好的计算能力、分析能力。
3. 能够发现车站现有客流组织存在的问题并优化解决,培养一定的问题解决能力。

◎ 建议学时

8 学时

任务1 车站通过能力计算

一 车站通过能力概述

1. 车站通过能力的定义

车站通过能力是指车站在设施设备及线路运营条件确定的情况下，满足车站关键设施设备服务水平，基于行人交通特性及行为特性能稳定运行的车站所能承载的最大乘客数。

其中，车站设施设备及线路运营条件确定的情况是指车站的建筑结构确定，车站设施设备的位置、数量以及运行方向确定，列车运行图确定的情况。设施设备数量、位置、方向的改变会影响行人的通过速率，从而影响车站通过能力。

城市轨道交通的设施设备分为通过型设施设备和容纳型设施设备，其中：

①通过型设施设备包括：通道、楼梯、自动扶梯、闸机、进出站口设备、安检设备、售票设备等；

②容纳型设施设备包括：站台、站厅。

车站通过能力是车站固有的承载能力，不随车站服务乘客的多少而改变，是车站建筑、物理设施设备和运营条件所能承载的最大数值，不随时间的变动而变动，即车站固有能力。

我国城市轨道交通车站设计采用车站设施设备最大通过能力作为依据，不考虑客流特性与安全等级。目前，车站通过能力是根据《地铁设计规范》(GB 50157—2013)(简称“《规范》”)所规定各设施设备的最大通过能力进行规划设计的。

2. 车站通过能力的影响因素

城市轨道交通车站通过能力受其固有因素的影响，固有因素包括出入口、通道的设置，楼梯及自动扶梯的设置，自动售检票设备的设置，站台、站厅的面积，列车输送能力等。

设施设备设置对通过能力的影响主要体现在基础设施设备的能力、摆放位置及利用情况。例如增加闸机数量，会增加行人通过率，从而提高车站通过能力。另一方面，设施设备的能力也会限制车站通过能力，例如一旦行人数量超过楼梯通过能力，行人将会在楼梯处聚集排队，从而引发站厅和站台的行人滞留。一般来说，城市轨道交通车站通过能力的瓶颈多数出现在闸机、站台连接处的楼梯及站台。

城市轨道交通运营企业会根据每个车站的具体位置、站台形式、设备配置方式、客流特点等因素，对车站通过能力及瓶颈进行详细分析，有针对性地编制该车站的客流组织方案。车站通过能力的影响因素具体如下。

(1)出入口、通道的设置

出入口及通道是进出地铁车站的通道式建筑，其大小和数量在地铁设计阶段根据车站的预测客流量的多少和方向确定。出入口及通道是乘客进出站密集经过之处，一般车站根据进出站流线设置引导标志，减少流线交叉，避免产生客流冲突。

车站出入口及通道的数量、规模和位置在设计之初已经确定，一般不能再改变。车站大客流组织应根据车站进出客流的方向和数量，灵活选择关闭或开放车站出入口的数量和位置，同时可改变或限定通道内乘客流动的方向，达到限制乘客进站数量和流动速度的目的。从运输安全和消防疏散的角度考虑，每个车站必须保持开通两个以上出入口及通道。

步行通道的通过能力取决于以下因素：

①步行速度。一般而言，行人步行速度受年龄和性别影响较大。在水平通道处，从不同性别来看，男性的平均步速大于女性；从不同的年龄阶段来看，青年乘客的平均步速最大，中年乘客次之，老年乘客最小。

在客流平峰时段，通道内行人步行速度受到个体特殊情况如性别、年龄、携带行李等影响，彼此之间差距较大。密度较低的行人自由流，其行走速度约为75m/min。在高峰时段行走空间受到限制时，所有行人的行走速度相差不会太大。

②客流密度。客流密度与客流速度紧密相关，行人密度过小时无法完全发挥通道的承载能力；过大的行人密度会造成堵塞，从而降低通过流量。

乘客要想按照自己期望的速度前进或者超越前方速度较慢的乘客，必须要有足够的空间，否则只能随着大队伍前行；对于行动不便，如依靠辅助设备行走或者携带行李、推婴儿车的乘客来说，客流密度的影响更加突出。

③有效通道宽度。影响通道通过能力的最后一个因素就是通道的有效宽度。通道宽度越宽，能容纳通过的行人数就越多。《规范》规定了通道的最小宽度为2.4m。

(2)楼梯及自动扶梯的设置

楼梯、自动扶梯能帮助乘客完成垂直方向的移动，其通过能力取决于设备的数量、分布和单个设备通过能力。《规范》中车站各部位的最小宽度见表6-1。

《规范》中车站各部位的最小宽度（单位：m） 表6-1

名　称	最小宽度	名　称	最小宽度
单向楼梯	1.8	消防专用楼梯	1.2
双向楼梯	2.4	站台至轨道区的工作梯（兼疏散梯）	1.1
与上、下均设自动扶梯并列设置的楼梯（困难情况下）	1.2		

①楼梯的通过能力在很大程度上受到其宽度的影响。楼梯的宽度影响乘客能否超越速度缓慢的行人以及能否自由选择合适的步行速度。与步行通道不同的是，楼梯上一小股的反向步行客流将会使其通过能力减半，因此在楼梯设计时需要考虑步行客流的方向，因为过多行人聚集在有限的楼梯空间时，楼梯末端将会出现行人排队现象，这是一个很大的安全隐患。因此，在步行客流量较大的车站内，建议设置楼梯为单向通行的。

②自动扶梯的通过能力取决于其进口宽度和运行速度。在平峰时段，无论是进站还是出站行人，乘客于出入口处首先都是选择乘坐自动扶梯，偶尔只有少数乘客会选择楼梯。在高峰

时段,乘客的需求大于自动扶梯的输送能力,与楼梯一样,自动扶梯的入口也会产生排队区域;在自动扶梯前形成排队之后,有大部分赶时间的行人会选择通过楼梯上/下行。

在运行的自动扶梯上,步行并不会显著提高自动扶梯的通过能力。自动扶梯的通过能力在它的入口处就已经确定了。一个在扶梯上的步行者占据两级台阶,反而降低了自动扶梯的载客能力。

(3)自动售检票设备的设置

车站售票能力取决于设备的数量、分布及单个设备的售票能力。比如,网络售票机和云售票机等先进设备的配备,同时,应用软件(APP)等新型支付方式的大力推行,可有效提升车站售票能力。

车站自动检票机是车站付费区和非付费区的分界线,车站检票设备包括闸机和边门,闸机通过能力取决于闸机的开关形式、进出站闸机数量和闸机分布。正常步行的乘客在接近闸机时会减速直至停下 1 ~2s 时间,待检票完成之后重新加速行走通过闸机,在客流高峰期闸机会产生排队现象。

闸机对客流的影响取决于行人时距,要确保在下一个行人到达收费口之前,前面一个行人有足够时间来通过收费口。如果行人时距过短,则行人排队就会变长。其通过能力取决于通过收费口的最短时间。而乘客对售检票设备使用熟练、使用时间缩短,即设备服务时间缩短、服务能力提高,会增加行人的通过率,从而影响车站通过能力。

(4)站台、站厅的面积

站台主要用于乘客乘降和候车等。站台的设计应满足远期预测客流的需要,且站台的宽度应满足高峰小时客流量的需要。站台容纳能力主要与站台有效长度、宽度和站台容纳率相关。根据实际客流组织的经验,站台容纳率一般为 2 ~3 人/m^2。

车站站厅用于为乘客进行安全检查、集散乘客和提供售检票服务等。站厅的安全容纳能力与站厅有效长度、宽度和容纳率有关。根据城市轨道交通客流组织经验,站厅容纳率一般为 2 ~3 人/m^2。

(5)列车输送能力

影响列车输送能力的两大因素是发车间隔和列车载运人数。

列车发车间隔决定每小时内列车通过的数量。发车间隔越大,会增加乘客在车站的滞留时间,增加车站内的乘客数量;列车发车间隔越小,车辆满载率越高,来自列车的客流对车站的冲击越大。无论行车间隔过大或过小,车站客流组织的压力都会过大,造成车站运营组织困难。

列车载运人数的影响因素为列车的编组数量、定员数、车门宽度及数量、列车的满载率等。《规范》规定车辆定员按 6 人/m^2 计,超员按 9 人/m^2 计。编组数越多,定员数越大,单次列车载运人数就越多;列车车门的宽度越大,车门数量越多,每个车门的平均等待乘客越少,乘客之间的相互影响就越小,上车速度越快。但总的来说,总列车载运人数受车厢定员、列车编组数及最大满载率的制约。

综上所述,车站大客流的组织主要受出入口、通道的设置,楼梯及自动扶梯的设置,自动售检票设备的设置，站厅、站台的面积，列车输送能力的影响。

二 车站通过能力分析计算

通过计算车站通过能力、站厅站台容纳能力，结合车站建筑布局、设施配置和流线设置，可以计算该站进站、出站和换乘路径上每个客运设施的通过能力和排队区域容纳能力，并可按照“木桶效应”找出每个路径上通行或容纳能力的短板或瓶颈，从而发现车站客流控制的关键区域。

城市轨道交通车站通过能力的瓶颈多数出现在闸机、站台连接处的楼梯及站台等区域。只要控制好这些“瓶颈”处客流组织工作，就能做好车站的客流组织工作。

1. 车站设施设备通过能力分析与计算

（1）通道通过能力计算

通道通过能力（人次/h）= 设计最大通过能力[人次/(h·m)]×通道宽度(m)

目前，《规范》规定的通道最大通过能力见表6-2。

通道的最大通过能力（单位：人次/h） 表6-2

部位名称		最大通过能力
1m宽通道	单向	5000
	双向混行	4000

（2）楼梯通过能力计算

楼梯通过能力（人次/h）= 设计最大通过能力[人次/(h·m)]×楼梯宽度(m)

《规范》规定的楼梯最大通过能力见表6-3。

楼梯的最大通过能力（单位：人次/h） 表6-3

部位名称		最大通过能力（人次/h）
1m宽楼梯	下行	4200
	上行	3700
	双向混行	3200

（3）自动扶梯通过能力计算

自动扶梯通过能力（人次/h）= 设计最大通过能力[人次/(h·m)]×自动扶梯宽度(m)

《规范》规定的自动扶梯最大通过能力见表6-4。

自动扶梯的最大通过能力（单位：人次/h） 表6-4

部位名称		最大通过能力（人次/h）
1m宽自动扶梯	输送速度0.5m/s	6720
	输送速度0.65m/s	不大于8190
0.65m宽自动扶梯	输送速度0.5m/s	4320
	输送速度0.65m/s	5265

(4)自动售票设备通过能力计算

自动售票设备通过能力(人次/h)=设计最大通过能力[人次/(h·台)]×设备台数(台)

《规范》规定的自动售票设备最大通过能力见表6-5。

自动售票设备的最大通过能力(单位:人次/h)　　表6-5

部位名称	最大通过能力(人次/h)
自动售票机	300

(5)自动检票设备通过能力计算

自动检票设备通过能力(人次/h)=设计最大通过能力[人次/(h·台)]×设备台数(台)

《规范》规定的自动检票设备最大通过能力见表6-6。

自动检票设备的最大通过能力(单位:人次/h)　　表6-6

部位名称			最大通过能力(人次/h)
自动检票机	三杆式	非接触IC卡	1200
	门扉式	非接触IC卡	1800
	双向门扉式	非接触IC卡	1500

2.列车输送能力计算

列车输送能力(人次)=列车定员(人次)×最大发车频率

《规范》规定的地铁车辆的载客人数见表6-7。

地铁车辆的载客人数(单位:人)　　表6-7

名称	类别	A型车	B型车	
			B1型车	B2型车
座席	单司机室车辆	56	36	36
	无司机室车辆	56	46	46
定员	单司机室车辆	310	230	230
	无司机室车辆	310	250	250
超员	单司机室车辆	432	327	327
	无司机室车辆	432	352	352

注:1.每平方米有效空余地板面积站立的人数,定员按6人计,超员按9人计;

2.有效空余地板面积,指客室地板总面积减去座椅垂向投影面积和投影面积前250mm内高度不低于1800mm的面积。

3.客流控制关键点分析与计算

(1)站台容纳能力分析与计算

站台容纳能力(人)=站台有效使用面积(m^2)×站台容纳率(人/m^2)

=(站台建筑面积-设施设备占用面积)×单位面积乘客容纳能力

根据城市轨道交通客流组织经验,站台容纳率一般为2~3人/m^2,本书案例取值3人/m^2,

各城市可按当地实际情况计算。

以某地铁车站实际为例,站台实际布局见图 6-1、设施设备占用情况见表 6-8。

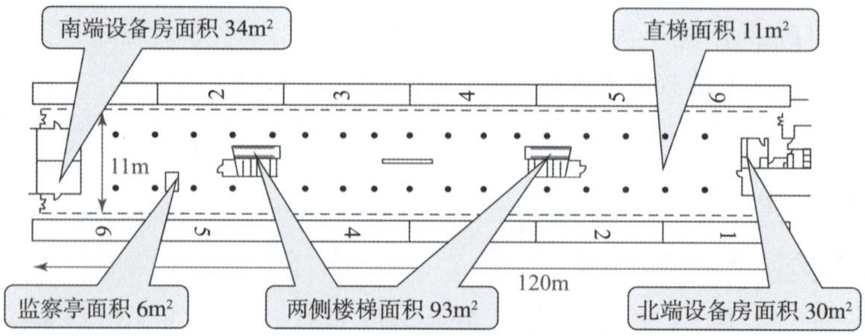

图 6-1　某车站站台实际布局(部分)

某车站站台设施设备占用情况　　表 6-8

站台长度	站台宽度	楼梯面积	南端设备房面积	北端设备房面积	监察亭面积	直梯面积
120m	11m	93m²	34m²	30m²	6m²	11m²

站台容纳能力计算过程如下:

①站台建筑面积(m²) = 站台长度(m) × 站台宽度(m) = 120 × 11 = 1320(m²)。

②设施设备占用面积(m²) = 楼梯面积(m²) + 南端设备房面积(m²) + 北端设备房面积(m²) + 监察亭面积(m²) + 升降机面积(m²) = 93 + 34 + 30 + 6 + 11 = 174(m²)。

③站台有效使用面积/净面积(m²) = 站台建筑面积(m²) - 设施设备占用面积(m²) = 1320 - 174 = 1146(m²)。

④站台最高容纳能力(人) = (站台建筑面积 - 设施设备占用面积)(m²) × 单位面积乘客容纳能力(人/m²) = 1146 × 3 = 3438(人)。

根据表 6-8,站台有效面积为 1146m²,该站站台最大容纳能力为 3438 人。

计算结果见表 6-9。

某车站站台容纳能力　　表 6-9

建筑面积	设施设备占用面积	净面积	单位面积容纳能力	最高容纳能力
1320m²	174m²	1146m²	3 人/m²	3438 人

(2)乘客排队能力分析与计算

单侧乘客排队能力计算公式为:

单侧乘客排队能力(人) = 乘客排队长度(m) ÷ 单人排队占用空间(m) × 单侧排队队数(列)

单侧排队队数(列) = 单个车门乘客排队队数(列) × 车门数量(个)

以某地铁车站为例,该站所在线路采用 6 节编组的 B 型车,每节车厢单侧 4 个车门,站台候车区如图 6-2 所示。一般站台,乘客排队长度可达 2.7m,单人排队占用空间 0.4m²,按每个车门排列 4 队候车计算。乘客排队能力计算过程如下:

单侧排队队数(列) = 单个车门乘客排队队数(列) × 车门数量(个)
= 4 × 24 = 96(列)

单侧乘客排队能力(人) = 乘客排队长度(m) ÷ 单人排队占用空间(m) × 单侧排队列数(列)

$$= 2.7 \div 0.4 \times 96 = 648(\text{人})$$

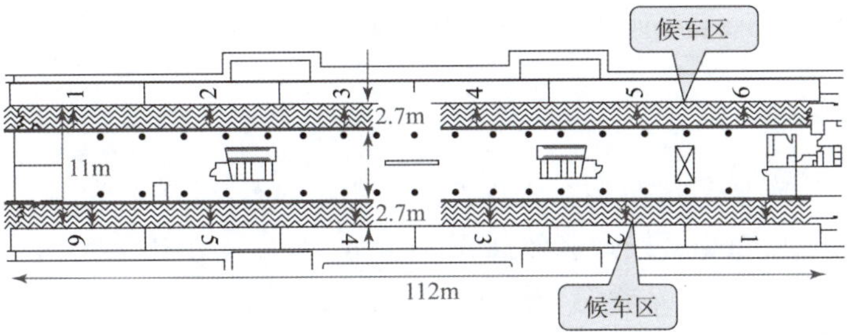

图 6-2　某车站站台候车情况分布图

站台单侧可容纳 648 人,两侧可容纳 1296 人。

计算结果见表 6-10。

某车站单侧站台乘客排队能力　　表 6-10

排队长度	单人排队占用空间	单侧排队列数	单侧站台乘客排队能力
2.7m	0.4m	96 列	648 人

(3)换乘通道能力分析与计算

换乘通道能力(人次/h) = 通道宽度(m) × 设计通过能力[人次/(h · m)]

以某地铁换乘车站为例,其采用通道换乘的方式,单向换乘,两条换乘通道宽度均为 8m,《规范》中单向通道的通过能力为 5000 人次/h,该换乘通道的最大通过能力则为每小时通过 40000 人。

4. 车站通过能力分析与计算

车站通过能力一般取上述各项能力的最小值。某地铁运营企业车站通过能力分析与计算见表 6-11。

某地铁运营企业车站通过能力分析与计算　　表 6-11

车站通过能力分析	车站通过能力计算
通道通过能力	最小值
楼梯通过能力	
自动扶梯通过能力	
自动售票设备通过能力	
自动检票设备通过能力	
列车输送能力	
站台容纳能力	
换乘通道能力	

三 案例分析——北京地铁某车站通过能力计算及客流控制关键点分析

下面以北京地铁某换乘车站为例，进行城市轨道交通车站通过能力的计算及客流控制关键点分析。

1. 车站概况

1号线、4号线某换乘车站换乘结构如图6-3所示，1号线车站为地下二层车站，岛式站台设计，站台宽16m，长260m，站台有效面积1100m²，设置4个出入口；4号线站台为分离岛式设计，车站主体长222.3m，站台有效面积1200m²，设置5个出入口。4号线车站站厅分为南站厅和北站厅，通过换乘通道与1号线相连，站台排队长度为2.4m，如图6-4所示。

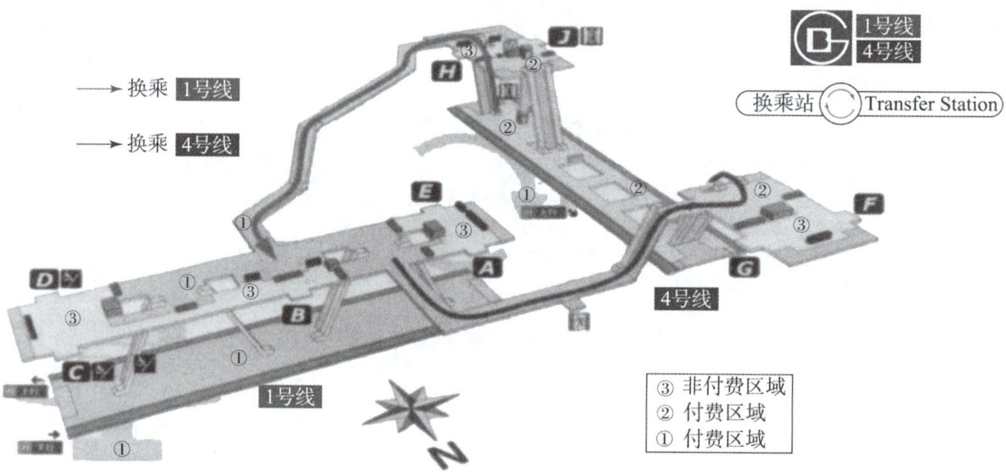

图6-3 某地铁换乘车站结构示意图

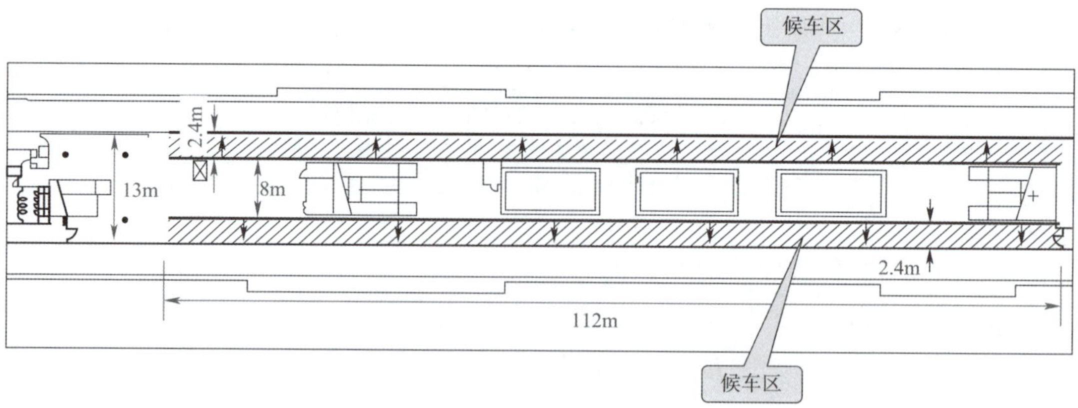

图6-4 某地铁4号线换乘车站站台候车情况分布图

两线均采用6节编组的B型车，1号线列车定员1380人/列，4号线列车定员1408人/列。最小发车间隔2min。

该车站设施设备情况具体见表6-12。

车站设施设备一览表 表6-12

关键部位	设施名称	宽度(m)	数量(个)
进站闸机	单向闸机	—	2
	双向闸机	—	22
进站楼梯	双向楼梯	2.7	2
	双向楼梯	3.1	2
换乘通道	1号线换4号线	7	1
	4号线换1号线	7	1
站台楼梯	1号线	4.2	4
	4号线	5.6	2
换乘扶梯	1号线	1	1
	4号线	1	1
出站闸机	单向闸机	—	3
	双向闸机	—	22
出站楼梯	双向楼梯	2.7	2
出站扶梯	上行扶梯	—	2

2. 车站设施设备通过能力计算

根据案例车站的实际物理结构，结合《规范》中的规定，可计算出车站关键设施设备的理论最大通过能力，如表6-13所示。该案例中，换乘扶梯位于换乘通道内，两者的通过能力需合并计算。因此，该站关键客运设备设施的最小通过能力为换乘通道通过能力35000人次/h。

案例车站设施设备通过能力计算 表6-13

设施设备		宽度(m) C	数量(个) D	设计最大通过能力(人次/h) E	理论最大通过能力(人次/h) F(F=C×D×E)	关键部位通过能力(人次/h)
进站闸机	单向闸机		2	1800	3600	36600
	双向闸机		22	1500	33000	
进站楼梯	双向楼梯	2.7	2	3200	17280	37120
	双向楼梯	3.1	2	3200	19840	
换乘通道	1号线换4号线	7	1	5000	35000	35000
	4号线换1号线	7	1	5000	35000	
站台楼梯	1号线	4.2	4	3200	53760	53760
	4号线	5.6	2	3200	35840	35840
换乘扶梯	1号线	1	1	8190	8190	8190
	4号线	1	1	8190	8190	
出站闸机	单向闸机		3	1800	5400	38400
	双向闸机		22	1500	33000	
出站楼梯	双向楼梯	3.1	2	3200	19840	53500
	双向楼梯	2.7	2	3200	17280	
出站扶梯	上行扶梯		2	8190	16380	

注：各设施设备最大通过能力也可以根据相关设施设备实际测量值确定。

3. 列车输送能力计算

在列车输送能力方面，根据列车的定员及发车频率来确定列车输送能力。

1 号线列车定员 1380 人，最小发车间隔为 2min，最大发车频率为 30，列车每小时单向最大输送能力（列车定员 × 最大发车频率）为 41400 人，双向两列车的最大输送能力为 82800 人。

4 号线列车定员 1408 人，最小发车间隔为 2min，最大发车频率为 30，列车每小时单向最大输送能力（列车定员 × 最大发车频率）为 42240 人，双向两列车的最大输送能力为 84480 人。

4. 客流控制关键点能力分析

（1）站台容纳能力分析

1 号线站台有效面积约为 1100（m^2），站台容纳率按 3（人/m^2）计算，站台容纳能力 = 站台有效面积 × 站台容纳率 = 1100（m^2）× 3（人/m^2）= 3300（人），若站台乘客数量达到 3300 人，即视为到达客流控制触发点。

同理，4 号线站台有效面积约为 1200m^2，站台容纳率按 3 人/m^2 计算，站台容纳能力为 3600 人。

（2）乘客排队能力分析

案例车站单侧站台乘客排队能力见表 6-14。

案例车站单侧站台乘客排队能力　　表 6-14

排队长度	单人排队占用空间	单侧排队列数	单侧站台乘客排队能力
2.4m	0.4m	96 列	576 人

乘客排队长度可达 2.4m，单人排队占用空间 0.4m，则一个队伍的排队人数为 6 人。按每个车门 4 列候车队伍计算，6 节编组，B 型车，每车单侧 4 个车门，单侧排队的队伍数为 96 列。则站台单侧可容纳 6（人/列）× 96（列）= 576（人），两侧共容纳 1152 人。

（3）换乘通道能力分析

1 号线换 4 号线通道：宽度 7m，《规范》中规定 1m 宽单向通道的最大通过能力为 5000 人/h，该换乘通道的最大通过能力（设计最大通过能力 × 通道宽度）为每小时通过 35000 人。若换乘通道乘客数量达到 35000 人，即视为到达客流控制触发点。

4 号线换 1 号线通道：宽度 7m，《规范》中 1m 宽单向通道的最大通过能力为 5000 人/h，该换乘通道的最大通过能力（设计最大通过能力 × 通道宽度）为每小时通过 35000 人。

综上所述，该站关键客运设施设备通过能力的瓶颈出现在换乘通道区域，通过能力为每小时 35000 人；在站台容纳能力方面，瓶颈出现在 1 号线站台，容纳能力为 3300 人。因此，在该站的客运组织工作中，车站工作人员应重点关注车站站台候车区域、换乘通道区域，关注站台乘客排队候车人数，加强客流疏导，避免客流积压。

任务2　车站客运组织方案编制

在城市轨道交通系统试运行前，必须要制订各车站的客运组织工作方案，明确车站客运组织的框架构成、人员分工、岗位职责，以及各种情况下客运组织流程及工作重点。车站客运组织方案不是一成不变的，需要随着运营时间的推移和科技进步，结合周边客流吸引量的变化、设备技术水平及服务能力的提升、客运服务及客运组织信息化水平的提升等，定期组织修订完善，及时调整不适用的客运措施，提升客运组织的效率。

一　客运组织方案主要内容

车站客运组织方案是车站客运工作的基础指导性文件，需要涵盖客运工作的方方面面，能够依据客运组织的相关原则，进行科学计算，合理分工，保证车站客流高效运转。一般来讲，车站客运组织方案包括以下几部分：

①车站概况；

②车站客流情况；

③车站设施设备布局及能力分析；

④车站客流流线及岗位设置；

⑤常规客运组织方案；

⑥大客流客运组织方案。

二　客运组织方案编写要求

为确保车站运营生产安全，为乘客提供优质高效的乘车服务，应根据不同情况下的预测客流，编制车站客运组织方案，明确不同情况下的各岗位人员应对措施，并组织员工学习、演练，这是十分有必要的。客运组织方案的编写是复杂的系统工程，需要全面考虑、综合分析，要求数据准确，方法科学，具体要求如下。

①内容分析全面，客流组织方法合理丰富。

②细致地进行车站概况调研，精准客观地收集编制数据。

③技术参数与实际测试相结合，确定客运服务设施的服务能力及服务水平。

④按照工作实际需求配置客运岗位，确定岗位职责。

⑤客流组织工作流程明确、过程清晰、任务具体、重点突出。

⑥客流情况考虑全面，分类科学，措施得当。

⑦以人为本，安全第一。

⑧提高效率，兼顾效益。

⑨实地演练，科学分析，查缺补漏，经专家评审论证后实施。

三 客运组织方案的编制步骤

1. 车站概况分析

地铁车站客流情况与车站所在地理位置息息相关。车站所在的区域及所在区域的城市建设、远期规划情况直接影响到车站客流量大小、乘客出行特征等方面。通常来说，地铁车站的客流量在线网发展的不同时期也是不断发展的，需要车站根据周边环境的变化，合理的调整车站的客流组织。

车站概况分析是编制客运组织方案的基础支撑，只有充分了解车站的基本情况，才能全面分析，因地制宜、有针对性地编制车站适用的客运组织方案。一般应包括车站位置、车站形式、车站出入口布局、车站换乘情况、车站周边环境、车站公交接驳等信息。

(1) 车站位置

车站位置应当明确车站所处的详细位置、车站建筑建设走向、周边道路情况及路站之间的相互关系，并示图分析。

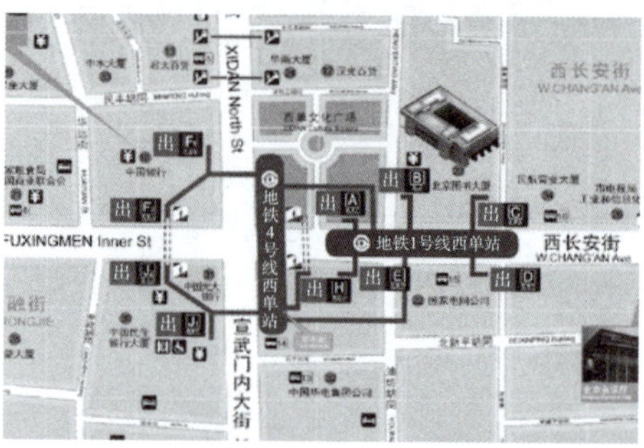

图 6-5 地铁西单站地理位置

以北京地铁西单站为例：车站位于北京市西城区复兴门内大街—西长安街（东西向）同西单北大街—宣武门内大街（南北向）的交汇口（西单路口）东侧地下；北临西单商业街，东近北京图书大厦，南靠新文化街，西接中国银行、中国民生银行大厦等长安街沿线办公楼。具体如图 6-5 所示。

(2) 车站形式

车站形式应从所处空间位置、车站建筑结构、每层结构功能分区、站台类型、主要客运区域的尺寸和面积、车站出入口数量等方面详细阐述，并示图分析。

以北京地铁某车站为例：车站为地下负二层结构，负一层为站厅层（长 110m，宽 19m，面积 $2090m^2$），负二层为站台层（长 103m，宽 11m，面积 $1133m^2$），岛式站台。共有 A1、A2、D、E 四个出入口与地面贯通，站台至站厅层中间 2 部自动扶梯，该两端各 1 部步梯，北端一部直梯。该车站控制室位于站厅北端，是无道岔行车非集中站，未来与地铁 16 号线换乘。该车站站厅、站台尺寸如图 6-6、图 6-7 所示。

(3) 车站出入口布置

车站出入口是影响车站客流流线的重要因素，出入口位置及与周边环境的配套决定了车站客流集散的速度，应从平面、立体多维度展示车站结构，使工作人员看到客运组织工作方案后能快速了解车站结构。

为提升换乘能力，车站进行了综合改造。某地铁车站为 2 号线和 4 号线的换乘车站，现车站共有 6 个出入口，分别是 B、C、E、F、G、H 口，如图 6-8 所示。

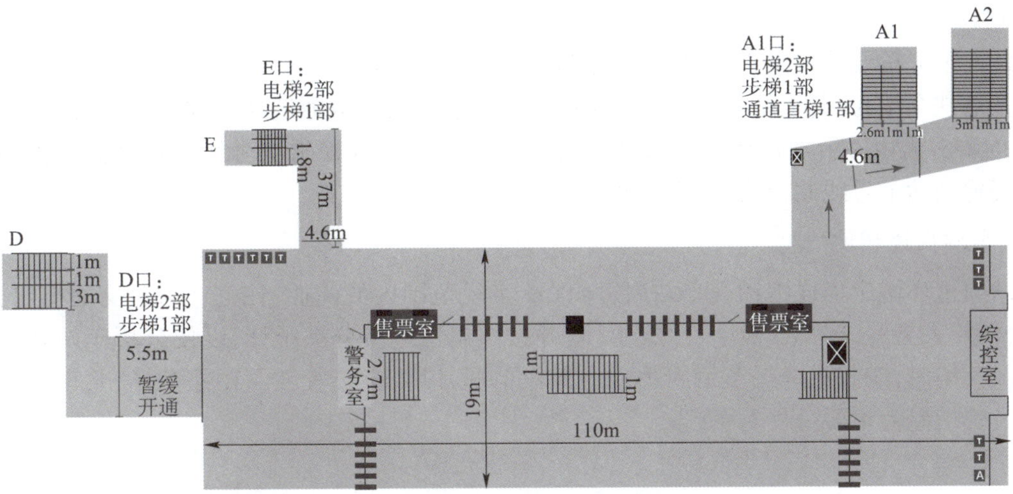

图 6-6　某地铁车站站厅尺寸

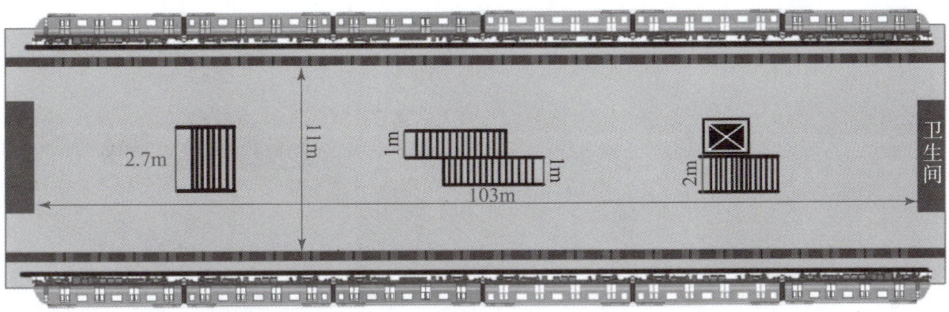

图 6-7　某地铁车站站台尺寸

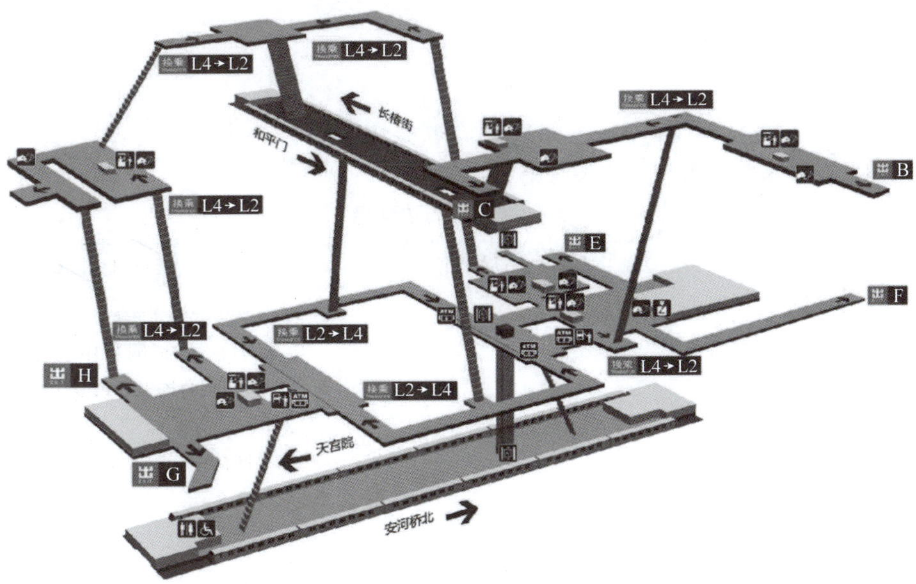

图 6-8　某地铁换乘车站出入口布置

(4)车站换乘分析

车站换乘分析要从换乘方式、换乘站结构、客流换乘流线等方面进行,并示图分析。

以某地铁车站为例:该站为1号线与10号线的换乘站,采取通道换乘方式。1号线换乘10号线的乘客需由站台通过楼梯进入站厅进行换乘。10号线换乘1号线的乘客需要由站厅通过楼梯到达1号线站台乘车(图6-9)。

(5)车站周边环境

车站周边环境应当详细调查车站周边500m半径范围内的商业、住宅、学校、交通枢纽、场馆、公园等大型客流集散、吸引、生成主体,并按照属性进行分类统计,以便分析车站客流吸引情况。同时,应着重分析车站周边交通接驳情况,以公交接驳、P+R停车场、共享单车停车场设置情况为主要分析对象。

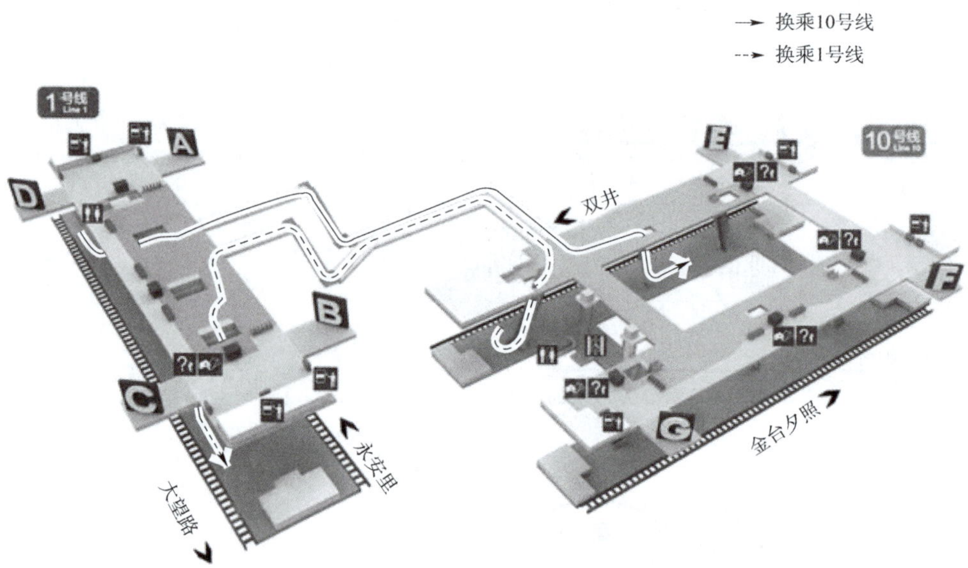

图6-9 某换乘车站换乘通道示意图

以某地铁车站为例,车站周边环境见表6-15。

某地铁车站周边环境

表6-15

出入口	公交接驳线路	周边居住小区	商业设施
A口	621、593、696、976、131、404、运通111、夜32	朝庭公寓	新世界百货、东皇凯丽酒店、嘉美风尚中心、方恒购物中心、国际竹藤中心、华堂商场索尼大厦
B口	401、403、641	银河湾小区、华北光电公寓、高家园第五小区、北京半导体器件五厂、海润国际公寓	同仁堂广顺大街店,燕东大厦、顺兴斋清真餐厅
C口	401、403、641	蓝色家园、朝阳区城管专项执法队、住皇城写字楼	08涮肉坊、中韩国际友好医院

2. 车站客流分析

车站客流分析主要依托客流预测数据及 AFC 系统实际客流数据,从客流来源、客流构成、客流分布、客流方向、客流空间等方面对客流分类型、分人群、分方向、分时段进行分析。

(1)客流特点

客流特点分析主要包括客流来源及构成、时间特点及方向等分析。客流来源及构成分析依据车站周边环境调查及客流预测开展,根据车站周边的用地性质、周边客流集散、吸引、生成主体属性的具体情况,按照不同出入口分别进行统计分析,区分重点人群的年龄、出行属性等,便于精细化管理各出入口的客流组织方式。

时间特点及方向特点分析主要分析工作日、休息日的客流区别,早高峰、晚高峰、非高峰时段的区别。从通勤、通学、商务、休闲、购物等不同客流属性角度分析,同时区别上下行客流特点,判断是否具有明显潮汐特征。根据城市定位不同,尤其要突出周末及节假日客流特点、春运及寒暑假客流特点等特殊需求。

邻近住宅区的车站,车站客流主要为附近居民,出行呈现早进晚出的特点;邻近商业区的车站,客流主要为前往商业区上班或购物的人群,正常情况下会出现早出晚进,中间时段持续有进出站客流的情况;在商业区开展活动时会有突发性客流的出现。

(2)客流时间分布

客流时间分布情况是编制客运组织方案的最关键因素。在车站运营初期,主要依靠客流预测数据计算,某车站全天客流量预测值见表 6-16、某车站工作日、周末客流量预测值见图 6-10,某车站高峰小时断面客流量预测值见表 6-17。

某车站全天客流量预测值(单位:人次/h)　　表 6-16

预测时间	工作日早高峰		工作日晚高峰		周末早高峰		周末晚高峰	
	进站客流	出站客流	进站客流	出站客流	进站客流	出站客流	进站客流	出站客流
初期	577	2318	1949	1150	243	840	344	639
近期	948	2778	2959	1040	433	974	591	779
远期	1300	3500	4000	1600	800	1300	800	1300

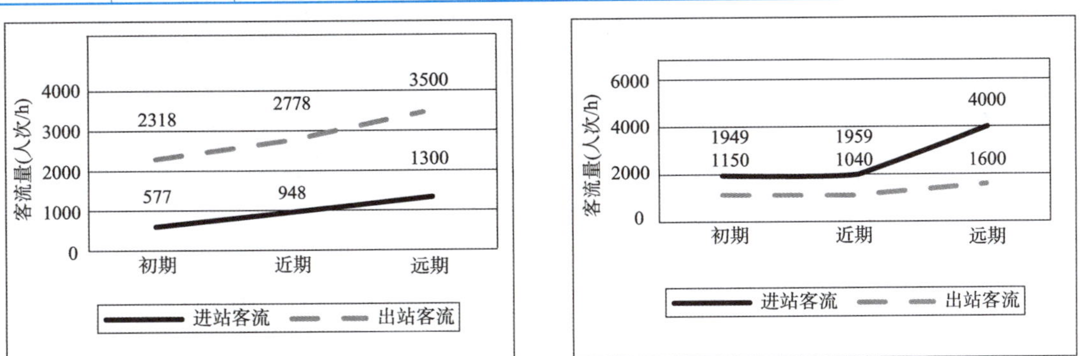

a)工作日早高峰　　b)工作日晚高峰

图　6-10

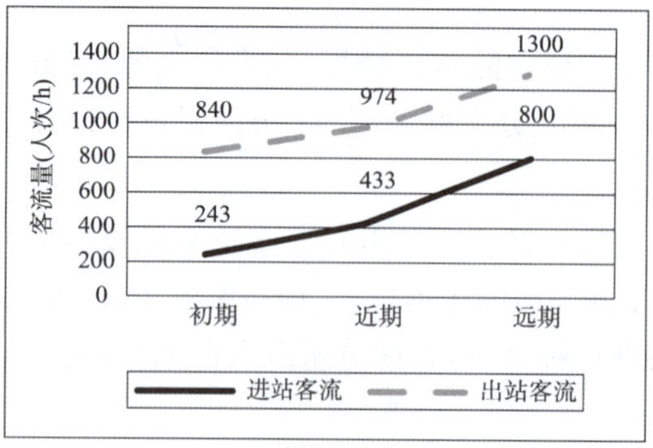

c)周末早高峰

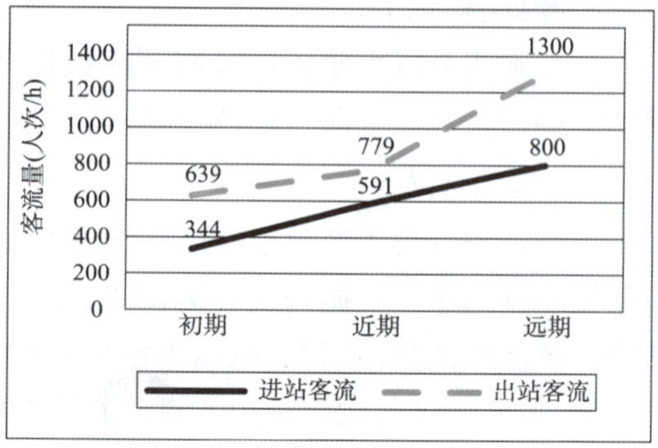

d)周末晚高峰

图 6-10 某车站工作日、周末客流量预测值

某车站高峰小时断面客流量预测值 表 6-17

时　　间	指　　标	初期	近期	远期
早高峰 2 小时	客运量(万人次)	13.57	19.12	22.69
	单向最大断面客流量(万人次)	2.32	3.22	3.82
	高峰小时系数	0.166	0.165	0.165
晚高峰 2 小时	客运量(万人次)	11	15.49	16.85
	单向最大断面客流量(万人次)	1.8	2.6	2.83
	高峰小时系数	0.135	0.134	0.124

依据 AFC 系统的信息数据,可以统计生成车站进站、出站、换乘客流的分时客流量分布,还可根据不同位置 AFC 系统的刷卡数据精细化分析各出入口的进出站客流量分布。不同时段客流分布有明显区别,通常一周之内根据客流不同,客流可分为四类:周一、周五、平常工作日、周末客流。

某地铁车站客流量如下(图 6-11、图 6-12),该车站为某地铁 1 号线、10 号线换乘站。

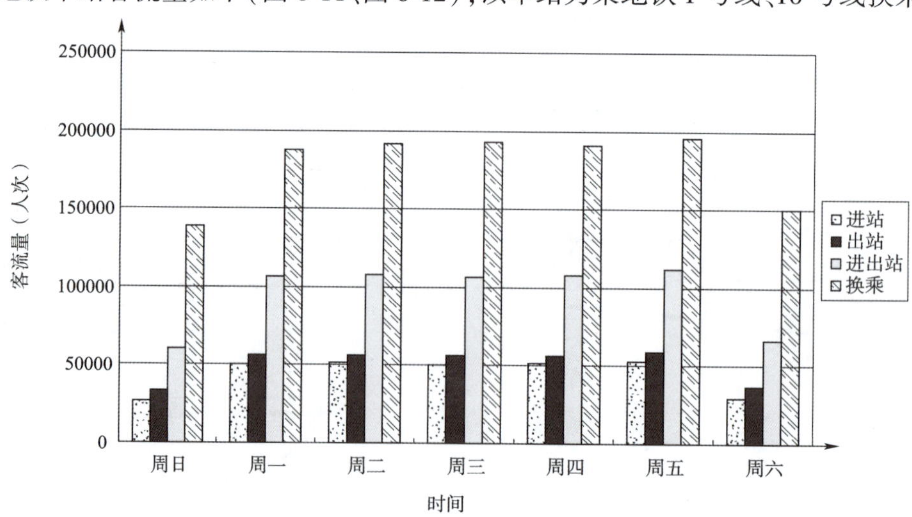

图 6-11 某地铁车站客流量分布

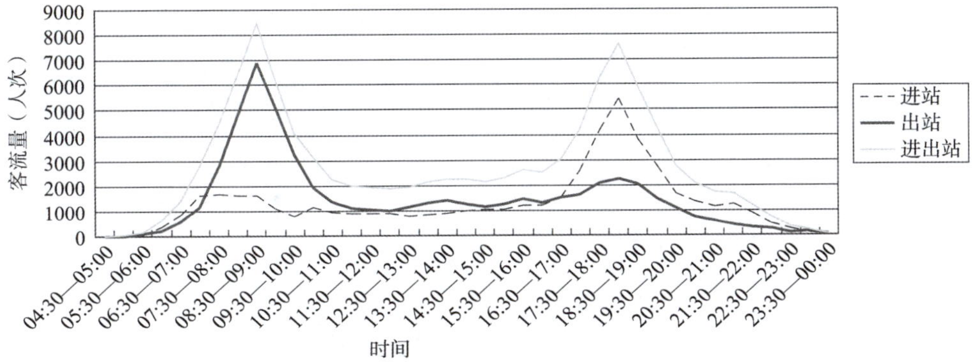

图 6-12 某地铁车站周一分时客流量分布

①无论是工作日还是休息日，某车站客流均以 10 号线和 1 号线的换乘客流为主，周边购物中心及写字楼的通勤、购物客流等也是重要客流来源。

②工作日早高峰时段为 8:00—10:00，晚高峰时段为 18:00—20:00。

(3)客流方向及空间分布

客流方向分布主要分析不同时段(早/晚高峰、平峰)进出站客流、换乘客流的流向，分为上行、下行两个方向统计。

客流空间分布主要分析不同时段(早/晚高峰、平峰)各区域客流分布及进出站客流分担比例情况，某车站早高峰客流空间分布见表 6-18。

某车站早高峰客流空间分布　　表 6-18

项目	进站/出站/进出站																		换乘	
	A口			B口			C口			D口			东厅			西厅			东通道	西通道
进出站	进站	出站	进出站	进站	出站	进出站	进站	出站	进出站	进站	出站	进出站	进站	出站	进出站	进站	出站	进出站	10→1	1→10
分担比例	10%	10%	10%	20%	20%	20%	60%	60%	60%	10%	10%	10%	80%	80%	80%	20%	20%	20%	100%	100%

3. 车站设施设备布局及能力分析

车站安检设备、售检票设备、楼梯、自动扶梯、导流设备等客运设施设备的配置位置决定了客流流线走向，配置数量及单体服务能力决定了客流流线的宽度及客流流量。需详细分析设施设备设置的配置位置、配备数量、单体设施设备的客运服务能力等，并示图分析。

(1)通行设施设备布局

通行设施设备布局分析以楼梯、自动扶梯为主，可用图、表搭配说明。某地铁车站通行设施设备设置如表 6-19、图 6-13 所示。

某地铁车站通行设施设备设置表

表 6-19

设备	出入口/站厅				站台			换乘通道	
	A	B	C	D	东	中	西	1 号线换 10 号线	10 号线换 1 号线
楼梯(部)	1	1	1	1	1	2	1	1	1
扶梯(部)	1	1	0	2	—	—	—	1	1

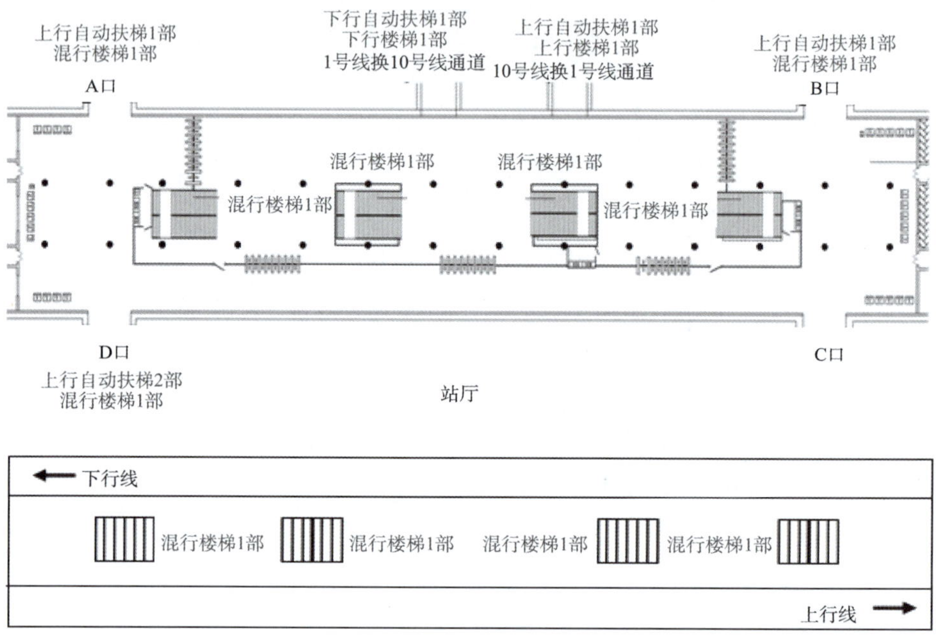

图 6-13　某地铁车站通行设施设备布局示意图

(2)售检票及安检设备布局

售检票及安检设备布局分析需要涵盖全部售检票及安检设备，主要有自动售票机、半自动售票机、自动检票机、安检机等，可图、表搭配说明。某地铁车站售检票及安检设备设置如表 6-20、图 6-14 所示。

某地铁车站售检票及安检设备设置表

表 6-20

设　备	出入口/站厅				
	A	B	C	D	站厅中部
AVM(台)	1	0	1	0	
TVM(台)	12	14	0	0	
BOM(台)	2	2	0	0	2
进站 AG(个)	8	8	0	0	
出站 AG(个)	0	0	7	8	8
宽通道 AG(个)	1	0	1	0	
安检设备(部)	1	2	0	0	

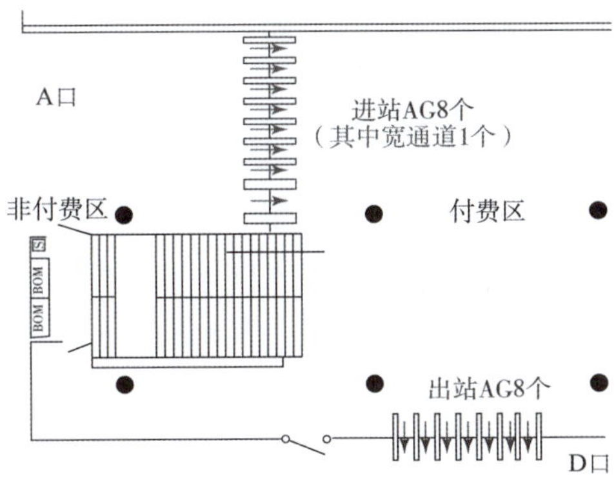

a)西厅售检票设施布局图

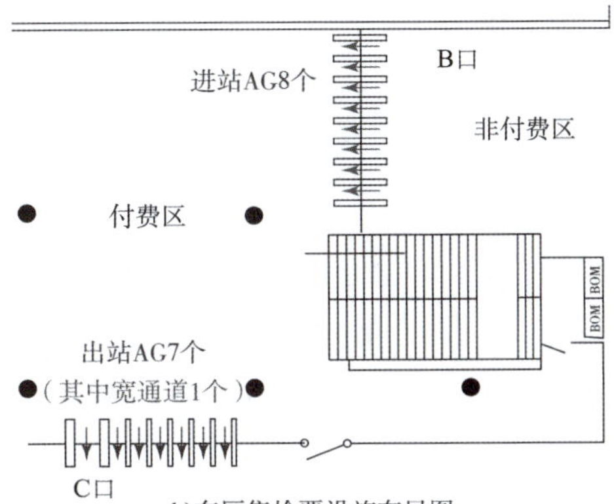

b)东厅售检票设施布局图

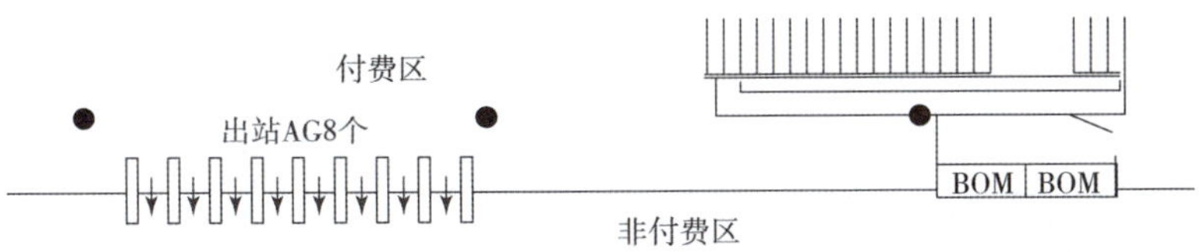

c)站厅中部售检票设施布局图

图 6-14　某地铁车站部分售检票设备布局图

(3)限流设施布局

限流设施主要以限流栏杆为主，根据不同应用场景，分为固定式栏杆、活动栏杆、导流带等，需要结合场地情况，分析确定限流流线布置，客流流向及限流栏杆需求数量等。客运组织方案中需要明确限流设施可用布局设计方案。某地铁车站站外出入口限流设施布局见图 6-15。

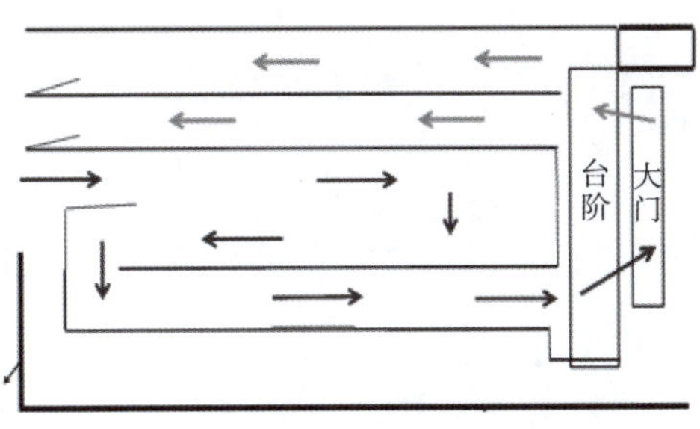

a)某地铁车站A1口高峰限流导流围栏示意图

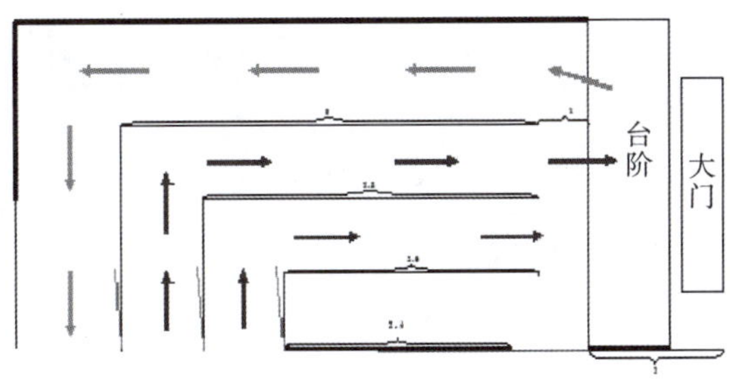

b)某地铁车站A2口导流围栏示意图

图 6-15　某地铁车站限流设施布局示意图

(4)设施设备能力分析

车站设施设备客运服务能力分析主要考虑通道、楼梯的通过能力、自动检票机的通过能力、自动售票机及半自动售票机的票卡处理能力、站台乘客容纳能力、站台乘客排队能力等。每类能力计算应当按照区域分别计算，按照设施设备单位时间内的通用服务能力标准，计算每组设备的总体服务能力，得出某区域整体客运服务和通过能力，测算车站整体客运服务和通过能力即单位时间内乘客容纳能力。此标准为判断车站大客流触发的关键因素之一。具体见项目6任务1。

4. 车站客流流线及岗位设置分析

(1)客流流线

车站内乘客在集散的过程中产生的流动轨迹称之为客流流线。在地铁车站内，步/走行客流的运动有着明确的目的性，即进站、出站、换乘，所以客流流线有着明确的起始点与终点，且乘客在站内走行路线受到车站布局的限制，较为固定。车站客流流线依照不同的行走目的分为进站流线、出站流线和换乘流线。

根据车站客运设施设备配备，合理布置进出站客流流线，尽量避免流线交叉，并示图分析。图6-16为某地铁车站进出站客流流线，其中实线为进站流线，虚线为出站流线。

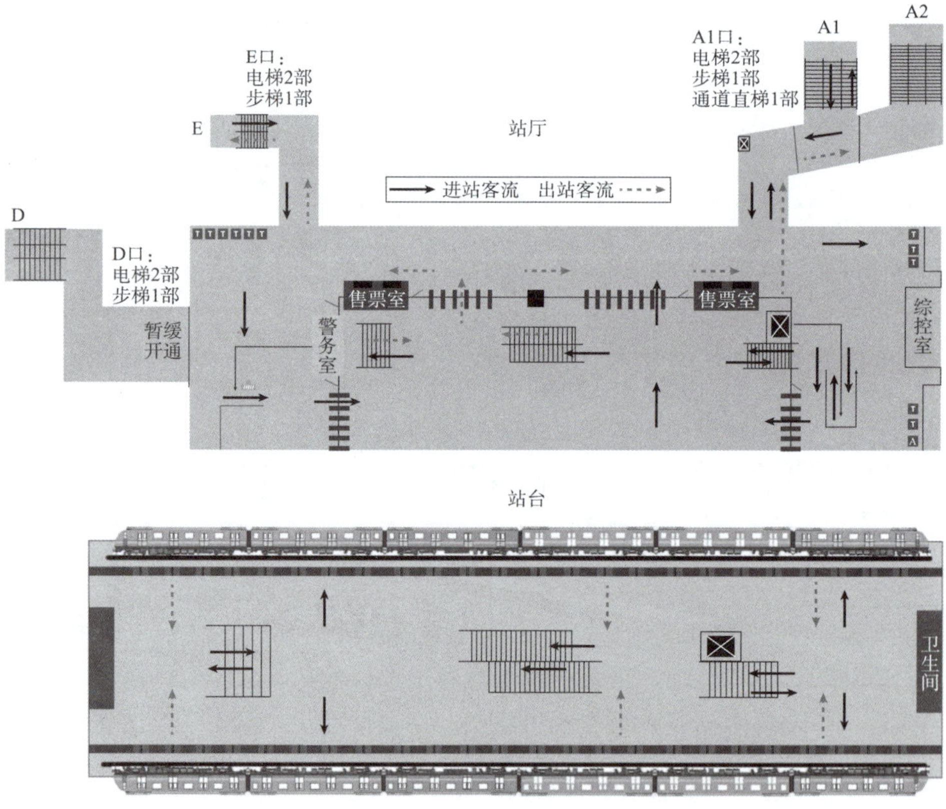

图6-16　某车站进出站流线示意图

(2)客运岗位设置

不同地区、不同运营企业车站客运岗位设置及分工有所区别，但都需要各岗位员工相互配合，共同协作完成车站客运组织工作。车站客运组织方案应当明确各岗位人员的工作职责及在不同时期、不同模式客运组织工作中的主要工作内容，明确各岗位的工作地点，工作流程的相互衔接关系，保证客流组织各环无缝对接，客流流动顺畅无阻。某地铁车站站厅早高峰站务人员值岗分布图，如图6-17所示。

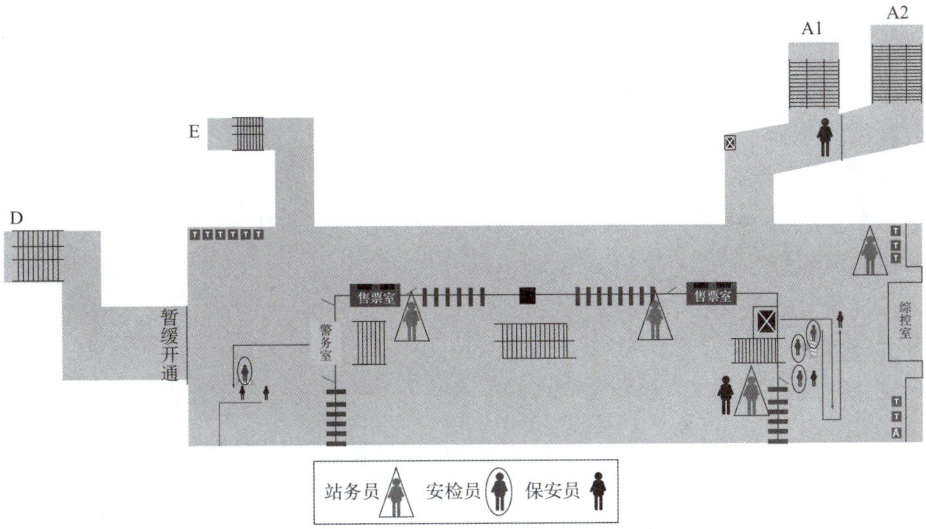

图 6-17　某车站站厅早高峰值岗分布图

5. 分析制订常规客运组织方案

在分析“车站结构及周边环境”“车站客流情况”及“车站客运安全风险点”的基础上，综合车站客流组成、客流特点、客流方向、客流流线等因素，归纳客流规律，合理安排客运工作人员岗位设置、设施设备布置，制订客流瓶颈应对措施。

常规客运组织预案应包括平峰客运组织方案、高峰客运组织方案两大部分。其中每个方案均应明确方案适用的时间段范围、方案客流流线（进站流线、出站流线及换乘流线，均应用图（图 6-18）明确表示，方案最低岗位人员配置（用图、表表示，如图 6-19、表 6-21 所示）、岗位职责（含安检、安保、保洁、文明疏导员等外委人员）等内容，该部分对车站日常客运组织有着重要指导意义。

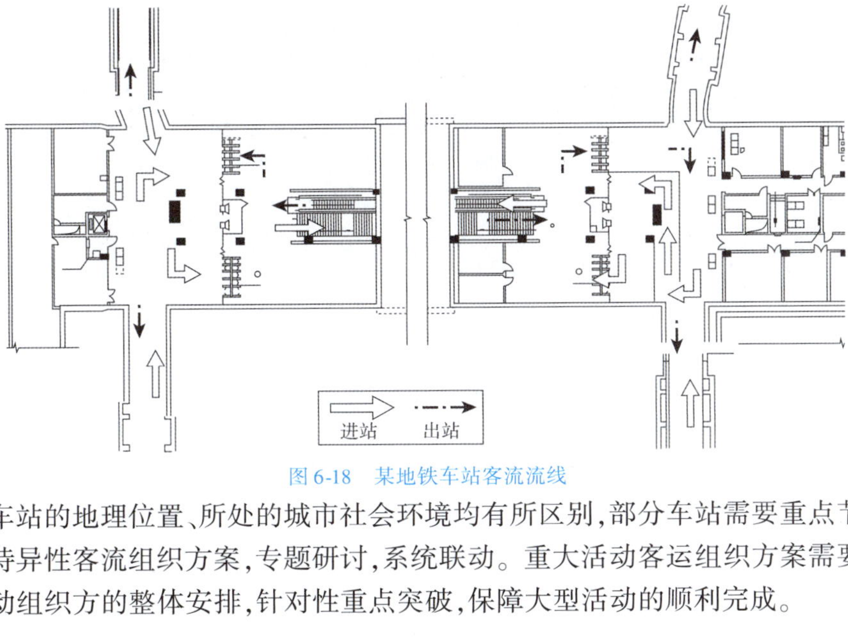

图 6-18　某地铁车站客流流线

不同车站的地理位置、所处的城市社会环境均有所区别，部分车站需要重点节假日或大型活动的特异性客流组织方案，专题研讨，系统联动。重大活动客运组织方案需要结合地方政府或活动组织方的整体安排，针对性重点突破，保障大型活动的顺利完成。

知识链接6-1

某车站平峰客流组织方案（节选）

1. 乘客乘降流程

进站流程：地面出入口→扶梯设施→通道→非付费区→付费区→站台；

出站流程：站台→扶梯设施→付费区→非付费区→通道→地面出入口。

2. 车站客流流线

车站客流流线如图6-18所示。

3. 岗位设置

某地铁站平峰时段人员岗位安排布局如图6-19所示，某车站平峰时段岗位设置如表6-21所示。

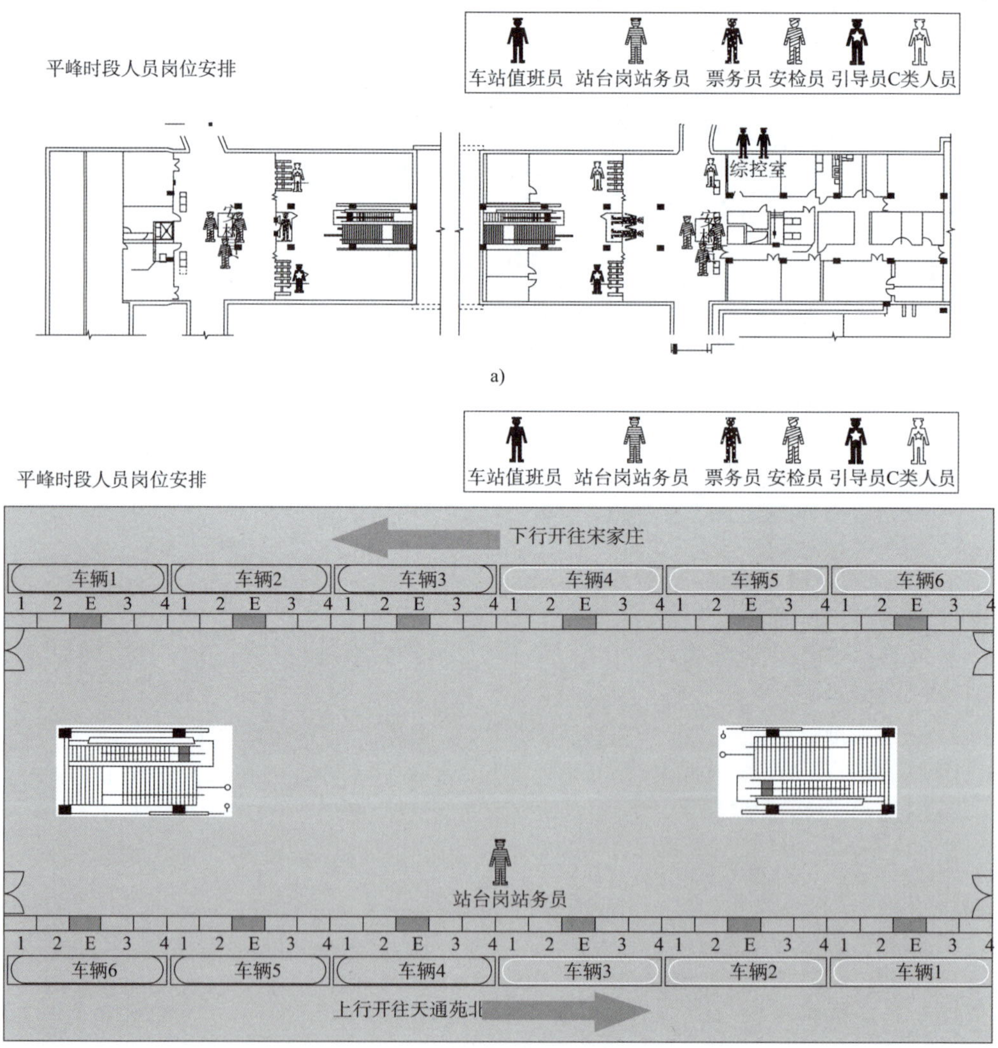

图6-19　某地铁车站平峰时段人员岗位安排布局图

某车站平峰时段岗位设置表 表6-21

岗位	车站控制室	北厅客服中心	南厅客服中心	TVM值守	站台值守	站厅疏导	合计
值班站长	1						1
车站值班员	2						2
票务岗/站台岗		1	2		1		4
C类人员		1	1	1			3
安检员		3	3				6
引导员						2	2

4. 岗位职责

①值班站长。负责安排调整各岗位的人员和分工，保证岗位人员力量，负责现场客运组织指挥。做好信息反馈，对车站现场运营情况进行巡视，密切关注客流变化，依据现场情况做出安排决策。负责现场客运组织的指挥。负责安排和调整班组各岗位的人员和分工。一旦客流超过瓶颈通过能力70%时，及时采取相应的客运组织预案。

②车站值班员。严格执行上级指示、调度命令。遵守各项行车作业操作规程，认真检视控制台、列车运行情况、AFC设备运行情况及乘客的乘降组织，依据行调命令、运行图做好接发列车、变更闭塞等行车作业。遇限流等情况时，通知邻站及邻站区本站采取限流，监护ISCS、FAS、BAS等设备的运行情况，积极按要求广播宣传，有序组织乘降，确保列车正点运行。遇有设备故障及时向行车调度员、值班站长、站区、生产调度室汇报。做好特殊情况下的预案准备工作。做好相关广播宣传，组织乘客快上快下，确保列车正点运行。

③客服中心票务员。严格执行岗位操作流程，做好车票的发售、IC卡的发售和IC卡的充值作业，提高售票速度减少乘客等候时间，遇有特殊情况及时向值班站长汇报，依据值班站长指令执行预案。严格执行岗位操作流程，积极主动进行宣传疏导，观察站厅内客流情况，关注AFC设备使用情况，引导乘客快速进出站，对出站没有车票或车票无效的乘客进行补票，遇有特殊情况及时向值班站长汇报，依据值班站长指令执行预案。

④站台岗站务员。监护站台门设备运行状况，及时处理现场故障。严格执行岗位工作流程，负责站台的巡视和乘降组织工作，确保列车的正点运行和乘客的乘车安全。遇有特殊情况及时向值班站长汇报。做好排队候车的宣传，遇有拿行李包裹的乘客，主动宣传分散候车。一旦客流超过站台容纳能力70%时，及时通知值班站长及相关人员。

⑤安检员。负责使用X光机对乘客的行李进行逐一检查，防止危险品进入地铁，当设备出现故障时，及时采用手检形式。遇有特殊情况及时向值班站长汇报，必要时配合值班站长进行客运组织工作。

⑥引导员。站厅引导员负责辅助乘客进出站，回答乘客问询，协助乘客补票等操作；站台引导员负责辅助乘客乘降列车，宣传乘客安全乘车，避免乘客发生意外。

⑦C类人员。协助乘客使用自动售票机，给乘客讲解购票流程；协助乘客使用闸机，协助乘客补票操作。

6. 分析制订大客流客运组织方案

大客流客运组织是车站客运组织最常见的“特殊情况”，每个车站均需要详细评估本站发生大客流的概率及情况。大客流组织方案需要从启动时机、限流措施、实施过程、解除时机及过程、岗位工作要项等方面展开设计。特殊情况下，本站独立措施无法解决大客流客运组织问题时，方案中还需要明确站区内或全线配合联动限流的方式及汇报组织流程。

7. 编制信息保障附录

客运方案编制完毕后，应完善信息保障相关内容，明确设备维修保障单位联系方式、外部单位联系方式（公安、公交、政府管理部门等相关单位）、绘制信息报送流程图。

技能工作页 编制车站客运组织方案

任务书

请实地调研所在城市轨道交通车站或根据项目1技能工作页:编制车站调研报告中的调研数据,计算所调研车站的通过能力,编制车站客运组织方案。方案内容包括但不限于车站概况、车站客流情况分析、车站设施设备通过能力分析、客流控制关键点分析以及常规客运组织方案、大客流客运组织方案等内容。

任务分组

建议成立3~5人的学习小组,共同完成车站客运组织方案的撰写,并填写附表6-1。

学生任务分配表 附表6-1

班级			组号	
组长			学号	
组员	姓名	学号	姓名	学号
任务分工	姓名	任务内容		

获取信息

引导问题 1 车站通过能力是指：

引导问题 2 城市轨道交通的设施设备分为__________和__________，通过型设施设备包括__________、__________、__________、__________、进出站口设备、安检设备、售票设备等；容纳型设施设备包括__________和__________。

引导问题 3 列举影响车站通过能力的因素。

引导问题 4 通道通过能力的计算公式：

引导问题 5 楼梯及自动扶梯通过能力的计算公式：

引导问题 6 自动售检票设备通过能力的计算公式：

引导问题 7 列车输送能力的计算公式：

引导问题 8 一般来讲，车站客运组织方案的主要内容应包括哪几个部分？

引导问题 9 制订车站客运组织方案时,应从哪几个方面对车站概况进行分析?

引导问题 10 如何进行车站客流分析?

引导问题 11 车站设施设备主要考虑安检设备、________、________、________、导流设备等,详细分析设备设置的配置位置、配备数量、单体设备设施的客运服务能力。

引导问题 12 车站内乘客在集散的过程中产生的流动轨迹称之为________。车站客流流线依照不同的行走目的分为________、________和________。

引导问题 13 常规客运组织预案应包括________和________两大部分。

任务实施

引导问题 14 计算所调研车站通道通过能力,可根据车站实际情况调整、补充附表 6-2 信息。

车站通道通过能力 附表 6-2

部位	设施名称	宽度	数量	设计最大通过能力	理论最大通过能力
出入口通道	单向通道				
	双向通道				
换乘通道	单向通道				
	双向通道				

引导问题 15 计算楼梯及自动扶梯通过能力，可根据车站实际情况调整、补充附表 6-3 信息。

楼梯及自动扶梯通过能力　　附表 6-3

部　位	设施名称	宽　度	数　量	设计最大通过能力	理论最大通过能力
进站楼梯	单向楼梯				
	双向楼梯				
进站自动扶梯	下行扶梯				
出站楼梯	单向楼梯				
	双向楼梯				
出站自动扶梯	上行扶梯				

引导问题 16 计算自动售检票设备通过能力，可根据车站实际情况调整、补充附表 6-4 信息。

自动售检票设备（闸机）通过能力　　附表 6-4

部　位	设施名称	数　量	理论最大通过能力
进站闸机	单向闸机		
	双向闸机		
出站闸机	单向闸机		
	双向闸机		

引导问题 17 通过实地调研或上网，查找所调研线路列车定员、发车间隔等数据，计算列车输送能力。

引导问题 18 撰写车站概况分析［提示：①车站位置；②车站形式；③车站出入口布置；④车站换乘分析；⑤车站周边环境］。

引导问题19 撰写车站客流情况分析[提示:①客流特点:来源及构成;②客流时间分布特点;③客流空间分布特点]。

引导问题20 车站设施设备能力分析[提示:①楼梯及自动扶梯的通过能力;②售检票设备的通过能力;③客流控制关键点能力分析(站台容量、乘客排队空间、换乘通道能力分析)]。

引导问题21 编制车站常规客运组织方案[提示:①平峰时段客运组织方案;②高峰时段客运组织方案;③节假日客运组织方案。具体内容包括:适用时段、岗位人员配置、客流流线、值岗布局安排及岗位职责、客运设施设备设置位置等,需配图呈现相关内容]。

引导问题22 编制车站大客流客运组织方案[提示:具体内容包括:大客流客运组织措施实施前提条件、岗位人员配置、值岗布局安排及岗位职责、客运设施设备设置位置等,需配图呈现相关内容],可附页。

引导问题23 请根据以上引导问题整理完成Word版《车站客运组织方案》,可附页。

评价反馈

班级：　　　　姓名：　　　　学号：　　　　指导教师：

考核项目6	城市轨道交通车站客运组织方案编制			
序号	评价标准	分值	自评得分（40%）	教师评分（60%）
1	引导问题填写字迹美观清晰，题目填写齐全，引导问题答案正确率90%以上	10		
2	实地调研某车站设施设备布局，完成车站概况的撰写（包含：车站位置、车站形式、车站出入口布局、车站换乘情况、车站周边环境、车站公交接驳等信息）	10		
3	车站进站客流、出站客流、换乘客流的客流规律分析正确	15		
4	车站设备设施（楼梯、扶梯、出入口、换乘通道、闸机、站厅、站台等）通过能力计算正确	15		
5	车站平峰期客流流线及岗位职责明确、岗位设置、设备运用调整分析正确；采用真实数据绘制车站平面布局图，图形比例适当、清晰美观；布局图标注平峰时段工作人员值岗位置及数量	10		
6	车站高峰期客流流线及岗位职责明确，岗位设置、设备运用调整分析正确；采用真实数据绘制车站平面布局图，图形比例适当、清晰美观；布局图标注高峰时段工作人员值岗位置及数量	10		
7	车站发生大客流时客流流线及岗位职责明确、岗位设置、设备运用调整分析正确；采用真实数据绘制车站平面布局图，图形比例适当、清晰美观；布局图标注大客流时段工作人员值岗位置及数量	15		
8	完成《车站客运组织方案》编制，结构、内容（封面、作者信息、目录、正文、结论、附图等）完整；排版清晰美观；表格、图片形式丰富，图文并茂	10		
9	具备一定的问题解决能力，能够发现客流组织存在的问题并优化解决	5		
合计		100		

参考文献

[1] 刘莉娜.城市轨道交通客运组织[M].2版.北京:人民交通出版社,2012.

[2] 张美晴,谢淑润.城市轨道交通客运组织[M].北京:人民交通出版社股份有限公司,2021.

[3] 广州地铁集团有限公司.城市轨道交通客运组织管理[M].北京:中国劳动社会保障出版社,2017.

[4] 成都地铁运营有限公司.城市轨道交通客运组织优化与实践[M].北京:中国铁道出版社,2019.

[5] 刘乙橙,景平安.城市轨道交通客运组织[M].北京:机械工业出版社,2020.

[6] 颜景林,孙景冬.城市轨道交通运营管理理论与实务[M].北京:科学出版社,2017.

[7] 蔡跃.职业教育活页式教材开发指导手册[M].上海:华东师范大学出版社,2020.

[8] 张铮,张子栋,宗晶.成都市轨道交通客流特征分析及启示[J].城市交通,2017,15(04):71-79.

[9] 吴海燕,高丽燃.结合用地性质的北京市轨道客流特征分析[J].北京建筑大学学报,2015,31(04):28-35.

[10] 李臣,陈艳艳,刘小明,等.基于多源数据的北京轨道交通客流特征分析[J].都市快轨交通,2017,30(05):7-16.

[11] 陈城,高国飞,魏运,等.苏州市轨道交通客流时空分布特征[J].现代城市轨道交通,2017(11):42-48,52.

[12] 袁江,彭磊.广州地铁运营客流分布特征研究与应用[J].都市快轨交通,2018,31(04):63-68.

[13] 李金海,李明高,杨冠华,等.北京轨道交通网络化客流特征及成长趋势分析[J].交通工程,2017,17(03):53-57.

[14] 周虎利.城市轨道交通同站台换乘车站方案研究[J].铁道标准计,2010(03):14-16.

[15] 殷峻.地铁同台换乘车站设计方案的研究[J].铁道工程学报,2011,28(06):72-75.

[16] 毛昱洁.城市轨道交通电动列车驾驶[M].2版.北京:机械工业出版社,2020.